ANABELLE
STEHL

Run AWAY

ROMAN

LYX

LYX in der Bastei Lübbe AG
Dieser Titel ist auch als E-Book und Hörbuch erschienen.

MIX
Papier aus verantwortungsvollen Quellen
FSC® C014496
FSC www.fsc.org

Originalausgabe

Textredaktion: Klaudia Szabo
Covergestaltung: ZERO Werbeagentur GmbH
Coverabbildung: © Elisabeth Fredriksson (Arcangel);
© djero.adlibeshe yahoo.com, YamabikaY; Bokeh Blur Background
(shutterstock.com); Aufnahme von Berlin: Image courtesy
of the Earth Science and Remote Sensing Unit, NASA Johnson Space Center
ISS047-E-29989 (http://eol.jsc.nasa.gov)
Satz: Greiner & Reichel, Köln
Gesetzt aus der Adobe Caslon
Druck und Einband: GGP Media GmbH, Pößneck
Printed in Germany
ISBN 978-3-7363-1493-1

3 5 7 6 4 2

Sie finden uns im Internet unter: lyx-verlag.de
Bitte beachten Sie auch: luebbe.de und lesejury.de

Liebe Leser:innen,

bitte beachtet, dass *Runaway* Elemente enthält, die triggern können. Diese sind: *Abtreibung* und *unerfüllter Kinderwunsch* sowie *Krankheit in der Familie.*

Wir wünschen uns für euch alle das bestmögliche Leseerlebnis.

Eure Anabelle und euer LYX-Verlag

Für Saskia.

Du bist mein Safe Space.

PLAYLIST

Ziggy Alberts – Runaway
Conan Gray – Generation Why
Taylor Swift, The Chicks – Soon You'll Get Better
dodie – Would You Be So Kind
Mandy Moore – When Will My Life Begin?
AJR – Pretender (Acoustic)
Tessa Violet – Crush
Maroon 5 – Denim Jacket
Third Eye Blind – Motorcycle Drive By
Lauren Aquilina – Swap Places
Olivia O'Brien – Love Myself
Selena Gomez – Rare
Dua Lipa – Blow Your Mind (Mwah)
Alessia Cara – Here
FINNEAS – I Lost a Friend
Dermot Kennedy – Outnumbered
Kafka Tamura – Berlin
salem ilese – Mad at Disney
Emily King – Georgia
Stu Larsen – The Loudest Voice
Bruno Major – Nothing
Zara Larsson – WOW
Ella Henderson – Friends

PROLOG

Podcast: Your Story is My Story

»Hallo, danke, dass ihr zuhört. Ich … ich bin heute hier, weil … Ich hatte vor zwei Jahren eine Abtreibung. Ich weiß, dass das Thema unglaublich viel Konfliktpotenzial bietet, deshalb gleich vorweg: Es ist vollkommen in Ordnung, wenn ihr nichts von Abtreibungen haltet und euch niemals für eine entscheiden würdet. Das müsst ihr nicht. Was ihr jedoch müsst, ist zu respektieren, dass jede Person das Recht hat, für sich selbst zu entscheiden. Ich habe sehr lange über meine Abtreibung geschwiegen. Genauer gesagt wussten es bis eben nur zwei Personen. Aber ich schäme mich nicht dafür, und so wie Kyra in den vergangenen Podcast-Folgen versucht hat, anderen Mut zu machen und Scham zu nehmen, möchte ich heute das Gleiche tun.«

»Danke für deinen Mut! Wie hast du damals reagiert? Wie war der Weg bis zur finalen Entscheidung?«

»Sowohl für mich als auch für den potenziellen Vater war sofort klar, dass wir noch keine Kinder möchten und dass es nicht der richtige Zeitpunkt ist. Trotzdem haben wir natürlich die Alternativen durchgespielt: Wie sähe unser Leben mit diesem Baby aus? Welche Möglichkeiten haben wir? Ich möchte irgendwann Kinder, also bin ich im Kopf alle Szenarien durchgegangen. Letztendlich hat sich aber jedes ausgemalte Szenario völlig falsch angefühlt. Ich würde sagen, dass es zwar eine leichte, aber keine leichtfertige Entscheidung war. Was schwer war, war alles, was auf die Entscheidung hin folgte. Der Gang zur Gynäkologin und all die Hürden – denn obwohl wir in Deutschland zum Glück frei entscheiden können, ob wir ein Kind bekommen möchten oder nicht, wurde mir stellenweise ein anderes Gefühl vermittelt. Ich war gerade einmal in der fünften Woche, ein medikamentöser Abbruch war also noch möglich. Das geht nur bis zur neunten Woche. Meine Frauenärztin konnte mir nicht weiterhelfen, da sie selbst keine Abbrüche vornahm. Aufgrund des Paragrafen 219a, der Werbung für Schwangerschaftsabbrüche verbietet, durfte sie mich jedoch auch an keine Klinik überweisen.«

»Hat sie negativ reagiert?«

»Nein, sie war total verständnisvoll. Aus Foren, in denen ich mich mit anderen ausgetauscht habe, weiß ich, dass das leider nicht selbstverständlich ist. Mit der Hürde meinte ich eher das Gefühl, das mir bei all dem vermittelt wurde. Obwohl alles, was ich getan habe, völlig legal war, fühlte es sich durch das komplizierte Prozedere an, als täte ich etwas Illegales.«

»Korrigier mich, wenn ich falsch liege, aber der Paragraf verbietet es Ärzten und Ärztinnen, auf ihrer Praxis-Website darauf hinzuweisen, dass sie Schwangerschaftsabbrüche durchführen, richtig? Wie hast du letztendlich jemanden gefunden?«

»Genau. Ich habe großes Glück, dass ich in Berlin lebe und es hier so gute Beratungsstellen gibt, die mir sehr geholfen haben. Aber nicht alle Schwangeren haben diese Chance. Gerade in ländlicheren Regionen muss man oft mehr als hundert Kilometer weit fahren, um einen solchen Arzt zu finden, und viele Krankenhäuser sind in kirchlicher Hand und lehnen Abbrüche komplett ab. Religiöse Gebote werden sowieso häufig als Grund verwendet, deshalb sind Abtreibungen in einigen Ländern nach wie vor illegal. Verbote von Schwangerschaftsabbrüchen führen aber nicht dazu, dass nicht abgetrieben wird. Es werden also keine Abtreibungen verhindert, es werden sichere Abtreibungen verhindert.«

»Bist du selbst religiös?«

»Nein, aber ich glaube, auch als religiöser Mensch hätte ich ähnlich entschieden – gut, das lässt sich jetzt natürlich leicht sagen. Ich lese in Kommentarspalten ständig, dass Kinder gottgewollt sind, aber was bringt es einem Kind, wenn es von Gott gewollt ist, nicht aber von den eigenen Eltern?«

»Dass so wenige Praxen Abbrüche anbieten, hat aber vermutlich nichts mit Religion zu tun – abgesehen von den eben erwähnten Krankenhäusern. Denkst du, das hängt mit dem Paragrafen zusammen?«

»Kann sein. Ich hab danach in ein paar Artikeln gelesen, dass die Anzahl der Praxen, die in Deutschland Schwangerschaftsabbrüche anbieten, zurückgegangen ist. Ich kenne die genauen Zahlen nicht auswendig, aber ich glaube, es waren knapp 40 Prozent in weniger als zwanzig Jahren.«

»Was glaubst du, woran das liegt?«

»Dort stand, dass es an Unis viel seltener gelehrt wird und es natürlich auch auf Ärzteseite mit sehr viel mehr Stress verbunden ist, sich den ganzen Hürden zu stellen. Aber ich weiß es nicht genau. Ich hoffe nur, dass ich mit dem Reden darüber dem Stigma entgegenwirken kann. Denn mir geht es gut, und ich habe meine Entscheidung bis heute kein einziges Mal bereut. Gleichzeitig bin ich mir, wie eben erwähnt, ziemlich sicher, dass ich einmal Kinder will. Ich glaube, das ist auch etwas, was viele nicht verstehen: dass hinter einem Schwangerschaftsabbruch keine tragische Geschichte stecken muss. Ich weiß, dass meine Eltern mich unterstützt hätten – dennoch war es für mich die einzig richtige Wahl. Falls ihr also ebenfalls vor einer solchen Entscheidung steht, macht euch bitte bewusst, dass sie nur euch und euren Partner oder eure Partnerin etwas angeht.«

»Da du gerade deine Eltern angesprochen hast, hast du ihnen von alldem erzählt?«

»Nein, habe ich nicht. Die Entscheidung haben wir damals allein getroffen und …«

Kommentare:

FstehtfürFreunde:
Und gemeinsam mit 219a auch gleich noch 218 abschaffen. Gute Folge! 🙌

BarcelonaLover:
Wie egoistisch kann man sein? Sie hätte es auch einfach zur Adoption geben können

BerlinCityGirlxx:
Danke für den Podcast. My Body my Choice 🖤

Limone7:
Wenn sie doch sogar meint, dass ihre Eltern sie unterstützt hätten, verstehe ich das Problem überhaupt nicht? Vielleicht mal Verantwortung für das eigene Handeln übernehmen.

Jedi98:
Falsches Timing ist ein legitimer Grund. Hättest du zugehört, hättest du das vielleicht verstanden.

R0bert0:
»Es werden sichere Abtreibungen verhindert«? Dass ich nicht lache. Was ist daran sicher, wenn ein Kind stirbt?

PeterPanda:
🖤🖤🖤

Howaboutno:
Danke dafür. Kyra, kannst du vielleicht noch was zu der Situation in Polen machen?

1. KAPITEL

Miriam

Es gab viel, was ich an Berlin liebte oder besser gesagt zu lieben gelernt hatte. Denn früher war mir die Stadt zu laut, zu groß, zu grau und zu dreckig gewesen. Diese Skepsis war innerhalb des ersten Semesters, das ich hier verbracht hatte, in das komplette Gegenteil umgeschlagen: Ich liebte die heruntergekommenen Ecken genauso sehr wie die für den Tourismus herausgeputzten. Ich liebte die teils ruppige Art der Menschen, gepaart mit ihrer Offenheit, die lauen Sommerabende in Parks und an der Spree, die kleinen Läden, die vielen noch unentdeckten Ecken, das Künstlerische und die Abwechslung, die einen rund um die Uhr erwartete. Ich liebte, dass hier jeder seinen Platz fand. Aber nichts liebte ich so sehr wie all die Cafés, Restaurants und Bistros. Egal ob Burger, Veganes für unterwegs oder ausgiebiges Frühstück – Berlin bot alles in tausendfacher Ausführung.

Als ich letztes Jahr aus dem Umland in die Stadt gezogen war, hatten meine Schwester Louisa und ich es uns zum Ziel gemacht, all das auszuprobieren und uns einmal quer durch Berlin zu futtern. Mal morgens, bevor Louisa ins Büro musste, mal mittags, wenn ich eine Lücke zwischen zwei Vorlesungen hatte, und manchmal auch abends. Jeden Montag, zum Beginn einer neuen Woche, trafen wir uns – wo, bestimmten wir in abwechselnder Reihenfolge. Knapp fünfundzwanzig Orte hatten wir mittlerweile besucht, und so gern wir in manche auch ein zweites oder drittes Mal gegangen wären, wir hielten uns an unsere selbst auferlegten Regeln.

»Guten Morgen!«, begrüßte mich eine Frau mit kurzen braunen Haaren und tätowierten Armen.

»Hallo, ich hab eine Reservierung auf den Namen Voigt.«

»Für ein Tattoo oder einen Tisch?«

»Ähm … einen Tisch?«

Die Frau ließ ihren Zeigefinger über die Seiten eines vergilbten Notizbuchs gleiten. »Yep, hier steht's. Ich habe für euch den da hinten mit den beiden hohen Sesseln ausgewählt.« Sie deutete links an mir vorbei. »Aber um die Uhrzeit ist so wenig los, sucht euch gern was aus. Kann ich dir schon was zu trinken bringen? Kaffee?«

»Alles klar, danke dir! Ich nehm einen schwarzen Tee.«

»English Breakfast?«

Ich nickte.

»Kommt sofort.«

Kurz beäugte ich die Kuchenauswahl, da es nie zu früh für Kuchen war, dann setzte ich mich auf einen der braunen Sessel. Das heutige Café hatte Louisa ausgewählt. Es lag im Wedding zwischen dem englischen und afrikanischen Viertel und war, wenn ich das Schild über der Tür neben der Theke genauer betrachtete, eine Mischung aus Coffeeshop und Tattoostudio. Unter dem Frühstücksmenü, das vor mir auf dem Tisch lag, befand sich eine eingeschweißte Karte mit Samples und Wanna-Dos der beiden Tätowiererinnen des Ladens. Mein Blick huschte über die filigranen Skizzen, bevor ich ihn weiter über die floralen Muster der Tapete und den dunklen Dielenboden wandern ließ. Tattoos waren nicht mein Fall, aber die Einrichtung des Ladens sorgte dafür, dass ich mich direkt wohlfühlte.

Ich schielte auf mein Handy, das bereits kurz nach neun anzeigte. Die U6 nach Rehberge hatte länger gebraucht als vermutet, wodurch ich mich etwas verspätet hatte. Umso ungewöhnlicher, dass Louisa noch nicht hier war – normalerweise war sie stets die Erste.

»Hier, dein English Breakfast und etwas Milch, falls benötigt. Magst du was frühstücken oder wartest du noch?«

»Ich würde noch auf meine Schwester warten, wenn das okay ist«, erwiderte ich.

»Klar, lass dir Zeit.«

Die Frau platzierte den Tee, der auf einer mit weißen Blüten verzierten Untertasse stand, vor mir auf dem Tisch. Ob sie sich die zahlreichen Tattoos, die ihren Arm bedeckten, hier hatte stechen lassen? Eine Weile beobachtete ich sie beim Arbeiten, dann holte ich, um die Wartezeit zu überbrücken, mein Buch aus der Tasche. Heute begann bereits das zweite Semester, und ich hatte keine Ahnung, wie die Zeit so schnell verflogen war. Auch wenn ich mir von Kyra, meiner besten Freundin und Mitbewohnerin, die gesamte letzte Woche blöde Sprüche hatte anhören müssen, hatte ich bereits mit den ersten Büchern begonnen, die ich für die Literaturmodule lesen musste. Ich war in ein Seminar zu den Brontë-Schwestern gekommen und hatte *Jane Eyre* vorletzte Nacht verschlungen, sodass ich heute *Wuthering Heights* beginnen konnte.

Eine halbe Tasse Tee und ein Kapitel später saß ich immer noch allein an meinem Tisch. Erneut warf ich einen Blick aufs Handy, auf dessen Display ein Bild von meiner Schwester und mir in London zu sehen war. Es war ein typisches Touristenfoto vor einer roten Telefonzelle, und man konnte die Ähnlichkeit zwischen uns nicht leugnen. Louisa war ein Stück größer, hatte im Gegensatz zu mir blaue Augen, und ihre Haare waren von etwas dunklerem Blond, doch sonst sah man auf den ersten Blick, dass wir Schwestern waren. Sie hatte die gleichen runden Wangen wie ich und eine beinahe identisch aussehende Stupsnase. Von unseren grinsenden Gesichtern wanderte mein Blick ein Stück nach oben auf die Zeitanzeige. Es war beinahe halb zehn. Ich gab den PIN meines Smartphones ein – 1905, Prinz Harrys und Meghan Markles Hochzeitstag – und tippte eine Nachricht an meine Schwester.

Hey, alles okay bei dir?

Louisa war nicht online, und meine Worte an sie blieben ungelesen, allerdings hatte sie die letzte Nachricht, in der ich mich fürs Zuspätkommen entschuldigte, gesehen. Es war absolut untypisch, dass sie unpünktlich war, noch mehr jedoch, dass sie sich nicht meldete. Was, wenn ihr etwas zugestoßen war? Da sie außerhalb wohnte, nahm sie an den meisten Tagen das Auto, das sie mit ihrem Verlobten teilte. Was, wenn sie einen Unfall gebaut hatte?

Ich klickte auf das Anruf-Symbol und hielt mir das Handy mit leicht klopfendem Herzen ans Ohr. Das Freizeichen ertönte mehrmals, doch niemand hob ab. Wahrscheinlich war alles in Ordnung, doch selbst die kleine Möglichkeit, ihr könnte etwas zugestoßen sein, machte mich unfassbar nervös. Ich scrollte durch meine Kontakte, bis ich bei ihrem Verlobten angelangt war. Er hob bereits nach dem dritten Klingeln ab.

»Hey, Miri! Alles okay?« Sorge lag in seiner Stimme, was mich nicht überraschte. Wir kamen super miteinander aus, aber die Male, die ich ihn angerufen hatte, konnte ich an einer Hand abzählen.

»Hi, Kerim. Keine Ahnung, deshalb ruf ich an. Ist mit Louisa alles in Ordnung? Wir sind eigentlich zum Frühstücken verabredet, aber sie ist nicht aufgetaucht.«

»Oh, wirklich?« Kerim stieß einen brummenden Laut aus. »Davon hat sie nichts gesagt. Sie ist direkt zur Arbeit gefahren, glaub ich. Klang zumindest so. Vielleicht hat sie es vergessen? Sie war gestern noch ziemlich lang bei euren Eltern und hatte nicht so viel Schlaf. Generell ist sie momentan ein bisschen geplättet.«

»Hm. Vielleicht. Danke dir.« Die Sorge verstärkte sich nur noch, denn ich glaubte kaum, dass Louisa unser Treffen vergessen hatte. Doch ich wollte Kerim nicht beunruhigen, falls wirklich alles okay war.

»Kein Thema. Oh, hey! Hast du schon ein Geschenk für deinen Vater?«

»Ne, bis auf das Fotoalbum, das ich angefangen hab.«

»Wollen wir was Größeres zusammen schenken? Eine kleine Reise oder ein Wellnesswochenende oder so was?«

»Du hast meinen Papa getroffen, oder? Viel Erfolg, wenn du ihn zu Massagen und Gesichtsmasken überreden magst. Aber ein Wochenendtrip klingt gut. Wir können die Tage ja noch mal reden, ich bin dabei.«

»Cool!«, sagte Kerim. »Ich hoffe, du hast nicht so lange warten müssen. Vielleicht dachte sie, ihr trefft euch mittags.«

»Schon okay«, antwortete ich, verabschiedete mich von Kerim und versuchte es direkt im Anschluss noch einmal bei Louisa, allerdings wieder ohne Erfolg. Sollte sie es wirklich vergessen haben und nun in die Arbeit vertieft sein? Ich konnte es mir kaum vorstellen. Zumal sie ihren Job als Grafikerin in einer Agentur nicht gerade liebte.

Als Louisa fünfzehn Minuten später immer noch nicht da war, packte ich meine Sachen zusammen, bezahlte den Tee und verließ das Café. Allein frühstücken wollte ich nicht, lieber holte ich mir etwas im Bistro der Uni.

Auf dem Weg zur Humboldt schrieb ich meiner Schwester

zwei weitere Nachrichten, doch auch diese blieben ungelesen. Mit ungutem Gefühl im Bauch machte ich mich auf den Weg zu meiner ersten Vorlesung. Das war nicht der Start, den ich mir für diesen Tag erhofft hatte. Immerhin war ich nun, im zweiten Semester, wesentlich weniger aufgeregt als zu Beginn des Studiums letztes Jahr im Oktober. Ein wenig freute ich mich sogar.

Mit einem erschöpften Seufzen ließ ich mich aufs Bett fallen. Meine Freundin Phuong hatte mich vorgewarnt, dass die Schonfrist des ersten Semesters nun vorbei wäre und das zweite wesentlich härter starten würde. Leider hatte sie recht behalten. Nicht nur hatte ich heute direkt drei Veranstaltungen in Folge gehabt, meine To-do-Liste war auch schon wesentlich voller als zu Beginn des ersten Semesters. Erneut checkte ich mein Smartphone und sah, dass Louisa alle Nachrichten gelesen und dennoch nicht geantwortet hatte. Ich tippte wieder einmal auf das grüne Symbol, hörte das Freizeichen, doch sie hob nicht ab.

»Ich übertreibe bestimmt vollkommen«, murmelte ich, dennoch ging ich in die Favoritenliste und wählte die Nummer meiner Mutter.

»Miriam, hallo«, erklang ihre Stimme. So schnell, als hätte sie meinen Anruf erwartet.

»Hi, Mama. Wie geht es dir?«

»Kann nicht klagen«, antwortete sie knapp. »Was gibt es?«

Okay, irgendetwas war eindeutig im Busch. So kurz angebunden kannte ich meine Mutter überhaupt nicht. Vielleicht hatte Louisa irgendwelche Probleme, von denen Kerim nichts wusste? Das würde erklären, wieso sie gestern bei meinen Eltern gewesen war – vielleicht war es etwas, womit sie sich nicht an ihren Verlobten wenden konnte.

»Ich kann Louisa nicht erreichen. Wir waren heute verabredet, und sie kam nicht. Kerim meinte, sie war gestern bei euch?«

»Ja«, erwiderte meine Mutter, und ich wartete darauf, dass sie das Ganze weiter ausführte, doch das tat sie nicht. Stattdessen füllte Schweigen den Hörer.

»Ist alles in Ordnung bei ihr?«

»Och, ich weiß nicht, Miri«, gab meine Mutter zurück, und ihr sarkastischer Tonfall ließ mich die Stirn runzeln. Was zur Hölle war bitte los?

»Ähm, ist alles okay? Ist was mit Louisa passiert?«

Ein Rauschen drang in mein Ohr, als meine Mutter hörbar ausatmete. Bei ihren nächsten Worten klang ihre Stimme gepresst. »Wieso sagst *du* mir nicht, ob alles okay ist?«

Ich seufzte innerlich und ging im Kopf die letzten Unterhaltungen mit meiner Schwester durch. Hatte ich irgendetwas gesagt oder getan? Wir hatten einen Streit gehabt, der sich um Louisas und Kerims Hochzeitsvorbereitungen gedreht hatte, aber das war geklärt und die Wogen geglättet. Selbst wenn nicht, wie alt waren wir, wenn sie mich deswegen verpetzte? Nein, irgendetwas anderes musste im Busch sein.

Bevor ich weiter nachfragen konnte, unterbrach meine Mutter das Schweigen.

»Wie konntest du nur?«

Wie konnte ich was nur?

Ich war in den Semesterferien gerade erst zwei Wochen zu Hause gewesen. Krampfhaft durchforstete ich meine Erinnerungen nach etwas, das meine Eltern und Louisa so aufgebracht haben könnte.

»Wir haben Kyras Podcast gehört. Besser gesagt, deine Schwester hört ihn und hat uns gestern von deinem Gastauftritt berichtet.« Meine Mutter schwieg erneut, und ich vernahm nur ihr Atmen, als müsste sie sich sammeln, bevor sie weitersprach. »Wie konntest du nur? Unter unserem Dach? Hattest du vor, uns das irgendwann zu erzählen?« Ihre Worte wurden schneller, so aufgebracht war sie nun. »Weiß Finn davon? Ich nehme mal an, er wäre der Vater gewesen? Oder hast du es vor ihm auch geheim gehalten und eine komplette Egonummer durchgezogen?«

Beinahe hätte ich aufgelacht, so makaber war ihre Wortwahl.

»Egonummer? Haben wir denselben Podcast gehört?«, fragte ich zurück und merkte, wie mein Herz heftig in meiner Brust pochte. Ich hatte mit vielem gerechnet, aber nicht hiermit. Die Aufnahme mit Kyra lag knapp fünf Monate zurück. Kurz davor und auch noch danach hatte ich mit dem Gedanken gespielt, es meinen Eltern zu sagen, mich aber dagegen entschieden. Vor allem, als die ersten negativen Kommentare unter der Folge aufkamen – Kyra hatte mich vor ihnen gewarnt, und die positiven waren wesentlich zahlreicher gewesen, aber sie hatten mich dennoch in meiner Entscheidung bestärkt, meiner Familie nichts zu sagen. Denn ich kannte ihre Einstellung zu dem Thema. Ich hatte es am Tisch oder auch vor dem Fernseher oft genug miterlebt, als ich noch zu Hause gewohnt hatte.

»Miriam, du hast abgetrieben«, sprach meine Mutter nun das Offensichtliche noch einmal aus, und allein die Anklage und der Vorwurf in ihrer Stimme sorgten dafür, dass etwas in mir kalt wurde, dass ich in Sekundenschnelle Mauern um mich herum errichtete. Ein Streit mit meiner Mutter war das Letzte, was ich wollte, aber in dieser Sache ließ ich mich nicht beirren. Ich stand hinter meiner Entscheidung. Damals wie heute.

Als ich von der ungewollten Schwangerschaft erfahren hatte, war für meinen damaligen Freund Finn und mich sofort klar gewesen, dass wir kein Kind wollten. Nicht, weil ich nie Kinder wollte – denn das tat ich –, sondern weil wir selbst noch Kinder gewesen waren. Wir waren nicht bereit gewesen. *Ich* war nicht bereit gewesen. Was meine Mutter wüsste, hätte sie den Podcast wirklich aufmerksam gehört, denn in diesem hatte ich genau das gesagt.

Die Stimme meiner Mutter brach, ob aus Traurigkeit oder unterdrückter Wut, konnte ich nicht deuten. »Du warst nicht einmal volljährig und hast diese Entscheidung komplett ohne uns getroffen.«

»Ja, das habe ich«, sagte ich betont ruhig. »Weil ich genau wusste, wie ihr reagiert hättet. Außerdem stand ich kurz vor meinem 18. Geburtstag. Nicht dass das irgendeine Rolle spielt.«

»Und dann sagst du einfach gar nichts?«, fragte meine Mutter, und ich hielt das Handy ein Stück vom Ohr weg, so laut war ihre Stimme geworden.

»Weil es nicht eure Entscheidung war, sondern meine«, erwiderte ich. Am liebsten hätte ich die Worte zurückgebrüllt. »Ich weiß, dass du das nicht verstehst, aber …«

»Wir alle verstehen dich nicht! Was hast du dir dabei gedacht? Nichts vermutlich. Du bist noch zur Schule gegangen. Glaubst du wirklich, du warst da reif genug, eine Entscheidung mit solcher Tragweite allein zu treffen? Miriam, ich bitte dich!«

Genau das war der Grund, weshalb ich, als ich herausgefunden hatte, dass ich schwanger geworden war – ungeplant und viel zu früh für meinen Geschmack –, nicht zu ihnen gegangen war. Ich liebte meine Eltern, aber zum einen trauten sie mir damals wie heute zu selten zu, meine eigenen Entscheidungen treffen zu können. Zum anderen hatten sie ihre Meinung zu der Debatte oft genug kundgetan, dass ich wusste, es hätte mindestens einen Streit, sehr viel wahrscheinlicher aber eine komplette Katastrophe hervorgerufen. Und dafür hatte ich in der Situation keine Nerven gehabt. In der Podcast-Folge hatte

Kyra mich gefragt, wie es für mich gewesen war, das ohne meine Familie durchzuziehen. Sie hatte gefragt, ob ich aus Scham geschwiegen hatte. Meine einfache Antwort hatte »Nein« gelautet. Seit der Folge hatte ich weiter darüber nachgedacht, und mittlerweile glaubte ich, dass eine gewisse Scham doch Bestandteil meines Schweigens gewesen war – wenngleich ich wusste, dass ich mich für nichts zu schämen brauchte. Ich hatte Angst vor der Reaktion meiner Eltern gehabt, und mein Kopf war auch ohne die Meinung Dritter viel zu voll gewesen. Was ich damals gebraucht hatte, waren keine Ratschläge und Standpunkte, sondern Zeit, darüber nachzudenken, was ich wirklich wollte. Doch Zeit war die eine Sache, die bei einem Schwangerschaftsabbruch Mangelware war, denn je mehr davon ich hätte verstreichen lassen, desto weniger Optionen wären mir geblieben. Also hatte ich nur Finn von der Schwangerschaft erzählt, da er der Einzige war, den es ebenfalls etwas anging. Wir waren uns einig, dass wir das Kind nicht behalten wollten, und als die Entscheidung gefallen war, hatte ich nichts als Erleichterung verspürt. Da waren keine Reue, kein »Was wäre wenn«, keine Trauer, keine Zweifel. Diese Gefühle hatten sich bis heute nicht geändert.

Ich schloss kurz die Augen und sammelte mich, bevor ich weitersprach. »Falls du eine Entschuldigung erwartest, kann ich sie dir nicht geben«, sagte ich, immer noch um eine ruhige Stimme bemüht. Ich hasste es, wie klein ich mich gerade wieder fühlte. Als lebte ich noch im Haus meiner Eltern. »Ihr hättet mich nicht davon abbringen können, weil es für mich die richtige Entscheidung war.« Ich schluckte gegen die Trockenheit an, die plötzlich meinen Hals befallen hatte. Ich durfte jetzt auf keinen Fall weinen, denn dann würde ich meiner Mutter nur bestätigen, was sie bereits vermutete: dass ich zu jung war, um solche Dinge allein zu entscheiden. Dabei hatte ich mir das Gespräch so oft ausgemalt. Doch in meiner Vorstellung war es vollkommen anders abgelaufen. An einem Tisch. Bei Tee. Mit Verständnis in den Gesichtern meiner Eltern. Idealerweise mit meiner Großmutter am Tisch, die als Einzige von alldem wusste. Doch mir war klar, dass das genau das war: eine Wunschvorstellung. Nicht nur, weil meine Großmutter seit einem halben Jahr nicht mehr lebte, sondern weil es naiv war zu glauben, dass dieses Gespräch jemals hätte ruhig verlaufen können. Ich griff zu dem Ring an meiner rechten Hand, den sie mir vor ein paar Jahren geschenkt hatte und der mich immer wieder erdete.

»Deine Großmutter wusste davon, nicht wahr?«, fragte meine Mutter im selben Moment, als hätte sie meine Gedanken gelesen.

»Ja«, sagte ich. Sie hatte davon gewusst. Nicht vorab, so gern ich auch direkt zu ihr gelaufen wäre. Doch dann hätte sie es vor ihrer eigenen Tochter geheim halten müssen, und das hatte ich nicht gewollt. Ich hatte es ihr erst danach erzählt, weil ich mit jemandem hatte reden wollen. Nicht, um mein Gewissen zu erleichtern oder etwas Derartiges. Denn alles, was ich nach der Tablette gefühlt hatte, war Erleichterung gewesen. Ein Abebben der beklemmenden Angst, die mich die Tage, nachdem ich es herausgefunden hatte, in ihren Klauen gehalten hatte. Ich hatte es ihr erzählt, weil ich kein Geheimnis darum machen wollte – zumindest nicht mehr, als ich musste. Weil ich mich nicht dafür schämen wollte und weil ich wusste, dass ich bei meiner Großmutter auf Verständnis treffen würde, ob sie nun derselben Meinung war oder nicht. Sie hatte mir beigebracht, andere Perspektiven einzunehmen und anderen Menschen Verständnis entgegenzubringen, egal welchen Lebensweg sie wählten und wie sich dieser von meinen eigenen Vorstellungen unterschied. Eine Eigenschaft, die sie meiner Mutter anscheinend nicht hatte vermitteln können, denn von dieser drang ein empörtes Schnauben durch den Hörer.

»Unglaublich. Also hält nicht nur meine eigene Tochter es vor mir geheim, sondern auch meine Mutter. Nur dass die es nicht stolz der ganzen Welt erzählt, anstatt erst einmal mit der Familie zu reden.«

»Stolz?«, fragte ich fassungslos. »Wo hast du da bitte Stolz rausgehört? Ich habe über Artikel 219a gesprochen und darüber, wie es mir nach allem ging. Weißt du warum? Weil ich genau das, was wir hier machen, nicht für andere will. Dass sich andere Frauen schuldig fühlen. Ich wusste ganz genau, dass du mir Schuldgefühle einreden würdest.«

»Dann überleg mal, warum«, erwiderte meine Mutter. »Du warst keine dreizehn mehr, du hättest dein Abi trotzdem machen können, du kommst aus einem finanziell sicheren Haushalt. Du hattest keinen Grund. Wir hätten uns um das Kind kümmern können. Wir hätten …«

»Es war aber nicht eure Entscheidung!«, sagte ich und wurde nun doch lauter als beabsichtigt. Mein Herz hämmerte in meiner Brust, und meine Augen brannten. »Und Louisas genauso wenig. Ich kann nicht glauben, dass sie es euch erzählt hat, ohne mit mir darüber zu sprechen.«

»Jetzt mach deiner Schwester keinen Vorwurf! Immerhin war sie ehrlich zu uns.«

»Mama, ich kann verstehen, wenn ihr Zeit braucht, aber ihr könnt mir nicht allen Ernstes böse sein. Und Louisa hat ja wohl noch weniger Anlass dazu. Das ändert doch überhaupt nichts!«

»Das ändert nichts? Du hast eben gesagt, dass du unsere Einstellung kennst. Du wusstest also ganz genau, was du tust. Dennoch hast du es getan, hast es nicht einmal für nötig gehalten, mit uns zu sprechen? Wo ändert das bitte nichts?« Meine Mutter atmete zitternd aus, und ich konnte nichts dagegen tun, dass meine Augen nun doch feucht wurden. Mit der freien Hand fuhr ich mir nervös übers Gesicht und wischte die aufkommenden Tränen weg. Mit der anderen hielt ich das Smartphone so fest umklammert, dass meine Finger schmerzten.

»Ich weiß nicht, was ich dir noch sagen soll.« Ich schluckte. »Ich bereue es nicht, und du wirst mich auch nicht dazu bekommen, es zu tun. Gerade bin ich wirklich heilfroh, dass ich es euch damals nicht erzählt habe.«

Einige Sekunden lang hörte ich nichts bis auf das leise Rauschen der Leitung, das jedoch genauso gut von dem Blut in meinen Ohren kommen konnte, denn mein Puls ging nach wie vor viel zu schnell.

»Dann habe ich dir auch nichts mehr zu sagen.« Die Stimme meiner Mutter klang so kühl und tonlos, dass es mir einen unangenehmen Schauer den Rücken hinabjagte. So hatte ich sie noch nie gehört. Ich wollte gerade etwas erwidern, da knackte es in der Leitung. Sie hatte aufgelegt. Mit offenem Mund starrte ich auf mein Handy. Ich drückte auf die Wahlwiederholung, doch sie nahm nicht noch einmal ab. Das konnte nicht ihr Ernst sein, oder? Noch nie hatte meine Mutter mich einfach abgewürgt. Sie war es doch immer, die Wert auf Kommunikation und klärende Gespräche legte. Als ich es bei meinem Vater probierte, erklang ebenfalls nur das Freizeichen. Kopfschüttelnd ließ ich die angehaltene Luft entweichen und fuhr mir durch die langen Haare.

Das durfte nicht wahr sein. Ich wählte zum bestimmt zehnten Mal an diesem Tag die Nummer meiner Schwester, doch auch sie hob nicht ab. War sie allen Ernstes sauer auf mich? Und hatte sie im Gegensatz zu meiner Mutter nicht einmal den Nerv, mir das auch zu sagen? Bei meinen Eltern hatte ich mit einer solchen Reaktion gerechnet, aber bei Louisa? Nie und nimmer.

Ich schluchzte auf, und meine Hand flog zu meinem Mund, als könnte ich das Geräusch somit zurückholen und meine Trauer in mir verschließen. Ich wusste nicht einmal, ob es wirklich Trauer war oder ob ich nicht vielmehr vor unterdrückter Wut weinen musste.

Bevor ich es erneut bei Louisa versuchen konnte, wurde die Tür zu meinem Zimmer geöffnet, und meine Mitbewohnerin steckte ihren Kopf herein.

»Ich würd was kochen, magst du auch …« Kyra stoppte mitten im Satz und kam langsam in mein Zimmer. »Hey, alles okay?«

Ich schüttelte nur weiter den Kopf und schaffte es nun nicht länger, die Tränen zurückzuhalten, die in meinen Augen brannten.

»Nichts ist okay.«

2. KAPITEL

Elias

»Sehr gut, Marlon!«

Meine Stimme hallte durch den Saal des Boxstudios und vermischte sich mit dem Quietschen von Turnschuhen und den dumpfen Geräuschen, wenn Füße oder Hände auf die Pratzen trafen. Ich kam hinter dem dunkelhaarigen Jungen, dessen Boxtechnik ich gerade gelobt hatte, zum Stehen und beobachtete ihn eine Weile beim Ausführen der Schläge. Es war erstaunlich, welche Fortschritte er in so kurzer Zeit gemacht hatte.

»Du hast geübt, oder?«, fragte ich. »Zu Hause, meine ich.«

Marlon nickte, ohne jedoch den Blick von seinem Gegenüber abzuwenden, der bei jedem Schlag gegen die Handpratze leicht mit den Beinen federte.

»Das merkt man. Deine Technik ist viel sauberer geworden. Weiter so.«

Ein Lächeln formte sich auf dem Gesicht des Jungen, was wiederum mich zum Lächeln brachte. Ich kannte Marlon erst seit wenigen Monaten und hatte ihn als anstrengendes, lautes und vor allem freches Kind kennengelernt – davon war nur noch selten etwas zu erkennen. Gut, laut war er nach wie vor, aber das war ich in dem Alter auch gewesen. Dafür kam er pünktlich, gab keine Widerworte mehr und hatte, wenn mich nicht alles täuschte, mittlerweile sogar Freunde in dem Kurs gefunden. Wenn ich Marc Glauben schenken durfte, war diese Entwicklung erst eingetreten, als ich den Kurs übernommen hatte. Marc hatte mir diesen im Winter überlassen, was an ein Wunder grenzte, da er den Laden bis dahin fast im Alleingang geschmissen hatte. Zwar hatten wir Aushilfen, aber die Kurse lagen alle in seiner Hand. Bis auf die beiden, die ich nun unterrichtete.

Ich drehte eine weitere Runde in dem Raum, korrigierte hier und da eine Haltung und achtete auf die Beinarbeit der Gruppe. Etwa zehn Minuten später pfiff ich einmal in die grüne Trillerpfeife, die um meinen Hals hing. Die Geräusche von Schritten und Schlägen verstummten, bis nur noch angestrengtes Keuchen zu hören war. Ich grinste innerlich. Auch das war etwas, das vor Kurzem noch undenkbar gewesen wäre: Ruhe auf Befehl.

»Das habt ihr gut gemacht, Leute!« Ich nickte in die Runde, und mein Blick fiel auf verschwitzte Gesichter, von denen mir einige jedoch entgegengrinsten. »Dann sehen wir uns am Donnerstag.« Als die Ersten sich ihre Sachen schnappten und auf den Ausgang zuliefen, stieß ich erneut einen Pfiff aus, diesmal jedoch mit dem Mund. Abrupt blieb der Junge, der schon die Tür erreicht hatte, stehen und sah mir ertappt, aber mit zuckenden Mundwinkeln entgegen.

»Hast du nicht was vergessen?«

»Was denn?« Julius blickte zu mir auf und presste die Lippen zusammen, so sehr musste er sich das Grinsen verkneifen.

Wie konnten Kinder so unschuldig aussehen und es dennoch so faustdick hinter den Ohren haben? Ich verschränkte die Arme vor der Brust und sah ihn abwartend an, ohne ein Wort zu sagen. Er hielt meinem Blick exakt sieben Sekunden lang stand, bevor er losprustete und in die andere Ecke zu dem schmalen, hohen Schrank lief. Mit einem Eimer und

Wischmopp bewaffnet schob er sich an mir vorbei aus dem Raum.

»Wer hilft Julius?«

»Ich mach das«, sagte Marlon, der sich gerade seine Sweatjacke überzog.

»Du warst letztes Mal schon dran, du musst nicht …«

»Macht mir nichts«, rief er und rannte im nächsten Moment aus dem Raum.

»Ihr macht das echt immer nur, um mich zu ärgern, oder?«, fragte ich. »Wenn bei euch in ein, zwei Jahren die Pubertät losgeht, bin ich hier raus. Ich sag's euch. Habt ein schönes Wochenende!«

»Du auch!«

»Schönes Wochenende.«

Ich klatschte die Jungs und Mädchen ab, als sie an mir vorbeiliefen. Hätte man mir vor einem Jahr gesagt, dass ich, anstatt wie geplant in der Firma meiner Eltern zu sitzen, das Boxtraining einer Gruppe Zehn- bis Fünfzehnjähriger leiten würde, hätte ich die Person definitiv ausgelacht. Dennoch stand ich jetzt hier und war … glücklich. Denn das Gefühl in meinem Bauch war eindeutig Stolz. Ich wusste, wie es sich anfühlte, Stolz auf die eigene Arbeit zu empfinden. Gute Noten in meinem Studium der Umwelttechnik hatten mich mit Stolz erfüllt, und jeder einzelne Vertragsabschluss und jedes Kundenlob in unserem Familienbetrieb hatten dieses Gefühl hervorgerufen. Doch jetzt fühlte es sich anders an – nach mehr. Wärmer. Es hatte meinen Rauswurf aus der Firma im letzten Jahr gebraucht, um dieses Gefühl, dieses Mehr kennenzulernen. Damals hatte ich geglaubt, dass der Streit mit meinen Eltern und der Rauswurf das Schlimmste waren, was mir hätte passieren können. Ich war auf Christopher Rothe, den Sohn unseres längsten Geschäftspartners, losgegangen – nicht grundlos, wie meine Eltern mittlerweile wussten – und hatte daraufhin das Unternehmen verlassen müssen. Ein Umstand, der mir damals komplett den Boden unter den Füßen weggerissen hatte. Jetzt jedoch war ich beinahe dankbar dafür, denn es war die Veränderung gewesen, die ich gebraucht hatte, um zu merken, dass etwas Essenzielles in meinem Leben gefehlt hatte: Begeisterung und Leidenschaft für das, was ich tat.

Die Tür hinter mir schwang wieder auf, und Julius und Marlon rannten mit einem viel zu vollen Eimer Wasser und einem tropfenden Mopp bewaffnet herein, wobei sie eine nasse Spur hinterließen.

»Lasst mich raten: Das halbe Studio ist nass?«

»Gar nicht wahr!«

»Marlon hat gesagt, wir brauchen noch mehr Wasser.«

»Hä, du hast den Eimer unterm Hahn stehen lassen.«

»Jungs«, sagte ich und nickte in Richtung Boden. »Um halb beginnt der nächste Kurs. Go.«

Die beiden wischten den blauen Hallenboden, wobei sie wesentlich mehr Spaß hatten, als man beim Putzen vermutlich haben sollte.

»Ich hab übrigens eine Zwei in dem Diktat bekommen!«, platzte Marlon auf einmal heraus und blickte kurz zu mir, wie um meine Reaktion zu sehen. »Ich hab gemacht, was du gesagt hast, und mir den Text von Google vorlesen lassen und dann mitgeschrieben und korrigiert und all das. Ich hab sogar Petroleum richtig, weil ich das durch Zufall geübt hab, und dafür gab es einen extra Punkt.«

Marlons Strahlen war ansteckend. Vor knapp zwei Wochen hatte er erzählt, dass es ziemliche Probleme in der Schule gab, von denen zu Hause ganz zu schweigen. Ich wusste, dass der Junge weder auf den Kopf gefallen noch faul war, denn im Training war er mehr als bereit zu lernen. Wie sein Fortschritt in Deutsch zeigte, lag ich mit dieser Annahme richtig. Ihm fehlten nur etwas Hilfe und ein Anreiz.

»Ich bin stolz auf dich«, sagte ich. »Ich bin mir ziemlich sicher, dass ich das Wort selbst in der zehnten Klasse noch falsch geschrieben hätte.«

Marlon sah mich nicht noch einmal an, aber ich erkannte das Lächeln, das sich über beide Wangen zog, während er sich auf den Wischmopp konzentrierte.

Ja, dieser Stolz fühlte sich definitiv ganz anders an als der, den ich durch das Büro gewohnt war. Auch wenn ich seit Kurzem wieder in der Firma arbeitete, war es die Arbeit hier, die mich abends mit einem Lächeln einschlafen ließ.

»Oh, Elias beehrt uns doch noch! Ich bin hocherfreut!«

»Klappe, Ky«, sagte ich und gab meiner kleinen Schwester einen Knuff. Kyra umarmte mich zur Begrüßung.

»Wir sind einfach nur verwundert, dass Mr Pünktlich mal zu spät ist«, kommentierte Noah, bevor auch er mich kurz an sich drückte.

»Ja ja«, wiegelte ich ab. »Wenn ich einen Euro bekäme für jedes Mal, das ihr schon zu spät gekommen seid.«

»Dann wärst du jetzt reich, wissen wir«, gab Kyra zurück und ließ sich wieder auf den gepolsterten tannengrünen Sessel fallen. »Wäre vielleicht gar nicht so schlecht, dann könntest du mal zum Friseur.«

Ich fuhr mir durch die braunen Haare, die tatsächlich lang geworden waren und nun beinahe Noahs ähnelten, bis hinunter zu dem kurzen Bart, der an meiner Handfläche kratzte.

»Ich mag's, lass dich nicht verunsichern«, gab Noah mit einem Seitenblick auf unsere Schwester zurück.

»Wollt ihr noch was trinken?«, fragte ich, als ich den beinahe leeren Latte Macchiato meiner Schwester bemerkte. Anscheinend hatte ich die beiden doch länger warten lassen als gedacht.

»Ich nehm noch einen Caramel Macchiato«, antwortete sie, wie aus der Pistole geschossen.

»Ich hab noch, danke.«

Ich hängte meine Lederjacke, die ich an dem warmen Apriltag nicht gebraucht hätte, über den freien Sessel und ging zur Theke, um bei Larissa den Caramel Macchiato und einen Cappuccino für mich zu bestellen. Eine Sekunde später trat Phuong aus dem kleinen Raum zur Rechten der Theke, in der Hand trug sie zwei große Packungen Kekse. Ich hatte sie eine Weile nicht gesehen, lange genug zumindest, dass mich die schwarz-türkisen Haare überraschten.

»Hi Elias!« Sie stellte die Packungen auf dem Tresen ab und blickte kurz zu Larissa hinter ihr. »Du hast schon bestellt?«

Ich nickte. »Alles gut bei dir?«

»Jap, bis auf den üblichen Unistress kann ich mich nicht beklagen. Kat und ich überlegen, eine WG zu gründen. Das Wohnheim macht mich langsam fertig.«

Phuong war eine von Kyras besten Freundinnen und arbeitete seit knapp zwei Jahren im Poet's Corner, das zu unserem Stammcafé geworden war. Zugegeben, ich war – im Gegensatz zu meinen Geschwistern – nicht der Typ für Cafés oder Stillsitzen, deshalb traf ich sie eher selten hier an.

»Schön, dich mal wieder zu sehen«, kommentierte sie im selben Augenblick, als hätte sie meine Gedanken gelesen.

»Ja, ist eine Weile her. Aber du siehst mich jetzt sicher häufiger. Kyra ist der Meinung, dass wir uns regelmäßiger treffen müssen, also haben wir ab heute alle zwei Wochen Coffee Dates. Und damit es keinen Streit gibt, wer zu wem fährt, haben wir beschlossen, uns auf halber Strecke zu treffen und veranstalten sie hier.«

»Das ist aber nicht die Mitte von Schöneberg und Kreuzberg.«

»Okay, vielleicht hatte auch keiner Lust darauf, die Wohnung auf Vordermann zu bringen«, gab ich grinsend zurück.

»Ist mir recht, sonst bekomme ich dich und Noah ja gar nicht mehr zu Gesicht.«

Ich plauderte noch mit Phuong, bis Larissa die Getränke gemacht hatte, und trug diese dann selbst zum Tisch. Kyra schnappte sich ihren Caramel Macchiato sofort und stieß ein wohliges Seufzen aus.

»Sag bitte nicht, dass du wieder so wenig geschlafen hast.« Der Sessel gab ein Knarzen von sich, als ich mich darauf fallen ließ. »Kyra?«, fragte ich, als einige Sekunden verstrichen.

»Du hast gesagt, ich soll es nicht sagen, also hab ich die Klappe gehalten.«

»Milan oder Podcast?«, erkundigte sich Noah mit einem Grinsen.

»Beides«, murmelte sie.

»Übernimm dich bitte nicht«, meinte ich.

»Sagst gerade du mit deinen zig Jobs, der Uni und allem.«

»Milan lenkt sie schon ab.« Noah warf Kyra einen Blick von der Seite zu.

»Klappe!«

»Seit wann bist du Milan-Fan?«, fragte ich meinen Bruder, der direkt mit den Händen abwiegelte.

»Fan würde ich jetzt nicht gerade sagen. Es ist mehr so eine gegenseitige Akzeptanz.«

»Ja, ja. Akzeptanz. Deshalb haben du, Daniel und er letzte Woche auch selig Mario Kart zusammen gezockt. Du hast ihn eingeladen.« Sie warf mir einen wissenden Blick zu, der mich zum Schmunzeln brachte. Noah war zu Beginn nämlich alles andere als begeistert von Milan gewesen.

»Woher weißt du das?«

»Daniels Insta-Story.«

»Wieso postet der Junge alles auf Instagram? Seit ich wieder da wohne, muss ich wirklich aufpassen, keine Unterwäsche irgendwo rumfliegen zu lassen, die dann für alle sichtbar online landet.«

»Die gehört sowieso in den Wäschekorb.«

Noah rollte mit den Augen. »Jedenfalls wollte ich nur gucken, ob er überhaupt was für dich ist.«

Kyra stieß ein Schnauben aus, das die Kerze auf dem Tisch zum Flackern brachte. »Dafür ist es etwas spät. Als ob du das außerdem zu entscheiden hättest.« Sie pikte ihn in den Oberarm. »Pass auf, sonst pack ich dich doch noch in den Podcast.«

»Du kannst das nicht immer als Drohung nehmen.«

»Funktioniert bisher aber gut.«

Ich folgte dem Schlagabtausch der beiden mit einem Grinsen. »Vielleicht sind die regelmäßigen Treffen doch keine so gute Idee, wenn ihr euch wieder so benehmt wie damals, als ihr noch bei Mama und Papa gewohnt habt.«

»Klappe«, erwiderten beide gleichzeitig, was uns alle zum Lachen brachte.

»Also seid Milan und du jetzt richtig offiziell zusammen?«, fragte ich meine kleine Schwester.

»Ich … glaub schon, ja.«

»Du glaubst? Ihr seht euch doch seit Monaten.«

»Generation Z, Elias. Ich bin mir nicht mal mehr sicher, ob man sich so was sagt oder ob ›wir sind jetzt exclusive‹ die neuen magischen Worte sind. Dating ist kompliziert, alter Mann.«

Ich trat unter dem Tisch nach ihrem Fuß, was sie zum Lachen brachte.

»Aber ja, doch, kann man schon so sagen.«

»Ich freu mich für dich«, sagte ich, und mein Lächeln verstärkte sich, als ich ihres sah. Kyra hatte etwas Glück in der Liebe wohl mehr verdient als wir alle zusammen.

»Papa meinte, du kannst Freitag nicht mit zum Kundentermin?«, fragte Noah.

Ich schüttelte den Kopf. »Ne, aber ich mach ihm morgen noch die Auswertung fertig. Mit dem Fahren und allem wär's zu knapp mit dem Kurs. Gehst du stattdessen mit?«

»Nope, ich hab Uni, und Papa ist der Meinung, ich sollte da besser hin.«

Noah grinste zwar, aber ich hätte zu gern seine Gedanken gelesen, denn ich war mir nicht sicher, wie mein Bruder wirklich über meinen Job bei Marc dachte – oder besser gesagt über die Tatsache, dass sich in letzter Zeit immer häufiger dessen Termine mit denen des Betriebs schnitten. Mein Rauswurf hatte ihn mehr mitgenommen als mich, was der erste Hinweis für mich hätte sein sollen, dass es sich bei der Sache mehr um Noahs als um meinen Lebenstraum handelte. Es hatte nie infrage gestanden, dass Noah und ich Seger Solar, den Laden, den unser Großvater gegründet hatte und der mittlerweile mehr als bloße Solarpanels herstellte, irgendwann übernahmen. Wir hatten unser Studium danach ausgewählt, Schulpraktika in dem Betrieb gemacht und waren mit Beginn der Uni beide als Werkstudenten dort eingestiegen. Mit meiner Suspendierung wurden Noah meine Aufgaben zugeteilt, und er hatte mehr Verantwortung übernommen. An sich nichts, was Noah störte, denn er brannte für die Firma, doch seine Freude, als sich alle Missverständnisse letzten Winter geklärt hatten und ich zurück auf meinen Posten durfte, war umso größer gewesen. Nicht groß genug jedoch, dass sie sich vollständig auf mich übertrug. Dabei sollte ich Freude fühlen, oder nicht? Ich musterte meinen Bruder und fragte mich nicht zum ersten Mal, wie ich es schaffen konnte, mich meiner Aufgabe wieder mit der gleichen Hingabe wie früher zu widmen.

»Oh, hi!«, rief Kyra plötzlich und winkte in Richtung Tür. Ich folgte ihrem Blick. Miriam, Kyras zweite beste Freundin, betrat gerade den Laden. Sie trug eine dunkelblaue Jeansjacke über dem Arm und kam, dem Rucksack nach zu urteilen, wohl gerade von der Uni. Ihre hellen Haare fielen ihr in sanften Wellen bis über die Brust. Miriams Blick huschte kurz suchend zur Theke, dann erst kam sie an unseren Tisch.

»Hey«, sagte Miriam, wobei der Blick aus ihren hellbraunen Augen mich nur kurz streifte. Ich war mir nie ganz sicher, ob sie mich mochte. Manchmal kam es mir so vor, dann wiederum schien sie mir auszuweichen – oder hatte es getan, als Kyra noch bei unseren Eltern gewohnt hatte und wir gleichzeitig zu Besuch gewesen waren. Wann immer wir zu zweit in einem Raum waren, hatte sie eine Ausrede gefunden, diesen zu verlassen. Vielleicht war es ihr einfach unangenehm, mit dem großen Bruder ihrer besten Freundin Small Talk betreiben zu müssen. Wer konnte es ihr verübeln? Generell war Miriam eher still, doch in den Momenten, in denen sie etwas sagte, zogen mich ihre Worte stets in den Bann.

»Wie geht es dir?«, fragte Kyra, und in ihrem Blick lag Sorge, wenn mich nicht alles täuschte. Ich folgte ihm und konnte es nachvollziehen. Miriams Augen waren leicht gerötet, nicht als hätte sie geweint, sondern vielmehr, als hätte sie die Nacht nicht geschlafen. Ich biss mir auf die Zunge, um die Fragen, die darauf lagen, zurückzuhalten. Sie war Kyras Freundin, und was immer sie bedrückte, ging mich nichts an. Ich mochte Miriam und fand sie eindeutig attraktiv, aber ich wusste es besser, als diese Gedanken ihren Lauf nehmen zu lassen. Kyra hatte zu Schulzeiten schwer Anschluss gefunden und nur eine Handvoll enger Freundinnen. Diese gingen ihr über alles, und um nichts in der Welt würde ich etwas tun, was diese Freundschaften sabotierte.

»Ganz in Ordnung«, erwiderte Miriam. »Ist Phuong zufällig da?«

»Ja«, antwortete ich, während mein Blick die Theke entlangschweifte. »Entweder auf Toilette oder in der Küche, aber eben war sie noch hier.«

»Danke«, sagte Miriam. Sie sah von uns zurück zur Theke, als wäre sie nicht sicher, was sie jetzt tun sollte.

»Du kannst gern hier warten«, meinte ich und zog ihr einen der Sessel des benachbarten Tischs heran. Ein zaghaftes Lächeln erschien auf ihrem Gesicht, aber es wirkte vorsichtig und erreichte ihre Augen nicht.

»Danke, ich will euer Date aber gar nicht stören.«

»Du störst doch nicht«, widersprach Kyra direkt, woraufhin sich Miriam auf den Sessel neben mir setzte. Ohne dass ich es wollte, nahm ich den beinahe schon vertrauten Duft ihres Shampoos wahr. Es war der Geruch nach Zitrus, der sie seit Jahren umgab.

»Anstrengender Tag?«, fragte ich.

Miriam lachte auf. »Kann man so sagen, ja.«

»Magst du reden?«

Verblüfft blickte Miriam mich an. Ich war selbst überrascht, dass mir diese Frage herausgerutscht war – und noch mehr über die leichte Enttäuschung, die sich in mir bemerkbar machte, als sie langsam den Kopf schüttelte. »Nein, aber danke. Ich wollte kurz Phuongs Meinung zu was und bin auch gleich wieder weg. Außerdem kennst du anstrengende Tage sicher besser als ich … Du bist zurück in der Firma?«

Ich nickte. »Ja, seit drei Wochen.«

»Endlich«, warf Noah ein.

»Ach, du hast doch auch ohne mich erstaunlich wenig Mist gebaut.«

»Bin trotzdem froh, dass du bei dem Termin nachher dabei bist.«

»Du willst heute noch arbeiten?«, fragte Kyra und warf einen Blick auf ihre Uhr. »Aber du warst doch gerade erst im Studio. Und du hattest heute Morgen schon Uni.«

»Ja, aber ich hab auch den hier«, erwiderte ich und deutete auf die Kaffeetasse vor mir. »Außerdem war das an der Uni nur eine Infoveranstaltung zur Bachelorarbeit.«

»Ich weiß nicht. Meinst du nicht, das ist ein bisschen viel?«

»Ich hab ihm auch schon gesagt, dass Marc es sicher versteht, wenn er nicht mehr im Studio aushilft.«

»Ich helf nicht nur aus, ich hab eigene Kurse.«

Noah hob beschwichtigend die Hände. Wir hatten dieses Gespräch bereits letzte Woche geführt, und es war nicht gerade auf einer positiven Note geendet. Noah war der Meinung, ich arbeitete zu viel und könnte mich so nicht auf meinen Posten in unserem Familienbetrieb konzentrieren – etwas, das Noah wichtiger als alles andere war. Und mir bis vor Kurzem auch. Weil ich nie eine Alternative gekannt hatte … Doch so sehr ich in die Firma zurückgewollt hatte, so sehr missfiel mir nun die Vorstellung, im Studio zu kündigen. Denn es war nicht nur die Arbeit, die ich liebte. Es war das Gefühl, etwas Positives zu bewirken, so wie heute mit Marlon. Das Gefühl, gebraucht zu werden.

»Du hast vor allem bald deine Bachelorarbeit«, meinte Kyra und musste lachen, als ich mein Gesicht verzog.

»Erinnere mich doch nicht daran. Nein, aber ernsthaft: Ich schaff das schon.«

Kyra und Noah nickten, auch wenn beide nicht völlig überzeugt von meinen Worten wirkten. Miriam neben mir lächelte abwesend, und ich war mir sicher, dass sie mit ihren Gedanken gerade überall war, nur nicht bei diesem Gespräch.

»Sicher, dass du nicht reden magst?«, fragte ich leise, während Noah und Kyra weitersprachen. Miriam richtete den Blick aus ihren warmen braunen Augen auf mich, bevor sie ihren Kopf leicht von links nach rechts bewegte. »Ist eine etwas längere Geschichte, und ich hab euer Treffen sowieso schon gestört.« Hinter ihr öffnete sich die Tür zu den Toiletten, und Phuong trat heraus. »Als hätte sie mich gehört«, fuhr Miriam fort und stand auf. »Danke dir, Elias«, sagte sie und schenkte mir ein Lächeln, das wesentlich echter wirkte als zuvor und dafür sorgte, dass ich für einen kurzen Augenblick alles um mich herum vergaß.

Am liebsten hätte ich mich selbst geschüttelt. Die Freundin meiner kleinen Schwester war tabu.

Miriam nahm ihren Rucksack vom Boden. »Ich quatsch mal kurz mit Phuong. War schön, euch beide mal wieder gesehen zu haben. Sorry, dass ich einfach so reingeplatzt bin.«

»Alles gut«, meinte Noah. »Hey«, rief er dann, als Miriam gerade im Begriff war, wegzugehen.

»Ja?«

»Was machst du denn am 7. Mai?«

Sie hob die Schultern und sah ihn perplex an. »Noch keine Pläne, denke ich. Wieso?«

»Ich weiß, es ist mega früh, aber ich würd gern meinen Geburtstag feiern und dachte, ich frag lieber alle jetzt schon, bevor sie den Tag verplanen. Also falls du Zeit hast ... Ich will nichts Großartiges machen, einfach die alte Truppe bei mir und Daniel.«

»Total gern!«, sagte Miriam, und erneut erschien ein Lächeln auf ihrem Gesicht. Es brachte ihre Augen zum Strahlen und sorgte dafür, dass auch meine Mundwinkel sich wie von selbst hoben. Kurz trafen sich unsere Blicke, dann schulterte sie ihren Rucksack, winkte uns noch einmal zum Abschied und ging in Richtung Theke. Ich sah ihr hinterher und blieb mit einem Gefühl zurück, das mich verdächtig an Enttäuschung erinnerte. Doch worüber? Dass sie sich mir nicht anvertraute? Wieso sollte sie auch?

»Ist alles okay bei ihr?«, fragte ich dennoch leise.

Kyra seufzte. »Lange Geschichte.« Ihr Blick ruhte weiter auf Miriam. »Sorry, aber ich schau mal nach ihr, ja? Ihr könnt euch in der Zwischenzeit mal das hier ansehen. Nächste Woche kommt ein Film, den Lia und ich unbedingt gucken wollten, und ich dachte, ihr wollt vielleicht mit …«

Kyra entsperrte ihr Handy und legte es auf den Tisch. Dann lächelte sie mir entschuldigend zu und lief Miriam hinterher zur Theke.

Noah schnappte sich das Smartphone und begann, den Inhalt des Films vorzulesen, doch ich hörte nur mit einem Ohr zu, denn mein Blick wanderte immer wieder zu Miriam. Diese war nun in ein Gespräch mit Phuong und Kyra verwickelt. Was auch immer die drei besprachen, Miriam sah alles andere als glücklich aus, und ich hätte zu gern gewusst, was hinter der Geschichte steckte, die Kyra gerade erwähnt hatte.

3. KAPITEL

Miriam

»Oh Mann, aber wie kam deine Schwester überhaupt auf den Podcast?«, fragte Phuong. Ich hatte ihr von dem gestrigen Telefonat erzählt, obwohl mir klar war, dass sie nicht helfen konnte. Doch auch wenn ich meinte, was ich meiner Mutter gesagt hatte, und nichts bereute – mit irgendjemandem musste ich reden. Und bei Phuong und Kyra konnte ich mir sicher sein, dass sie mir den Rücken stärkten.

»Ich war einfach doof«, erwiderte ich. »Meine Schwester und ihr Verlobter waren an Ostern auch bei meinen Eltern, und ich hab Kyras Podcast erwähnt. Schätze, Louisa hat ihn danach gehört und ist wohl gestern bei der Folge mit mir angelangt.«

»Und sie ist da so konservativ wie deine Eltern?«

»Scheint so. War mir auch nicht klar.«

Kyra, die neben mir an der Theke lehnte, den Kopf auf die Hände gestützt, schenkte mir ein mitleidiges Lächeln, mit dem sie mich gestern schon mehrmals bedacht hatte. Sie hatte mich bereits nach der Aufnahme des Podcasts gewarnt, dass meine Familie ihn hören könnte, dass online Kommentare kommen könnten, und ich hatte ihn trotzdem hochladen wollen. Die Kommentare kamen, wie von Kyra vorhergesagt, direkt. Während ich anfangs noch überlegt hatte, nach der Aufnahme zu meinen Eltern zu fahren, hatten mich die zahlreichen Meinungen zu der Folge davon abgehalten. Mit den Kommentaren war ich erstaunlich gut klargekommen, vielleicht, weil ich sie alle fast schon im selben Wortlaut erwartet hatte. Man fand sie unter jeglichen Instagram-Posts zum Thema. Doch sie hatten mir auch mögliche Reaktionen meiner Familie aufgezeigt, und das wiederum hatte mir Angst eingejagt. Genug, um das Geschehene weiterhin vor meinen Eltern und meiner Schwester geheim zu halten.

»Hast du Louisa mittlerweile erreicht?«, fragte Kyra, woraufhin ich den Kopf schüttelte.

»Okay, also weißt du noch gar nicht, ob sie wirklich auf der Seite deiner Eltern ist«, gab sie zu bedenken.

»Aber wieso sonst sollte sie mir nicht antworten?«

»Bereust du den Podcast?« Kyra kaute auf ihrer Unterlippe.

»Nein, das hab ich dir doch gestern schon gesagt.«

»Ich weiß, aber …«

»Nichts aber. Ich steh nach wie vor dahinter.«

»Was können wir tun?« Phuong legte ihre Hand auf meine und drückte sie kurz. Ich erwiderte ihren Blick und ließ geräuschvoll einen Schwall Luft entweichen. Tja, was konnten sie tun?

Langsam hob ich die Schultern. »Ich weiß es nicht. Denkt ihr …«

»Denken wir was?«, hakte Kyra nach, als ich nicht weitersprach.

Mit den Fingerspitzen rieb ich mir über die Stirn, hinter der sich ein Ziehen bemerkbar machte.

»Denkt ihr, ich hab einen Fehler gemacht?«

»Mit der Abtreibung?«, fragte Phuong. »Das ist ganz allein deine Entscheidung, das sagtest du doch selbst.«

»Damit, dass ich ihnen damals nichts gesagt hab. Ich bin mir sicher, dass es das Richtige war, aber ihr hättet meine Mutter hören sollen.« Ich schüttelte den Kopf.

»War sie wirklich wütend wegen der Sache an sich? Oder eher, weil sie es auf diese Weise erfahren hat?«

Ich hob die Schultern. »Ich weiß es nicht genau, ein bisschen von beidem, denke ich. Du kennst sie ja nicht, aber sie sind nicht gerade die liberalsten. Frag Kyra.«

»Mag sein«, stimmte diese mir zu, »aber ich weiß auch, dass sie dich lieben. Vielleicht brauchen sie einfach ein bisschen Zeit, für sie ist das Ganze ja noch recht frisch.«

»Du hast nichts falsch gemacht«, meinte Phuong ruhig, aber bestimmt. »Wenn überhaupt bewundere ich dich. Meine Periode war einmal fast eine Woche zu spät, und ich hatte schon totale Panik. Dass du das damals alles allein geschafft hast … Wirklich, Miri, ich hab Respekt.«

Ich lächelte schwach. »Danke dir. Ich wünschte nur, meine Familie würde das genauso sehen.«

»Ruf Louisa noch mal an«, sagte Kyra. »Vielleicht kann sie zwischen euch vermitteln. Ich kann mir kaum vorstellen, dass sie auch sauer auf dich ist, sie ist quasi in unserem Alter.«

»Genau«, stimmte Phuong zu. »Du kannst in der Küche telefonieren, wenn du magst.«

»Du kannst auch mein Handy nutzen«, bot Kyra an. »Falls sie wirklich sauer ist, geht sie da vielleicht eher ran.«

»Was nicht besser wäre, weil ich dann weiß, dass sie nicht mit mir sprechen möchte.« Ich lächelte schief. »Ich probier es noch mal so. Ihr seid die Besten, wisst ihr das?«

»Yep«, sagte Phuong mit einem Grinsen. »Deshalb mach ich gleich auch ganz laut die Beatles an und bringe dir die beste heiße Schokolade in ganz Berlin zum Trost.«

»Hast du nicht gesagt, die gibt es in der Kaffeerösterei neben Lias Galerie?«, fragte Kyra.

»Jetzt mach es mir doch nicht kaputt«, protestierte Phuong. »Aber ja, da müssen wir mal hin.«

Das Gespräch der beiden versetzte mir einen kleinen Stich, denn die Rösterei wäre mein Vorschlag für eines der nächsten Treffen mit meiner Schwester gewesen, nachdem Phuong und Lia so davon geschwärmt hatten. Die nagende Unruhe, die Phuongs Worte in mir hervorgerufen hatten, war aber immerhin Anlass genug, dass ich mein Handy entsperrte und mich in die kleine Küche des Poet's Corners verzog. Ich schloss die Tür hinter mir und hoffte, dass Phuong Larissa daran hindern würde, hereinzuplatzen. Wenn Louisa überhaupt dranging.

Nervös drückte ich auf den Hörer und hielt mir das Handy ans Ohr. Eins, zwei, drei, vier. Im Kopf zählte ich die Male mit, die das Freizeichen ertönte. Dann knackte es in der Leitung. Louisa war endlich rangegangen.

»Was willst du, Miriam?«

Die Stimme meiner Schwester klang so abweisend, dass es mich direkt an das gestrige Telefonat mit meiner Mutter erinnerte. Doch was mich noch viel mehr irritierte, war, dass sie mich mit meinem vollen Namen ansprach – das tat sie sonst nie. Innerlich wappnete ich mich für das folgende Gespräch, denn ich wusste bereits, dass es nie und nimmer gut laufen konnte. Dabei wollte ich nichts weniger, als noch einmal die gleiche Ablehnung erfahren, die mir meine Mutter gestern entgegengebracht hatte.

»Hi, Lou«, sagte ich und räusperte mich. Ich wünschte, ich hätte mit ihr sprechen können, bevor sie und Mama über alles geredet hatten. Ich liebte meine Mutter, aber sie hatte zu Louisa stets ein engeres Verhältnis gehabt als zu mir, und ich konnte mir gut vorstellen, dass sich die Lage immer und immer weiter hochgeschaukelt hatte, während ich nichtsahnend kein Wort dazu sagen konnte.

Was mein Vater wohl über all das dachte? War er auch so wütend? Schon als kleines Mädchen war ich mehr nach ihm gekommen und hatte auch heute noch einen engeren Draht zu ihm.

»Was gibt's?«, riss mich Louisas Stimme aus den Gedanken.

»Wie geht es dir?«

»Gut«, antwortete Louisa knapp und schwieg. Sie erkundigte sich weder, wie es mir ging, noch hielt sie das Gespräch sonst am Laufen.

»Ich hab gestern Morgen auf dich gewartet«, sagte ich. Wieder erwartete mich nur Schweigen auf der anderen Seite, dennoch schaffte sie es, *mir* ein schlechtes Gefühl zu geben.

»Bist du wütend auf mich?«, fragte ich also, obwohl ich die Antwort längst kannte.

Am anderen Ende der Leitung war ein leises Lachen zu hören, das jedoch so empört klang, dass es einem Schnauben glich. »Das fragst du wirklich?«

»Gut, dann lass es mich umformulieren: Warum bist du wütend auf mich?«

»Warum ich wütend auf dich bin? Jetzt im Moment gerade, weil du diese Frage überhaupt stellst. Was glaubst du denn?«

»Weil Mama und du den Podcast gehört habt. Und keiner von euch kam auf die Idee, mal mit mir zu reden?«

Erneut lachte Louisa auf, diesmal jedoch etwas lauter. »Du bist ja lustig, uns Vorwürfe zu machen. Inszenier dich jetzt bloß nicht als das Opfer in diesem Szenario. *Wir* sollen mit dir reden, nachdem *du* uns verschweigst, dass du … nachdem du uns so etwas verschweigst?«

»Ich hätte vielleicht mit euch reden sollen, ja«, antwortete ich und bemühte mich, meine Stimme ruhig zu halten, schon allein, weil ich nicht wollte, dass Phuong, Kyra und Larissa draußen alles mithören konnten. Ich hasste Streit. Ich wusste ganz genau, wie sehr meine Stimme zu zittern anfangen würde, wenn ich die Wut und Traurigkeit, die ich fühlte, jetzt nach außen dringen ließ. »Aber ich hatte in diesem Moment genug im Kopf und wollte nicht …«

»Hättest du, ja. Dann hätten wir dir diese Dummheit nämlich ausreden können.«

Perplex hielt ich inne und vergaß, was ich noch hatte sagen wollen.

»Dummheit? Ausreden?« Der Schmerz, der mir durch die Brust fuhr, erstaunte mich selbst. Der Streit mit meiner Mutter war die eine Sache gewesen, doch aus dem Mund meiner Schwester trafen diese Worte wesentlich tiefer – denn ihr hatte ich in erster Linie deshalb nichts gesagt, weil ich sie nicht in die Situation bringen wollte, Geheimnisse vor unseren Eltern haben zu müssen, die sie Mama gegenüber sowieso nicht für sich behalten konnte. Nicht, weil ich an ihrer Unterstützung gezweifelt hatte. Dass sie nicht wütend war, dass ich sie nicht eingeweiht hatte, sondern dass sie nicht hinter mir stand … Ich schluckte, denn wenn ich jetzt etwas sagte, war es mit meiner Beherrschung ganz sicher vorbei. Schon wieder spürte ich, wie meine Augen brannten.

»Hör auf, mich zu wiederholen wie ein Papagei. Ich kann nicht fassen, dass du das getan hast.« Louisas Stimme wurde lauter, und ich lehnte mich gegen den kleinen verglasten Vorratsschrank in meinem Rücken.

»Was hätte ich denn machen sollen?« Zitternd atmete ich ein. »Ich war in der Oberstufe, noch vorm Abi und überhaupt nicht bereit für ein Kind.«

»Wenn du Sex haben kannst, bist du auch bereit für ein Kind.«

Jetzt musste ich lachen. »Was ist das denn für eine bescheuerte Aussage?«

»Und weiß der potenzielle Vater überhaupt davon, oder war das im Podcast auch gelogen?«

»Lou, nichts davon war gelogen! Er war mit mir bei meiner Gynäkologin und stand und steht voll hinter mir. Wir haben diese Entscheidung gemeinsam getroffen.« Finn, mein Ex-Freund, war so viel verständnisvoller und unterstützender gewesen, als meine eigene Familie es jetzt war, dass es mir vor Wut die Tränen in die Augen trieb. Obwohl er ebenso geschockt gewesen war wie ich, hatte er mir von vornherein klargemacht, mich zu unterstützen, egal, wie meine Entscheidung auch ausfallen mochte. Dass ich von meiner Familie weniger erwarten konnte als von meinem Ex-Freund tat mehr weh, als ich gedacht hatte.

Eine Weile herrschte Stille am anderen Ende der Leitung, während ich tief durchatmete.

»Und jetzt rufst du an, um mir deine Abtreibung unter die Nase zu reiben, als wäre es was Tolles? Dich darüber auszuheulen, dass Mama und Papa sauer auf dich sind?«

Ich biss mir von innen auf die Lippe, um die Worte aufzuhalten, die bereits darauf warteten, meinen Mund zu verlassen. »Können wir uns nicht mal normal unterhalten? Das ist total kindisch.«

»Du bist kindisch, wenn du dich so einfach einer Verantwortung entziehst.« Ich hörte das schwere Atmen meiner Schwester durch die Leitung, und bei den nächsten Worten schien auch ihre Stimme zu zittern. »Ich hätte dich nie so eingeschätzt.«

»So eingeschätzt? Lou, ich bin keine Serienmörderin oder hab eine Bank überfallen. Ich habe eine Entscheidung getroffen, die für mich in diesem Moment die richtige war, die ich gründlich durchdacht habe und die, sorry, im Endeffekt auch niemanden etwas angeht als mich. Und vielleicht noch Finn.«

»Finn?«

Ich ließ den Kopf so fest gegen die Schranktür hinter mir sinken, dass es beinahe wehtat. Das war ein Fehler gewesen. Denn Louisa hatte Finn immer gemocht. Es wäre wesentlich einfacher gewesen, wenn sie dachte, dass die Schwangerschaft aus irgendeinem One-Night-Stand entstanden war.

»Natürlich war es Finn, wenn es in der Oberstufe war … aber ihr wart zusammen. Hat er deswegen Schluss gemacht?«

»Was? Nein.«

Ein Schnauben am anderen Ende. »Das Ganze ist dir in einer Beziehung passiert, und das ist deine Lösung für das – wie du es siehst – Problem? Ihr hättet das Kind großziehen können.«

»Ohne Jobs?« Ich schüttelte den Kopf. »Ich will gar nicht mit dir diskutieren. Es war keine unüberlegte Entscheidung, okay? Und egal, ob wir konnten, wir *wollten* nicht.«

»Ich versteh dich einfach nicht. Ist dir klar, dass du dich das ganze Telefonat über nicht einmal entschuldigt hast?«

»Du musst es ja auch nicht verstehen. Du musst es einfach nur akzeptieren.« Und entschuldigen würde ich mich nicht. Dafür, nichts gesagt zu haben, vielleicht. Aber nicht für den Rest. Wieso verstanden mich meine Freundinnen, aber meine Schwester, die ich ebenso zu meinen besten Freundinnen zählte, tat es nicht? Sie kannte mich doch besser als jeder andere Mensch auf diesem Planeten.

Ein erneutes freudloses Lachen schallte aus meinem Handy. »Das werd ich nicht. Und Mama und Papa ganz sicher auch nicht. Ich helf dir auch bestimmt nicht dabei, das mit den beiden wieder zu fixen.«

»Ich …«, begann ich, doch Louisa ließ mich gar nicht erst zu Wort kommen.

»Du bist wirklich unglaublich. Fürs Protokoll: Ich stehe völlig auf Mamas und Papas Seite. Weil ich wirklich hoffe, dass du bereust, was du getan hast. Bis dahin brauchst du dich gar nicht bei mir oder uns zu melden.«

Sie hatte die letzten Worte nicht lauter gesprochen, hatte sie mir nicht entgegengespuckt und nicht einmal besonders viel Emotion in sie hineingelegt. Das musste sie auch gar nicht, denn ihre Worte schnitten durch mich hindurch wie Klingen und trafen ihr anvisiertes Ziel. Nicht, weil ich meine Abtreibung bereute. Ganz im Gegenteil: weil ich wusste, dass ich weder jetzt noch in Zukunft Reue dafür empfinden würde. Das bedeutete, dass Louisa mich aus ihrem Leben streichen wollte.

»Das meinst du nicht ernst«, sagte ich und hasste, dass meine Stimme jetzt doch zitterte, hasste, dass ich Louisa diesen Moment der Schwäche zeigte, der sie vielleicht glauben ließ, dass sie mit dieser Aktion ihr Ziel erreichen würde. Wie auch immer dieses Ziel aussehen mochte. Vermutlich wollte sie einfach nur, dass ich einknickte, bereute, angekrochen kam und um Vergebung bettelte. Nichts davon würde ich tun.

»Finde es gern heraus«, erwiderte meine Schwester kühl, und alles, was daraufhin folgte, war das monotone, gleichmäßige Tuten in der Leitung.

Sie hatte aufgelegt. Und ich hatte nicht mehr nur meine Oma, sondern, wie es aussah, auch den Rest meiner Familie verloren.

Mit einem genervten Stöhnen suchte ich nach dem Garagenschlüssel in meiner Tasche. Nach dem Telefonat hatte ich nur noch weggewollt, mich kurz von den anderen verabschiedet und war direkt hergekommen. Phuong und Kyra hatten mich erst nicht gehen lassen wollen, und selbst Elias hatte Sorgen geäußert. Das jedoch hatte mich noch mehr frustriert, denn diese kleinen Nachfragen hatten gereicht, wieder Hoffnung in mir zu wecken. Hoffnung darauf, dass es ihm vielleicht erging wie mir und er irgendwann mehr in mir sehen könnte. Dabei wusste ich, dass seine Sorge nicht mir als Person galt, sondern lediglich mir als Freundin seiner Schwester. Der Gedanke war beinahe so unerträglich wie der, dass ich ihn gar nicht interessierte.

Also war ich nicht geblieben, denn ich fühlte mich zu müde und ausgelaugt, um länger unter Menschen zu sein. Gerade gab es nur eine Sache, die meine Stimmung wieder heben und mich beruhigen würde. Und die stand unter mir in der Garage.

Ich hasste Streit, hatte ich schon immer. Seit dem Auszug meiner Schwester hatten wir kaum Auseinandersetzungen gehabt, wenn überhaupt, dann über Kleinigkeiten, die sich schnell wieder von selbst legten. Das hier war anders. Sie verstand meine Entscheidung nicht, und ich begriff nicht, wieso sie sich durch etwas, was sie gar nicht betraf, so angegriffen fühlte. Es war etwas, in dem wir uns im Grundsatz unterschieden, und ich hatte es bis jetzt nicht gesehen oder sehen wollen. Allem Anschein nach würden wir es so schnell nicht klären können, denn in dieser Sache konnte ich ihr nicht entgegenkommen. Was geschehen war, war geschehen, und ich konnte es nicht ungeschehen machen.

Ich fluchte, als der Schlüssel meiner Hand entglitt und mit einem Klirren auf den nassen Gehweg fiel. Dann traf ich endlich das Schlüsselloch, und das Rolltor vor mir schob sich langsam nach oben. Als die Lücke groß genug war – was bei meinen ein Meter zweiundsechzig nicht allzu lange dauerte –, schob ich mich hindurch ins Innere. Der Geruch nach Benzin beruhigte mich direkt. Vermutlich war es nicht gerade gesund, auf den Geruch von Abgasen zu stehen, aber es war der Geruch meiner Kindheit, wann immer mein Vater mich auf seinem Motorrad mitgenommen hatte, wann immer ich ihm, in der Garage sitzend, beim Schrauben zugesehen oder geholfen hatte, seine Harley zu putzen. Obwohl ich gerade wütend auf meine Eltern war, erdete mich der Geruch.

Ich lief die Rampe hinunter, vorbei an mehreren Autos, bis ich schließlich an meiner Yamaha SR 500 ankam. Meine Finger glitten kurz über den ledernen Sitz, bevor ich mir die langen Haare aus dem Gesicht band.

Das Motorrad hatte einst meinem Großvater gehört, und als dieser zu krank wurde, um es zu nutzen, hatte er es mir überlassen – gemeinsam mit Geld für einen Führerschein. Als ich endlich alt genug war, um selbst zu fahren, ließ ich keine Sekunde verstreichen, und nun war es nicht nur Erbstück, sondern meine Ausflucht, wann immer mir etwas zu viel wurde. So wie heute. Oder generell seit dem Tod meiner Großmutter, die zwar nie selbst gefahren war, aber schon als Beifahrerin auf diesem Sattel gesessen hatte.

Ich stieg auf, zog mir Handschuhe und Helm über und kickstartete die Maschine. Mit dem Ertönen des Motors merkte ich, wie sich meine Gedanken und mein Herzschlag beruhigten. Das Fahren war Freiheit, Spontaneität, Ausflucht und gleichzeitig meditativ, weil es mich mit meinen Gedanken isolierte. Es brachte mich nicht nur meinen Großeltern näher, sondern auch immer ein bisschen mir selbst.

4. KAPITEL

Elias

Die letzte Matte landete mit einem dumpfen Geräusch auf dem Stapel. Ich drehte eine Abschlussrunde im Raum, um zu überprüfen, ob auch alles sauber war, dann löschte ich das Licht und schloss die Tür hinter mir. Das Studio war für die Uhrzeit ungewöhnlich voll. Normalerweise kamen die meisten gleich morgens oder nach Feierabend, nicht jedoch am frühen Nachmittag. Ich ging in die kleine Mitarbeiterküche, nahm mir eine Flasche Wasser und ließ mich nach ein paar Schlucken daraus auf den knarzenden Stuhl neben dem kleinen Tisch fallen. Für einen kurzen Moment erlaubte ich es mir, die Augen zu schließen. Nur für ein paar Minuten, bevor es ins Büro ging. Ich hatte donnerstags eine frühe Vorlesung ab acht Uhr, dann ein Seminar, meinen Kurs mit den Kids hier und neuerdings auch wieder meine Arbeit bei Seger Solar. Mit dem Lernen oder den Vorbereitungen für Referate und Hausarbeiten kam der Schlaf aktuell etwas zu kurz. Dass das Semester letzte Woche gestartet hatte und Noah wieder mehr an der Uni eingespannt war, half auch nicht gerade.

Ich öffnete die Augen, als die Tür aufschwang und Schritte ertönten.

»Wenn du hier pennst, kostet es dich Miete«, kommentierte Marc trocken und ließ sich mit einem Stapel Briefe in der Hand auf den gegenüberliegenden Stuhl sinken.

»Ich hab nicht geschlafen«, protestierte ich, musste jedoch direkt im Anschluss daran gähnen, was meine Worte Lügen strafte. Auf Marcs Gesicht erschien ein Grinsen.

»Keine Sorge, ich werd dich eh nicht rausschmeißen, dafür sind die anderen viel zu begeistert von dir. Und ich komm endlich mal dazu, den Laden auf Vordermann zu bringen.«

»Das hättest du halt schon viel früher haben können, wenn du etwas Hilfe angenommen hättest.«

»Ja ja«, erwiderte Marc und winkte mit seiner großen Hand ab. Ich kam schon seit ich vierzehn war hierher. Erst zum Kickboxen, dann zum Boxen und später auch zum freien Sparring. Mit der Zeit war das Studio so etwas wie mein zweites Zuhause geworden. Ich hatte immer mal wieder bei Kleinigkeiten ausgeholfen, aber die Kurse hatte Marc mir erst vor Kurzem überlassen. Erst hatte ich vermutet, dass er es getan hatte, um mich aufzumuntern, als er von dem Rauswurf aus der Firma meiner Eltern erfahren hatte. Doch anscheinend hatte ich mich nicht ganz blöd angestellt, denn seit einigen Monaten arbeitete ich fest hier und leitete zwei eigene Kurse. Und das auch jetzt noch, obwohl ich den Posten in der Firma gerade zurückerhalten hatte.

»Wie haben sie sich heute benommen?«, fragte Marc, während er einen weiteren Brief öffnete und überflog.

»Gut, wie immer«, gab ich zurück.

Das Grinsen, das jetzt auf Marcs Gesicht erschien, war schief und beinahe spöttisch.

»Was?«

»Ach, nichts. Das ist mir nur neu. Ich trauere nicht gerade, dass du den Kurs übernommen hast.«

»Die Kids sind echt entspannt, wenn sie sich erst mal ausgetobt haben. Außerdem hab ich zwei kleine Geschwister, die waren früher wesentlich nerviger.«

Marc lachte. »Glaub mir, ich erinnere mich noch gut genug an die beiden in jüngeren Jahren. Noah war schon länger nicht mehr hier, ist alles okay bei ihm?«

»Ja, er geht grad voll und ganz in der Arbeit auf. Ich bring ihn mal wieder mit.«

»Mach das. Und wenn du magst …« Marc hielt mitten im Satz inne.

»Wenn ich mag?«, wiederholte ich, um ihn zum Weitersprechen zu animieren.

»Wenn du magst …«, begann Marc erneut, wirkte dabei aber so gedankenverloren, dass ich ihn stirnrunzelnd musterte.

»Alles in Ordnung?«

»Das kann nicht sein«, murmelte er, die Augen starr auf das Papier in seinen Händen gerichtet. Sein Blick huschte von links nach rechts und wieder nach links, und seine Augen weiteten sich so sehr, dass ich mir langsam Sorgen machte. Ich stand auf und stellte mich hinter Marc, um ihm über die Schulter schauen und den Brief lesen zu können. Es dauerte einige Sekunden, bis die Worte in meinem Kopf ankamen.

»Was zur Hölle?« Ich überflog die Zeilen ein zweites Mal, aber kein Zweifel. Dort stand es schwarz auf weiß. »Was bedeutet das?«, fragte ich und merkte, wie mein Herzschlag sich beschleunigte. »Heißt das, wir müssen schließen?«

Marc hob die Hand, während sein Blick weiter über den Brief wanderte. Dann klappte er ihn zusammen und schluckte. »Du bist durch für heute, oder?«

»Wieso?«

»Dann würde ich mal telefonieren.«

Die Kälte, die sich gerade in meinem Magen ausbreitete, ersetzte das Hochgefühl, das ich eben noch dank des Kurses gehabt hatte. Marc sah gar nicht glücklich aus, und seine Stimme klang viel zu ernst. »Kannst du mir wenigstens sagen, was genau das soll? Soll ich den Anwalt meiner Eltern fragen, ob …«

Marcs erhobene Hand brachte mich zum Schweigen. »Hier steht eine Telefonnummer«, sagte er und tippte auf das Ende des Briefs. »Ich werde erst einmal bei der Stadt anrufen.« Er hielt kurz inne. »Aber das ist ein offizieller Brief vom Stadtplanungsamt, Elias. Ich denke nicht, dass wir dem viel entgegenzusetzen haben. Die Fläche gehört der Stadt, und hier stehen alle Infos zum Bebauungsplan, wie es aussieht.« Marc zog ein zweites Blatt Papier hinter dem ersten hervor.

Ich schüttelte den Kopf. »Aber wie stellen die sich das denn vor? Wo sollen wir stattdessen hin? Was soll hieraus überhaupt entstehen? Und wann müssen wir raus?«

»Erst im Juli«, antwortete Marc nach einem weiteren Blick auf den Brief.

»Erst? Das ist in drei Monaten. Das kann in der Kürze doch niemals rechtens sein.«

»Die Fabrikhalle gehört nicht uns. Gut möglich, dass es schon länger feststeht und jetzt erst an uns alle verteilt wurde.« Marc fuhr sich mit seiner breiten Hand durch das stoppelige Haar. »Ich telefonier mal und spreche mit den anderen. Das betrifft ja nicht nur uns, sondern auch die Tanzschule nebenan, das Künstlercafé …« Marc seufzte, dann richtete er seinen Blick wieder auf mich. »Bitte erzähl niemandem hier davon, ja?«

Ich schüttelte den Kopf. »Natürlich nicht.« Mit den anderen im Studio darüber zu reden war das Letzte, was ich jetzt wollte. Ich schluckte, um die Schwere in meiner Brust loszuwerden, als ich an meine Kurse dachte. Insbesondere an die Kids. Das hier war ihr Zufluchtsort. Nicht dass sie das gesagt hätten, aber ich war nicht dumm. Zu sehen, wie sie aufgetaut waren, wie sie sich plötzlich für Ziele und ihren Fortschritt ins Zeug gelegt hatten … Ich wollte nicht nur für mich nicht, dass das Studio schloss. Ich wollte es für sie.

»Hey, Kopf hoch, ja?« Marc schenkte mir ein aufmunterndes Lächeln. »Ich hab schon Schlimmeres durchgestanden, glaub mir. Irgendwie geht es immer weiter.«

»Sorry. Jetzt bist du derjenige, der mich aufbaut, dabei sollte das andersrum sein.« Ich begann meinen Kram, den ich im Raum verteilt hatte, zusammenzusuchen und verstaute alles in meiner Tasche. Dann nahm ich die Jacke von der Garderobe. »Ich bin mal duschen und fahr ins Büro. Ruf mich bitte an, wenn was ist oder ich was tun kann, ja?«

»Du tust genug. Wir reden die Tage, wenn ich mehr Infos hab.«

Marc nickte mir zu und tippte dann etwas auf seinem Smartphone ein. Ich schloss die Tür hinter mir und machte mich auf den Weg zu den Duschen. Doch so angespannt, wie ich seit dem Brief war, würde auch das heiße Wasser mir nicht beim Entspannen helfen. Marc hatte oft betont, wie glücklich wir uns schätzen konnten, die alte Halle, die Teil der Fabrik war, so günstig nutzen zu können.

Das gesamte Gelände war zu einer Mischung aus Künstlerläden und Sportstudios verwachsen und hatte sich in den letzten Jahren sehr gemacht. Als Jugendlicher hatte mich meine Mutter kaum hier absetzen wollen, so abschreckend hatten das Graffiti, die eingeschmissenen Fensterscheiben und der stellenweise herumfliegende Müll gewirkt. Das Graffiti war heute noch zahlreicher am Gemäuer zu finden, aber das gesamte Gelände glich mittlerweile einem eigenen Mikrokosmos, in dem alle ihrer Leidenschaft nachgehen konnten und der – für mich, aber sicher auch für andere – ein Zufluchtsort geworden war.

Ich wäre vermutlich einfach gegangen, hätte mich das leise Fluchen nicht innehalten lassen. Die Stimme kannte ich nämlich zu gut.

»Marlon? Was machst du denn noch hier?«

Ein braunes Augenpaar richtete sich auf mich. Der Junge saß auf einer der breiten Fensterbänke nahe des Ausgangs, das Handy quer in der Hand.

»Ich spiel *Fortnite.*« Er sperrte das Handy. »Hab verloren. Eben hatte ich 'nen epischen Sieg!«

»Ich hab kein Wort verstanden, aber cool«, erwiderte ich. »Ich meinte eigentlich, was du noch hier machst.« Ich deutete durch den Raum. »Im Studio.«

Marlon hob leicht die Schultern, und als er sie wieder sinken ließ, wirkte er plötzlich sehr viel jünger als er eigentlich war. »Meine Mutter ist ein bisschen zu spät.«

Ein bisschen.

Das Training war seit über vierzig Minuten vorüber. »Aber sie kommt noch?«

»Ja, klar«, gab Marlon zurück. Für meinen Geschmack eine Spur zu schnell. Ich warf meine Sporttasche in die Ecke ans Fenster, knöpfte meine Jacke auf und schob mich neben Marlon auf die Fensterbank. Die Beine zog ich nach oben, da sie sonst direkt über der Heizung gehangen hätten.

»Was machst du?«, wollte Marlon mit irritiertem Gesichtsausdruck wissen.

»Ich warte mit dir, ist doch sicher langweilig allein.«

»Musst du nicht auf die Arbeit? Marc meinte, du arbeitest zu viel.«

»Dann ist das doch ein Grund mehr, noch ein bisschen länger hier zu bleiben, oder?«, fragte ich mit einem Grinsen zurück, das endlich auch Marlons Mundwinkel nach oben beförderte. »Dann erklär mir mal *Fortnite.*«

Marlons Gesicht wurde wieder ernster, und er wirkte plötzlich besorgt, was genau das Gegenteil dessen war, was ich erreichen wollte. Er schüttelte den Kopf und seufzte. »Sie hat es vermutlich vergessen.«

»Deine Mutter? Dich abzuholen, meinst du?«

Marlon nickte und sah auf seine Füße, die abwechselnd gegen die Heizung tappten. Mit den Fingern hielt er das Handy umklammert.

»Passiert das öfter?«

Er wiegte den Kopf hin und her. »Nicht so oft, ne. Nur ab und an mal.« Er blickte zu mir auf. »Aber das ist okay. Sie meint das nicht böse.«

»Kannst du sie nicht anrufen?«, wollte ich wissen und nickte zu seinem Smartphone.

»Du bist so klug, auf die Idee bin ich gar nicht gekommen!« Marlons Hand flog in einer übertriebenen Geste an seine Stirn.

»Okay, du Klugscheißer. Du drehst beim nächsten Aufwärmen eine Extrarunde.«

»Sie geht nicht ran. Meine große Schwester holt mich dann manchmal, aber die arbeitet in so einem Pflegeheim und hat anscheinend grad Schicht.« Ich betrachtete Marlon, der schon wieder lächelte. »Schon okay. Sonst fahr ich mit der U-Bahn und laufe den Rest.«

Ich wusste nicht, was bei Marlon zu Hause los war. Genauso wenig wie ich den Hintergrund der anderen Kinder kannte. Aber so viel Wut und Traurigkeit, wie sie an manchen Tagen mitbrachten, brauchte ich keine blühende Fantasie, um mir auszumalen, dass nicht jedes Zuhause das beste war. Es führte mir immer wieder vor Augen, welches Glück ich mit meiner Familie und in meiner Kindheit gehabt hatte.

Ich griff nach der dunkelgrünen Jacke hinter Marlon und drückte sie ihm in die Hand. Dann stieß ich mich von der

Fensterbank ab, sprang hinunter und nahm meine Tasche wieder in die Hand.

»Na komm, ich fahr dich.«

»Das musst du nicht. Wir wohnen ja nicht in der Innenstadt.«

»Ich weiß, dass ich nicht muss. Aber ich bin eh mit dem Auto hier, es ist echt kein Ding. Dann lohnt es sich wenigstens, dass ich mir den Wagen gekauft hab.« Das wäre in Berlin nämlich nicht nötig gewesen, erleichterte mir die Wege und die Besuche bei meinen Eltern aber sehr.

Kurz schien Marlon zu überlegen, dann jedoch nickte er. »Okay. Danke, Elias.«

»Kein Ding, Großer.«

Die angestaute Luft entwich meinen Wangen mit einem lauten Zischen. Ich parkte immer noch neben Marlons Haus, in das ich ihn gerade entlassen hatte. Begrüßt wurde er nicht von einer Mutter mit schlechtem Gewissen, sondern von seinem kleinen Bruder, der offensichtlich allein zu Hause geblieben war. Seinem sechsjährigen kleinen Bruder. Sollte man Kinder in dem Alter unbeaufsichtigt lassen? Ich konnte mich nicht daran erinnern, dass Noah, Kyra oder ich es damals gewesen wären. Mein Blick wanderte zu den Fenstern mit den zugezogenen Vorhängen im Erdgeschoss, ohne zu wissen, ob er überhaupt in diesem Stockwerk wohnte. Zu der kleinen Einfahrt, den Mülltonnen, dem Graffiti an der Mauer. Es war nicht das schlechteste Viertel, aber Marlons anfängliches Verhalten, die heutige Situation und auch Marcs Worte, bevor ich den Kurs übernommen hatte, ließen erahnen, dass Marlon nicht gerade den besten familiären Hintergrund hatte. Wie immer, wenn es anderen nicht gut ging, wollte ich helfen. In bestimmter Weise tat ich das mit den Kursen, was meinem Gewissen immerhin ein klein wenig Erleichterung verschaffte.

Aber wie lange noch?

Wenn die Stadt das Studio wirklich plattmachen und die Räumlichkeiten der Fabrik anderweitig nutzen wollte, hatten weder Marlon noch die anderen einen Ort, an den sie weiterhin kommen konnten. Denn selbst wenn wir etwas anderes fanden – nichts wäre in Berlin so günstig wie die alte Halle. Dann könnten Familien wie Marlons sich das Training mit Sicherheit nicht mehr leisten. Dabei sah ich, wie gut es ihm tat, wie es ihm half. Unweigerlich dachte ich an sein stolzes Gesicht, als er mir von der Zwei in seinem Diktat erzählt hatte.

Für Passanten und auch für dieses Bauplanungsamt der Stadt mochte das Studio einfach ein vollgesprühtes, heruntergekommenes und vor allem nicht profitbringendes Gebäude sein. Doch es war so viel mehr. Marcs Studio half Menschen und veränderte Leben. Es hatte Noah geholfen, als er von seiner Adoption erfahren und jeglichen Boden unter den Füßen verloren hatte. Mein kleiner Bruder war ein ganz anderer Typ geworden durch das Training und vor allem durch die Disziplin, die es ihm beigebracht hatte.

Das Gleiche sah ich jetzt bei diesen Kindern. Das durfte sich nicht einfach ändern. Ich musste etwas tun. Ich konnte etwas tun, da war ich mir sicher. Doch das würde Zeit und Energie beanspruchen, und die, da hatten meine Geschwister letzte Woche beim Kaffee leider recht gehabt, hatte ich aktuell nicht. Ich musste mit meinen Eltern sprechen. Ich war gerade erst in die Firma zurückgekommen, doch sie hatten es nach meinem Rauswurf auch ohne mich geschafft. Und ich würde ja weiter dort arbeiten können, nur vielleicht mit weniger Stunden. Auf dem Papier war ich Werkstudent – das könnte ich bleiben. Nur bezüglich der leitenden Rolle, die meine Eltern mir bereits hatten zuteilwerden lassen, würde ich pausieren müssen. Das hier fühlte sich wichtiger an. Richtig.

Das Klingeln meines Telefons riss mich aus meinen Gedanken. Ich wandte den Blick von Marlons Haus ab, das ich immer noch gedankenverloren angestarrt hatte, und holte mein Handy, das als Navi an der Frontscheibe steckte, aus der Halterung.

»Hallo, Mama«, sagte ich. »Ich hab grad an dich gedacht. Hast du zufällig Zeit zu reden?«

Statt einer Antwort drang ein Schluchzen durch den Hörer.

»Mama? Alles okay?«

Mein Herzschlag beschleunigte sich, und alles, was ich noch wahrnahm, war das zu schnelle Atmen meiner Mutter im Hörer. Ich schnallte mich an, trat die Kupplung durch und startete bereits den Motor.

»Was ist passiert? Wo bist du?«

»Elias …« Die Stimme meiner Mutter klang tränenerstickt. »Wir sind im Krankenhaus Waldfriede. Dein Vater …« Ihre Stimme brach. »Jonathan hatte einen Herzinfarkt.«

5. KAPITEL

Elias

Keine Ahnung, wie ich bis nach Zehlendorf gekommen war, aber anscheinend hatte mein Körper in dem Moment, in dem ich aufgelegt hatte, auf Autopilot geschaltet und übernommen. Auch jetzt führte er mich wie von selbst über die von Grün gerahmten Wege des Krankenhauses, während meine Augen die Gegend nach Schildern zur Kardiologie absuchten.

»Elias!«

Mein Kopf schnellte herum, als ich die mir bekannte Stimme hörte. Lia stand neben einem der Eingänge zum Krankenhaus und winkte. Ich eilte zu ihr hinüber, und kurz darauf legte sie die Arme um mich. Ich drückte die Freundin meines Bruders kurz an mich, bevor ich sie losließ und mich noch einmal suchend umsah.

»Bist du mit Noah hier?«, fragte ich, als ich noch immer kein wegweisendes Schild entdecken konnte.

Sie schüttelte den Kopf. »Ich bin gerade erst angekommen, ich musste die U-Bahn nehmen. Noah ist mit eurem Vater hergekommen.«

»Shit«, murmelte ich. »Weißt du, wo wir hinmüssen?«

Zu meiner Erleichterung nickte Lia, wodurch sich ein paar Strähnen ihres roten Haars aus dem kurzen Zopf lösten. Sie deutete nach links. »Hier lang, glaub ich. Noah hat mir geschrieben, wo sie sitzen.«

Lia ging schnellen Schrittes voraus, und ich folgte ihr, ohne viel von der Umgebung wahrzunehmen. Alles, woran ich denken konnte, war mein Vater. Mama hatte so aufgelöst geklungen. Aber es musste alles gut sein. Es musste einfach. Wenn sie es schnell genug ins Krankenhaus geschafft hatten, war ein Herzinfarkt in seinem Alter sicher keine zu große Sache, oder? Er war vierundfünfzig. Vierundfünfzig war kein Alter.

Meine Fingernägel bohrten sich so tief in die Handinnenflächen, dass es wehtat. Ich streckte meine Finger und schüttelte meine Hände neben dem Körper aus, um den Schmerz loszuwerden. Erst als die Türen vor Lia und mir aufglitten, bemerkte ich, wo wir waren.

»Intensivstation?«, fragte ich, während sich mein Herzschlag beschleunigte. War das normal? Ich hatte keine Ahnung von solchen Fällen, hatte so etwas nie miterleben müssen. Weder bei meinen Großeltern noch bei sonst jemandem in der Familie. Das wiederum war gut, richtig? Wenn es keine Vorerkrankungen gab, nichts, was vererbt werden könnte … Noch dazu fuhr mein Vater regelmäßig Rad und achtete einigermaßen auf seine Ernährung. Okay, er aß etwas viel Fleisch, aber sicher nicht so, dass es aufs Herz ging. Er würde ganz sicher wieder fit werden und …

»Hey«, erklang die Stimme meines kleinen Bruders, und Noah zog Lia in eine innige, fast verzweifelt wirkende Umarmung, bevor er sich mir zuwandte. Ich drückte ihn fest an mich.

»Wie geht es Papa? Was ist passiert? Und wo ist Mama?«

Noah blies die Wangen auf und ließ die Atemluft mit einem zischenden Laut entweichen.

»Die tigert da hinten rum«, sagte er und wandte kurz den Blick über die Schulter. »Sie wollte sich nicht setzen, keinen Kaffee, nichts …« Er seufzte und rieb sich mit der Hand übers

Gesicht, mit der anderen hielt er Lias linke Hand umklammert. Noahs Augen waren gerötet, und ich hätte ihn am liebsten noch einmal in den Arm genommen.

»Ich kann dir gar nicht genau sagen, was passiert ist. Ich war gerade aus seinem Büro raus, eine, maximal zwei Minuten vielleicht. Ich hab mir was zu trinken geholt und mich wieder an den Schreibtisch gesetzt. Kurz darauf hat es geknallt, und ich hab durch die Scheibe gesehen, wie er gestürzt ist. Ich hab ja letzte Woche den Platz mit Norman getauscht, deshalb konnte ich es überhaupt erst sehen. Anders hätte er vielleicht viel länger dagelegen.«

»Du warst dabei?«

Shit, ich wollte mir nicht ausmalen, wie sich das angefühlt haben musste.

Noah nickte, und Lia legte ihre Hand auf seinen Arm. »Ich hab den Notarzt gerufen, und dann wurde Papa bewusstlos. Er hatte keinen Puls mehr, hat nicht mehr geatmet, und ich hab die Herzdruckmassage angefangen. Norman war zum Glück auch dabei, ich war völlig neben der Spur.«

»Aber du hast super reagiert.« Ich schluckte gegen den Kloß in meinem Hals an, doch er ging nicht weg – weil ich auch hätte da sein sollen. Aber ich war zu spät vom Studio losgekommen, hatte Marlon noch nach Hause gebracht … Ich war nicht da gewesen.

»Es tut mir leid«, fügte ich hinzu und merkte, wie mein Hals bei diesen Worten kratzte.

Noah sah mich mit fragendem Blick an, als meiner auf meine Mutter fiel, die gerade um die Ecke bog.

»Da bist du ja«, sagte sie und drückte mich so fest an sich, dass mir beinahe die Luft wegblieb. Als ich ihren zitternden Atem an meinem Ohr hörte, merkte ich, wie meine Augen zu brennen begannen. Schnell blinzelte ich gegen die aufkommenden Tränen an. Ich würde für meine Familie stark bleiben. Zumindest das konnte ich tun, wenn ich schon nicht für meinen Vater da gewesen war.

»Wie geht es ihm?«

Meine Mutter ließ mich los, strich sich eine dunkelbraune Strähne aus dem Gesicht und verschränkte dann die Arme vor der Brust, als wüsste sie nicht, wohin mit ihren Händen. Ihre Schultern hoben und senkten sich.

»Ich weiß es nicht«, antwortete sie langsam. »Ich bin direkt hergefahren, als Noah angerufen hat, aber da haben sie ihn schon auf die Intensivstation gebracht. Sie legen ihm einen Venenkatheter ...«

Genau wie am Telefon brach die Stimme meiner Mutter, nur dass ich jetzt auch ihre glänzenden Augen sehen konnte. Ich nahm sie erneut in die Arme.

»Das wird schon. Du kennst doch Papa, als ob der sich von so was von der Arbeit abhalten lässt.«

Ich verlieh meinen Worten so viel Nachdruck wie möglich, als könnte ich sie so beschwören, wahr zu werden.

Meine Mutter löste sich aus der Umarmung und wischte sich über die Augen. »Ich hab ihm gesagt, dass er zu viel arbeitet, aber er wollte ja nicht hören. Seit er sich Sorgen macht, dass Herr Rothe die Verträge auflöst, arbeitet er Tag und Nacht. Ich hab ihm so oft gesagt, dass das nicht gesund ist.« Sie schluchzte auf und schüttelte dann den Kopf. »Er kann was erleben. Und er geht erst mal nicht zurück ins Büro.«

Noah schmunzelte leicht, auch wenn es eher traurig aussah. In mir hingegen zog sich alles zusammen. Ich hatte nicht einmal mitbekommen, dass mein Vater so viele Überstunden schob. Kein Wunder, ich war nicht da gewesen. Ich war viel zu wenig da gewesen in der letzten Zeit. Vergangenen Freitag hatte er sogar allein zu dem Kundentermin gemusst, für den ich ursprünglich mit angedacht war. Wenngleich ich nicht dafür verantwortlich war, dass die Geschäftsbeziehungen mit Herrn Rothe auf der Kippe standen – denn das noch laufende Gerichtsverfahren gegen seinen Sohn war allein dessen Schuld –, so hing ich doch in all dem mit drin.

Ich versuchte, nicht auf das flaue Gefühl in meiner Magengegend zu achten und einen klaren Kopf zu bewahren. Die Vergangenheit konnte ich nicht ändern, aber ich konnte jetzt für meine Mutter und meine Geschwister da sein.

»Weiß Kyra eigentlich Bescheid?«

Meine Mutter und Noah nickten gleichzeitig. »Ich hab sie direkt nach dir angerufen«, antwortete meine Mutter. »Sie ist sicher gleich hier, sie war gerade an der Uni.« Sie begann wieder auf und ab zu laufen, bis Noah ihr eine Hand auf die Schulter legte und zu den Tischen am Ende des Gangs vor den großen Fenstern deutete.

»Komm, wir setzen uns. Wir können gerade eh nichts tun als abzuwarten.«

»Ich hol uns was zu trinken«, sagte ich. »Was wollt ihr?«

»Holst du einfach ein paar Flaschen Wasser?«, fragte Noah. »Kaffee?«, fügte er dann mit Blick auf Lia und unsere Mutter hinzu. Diese nickte leicht, während Lia den Kopf schüttelte. »Also zwei Kaffee«, schlussfolgerte Noah, und ich wandte mich ab und machte mich mit viel zu vollem Kopf auf die Suche nach einem Kaffeeautomaten.

Wenige Minuten später hatte ich die Cafeteria des Krankenhauses gefunden. Eine Gruppe Ärztinnen in Kitteln saß mit Kaffee an einem Tisch, ansonsten war es, bis auf zwei Personen, leer. Ich ging an die Theke, bestellte und zahlte den Kaffee und die Wasserflaschen, die die Frau mir entgegenstreckte. Dann ließ ich mich auf den nächstbesten Stuhl fallen, während ich wartete. Er gab ein lautes Knarzen von sich, und ich stellte die Ellbogen auf dem kleinen, quadratischen Tisch ab und stützte meinen Kopf darauf. Es war, als wäre jegliche Energie mit einem Schlag aus meinem Körper gewichen. Ich schloss die Augen und atmete tief durch. Selbst zum Weinen war ich zu erschöpft. In mir kämpften Sorge und Schuld miteinander, vermischten sich und vernebelten mein Denken. Ich fühlte mich nicht bloß schuldig, weil ich heute nicht rechtzeitig da gewesen war und mein kleiner Bruder Erste Hilfe hatte leisten müssen, auch wenn das schlimm genug war. Was mir gerade in Dauerschleife durch den Kopf ging, waren die Worte meiner Mutter. Dass mein Vater Tag und Nacht arbeitete. Dass er trotz ihrer Warnungen und Bitten Überstunden schob. Wieso hatte er nichts gesagt?

Ich runzelte die Stirn. Oder hatte er? Nicht direkt, nein, aber er hatte müde ausgesehen. Er hatte gefragt, ob ich ihn zu dem Kundentermin begleiten wollte. Ich hatte ausgeschlagen, und das nicht zum ersten Mal in der letzten Zeit. Also war er allein gefahren. Zitternd ließ ich den Atem entweichen. Ich hatte nachgelassen, hatte meine Stunden hinter mich gebracht, aber mehr nicht. Kein Wunder, dass mein Vater zu viel gearbeitet hatte. Er hatte sich auf mich verlassen, und ich hatte ihn enttäuscht. Hinter meinen geschlossenen Augenlidern begann es zu pochen, und zu Sorge und Schuld gesellte sich nun Wut. Auf mich selbst. Was für ein Recht hatte ich, hier zu sitzen und im Selbstmitleid zu versinken?

Meinem Vater würde es wieder besser gehen. Es würde, weil es musste. Wir brauchten ihn, *ich* brauchte ihn. Er war im OP, die Ärzte hier waren geübt. Sobald er die Operation überstanden hatte, würde ich mich bei ihm entschuldigen. Ich würde mehr Stunden leisten, ihm Arbeit abnehmen und ihn unterstützen, wo ich nur konnte, ich …

»Elias?« Eine Hand berührte mich sanft an der Schulter. Ich zuckte leicht zusammen und blickte auf. Miriam stand vor mir und sah mich mit fragendem Ausdruck an. In dem Moment, in dem ich ihr mein Gesicht zuwandte, trat Sorge in ihren Blick.

»Ich glaub, die hier sind für dich?« Sie hielt mir drei Kaffeebecher entgegen, die sie zwischen ihre Finger geklemmt hielt.

»Ähm, ja. Danke.« Ich blickte über die Schulter zurück zur Theke, wo die Mitarbeiterin gerade ein Tablett für einen neuen Gast vorbereitete.

»Sie hat ein paarmal gerufen, deshalb wurde ich aufmerksam. Ich kam gerade von den Aufzügen da hinten.«

»Oh, sorry«, murmelte ich und nahm ihr endlich die Kaffeebecher ab, die sie immer noch in den Händen hielt. Für einen kurzen Augenblick berührten sich unsere Fingerspitzen, und Miriam zog ihre Hand so schnell zurück, als hätte sie sich an mir verbrannt. Vielleicht war sie aber auch einfach froh, die heißen Becher loszuwerden. Ich stellte sie vor mir ab und nahm einen Schluck meines Kaffees.

»Was machst du hier? Ist alles in Ordnung?« Aus hellbraunen Augen musterte sie mich, zwischen ihren Brauen hatte sich eine Furche gebildet. Es war schon immer so einfach gewesen, Miriams Gefühle von ihrem Gesicht abzulesen. Sie war wie ein offenes Buch. Während Kyra als Teenager wie gedruckt lügen konnte, hatte ein Blick in Miris Gesicht genügt, um Kyras Lüge auffliegen zu lassen.

Ich drehte den Pappbecher in meinen Händen und seufzte. »Nein.«

»Dumme Frage«, sagte Miriam, bevor ich weitersprechen konnte. »Du sitzt hier im Krankenhaus, offensichtlich ist nicht alles okay.« Sie warf einen Blick auf den Stuhl mir gegenüber. »Darf ich?«

Ich nickte, und sie setzte sich. »Mein Vater ... Jonathan hatte einen Herzinfarkt.«

Miriams Augen weiteten sich. »Wie geht es ihm? Wird er hier stationiert?«

»Er ist gerade im OP. Ich wusste nicht mal, dass man danach in den OP muss.« Mit der freien Hand rieb ich mir die Nasenwurzel. Das Ziehen hinter meinen Augen verstärkte sich, als würde sich das Chaos meiner Gedanken durch Kopfschmerzen Ausdruck verleihen. Ich ließ die Hand wieder sinken und seufzte erneut. »Ich sollte vermutlich besser zurück zu den anderen.«

Irgendetwas an dem Gedanken, zurück nach oben zu gehen, hemmte mich. Da war Angst, dass ich zu schlechten Nachrichten zurückkommen würde, aber noch viel mehr war da diese Schuld. Ich wollte nicht in die Augen meiner Mutter sehen und wissen müssen, dass ich es hätte verhindern können. Wieso war ich in letzter Zeit nur so abwesend gewesen? Noch vor ein oder zwei Stunden hatte ich darüber nachgedacht, mit meinen Eltern zu sprechen, um weniger Verantwortung in der Firma übernehmen zu müssen. Jetzt schämte ich mich, diesen Gedanken überhaupt gehabt zu haben. Ich wollte die Jungs und Mädchen nicht im Stich lassen, das Studio und Marc nicht – aber es wäre gelogen, so zu tun, als hätte ich aus reiner Selbstlosigkeit und Nächstenliebe so viel Zeit dort verbracht. Ich hatte es getan, weil ich daraus etwas zog. Spaß, ja, aber auch die Anerkennung, das Gefühl, gebraucht zu werden und etwas Gutes bewegen zu können. Dabei hatte ich völlig aus den Augen verloren, dass auch meine Familie mich brauchte. Sie zählte auf mich. Was war los mit mir? Ich hätte mich vor meinem Rauswurf niemals so aus der Verantwortung gezogen. Ich hatte ein klares Ziel vor Augen und einen einzigen Fokus gehabt. Doch jetzt war es – schleichend und unbewusst zunächst – geschehen: Ich hatte meinen Posten vernachlässigt, weil ich die Dinge, die ich in der Zwischenzeit für mich entdeckt hatte, nicht hatte gehen lassen wollen. Ich hatte an etwas festgehalten, anstatt mich wieder in mein Leben einzufinden. Und was hatte es gebracht?

Ich stieß ein Schnauben aus. Jetzt saß ich hier im Krankenhaus, während meine Familie oben wartete und mein Vater auf einem kalten OP-Tisch lag.

Eine Hand legte sich auf meine, und ich blickte auf. »Hey«, sagte Miriam sanft, und der leichte Druck ihrer Fingerspitzen beruhigte mich ein wenig und ließ mich durchatmen. Viel zu früh löste sie den Kontakt wieder. »Ich bin mir sicher, es wird alles wieder gut. Das Krankenhaus ist super aufgestellt, in vielem arbeiten sie mit der Charité zusammen, und das Personal ist wirklich lieb. Euer Papa ist jung, achtet auf seine Gesundheit – ich bin mir sicher, es wird alles okay.« Sie lächelte mir leicht zu, und ich versuchte mich meinerseits an einem Lächeln.

»Was machst du überhaupt hier?« Ich suchte ihr Gesicht nach derselben Sorge ab, die ich empfand, aber sie lächelte nach wie vor. »Ist bei dir alles okay?«

»Ja. Ich komme zwei- bis dreimal die Woche her. Meine Oma lag hier im Krankenhaus und war in palliativer Behandlung.«

»Es tut mir leid«, erwiderte ich. »Kyra hat mir davon erzählt, stimmt. Mir war nur nicht klar, dass sie hier überhaupt eine Palliativstation haben, ich bin irgendwie davon ausgegangen, dass sie in der Charité war.«

»Hatten sie bis vor Kurzem auch nicht, die hat gerade erst eröffnet. Oma wohnte hier in der Nähe und meinte, es wäre ein bisschen familiärer als im Virchow-Klinikum. Das Zimmer war auch super, sie konnte direkt auf die Parkanlage außen gucken – also, als sie noch konnte. Später dann nicht mehr.«

»Und du liest hier anderen Patienten vor, meinte Kyra?«

Miriam nickte.

»Ist das nicht schwer für dich, hier zu sein? Ich kann mir gar nicht vorstellen, freiwillig Zeit in einem Krankenhaus zu verbringen, erst recht nicht, wenn man negative Erinnerungen damit verbindet.«

»Nein, gar nicht«, sagte Miriam und überraschte mich, indem sie schon wieder lächelte. »Ich bin wirklich gern hier, ich verbinde eigentlich viel Positives damit. Es ist ein bisschen so, als könnte ich ihr noch mal nah sein. Und ich kenne die Leute hier.« Sie hob die Schultern. »Es beruhigt mich irgendwie, und ich hab das Gefühl, ein bisschen helfen zu können.«

Ich ließ meinen Blick über Miriam wandern, die sich gerade eine lange blonde Strähne hinters Ohr strich. Sie wirkte so erschöpft, wie ich mich fühlte, und ich fragte mich unweigerlich, ob es von der Arbeit hier herrührte oder ob mehr dahintersteckte.

»Ist denn sonst alles okay? Ich wollte eigentlich schon nach dem Poet's Corner fragen, aber wusste nicht, ob du reden magst. Du hast etwas …« Ich legte den Kopf schief. »… abwesend gewirkt.«

Miriam stieß die Luft aus. »Na ja, um ehrlich zu sein, geht gerade alles ziemlich drunter und drüber. Streit mit der Familie, und ausnahmsweise glaub ich nicht, dass sich der so schnell legt. Aber es geht hier gar nicht um mich. Ich wollte dich nicht aufhalten, und du solltest sicher zurück, bevor die kalt werden.« Sie nickte zu den Kaffeebechern auf dem Tisch, die ich beinahe vergessen hatte. Irgendwie hatte Miriam es geschafft, dass ich abgelenkt und zur Ruhe gekommen war, wenn auch nur für einen Augenblick.

»Wenn du trotzdem mal reden magst …«, begann ich und ließ den Satz unvollendet zwischen uns stehen. Ich wollte mich ihr nicht aufdrängen und wusste, dass sie ohnehin alles mit Kyra besprach. Dennoch konnte ich nichts dagegen tun, dass die Sorge, die ich in ihrem Blick fand, auch in mir aufkam. Zumindest redete ich mir ein, dass es nur Sorge war, die mich die nächsten Worte sagen ließ. »Du hast meine Nummer ja aus dem Gruppenchat, meld dich gern. Also … wenn du magst?«

Wenn es nur Sorge war, wieso klopfte mein Herz dann schneller, während ich auf Miriams Antwort wartete? Das ergab keinen Sinn. Vor allem aber war das nichts, dem ich auf den Grund gehen sollte, während mein Vater wenige Meter entfernt in einem OP-Saal lag.

Miriams Blick ruhte auf mir, und sie sah mich an, als versuchte sie, ein Rätsel zu lösen. Es dauerte einen weiteren Atemzug, bis sie nickte.

»Super, dann schreib einfach, wenn dir nach Reden ist, und wir treffen uns auf was zu trinken oder so. Phuong lag mir letzte Woche eh in den Ohren, dass ich häufiger im Poet's Corner vorbeischauen soll, und manchmal ist's ganz gut, einen objektiven Blickwinkel zu haben. Grad bei so was wie Streit. Im Gegensatz zu Kyra kenn ich deine Eltern ja nicht.«

Miriam erwiderte mein Lächeln und nickte. »Mach ich, danke. Das ist lieb.« Keine Ahnung, ob sie ihre Worte ernst meinte, aber immerhin hatte ich es ihr angeboten.

»Jetzt sollte ich aber wirklich wieder hoch«, sagte ich und stand auf, wobei die Nervosität und Anspannung im selben Moment zurückkamen.

»Kann ich kurz mitkommen? Kyra ist doch hier, oder? Wenn ihr allein sein wollt, kann ich das aber voll verstehen.«

Ich schüttelte den Kopf, bevor sie ihre letzten Worte fertig ausgesprochen hatte. »Natürlich kannst du mitkommen. Kyra freut sich sicher, und im Gegensatz zu dir kann ich keine drei Kaffeebecher balancieren und brauche Hilfe beim Tragen.«

Mein Blick ruhte auf ihr und dem Lächeln, das sich auf ihrem Gesicht bildete und schon wieder ein Gefühl in mir hervorrief, das ich nicht definieren konnte. Und das ich vor allem nicht definieren *sollte.*

»Außerdem gehörst du doch zur Familie«, fügte ich hinzu, mehr um meine eigenen Gedanken in die Schranken zu weisen und dieses merkwürdige Gefühl in mir auf eine kontrollierbare Bahn zu lenken. Bildete ich mir das nur ein oder geriet Miriams Lächeln ins Wanken? Für einen Augenblick wirkte es so, doch dann nickte sie, stand auf und schob ihren Stuhl zurück an den Tisch. Ihr blondes Haar fiel ihr wie ein Schleier ins Gesicht, und als sie wieder zu mir blickte, war der Ausdruck verflogen.

Ich nahm meinen Becher und die Wasserflaschen, Miriam die anderen beiden Kaffees. Dann ging ich voraus in Richtung der Aufzüge, die mich zurück nach oben brachten, während mein Gewissen so schwer wog, dass es an ein Wunder grenzte, dass der Aufzug sich tatsächlich in Bewegung setzte.

6. KAPITEL

Miriam

Du gehörst doch zur Familie.

Ich stand vor Elias im Aufzug, starrte die silberne Tür an und war froh, dass er nur meinen Rücken und nicht mein Gesicht sehen konnte. Dass er nur das Rauschen des Aufzugs und nicht das heftige Pochen meines Herzens hören konnte, das sich in dem Moment beschleunigt hatte, als ich ihn in der Cafeteria hatte sitzen sehen.

Das musste aufhören. Ich war Familie. Die beste Freundin seiner kleinen Schwester. Jemand, den er quasi hatte aufwachsen sehen – auch wenn ich erst in der zehnten Klasse sitzen geblieben und in Kyras Stufe gekommen war. Er sah mich als Familie an. Familie. Wieso also konnte ich das nicht auch einfach tun? Wieso schlug mein Herz wieder viel zu schnell? Wieso hatte ich mir etwas darauf eingebildet, dass er angeboten hatte, mich bei ihm melden zu können? Wieso konnte mein Bauch nicht aufhören zu kribbeln, seit sich unsere Fingerspitzen berührt hatten? Wieso hatte ich geglaubt, dass es ihn wirklich interessierte, wie es mir ging, als er im Poet's Corner danach gefragt hatte?

Vor zwei Jahren hatte ich eine Liste mit Gründen angelegt, wieso Elias und ich nicht zusammenpassen würden. In Momenten wie diesen ging ich sie gewöhnlich in Gedanken durch, obwohl ich mittlerweile wusste, dass sie nicht half. Warum lag auf der Hand: Die Punkte waren, abgesehen von dem, dass er Kyras Bruder war, lächerlich. Lächerlich wenige und lächerlich banal. Ganz oben mit dabei? Dass er Serien oft auf Deutsch schaute, während ich sie lieber im Originalton sah. Kein Wunder, dass meine Liste nicht wirkte, wenn mir nichts Besseres einfiel, wieso meine Gefühle für Elias sinnlos waren. Unmerklich schüttelte ich den Kopf, als könnte ich so der Gedankenspirale entkommen.

Reiß dich gefälligst zusammen, es geht nicht um dich.

Schlimm genug, dass ich das Krankenhaus gerade als etwas Positives, einen Rückzugsort dargestellt hatte, wenn Jonathan hier mit einem Herzinfarkt lag. Genau deshalb schwieg ich so häufig. Weil in dem Moment, in dem ich den Mund öffnete, nur die falschen Worte über meine Zunge zu rollen schienen. Nicht dass das bei Elias einen Unterschied machte, denn ich gehörte ja zur Familie. Ich konnte es mir mit ihm nicht verscherzen, nichts Falsches sagen – weil ich erst gar nichts tun oder sagen konnte, um ihn mich auf andere Art sehen zu lassen.

Ich biss mir auf die Innenseite meiner Wange, bis der leichte Schmerz die Gedanken vertrieb. Mit der freien Hand griff ich nach dem Handy in meiner Jackentasche, um zu schauen, ob Kyra mir geschrieben hatte. Keine neuen Nachrichten. Von meiner Schwester nicht, von meinen Eltern nicht und auch von meiner besten Freundin nicht – was allerdings nicht verwunderlich war, denn mit Sicherheit hatte sie gerade zu viel im Kopf. Als meine Großmutter letzten Herbst verstorben war, hatte ich gar nicht von mir aus geschrieben, weil in mir ein einziger Sturm getobt hatte und alles, was ich dazu gesagt hätte, es nur realer gemacht hätte.

Die Türen vor uns glitten auf, und ich trat zur Seite, um Elias vorgehen zu lassen, da ich keine Ahnung hatte, wo wir hinmussten. Er ging ohne ein Wort voraus, wobei sein Gang sehr viel weniger beschwingt wirkte, als ich es gewohnt war. Seine Schultern saßen zu tief, und obwohl er vor mir lief, hatte ich seinen Gesichtsausdruck von eben noch zu gut im Kopf. Zu gern hätte ich ihn in den Arm genommen, irgendetwas getan. Stattdessen lief ich, die Kaffeebecher in der Hand, hinter ihm her, bis wir in einen Gang abbogen, an dessen Ende ich die anderen sitzen sah und Noahs Stimme gedämpft zu uns vordringen hörte.

Kyra lief auf Elias zu und schloss ihn fest in ihre Arme, und Noah nahm ihm die Getränke ab, sodass Elias die Umarmung erwidern konnte. Dann traf Kyras Blick meinen, und sie umarmte auch mich. »Du bist hier.«

»Ja, ich hab Elias unten getroffen. Ich wollte dich kurz sehen. Es tut mir so leid, aber es wird alles wieder gut, ja?«

Kyra nickte an meinem Kopf, dann löste sie sich von mir und schenkte mir ein leichtes Lächeln, doch ihre Augen waren vom Weinen gerötet. Wie gern ich ihr geholfen hätte. Wie gern ich meinen Worten mehr Nachdruck verliehen hätte, aber ich wusste, dass sie nichts tun konnten, außer abzuwarten, und dass ich nur für Kyra da sein konnte, wenn sie mich brauchte. Unschlüssig stand ich am Tisch und wusste nicht recht, ob ich mich zu den anderen setzen wollte oder doch besser heimging und sie allein ließ. Noah nahm mir die Entscheidung ab, indem er den freien Stuhl neben sich vom Tisch wegzog und mit der flachen Hand darauf klopfte.

Ich hängte meine Jacke über die Lehne, setzte mich zu den anderen und wartete. Wie ich es schon so oft letztes Jahr getan hatte, wenn ich darauf wartete, dass meine Großmutter aus irgendwelchen Untersuchungen kam. Bis dann alles ganz schnell ging, ihr Zustand sich rapide verschlechterte und ich alles dafür gegeben hätte, diese Wartezeit noch einmal zu haben, weil sie bedeutete, dass es noch eine Chance gab. Wenn schon nicht auf Heilung, dann zumindest auf mehr Zeit mit ihr. Ich blickte hinab auf meine Hände, zu dem Ring an meinem rechten Ringfinger, der ihr gehört hatte. Vorsichtig strich ich darüber. Es tat nicht mehr ganz so doll weh wie am Anfang, aber in manchen Momenten war der Verlust so präsent, dass es mir die Luft aus den Lungen trieb. Gerade jetzt mit allem, was los war, vermisste ich meine Oma noch mehr. Weil sie gewusst hätte, was zu tun war. Sie hätte meine Eltern angerufen und mir geholfen, alles geradezubiegen. Aber sie war nicht mehr hier und ich mit meinen Problemen allein.

So unauffällig wie möglich rieb ich mir über die Augen und zwang mich, den Schmerz zu verdrängen. Jetzt gab es weit Wichtigeres. Ich wollte für meine beste Freundin da sein. Also blickte ich auf, rutschte etwas näher an den Tisch heran und legte meine Hand auf Kyras. Sie starrte gerade gedankenverloren aus dem Fenster. Dabei entging mir nicht, wie Elias' Blick zu uns huschte, ebenso wenig wie das Lächeln, das sich dabei auf seinem Gesicht bildete. Hitze schoss mir in die Wangen, und ich brauchte keinen Spiegel, um zu wissen, dass diese dabei waren, sich zu röten. Während ich das Kribbeln in meinem Bauch verbergen konnte, war ich gegen diese körperliche Reaktion machtlos. Also zwang ich mich, den Blick abzuwenden und ebenfalls aus dem Fenster zu schauen anstatt zu Elias, der mit den etwas längeren Haaren und dem leichten Bart noch besser aussah als sonst. Etwas, das ich gar nicht für möglich gehalten hatte …

Reiß dich zusammen, ermahnte ich mich in Gedanken erneut und hätte mich am liebsten selbst gepackt und durchgeschüttelt, weil diese Gefühle in der Situation noch unangebrachter waren als sonst. Ich atmete laut aus, woraufhin Kyra den Kopf auf meine Schulter senkte. Und dann warteten wir sechs gemeinsam.

»Frau Seger?« Linda zuckte so heftig zusammen, dass der Tisch wackelte und Elias' Kaffeebecher bedrohlich ins Wanken brachte.

Ein junger Arzt trat zu uns und schenkte Kyras Mutter ein Lächeln. So sah niemand aus, der schlechte Nachrichten brachte. Ich merkte, wie mir ein Stein vom Herzen fiel, und wenn ich Kyras und Elias' Gesichter sah, schien es den beiden auch so zu gehen.

»Sie können gleich zu Ihrem Mann. Er ist gerade im Aufwachraum.« Er blickte in die Runde. »Auf die Intensivstation dürfen leider nur die nächsten Angehörigen. Gehören Sie alle dazu? Ich würde ungern so viele Leute auf einmal bei ihm haben. Wir bringen ihn nachher in sein Zimmer, der Chefarzt wird Ihnen dann alles zum Eingriff und den Stents erklären, die wir gelegt haben. Da können Sie alle dabei sein, wenn Sie möchten.«

Ich stand auf und nahm meine Jacke vom Stuhl. »Ich gehöre nicht dazu, ich wollte gerade los.«

Der Arzt nickte und ging, dicht gefolgt von Kyras Mutter, während ich Kyra noch einmal fest an mich drückte. »Schreib mir, sobald du kannst. Und wenn was ist oder ihr was braucht, ja?«

Kyra nickte. »Das mach ich. Danke.«

»Ich hab dich lieb.«

»Ich dich auch.«

Auch Lia und Noah umarmten mich zum Abschied – und dann trat Elias vor mich und zog mich in seine Arme.

»Danke, dass du mit uns gewartet hast.«

Seine dunkle Stimme dermaßen nah an meinem Ohr, seine Arme um mich, sein Duft und die Tatsache, dass ich gar nicht damit gerechnet hatte, brachten mich so aus der Fassung, dass ich nur stumm nickte. Ich musste mich auf die Zehenspitzen stellen, um seine Umarmung zu erwidern, und hätte am liebsten nicht mehr losgelassen.

Ich hatte ihn gleich toll gefunden. Schon damals mit sechzehn, als er und Kyra noch zu Hause bei ihren Eltern gewohnt hatten. Kyra hatte mich direkt in ihre Obhut genommen, als ich neu in die Klasse gekommen war, sodass all meine Ängste, nicht dazuzupassen, schnell verflogen waren. Schon am zweiten Tag hatte sie mich zu sich nach Hause eingeladen – und schon am zweiten Tag war ich auch auf Elias getroffen. Damals war ich noch mit Finn zusammen gewesen. Ich konnte an keinem einzelnen Punkt festmachen, wann ich mich in Elias verliebt hatte. Keine Ahnung, ob ich mir anfangs jegliche Gedanken in seine Richtung verboten hatte oder ob es ohnehin ein schleichender Prozess war. Fest stand, dass ich eines Morgens vor etwa zwei Jahren bei den Segers am Frühstückstisch saß und merkte, dass ich mich verliebt hatte.

Disney hatte bei mir nicht gerade für realistische Erwartungen an die Liebe gesorgt. Von klein auf hatte ich mich in fantastischen Geschichten über die große Liebe verloren, mir das magische erste Zusammentreffen und all das ausgemalt, was ich aus diesen Filmen kannte. Doch nichts davon traf auf Elias zu.

An jenem Morgen, an dem ich bemerkte, dass ich Gefühle für ihn hatte, kam er nicht in strahlender Rüstung, sondern verschlafen und mit strubbligen Haaren die Treppe herunter. Es war kurz vor seinem Auszug gewesen. Er hatte sich mir gegenüber an den Tisch fallen lassen, sich einen Kaffee in seine *Deadpool*-Tasse eingeschenkt und mich mit skeptischem Blick gemustert. Auf meine Frage hin, was los war, hatte er mir den Grund für seinen Schlafmangel erklärt: Nachdem ich am Vortag so leidenschaftlich über *Doctor Who* gesprochen hatte, hatte er sich die erste Episode angesehen. Und die zweite. Und dritte. Und das, obwohl er sich am Tag zuvor noch über die Special Effects lustig gemacht hatte. Als ich nachfragte, wieso er sich das Ganze dennoch angeschaut hatte, antwortete er ganz einfach: »Weil es dir wichtig ist und ich verstehen wollte, wieso.«

»Und das tust du jetzt?«

»Nicht wirklich, nein«, hatte er mit einem Grinsen erwidert, das zeigte, dass er mich nur aufzog.

Manchmal braucht es keine großen Gesten, manchmal sind es die feinen Nuancen, die den Unterschied zwischen Freundschaft und Liebe ausmachen. Die kleinen Dinge, wie dass jemand sich einen Song anhört, nur weil du ihn erwähnt hast, oder ein Video schaut, um deine Anspielungen zu verstehen und mit dir mitlachen zu können.

Für jemanden wie mich, die mit all den großen Gesten aus Filmen und Literatur aufgewachsen war, war es erstaunlich, wie sehr ich mich durch diese kleinen Dinge gesehen fühlte. Ohne es zu wissen, wirkte Elias damit meinen Unsicherheiten entgegen. Für gewöhnlich war ich unendlich nervös, wann immer ich jemandem etwas zeigte, was ich mochte. Während Phuong auf Partys stolz ihre 90er-Playlist auflegte, wäre es mir nie in den Sinn gekommen, auch nur ein einziges Lied vor einer so großen Menge abzuspielen. So irrational es auch sein mochte, hatte ich doch immer Angst vor den Reaktionen. Nicht so bei Elias. Denn selbst wenn er mich mit meiner Liebe zu *Doctor Who* oder Disney aufzog, so hörte er doch immer aufmerksam zu. Genau wie bei Kyra auch traute ich mich bei ihm, ich selbst zu sein. Nach Gesprächen mit ihm hatte ich keine Gedankenspiralen, in denen ich jedes einzelne Wort, das ich gesagt hatte, immer und immer wieder durchging – ganz einfach, weil er mir in all der Zeit nicht ein einziges Mal das Gefühl gab, etwas Falsches gesagt zu haben.

Es war mir mal leichter, mal schwerer gefallen, mir meine Gefühle nicht anmerken zu lassen, doch mit der Zeit hatte ich eine gewisse Übung darin. Wenn wir gemeinsam beim Frühstück saßen, uns auf dem Flur begegneten, abends zusammen Fernsehen schauten, selbst bei seinen Besuchen in Kyras und meiner WG: Ich hatte mich unter Kontrolle. Also schaffte ich es auch jetzt, ein neutrales Gesicht zu wahren, Elias ein Lächeln zu schenken und ihm dabei zuzusehen, wie er seiner Familie folgte. Worüber ich keine Kontrolle hatte, waren das Hämmern meines Herzens, die Gänsehaut auf meinem Rücken und die wirbelnden Gedanken in meinem Kopf, mit denen seine bloße Berührung mich zurückgelassen hatte.

7. KAPITEL

Miriam

Mein Wecker riss mich mit *When Will My Life Begin?* von dem Start des *Rapunzel*-Films aus dem Schlaf. Üblicherweise motivierte mich das Lied, jetzt jedoch hätte ich die Sängerin mit der viel zu gut gelaunten Stimme am liebsten angeschrien. Während Rapunzel fröhlich davon sang, wie sie um sieben Uhr ihre Morgenroutine startete, zeigte mein Handy gerade einmal sechs Uhr morgens an. Ich ließ Mandy Moores Stimme verstummen und stieß ein genervtes Stöhnen aus. Kyra war der Morgenmuffel unserer WG, doch diese Uhrzeit war nach dem gestrigen Tag einfach unmenschlich. Aber Jammern brachte mich nicht weiter. Ich hatte den vorigen Abend mit Kyra auf dem Sofa verbracht und dementsprechend nichts mehr für die Kurse heute vorbereitet, also stand das jetzt noch aus. Mein Seminar war erst gegen elf, doch ich musste einen Fachtext zur Literatur der Goethezeit lesen sowie ein Aufgabenblatt in Anglistik zur Morphologie bearbeiten. Ich hatte mich bereits an dem Fachtext versucht, die Sätze jedoch immer und immer wieder gelesen, ohne dass etwas hängen geblieben war, weil meine Gedanken selbst jetzt, Tage später, stets zu meinen Eltern und Louisa wanderten.

Ich schwang mich aus dem Bett, schlurfte ins Bad, machte mir einen Tee und ließ mich dann auf den Schreibtischstuhl fallen. Zum Glück war der Text nur wenige Seiten lang, und Morphologie lag mir weit besser als Phonetik, die wir zuletzt in dem Modul behandelt hatten, sodass ich um kurz vor acht den Kugelschreiber zur Seite legte und aus dem Fenster sah. Die Äste draußen trugen bereits die ersten Blätter, und die Sonne bahnte sich allmählich ihren Weg an den Dächern Berlins vorbei. Ich liebte den Frühling, wenn langsam alles erblühte und man diese Abwechslung aus warmen Tagen für Stunden im Park und kalten, nassen Tagen für gemütliche DVD-Abende hatte. Vor allem war das Wetter endlich wieder zum Fahren geeignet, denn im Winter stand mein Motorrad meist unangetastet in der Garage – und dort war es diesen Winter selbst zum Schrauben zu kalt gewesen. Mein Vater hatte eine Heizung in seiner Garage aufgestellt, sodass wir zu Hause auch zu zweit daran hatten arbeiten können.

Der Gedanke versetzte mir einen Stich, und ich entsperrte mein Handy. Doch natürlich waren darauf nach wie vor keine neuen Nachrichten zu sehen. Warum auch? Meine Mutter und meine Schwester hatten mir unmissverständlich klargemacht, dass ich mit ihnen in der nächsten Zeit nicht rechnen brauchte. Ich überlegte, Kerim eine Nachricht zu schreiben. Wir hatten einen guten Draht zueinander, und vielleicht konnte er Louisa ins Gewissen reden. Aber was hätte ich ihm schreiben sollen? Und wollte ich wirklich riskieren, dass er meiner Schwester die Nachricht zeigte und noch dickere Luft herrschte? Stattdessen fanden meine Finger wie von selbst ihren Weg in meine Kontaktliste und klickten auf den Namen der Person, mit der ich seit Ewigkeiten nicht mehr geschrieben hatte.

Hey, Finn. Miri hier. Wie geht's?
Das kommt jetzt total aus dem Nichts, aber meine Eltern haben von dem Abbruch erfahren … und sie haben direkt vermutet, dass es passiert ist, als wir noch zusammen waren. Nur

als Warnung, falls sie auf deine Eltern treffen und sie darauf ansprechen. Tut mir leid. 🙁

Ich wollte das Handy zur Seite legen, als meine Nachricht bereits als gelesen angezeigt wurde und Finn zu tippen begann.

Heyho!
Shiiiiit, alles gut bei dir? Wie haben sie reagiert? 😳
Danke für die Warnung, aber mach dir da keinen Kopf.
Ich kümmer mich drum. Dir muss gar nichts leidtun!
Sag Bescheid, wenn ich was machen kann, ja?

Finns Nachricht brachte mich unweigerlich zum Lächeln. Wäre er damals nicht weggezogen, hätten wir sicher Freunde bleiben können, auch wenn wir als Paar einfach nicht funktioniert hatten. Jetzt verfolgte ich seine Lebens-Updates hauptsächlich über Instagram und Twitter. Dennoch tat es gut, ihn im Notfall auf meiner Seite zu wissen.

Ich tippte schnell eine Antwort an ihn, erleichtert, dass meine Eltern noch nicht mit seinen geredet hatten und er, wenn er wollte, noch die Chance hatte, es ihnen vorher zu sagen. Immerhin an dieser Stelle hatte ich einem potenziellen Streit vorbeugen können. Dann streckte ich mich ausgiebig, um meine steifen Glieder zu entspannen, und packte meine Sachen in den Rucksack für die Uni. Als ich in die Küche ging, um mir Frühstück zu machen, saß Kyra am Tisch, eine Kaffeetasse in der einen und das Handy in der anderen Hand.

»Guten Morgen. Na?«, fragte ich und blieb neben ihr stehen. Das war überhaupt nicht ihre Uhrzeit, für gewöhnlich bekam man sie so früh nicht einmal unter Drohungen aus dem Bett.

Sie blickte auf und schenkte mir ein feines Lächeln. Unter

ihren blauen Augen lagen dunkle Schatten, als hätte sie kein Auge zugetan. Dabei hatte ich letzte Nacht vor dem Schlafengehen extra nachgesehen, ob das Licht in ihrem Zimmer erloschen war.

»Wie geht es dir?«

Kyra wiegte den Kopf hin und her. »Okay«, erwiderte sie. »Ich bin ziemlich platt, und der Schock von gestern sitzt noch immer tief, aber gleichzeitig bin ich auch total erleichtert. War alles etwas viel.«

»Kann ich was für dich tun? Wir könnten was unternehmen, wenn du Ablenkung brauchst? Oder wir gehen ins Krankenhaus?«

Kyra schüttelte den Kopf. »Nein, alles gut. Ich geh mit Elias noch mal ins Krankenhaus. Papa muss das Wochenende wohl noch auf der Intensivstation bleiben, da sind zu viele Leute auf dem Zimmer eh doof. Außerdem kommt Milan heute zurück nach Berlin.«

»Oh, ich dachte, er und die Mannschaft bleiben das gesamte Wochenende in München? Sind sie nicht gestern erst losgefahren?«

Kyras Freund war professioneller Handballer und gerade mit seiner Mannschaft auf einem Trip rund um ein Auswärtsspiel, das meines Wissens morgen stattfand – und das Milan eigentlich um nichts in der Welt verpassen würde. Bei der Erwähnung seines Namens erreichte das Lächeln endlich Kyras Augen.

»Ja, er fährt zurück. Ich hab ihm gesagt, er soll bleiben, aber er hat direkt einen Zug gebucht und ist gerade auf dem Weg hierher.« Ihr Lächeln verrutschte leicht. »Obwohl das Spiel morgen Abend ist und ich ihm gesagt hab, dass er warten soll. Ich will nicht, dass er meinetwegen Probleme bekommt.«

»Er will bei dir sein. Ganz sicher hätte er sich sowieso nicht konzentrieren können, wenn er weiß, dass es dir und deinem Vater nicht gut geht.«

»Und genau deshalb wollte ich es ihm erst gar nicht sagen.«

»Kyra«, sagte ich gedehnt und ließ mich auf den Küchenstuhl neben ihr fallen. »Du kannst und solltest ihn aus so was nicht raushalten. Ich finde es total schön, dass ihm das wichtiger ist als das Spiel. Sieh es mal andersrum: Würdest du eine deiner Podcast-Folgen verschieben, wenn bei ihm was im Argen ist?«

»Ja, natürlich«, antwortete Kyra, ohne nachzudenken.

»Na also«, gab ich schulterzuckend zurück. »Wo ist da der Unterschied?«

Ganz überzeugt wirkte Kyra nicht, aber sie nickte langsam.

»Fährst du jetzt gleich wieder ins Krankenhaus?«

Kyra schüttelte den Kopf. »Meine Mutter zwingt mich zur Uni, sie ist den ganzen Tag bei ihm. Elias hat heute zur selben Zeit Vorlesung, wir fahren danach zusammen hin.«

»Und hat sie heute Morgen schon was gesagt, wie lange er im Krankenhaus bleiben muss?«

Gestern Abend hatte nur festgestanden, dass Jonathan stabil war und alles gut überstanden hatte. Kyra schüttelte den Kopf. »Nein, Visite ist erst noch, aber sie hält mich auf dem Laufenden.«

»Du mich bitte auch, ja?«

Kyra lächelte. »Klar. Wie ist es bei dir? Hast du mit deinen Eltern oder Louisa reden können?«

Ich schüttelte den Kopf und stöhnte leise auf, als ich Kyras Gesichtsausdruck sah.

»Du hast ihnen nicht noch einmal geschrieben, oder?«

»Nein, hab ich nicht«, bestätigte ich. »Nicht nach gestern. Louisa hat ja recht deutlich gemacht, dass sie mich nicht mehr sehen will.«

»Sie braucht sicher nur ein bisschen Zeit, um sich einzukriegen. Schreib ihr einfach noch mal oder ruf an.«

Ich nickte einmal und stand auf, um mir endlich Frühstück zu machen – und damit Kyra mein Gesicht nicht sehen konnte, das ihr sicher verraten hätte, dass ich das ganz und gar nicht vorhatte. Ein wenig aus Stolz und aus Angst vor erneuter Zurückweisung, aber vor allem auch, weil ich meiner Familie beweisen wollte, dass ich erwachsen war. Erwachsen genug, um allein klarzukommen, und vor allem erwachsen genug, um Entscheidungen, die mich und nur mich betrafen, allein zu fällen.

»Vielen Dank für Ihre Aufmerksamkeit und Mitarbeit und bis nächste Woche.«

Herr Felder schob seine Papiere auf dem Tisch zusammen, nickte uns noch einmal zu und begann dann, das Whiteboard zu wischen, auf dem sich Phrasenbäume in verschiedenen Farben befanden. Somit war die Uni für heute geschafft. Ich hatte in Sprachwissenschaften einigermaßen durchgeblickt und in Literatur sogar viel mitarbeiten können, da ich den Text noch frisch in Erinnerung hatte. Vielleicht war es Glück im Unglück gewesen, dass ich mich gestern nicht aufs Lesen hatte konzentrieren können, denn meine Dozentin war nach dem Seminar auf mich zugekommen, um meine Mitarbeit zu loben.

»Kommst du noch mit in die Mensa?« Franzi neben mir hatte ihre Sachen bereits zusammengepackt und sah mich abwartend an. Sie hatte in der Einführungsveranstaltung im letzten Semester mein *Doctor-Who*-Mäppchen erkannt, und seitdem saßen wir in den Seminaren, die wir beide belegten, nebeneinander.

»Heute nicht, sorry. Ich geh gleich noch ins Krankenhaus.«

»Freitags? Warst du nicht gestern?«

Ich nickte. »Ja, ich geh heut nur ausnahmsweise«, sagte ich

und hoffte, dass sie nicht weiter nachfragte, denn ich spürte bereits, wie ich rot wurde. Es war völlig albern, aber der wahre Grund, warum ich heute wieder auf der Palliativstation aushelfen wollte, hatte braunes, etwas lockiges Haar und war ein Meter vierundachtzig groß.

»Alles klar, dann geh ich schon mal, bevor alle guten Plätze weg sind. Oder das Mousse au Chocolat. Bis Dienstag, Miri!«

Franzi winkte mir noch einmal zum Abschied und war kurz darauf bereits zur Tür hinaus verschwunden. Ich packte meine restlichen Sachen in den Rucksack und warf einen Blick aufs Handy. Mein Display zeigte eine neue Nachricht von Finn an.

Hab mit meinen Eltern geredet, alles cool. Soll dir liebe Grüße ausrichten. 😊
Bei dir legt sich bestimmt auch bald alles wieder!

Das Smartphone in der Hand ging ich langsam in Richtung Gang. Ich freute mich wirklich für Finn und merkte, wie ich Erleichterung dabei verspürte, dass er nicht auch noch Streit mit seinen Eltern hatte. Gleichzeitig war da aber ein gewisser Neid, der an mir nagte. Wieso hatte er die Sache in nur wenigen Minuten abhandeln können, und ich stand hier und hatte den Hass meiner Familie auf mich gezogen und niemanden zum Reden?

Na ja, fast niemanden …

Elias' Angebot, ich könnte mich jederzeit bei ihm melden, kam mir wieder in den Sinn, und das nicht zum ersten Mal heute. Zu gern hätte ich ihm geschrieben, das Angebot angenommen, mich mit ihm in einem Café getroffen, ihm von meiner Familie erzählt und im Gegenzug versucht, ihm zu helfen. Aber das fühlte sich aus so vielen Gründen falsch an. Erstens war Kyra meine beste Freundin, und ich wollte sie nicht vor den Kopf stoßen, denn auch sie bot mir ständig an, dass ich mit ihr reden konnte – egal wie oft ich mich wiederholen mochte. Zweitens, und das war der viel wichtigere Grund, war ich für Elias Familie. Das hatte er mir gestern mehr als deutlich zu verstehen gegeben. Und wenn ich mich mit ihm traf, allein mit ihm in einem Café, ihm gegenübersaß, in seine Augen schaute und mit ihm redete, dann würde es mir nur noch schwerer fallen, ihn auch bloß als Familie anzusehen.

Ich warf einen letzten Blick auf mein Handy, dann sperrte ich es und schob es zurück in die Tasche. Mein jetziger Plan war wesentlich kindischer, wenn ich ehrlich zu mir war. Die Patienten, allen voran Herr Wiegand, würden sich sehr freuen, mich zu sehen. Ich würde es schaffen, Herrn Wiegand die Geschichte von gestern fertig vorzulesen, und ich freute mich auf den Besuch. Aber der eigentliche Grund, warum ich hinging, war Elias. Der eigentliche Grund, warum ich hoffte, ihm dort durch Zufall zu begegnen, so wie es gestern geschehen war, war, dass ich ihn eben nicht als Familie ansah. Dabei hatte ich in den letzten Jahren so sehr versucht, meine Gefühle zu unterdrücken und ihn als das wahrzunehmen, was er für mich sein sollte: der Bruder meiner besten Freundin.

Mit gerunzelter Stirn schlug ich das Buch zu. Das war nicht das Ende, mit dem ich gerechnet hatte.

»Wie hat dir die Geschichte gefallen?«

Herr Wiegand sah mich mit wachen Augen an, als studiere er die Regungen meines Gesichts. Heute war ein guter Tag. Ich hatte ihm gestern bereits aus dem Buch vorgelesen, doch irgendwann war er eingeschlafen, und so hatte ich einen Teil wiederholen müssen. Was nicht schlimm war, denn während meiner letzten Besuche hatten wir George Orwells *1984* gelesen – ein Buch, das ebenfalls auf meiner Leseliste für Anglistik stand. Herr Wiegand war der Auffassung, dass wir, wenn ich schon so viel Zeit hier verbrachte, diese auch nutzen könnten, um meine Unilektüren zu lesen, und ich beschwerte mich nicht, da es mir half, alles unter einen Hut zu kriegen.

»Ich bin mir nicht sicher«, sagte ich ehrlicherweise. »Ich verstehe, warum das Buch ein Klassiker ist, und ich finde es heftig, was Orwell 1949 schon vorhergesehen hat, was Technik und teilweise auch Überwachung angeht. Aber ich mag die ganze Liebesbeziehung nicht und weiß nicht, ob es sie in dieser Form gebraucht hätte. Den Text von Goldstein mittendrin muss ich auch noch einmal in Ruhe lesen, denke ich. Ich bin mir nicht sicher, ob ich den ganz verstanden habe.«

Er nickte, als wäre er mit der Antwort zufrieden. »Ja, Goldsteins Buch im Buch … das ist auch das, was bei mir nach all den Jahren hängengeblieben ist, aber ich hab die Stelle auch mehrmals gelesen. Ich bin gespannt, was ihr an der Schule besprecht und was eure Lehrerin und deine Mitschüler sagen.«

Ich korrigierte ihn nicht, indem ich ihm erklärte, dass ich mittlerweile an der Universität war. Er hatte mich als Schülerin kennengelernt, und wie es aussah, würde ich diese für ihn bleiben.

»Ich werde Ihnen alles berichten, Herr Wiegand, versprochen.«

»Du sollst doch Du sagen. Ich duze dich schließlich auch.«

»Entschuldigung, Arthur«, sagte ich mit einem Grinsen, weil ich genau wusste, dass ich ihn nächstes Mal wieder siezen würde. Er schüttelte sanft den Kopf, vermutlich, weil es ihm ebenso klar war. Ihm gehörte das Zimmer gegenüber von dem, in dem meine Großmutter gelegen hatte, und die beiden hatten sich mit ihrer Liebe zur Literatur direkt verstanden. So gut, dass sie manche Bücher gemeinsam gelesen und darüber diskutiert hatten. Irgendwann, als es meiner Oma langsam schlechter ging und es ihr immer schwerer fiel, sich so lange auf den Text zu konzentrieren, hatte ich das Lesen für sie übernommen. Das war ihrer Bettnachbarin nicht entgangen, und so hatte es sich herumgesprochen, und ich hatte für weitere Patienten und Patientinnen gelesen. Sowohl sie als auch die Pflegekräfte der Station hatten mehrmals betont, dass ich mich bloß nicht übernehmen sollte, aber es gab mir viel mehr Energie, als es mir nahm. Insbesondere seit dem Tod meiner Oma war das eine Möglichkeit, ihr nahe zu bleiben. Die anderen, seien es Arthur oder die Pfleger und Pflegerinnen, kannten sie noch, und ganz davon abgesehen hatte ich so das Gefühl, etwas zurückgeben zu können. Der Station, aber auch meiner Oma selbst, denn ich war ihr durch das Vorlesen nahe.

»Haben deine Schwester und du euch schon ein Restaurant für Montag ausgesucht? Wart ihr endlich mal in diesem Kartoffelladen, den ich dir empfohlen habe?«

Arthurs Fragen rissen mich nicht nur aus meinen Gedanken an meine Oma, sie katapultierten mich direkt zurück in das Dilemma, das ich zu verdrängen versucht hatte. Ich schluckte.

»Nein, waren wir noch nicht«, sagte ich ausweichend.

»Wäre das nichts für Montag? Im Wetterbericht meinten sie, dass es trocken bleiben soll, und die haben einen ganz tollen Innenhof da.«

»Wir müssen das erst mal ausfallen lassen.« Ich schenkte ihm ein Lächeln, von dem ich hoffte, dass es mir nicht missglückte.

»Oh wie schade, warum denn das?«

Mein Lächeln geriet ins Wanken, und obwohl das nicht mein Plan gewesen war, reichte ein sanftes Nicken von Arthur, damit ich das Buch zur Seite legte und erzählte. Von dem

Streit, dessen Grund und sogar ein wenig von Elias. Ich sprach einfach ungefiltert aus, was ich dachte, und für einen kurzen Moment vergaß ich sogar, dass es Arthur war, mit dem ich sprach, und nicht meine Oma.

8. KAPITEL

Elias

»Vielen Dank, Herr Seger. Die Zahlen sehen gut aus.«

»Keine Ursache«, log ich. Denn ich hatte mir die halbe Nacht um die Ohren geschlagen, um den Report für TwoMedia zu schreiben, und wusste ganz genau, dass Herr Lautenbach die Papiere nur einmal überfliegen würde, bevor er sie in einen Ordner in irgendeinem verstaubten Schrank packen und nie wieder ansehen würde. Innerlich seufzte ich, äußerlich verabschiedete ich mich von unserem Kunden und legte auf.

Ich ließ mich in meinen Stuhl zurückfallen und rieb mir über die Augen. Die letzten Tage waren unfassbar anstrengend gewesen. Mein Körper schrie nach einem weiteren Kaffee, aber Koffein würde mir auch nicht helfen, denn die Erschöpfung rührte viel tiefer. Müde war ich zwar auch, aber dazu mischten sich die Sorge um meinen Vater, die allgemeine Überarbeitung und das schlechte Gewissen Marc und dem Studio gegenüber. Ich arbeitete einen Punkt nach dem anderen ab und hatte dennoch immer das Gefühl, zur falschen Zeit am falschen Ort zu sein und nicht hinterherzukommen. Außer wenn ich im Studio war und mit den anderen trainierte.

Wenn ich ganz ehrlich zu mir war, war da auch ein wenig Verunsicherung, weil Miriam sich nicht gemeldet hatte. Dabei sollte mich das nicht verunsichern. Ich hatte es ihr angeboten, falls sie reden mochte – aber das hieß nicht, dass ich erwarten konnte, sie würde das Angebot auch annehmen.

Ich drehte meinen Schreibtischstuhl um 180 Grad und beobachtete das Geschehen draußen. Es war noch früh, doch laut Wetterbericht würden wir heute die 25-Grad-Marke knacken. Die Sonne schien, die Bäume wurden wieder grün, und die Fußgänger unten auf den Gehwegen trugen Shirts. Zu gern wäre ich auch eine Runde herumgelaufen und hätte die Sonne genossen. Aber das war in Anbetracht der Termine leider nicht drin.

Resigniert drehte ich mich wieder herum. Wie automatisch griff meine linke Hand nach dem Familienfoto in dem dunkelbraunen Holzrahmen, das auf dem Schreibtisch stand. Wir hatten es vor etlichen Jahren an der Ostsee aufgenommen – mindestens sechs musste es her sein, denn Kyra hatte noch ihre Zahnlücke zwischen den Schneidezähnen und meine Mutter lange Haare. Mein Blick wanderte von den Hasenohren, die ich Noah zeigte, über meine viel zu langen Haare bis zu meinem Vater, der hinter mir stand und eine Hand um die Taille meiner Mutter gelegt hatte. Keine Ahnung, wer das Foto geschossen hatte, aber er oder sie hatte einen glücklichen Moment eingefangen. Mir war nie aufgefallen, wie meine Eltern gealtert waren. Erst jetzt im Vergleich musste ich zugeben, dass die Haare meines Vaters sich gelichtet hatten und sich bei beiden wesentlich mehr Falten im Gesicht zeigten – zu einigen hatten wir drei sicher aktiv beigetragen.

Ich stellte das Foto zurück und sah mich in dem Büro meines Vaters um. Es fühlte sich falsch an, auf seinem Stuhl zu sitzen. Mein Vater war, im Gegensatz zum Foto, nicht mehr größer als ich, und doch meinte ich, in seinem Stuhl zu versinken, heruntergedrückt von der Verantwortung, die unsichtbar und dennoch spürbar auf meinen Schultern lastete. Wie hielt er das nur jeden Tag aus? Die Verantwortung für andere Jobs, all die Finanzen, die Deadlines, die Termine – im In- wie im Ausland –, die Forschung, die etlichen Kooperationen … Ein Zischen entwich mir, als Schmerz durch meine Unterlippe fuhr. Ohne es zu merken, hatte ich darauf gebissen.

Ich betrachtete die Regale mit den Büchern und Ordnern, die Couch für Gäste und Mitarbeiter, den zum Fenster ausgerichteten Stehtisch, an dem mein Vater jeden Morgen die Zeitung las, den Computer vor mir.

Will ich das alles wirklich?

Wieso kamen mir ausgerechnet jetzt Zweifel? Wieso hatte ich das in den Jahren zuvor nicht infrage gestellt? Vor meinem Studium? Ich schrieb gerade an meiner Bachelorarbeit, da war es wohl etwas spät, um meinen zukünftigen Lebensweg anzuzweifeln. Das Bild meines Vaters im Bett auf der Intensivstation schoss unweigerlich vor mein inneres Auge. Ich schluckte. Es war definitiv zu spät, alles zu hinterfragen. Meine Familie brauchte mich.

Es klopfte zweimal an der Tür, und ich zuckte zusammen.

»Elias?«

»Ja?« Ich räusperte mich, als ich merkte, wie krächzend der Laut klang. »Komm rein.«

Tina, die langjährige Assistentin meines Vaters, betrat das Büro und schenkte mir ein Lächeln. »Steht dir.«

Verwirrt blickte ich an mir herab. Ich trug ein langärmliges hellblaues Hemd, jedoch bei Weitem nicht zum ersten Mal.

»Der Chefsessel, meine ich.« Tina lachte, und die Last legte sich gleich noch schwerer auf meine Schultern. Sie alle zählten auf mich. »Ich hab vorhin kurz mit Linda telefoniert. Ich bin so froh, dass Jonathan den Umständen entsprechend wohlauf ist.«

»Ja, ich auch«, erwiderte ich. »Ich freu mich trotzdem darauf, wenn er wieder hier sitzt, nicht ich. Kann ich was für dich tun?«

»Ja, die hier benötigen deine Unterschrift. Linda meinte, bis zu 10 000 Euro kannst du unterschreiben. Die anderen beiden lege ich auf ihren Platz.«

Tina kam um den Schreibtisch herum und platzierte einen dünnen Ordner darauf.

»Danke«, sagte ich mit einem Nicken. Als sie nicht ging, schoss mein Kopf in die Höhe und mein Blick flog über die beiden Monitore vor mir. Für einen kurzen Moment hatte ich Angst, den YouTube-Browser offen gelassen zu haben – auch wenn das natürlich nicht verboten war, wäre es in der Position wohl mehr als unprofessionell gewesen –, doch zum Glück waren auf den Displays nur das Intranet und eine Excel-Tabelle zu sehen.

»Ist alles in Ordnung?«, fragte ich und richtete meinen Blick auf Tina, die nach wie vor neben mir stand.

»Du machst das gut, Elias. Ich weiß, das kann nicht einfach sein, aber du bist wie gemacht für diesen Posten.« Tina lächelte mir aufmunternd zu, und um ihre graublauen Augen bildeten sich kleine Fältchen.

»Danke dir.« Ich bemühte mich ebenfalls um ein Lächeln, wenngleich ich wusste, dass es meine Augen nicht erreichen würde. Tina nickte mir noch einmal zu, bevor sie ging und die Tür hinter sich schloss. Zurück blieben die Stille und ein Raum voller Dinge, die nicht mir gehörten und von denen ich nicht glaubte, dass sie sich jemals nach mir anfühlen würden.

Die Ampel hatte gerade auf Rot geschaltet, und ich lief im Eilschritt mit den übrigen Passanten auf die andere Straßenseite. Ich hatte die U-Bahn zum Krankenhaus genommen. In nur zweieinhalb Stunden begann der Kurs im Studio, und ich war dementsprechend in Eile. Immerhin hatten Noah, Kyra und ich beschlossen, unser Treffen im Poet's Corner heute auszusetzen, da wir uns gerade ohnehin ständig im Krankenhaus sahen. So blieb mir etwas mehr Zeit mit meinen Eltern, bevor der Boxkurs startete. Bei dem Gedanken ans Studio hoben sich meine Mundwinkel wie von selbst. Es brachte gar nichts, es zu leugnen: Die Arbeit dort gab mir Energie und war viel mehr Ausflucht denn Einnahmequelle. Wenn ich ganz ehrlich zu mir war, steckte mein Herz dort mittlerweile sogar mehr drin als in dem Job, für den ich extra studiert hatte. Etwas, was ich während der nächsten Stunde bei meinen Eltern hinter einem neutralen Gesicht verschließen musste.

Ich betrat das Krankenhaus und nickte der Frau hinter dem Schalter zu, bevor ich den Aufzug nach oben nahm.

»Hey, Schatz«, begrüßte mich meine Mutter, die auf einem der Sessel saß, die den Namen eigentlich nicht recht verdienten. Mein Vater lag halb aufrecht im Bett und lächelte mir zu. Neben ihm auf dem Nachttisch befanden sich eine Zeitung und ein Buch, und auf der ausgeklappten Platte stand ein Tablett. Anscheinend hatte es gerade erst Mittagessen gegeben. Die anderen beiden Betten im Raum waren leer.

»Hi, ihr beiden. Ist dein schnarchender Zimmergenosse ausgezogen?«, fragte ich mit Blick auf das Bett am Fenster.

Mein Vater lachte. »Ja, heute Morgen. Du glaubst gar nicht, wie sehr ich mich auf eine ruhige Nacht freue. Das Wochenende war die reinste Qual. Ich hab mir sogar eines dieser ASMR-Videos angehört, die Kyra in die Gruppe geschickt hat.«

»Hat es geholfen?«, wollte meine Mutter wissen.

»Überhaupt nicht, eher im Gegenteil. Ich hatte die Kopfhörer an, die Noah mir zu Weihnachten geschenkt hat, und es war wirklich unheimlich.«

»Ich denke nicht, dass das ein ernst gemeinter Tipp von ihr war«, erwiderte ich lachend. »Wieso hast du nicht nach einer Schlaftablette gefragt?«

Mein Vater tippte sich zur Antwort auf die linke Brust. »Soll ich nicht.«

Ich zog einen zweiten Sessel zum Bett heran und ließ mich darauf sinken. »Dann hoffe ich, dass es heute Nacht besser klappt. Gibt es schon Neuigkeiten, wann du rauskommst?«

»Der Arzt meinte, relativ bald, wenn alles so gut weitergeht. Immerhin bin ich jetzt in einem normalen Zimmer. Ich hab noch Nachkontrollen und morgen ein EKG, aber vielleicht kann ich nächsten Montag wieder nach Hause.«

»Wo du dich schonen wirst.«

»Ja, das sagtest du bereits mehrfach«, murmelte mein Vater.

»Und ich bin immer noch dafür, dass du dir eine Klinik für die Reha suchst. Vielleicht etwas außerhalb von Berlin.«

»Aber der Arzt hat auch etwas von ambulanten Angeboten erzählt.«

»Damit du direkt wieder halbtags im Büro schuftest? Kommt nicht infrage!«

»Willst du mich loswerden?«, fragte mein Vater mit einem Schmunzeln, woraufhin meine Mutter die Zeitung nahm und ihm damit gegen den Arm schlug, der nicht an der Infusion hing.

»Nein, und genau deshalb hörst du auf mich und gehst es langsam an.«

Es tat unglaublich gut, ihn so zu sehen. Wenn meine Eltern sich kabbeln konnten, war das Schlimmste wohl wirklich überstanden. Immerhin eine Sache, die wieder rund lief, wenngleich es bedeutete, dass ich keine andere Wahl hatte, als den Posten meines Vaters noch länger zu übernehmen. Denn meine Mutter hatte recht: Wenn er vollständig genesen wollte, musste er es langsam angehen lassen. Ich kannte ihn gut genug, um zu wissen, wie schwer ihm das fiel, und war mir völlig im Klaren darüber, dass er nur einen Gang runterschalten würde, wenn er sich absolut sicher war, dass ich alles unter Kontrolle hatte.

Aber hast du das? Wieso fühlt es sich dann so falsch an?

Ich schob die Gedanken mit aller Kraft beiseite. Ich durfte ihn nicht enttäuschen. Wenn der Preis dafür war, dass ich diesem neuen Gefühl, dass mein bisheriger Weg vielleicht nicht der einzig richtige war, bis auf Weiteres nicht nachgehen konnte, dann war das so. Es war besser. Vor allem, da ich nicht wusste, ob es sich nicht nur um eine Phase handelte.

»Ist ja gut«, sagte mein Vater mit spielerischem Grummeln in der Stimme. Dann wandte er sich mir zu. »Tina hatte am Telefon nur lobende Worte für dich, Elias. Ich bin wirklich stolz, wie du alles neben der Uni managst und den Laden am Laufen hältst.«

»Danke.« Während ich das Lächeln erwiderte, wünschte ich mir, die Worte würden dasselbe Gefühl in mir auslösen, das ich früher empfunden hatte, wenn mein Vater oder ein Kollege meine Arbeit gelobt hatten. Doch da war nichts, außer einer Enge in meiner Brust, die ich so nicht kannte.

»Die Bachelorarbeit kommt auch nicht zu kurz?«

»Nein.« *Doch.* Denn bislang hatte ich nur Texte und Bücher herausgesucht, die ich lesen wollte. Wirklich angeschaut hatte ich mir davon noch nichts.

»Gut.« Mein Vater nickte zufrieden. »Danke, Elias. Ich weiß, es ist viel, aber es tut gut zu wissen, dass ich mich auf dich verlassen kann.«

Mein schlechtes Gewissen verstärkte sich, auch wenn ich nichts falsch gemacht hatte und mein Vater unmöglich ahnen konnte, was in meinem Kopf vor sich ging. Es fühlte sich dennoch an, als würde ich meine Familie hintergehen. Nicht nur meine Eltern, sondern auch Noah, denn es war sein größter Traum, Seger Solar mit mir zu führen. Bis vor Kurzem war ich der felsenfesten Überzeugung gewesen, dass es auch mein Traum war.

Ich konnte und wollte den Job im Studio nicht aufgeben. Erst recht nicht jetzt, wenn das Studio vor Problemen stand. Marc brauchte mich. Meine Gruppen brauchten mich. Und wenn ich ganz ehrlich zu mir war, brauchte ich auch sie alle.

Ich rang mir ein Lächeln ab und unterdrückte das Seufzen, das am liebsten über meine Lippen geglitten wäre. Wie gern ich mit jemandem geredet hätte. Aber meine Geschwister fielen flach, Daniel war, auch wenn wir uns gut verstanden, Noahs bester Freund, und ansonsten waren meine Freunde gleichzeitig auch meine Kollegen, sodass auch diese nicht wirklich in Frage kamen. Meine Gedanken glitten automatisch zu Miriam. Es hatte gutgetan, mit ihr zu reden, wenn auch nur kurz. Zwar würde ich ihr nichts von meinen Zweifeln erzählen können, denn ich wollte nicht, dass sie das Gefühl hatte, etwas vor Kyra geheim halten zu müssen, aber über den Rest könnten wir reden. Andererseits hatte sie genug um die Ohren und, obwohl ich es ihr angeboten hatte, sich nicht bei mir gemeldet. Vielleicht war es ihr auch unangenehm, mehr Kontakt mit mir zu haben. Immerhin war ich in erster Linie der Bruder ihrer besten Freundin.

Leider.

Beinahe wäre ich bei diesem Gedanken zusammengezuckt. Wo kam das auf einmal her? Und vor allem: wieso? Hatte ich gerade nicht schon genug Chaos?

»Passt dir das?«

Erst als ich die zwei Blicke wahrnahm, die auf mich gerichtet waren, bemerkte ich, dass meine Eltern noch immer mit mir gesprochen haben mussten. Ich erwiderte den meines Vaters.

»Passen dir die Termine? Oder musst du erst noch einmal zu Hause im Kalender nachschauen?«

»Ich war in Gedanken, tut mir leid«, sagte ich und holte mein Handy heraus, um die Kalender-App zu öffnen. »Wann steht was an?«

»Wir haben niemandem Details zu meiner Abwesenheit genannt, auch wenn es sicher die Runde machen wird, da es im Büro passiert ist. Trotzdem muss vorerst niemand von der Reha wissen, okay?«

Ich nickte. Firmenpolitisch ergab es Sinn, aber es gefiel mir nicht, dass mein Vater schon wieder im Planungsmodus war. Sein Herzinfarkt war gerade einmal ein paar Tage her.

»Du kannst mit Norman und teils auch mit Noah zu den Terminen, und deine Mutter ist natürlich da.«

Sie nickte. »Wenn von deiner Seite aus alles passt, gebe ich Bescheid, dass du zu den Terminen kommen wirst. Es ist alles in Berlin und im Umkreis, und ich glaube, bis auf einen kennst du bereits alle Kunden. Ich werde ihnen sagen, dass du nach deinem Bachelor auch Großkunden allein übernimmst und wir dich gerade holistisch in die Projekte einarbeiten.«

Holistisch. Jap, die beiden waren definitiv im Planungsmodus. Ich zwang mir ein Lächeln ins Gesicht und tat alles dafür, die Gedanken, die mir durch den Kopf gingen, nicht nach außen zu tragen, auch wenn mir dabei alles andere als wohl zumute war. Noch schlimmer wurde das Gefühl in meinem Bauch nur, als ich den stolzen Blick meines Vaters auf mir spürte. Denn würde er ahnen, was wirklich in mir vorging, wäre dort nichts als Enttäuschung zu lesen.

»Bisschen spät dran«, begrüßte Lennart mich, als ich ins Studio gejoggt kam. Das war eine Untertreibung. Ich war exakt zweiunddreißig Minuten zu spät und noch nicht einmal umgezogen. Die Gespräche mit meinen Eltern hatten sich länger hingezogen als gedacht.

»Sind die Kids schon los?«

Lennart schüttelte den Kopf. Meine Erleichterung darüber hielt jedoch nicht lange an. »Marc hat übernommen.«

»Hat er heute nicht seinen Besichtigungstermin für das neue Studio?«

»Seine Frau geht hin, er meinte am Telefon, er kommt nach.« Lennart lächelte mich schief an. »Weiß aber auch nicht, ob er mit einer halben Stunde gerechnet hat. Hatte die Bahn Verspätung?

»Ne, Familie«, erwiderte ich ausweichend, nickte ihm zu und verschwand schnell in der Umkleide, um Marc nicht noch länger warten zu lassen.

Keine drei Minuten später stieß ich die Glastür zu unserer Halle auf. Ein paar Köpfe schossen zu mir herum, unter anderem Marlons, der mich angrinste. Er winkte mir zu, und ich verzog schon das Gesicht, bevor Marc seinen Befehl bellen konnte.

»Marlon, Liegestütz!« Dieser rollte kurz mit den Augen, ging dann jedoch einen Schritt zur Seite, außerhalb von Julius' Radius, und machte ohne Murren die Liegestütze. Die anderen wussten es besser, als sich durch mein Kommen vom Training ablenken zu lassen.

»Tut mir so leid!«, sagte ich, als ich Flasche und Handy abgelegt und Marc erreicht hatte, der mit verschränkten Armen vor der Fensterfront stand. »Kommt nicht wieder vor. Schaffst du's noch zu deinem Termin?«

»Mit deinem Vater alles okay? Warst du bei ihm im Krankenhaus?«

»Ja und ja«, antwortete ich. Marcs Gesichtszüge wurden weicher, und in seinen Blick legte sich Sorge, was mein schlechtes Gewissen nur noch verstärkte. Er kannte meine Eltern flüchtig von den Gelegenheiten, wenn sie einen von uns dreien zum

Training gefahren hatten, aber der Grund, dass ich zu spät war, hatte vielmehr mit der Arbeit zu tun als mit der Gesundheit meines Vaters.

»Schon okay.« Marc klopfte mir auf die Schulter und ließ seine Hand kurz dort liegen. »Wenn du mehr Zeit für ihn brauchst, sag Bescheid. Wir kriegen das hin, ich muss es nur früh genug wissen.«

Ich nickte und schüttelte im Moment darauf meinen Kopf. »Nicht nötig, aber danke. Ich weiß, ich hätte direkt schreiben oder anrufen sollen. Kannst du noch zu der Besichtigung?«

»Ich ruf Sonja gleich mal an. Sie ist für mich eingesprungen. Aber von den Fotos her glaube ich, dass das Studio zu klein wäre. Es ist ziemlich verwinkelt, das könnten wir gut nutzen, aber es fehlt einiges an Fläche, und es gibt nur einen Raum, der groß genug für Kurse wäre. So wie der Ansturm gerade ist, ist das zu wenig.« Er hob die Schultern. »Aber ich fahr dann mal hin. Oh, und Annika und Janosch wischen nachher, die beiden haben die ersten zehn Minuten nur miteinander gequasselt.«

»Alles klar«, gab ich zurück. »Dann viel Glück bei der Besichtigung, und gib Bescheid, wenn ich bei der Suche helfen kann.«

»Du hast gerade genug um die Ohren, das sollte dich nicht auch noch belasten.«

»Ich helf dir aber wirklich gern«, sagte ich noch einmal. Marc sollte nicht denken, dass mir das Studio, jetzt da ich zurück in der Firma war, nicht mehr am Herzen lag. Dennoch winkte er ab, zwinkerte mir kurz zu und verließ dann, nachdem er sich von den anderen verabschiedet hatte, den Raum.

Kaum war die Tür hinter ihm ins Schloss gefallen, kam Marlon auch schon auf mich zugelaufen. Mit quietschenden Turnschuhen kam er vor mir zum Stehen. »Drehst du jetzt auch Extrarunden, weil du zu spät bist?«

»Gehst du mal zurück zur Matte, Knirps? Sonst kannst du direkt weiter Liegestütze machen.«

Marlon grinste mich schief an. »Kein Thema, ich hab nach vier aufgehört, als du mit Marc gequatscht hast. Schlau, was?«

»Eher frech«, gab ich zurück. »Na, los jetzt.«

Marlon kaute auf seiner Lippe herum, und sein Gesicht wurde plötzlich ernster. »Ich wollte eigentlich nur was fragen.«

Als er nicht weitersprach, nickte ich ihm aufmunternd zu.

»Weil ... Marc war heute so seltsam, und ich hab ihn vorhin telefonieren hören. Hat voll geflucht. Irgendwas stimmt nicht, oder?«

Ich wollte bereits widersprechen, doch Marlon war nicht dumm. Er sah mich mit wachen Augen an, und ich wusste, dass er jede meiner Lügen als solche enttarnen würde. Doch ich hatte Marc versprochen, nichts zu sagen, und wollte auch niemanden in der Gruppe verunsichern, bevor wir eine Lösung fanden.

»Es ist nichts, worüber du dir Gedanken machen musst.« Ich legte möglichst viel Zuversicht in meine Stimme, doch Marlon rollte mit den Augen.

»Manchmal bist du so ein Erwachsener, ey.«

»Ich bin erwachsen«, erwiderte ich mit einem Schmunzeln.

»Ja, aber du lässt diesen Erwachsenen-Bullshit normalerweise.«

»Jetzt auch, sonst würd ich dich nämlich ermahnen, weil du Bullshit gesagt hast.«

»Haha«, sagte Marlon trocken. »Dann erzähl es mir halt nicht.«

Er blickte über seine Schulter zu Julius, der im Regal an der hinteren Seite des Raums gerade die Handpratzen holte, und dann wieder zurück zu mir.

»Aber wenn es was Schlimmes wär, würdest du es uns sagen, oder?« Er musterte mich, und in seinen braunen Augen lag eine Sorge, die man dort in dem Alter auf keinen Fall finden sollte. Marlon wandte den Blick ab und betrachtete seine Schuhe, als gäbe es dort etwas Faszinierendes zu entdecken. »Das hier ist …« Er hob die Schultern. »Klingt dumm, aber das hier ist wie so ein zweites Zuhause geworden.«

Ich musste lächeln, auch wenn sich mein Herz gleichzeitig beinahe schmerzhaft zusammenzog. Weil es mir genauso ging. Weil ich seine Sorge so gut nachempfinden konnte. Weil ich jetzt schon den Verlust spüren konnte, den die Schließung des Studios bedeuten würde, wie einen Phantomschmerz.

»Uff, das war Cringe pur.« Marlon rieb sich sichtlich verlegen durch die Haare. »Ich geh mal.« Er deutete nach hinten zu Julius, der startklar bereitstand. »Sonst schiebt der wieder Stress.«

»Klar«, sagte ich. »Und Marlon …«

Er drehte ich um. »Hm?«

»Mach dir keinen Kopf, ja? Es gibt für alles eine Lösung.«

Marlon nickte einmal, dann lief er zu seinem Freund zurück. Ich zwang mich, den Blick von den beiden abzuwenden und ihn durch den Raum wandern zu lassen. Ich sollte meine Runde drehen, Haltungen korrigieren und die neuen Übungen durchgehen. Was ich stattdessen tat, war, zu meinem Handy neben der Wasserflasche zu gehen, es zu entsperren und so lange auf das Display zu starren, bis es sich wieder verdunkelte.

»Was hab ich schon zu verlieren«, sprach ich mir selbst Mut zu und öffnete das Chat-Fenster mit Miriam. Die letzte Nachricht war von letztem Jahr, als ich ihr zum Geburtstag gratuliert hatte. Seitdem: nichts. Vielleicht würde es unangenehm werden, vielleicht würde sie von vornherein ablehnen, aber ich brauchte dringend Hilfe, um meine Gedanken zu sortieren, und hätte abgesehen davon auch kein Problem damit, für eine Weile an etwas anderes als die Arbeit zu denken. Also tippte ich meine Nachricht an Miriam und drückte auf »Senden«, bevor ich einen Rückzieher machen konnte. Das verräterische Kribbeln in meinem Bauch ignorierte ich dabei gekonnt.

9. KAPITEL

Miriam

Beinahe stieß ich mit dem Studenten vor mir zusammen, als ich mit Blick auf meine Ledertasche den Korridor entlangging. Ich verlangsamte meine Schritte und kam kurz vor der Treppe zum Stehen.

»Mist«, fluchte ich, während ich in dem Chaos meiner Unitasche nach meinem Handy suchte. Als ich es endlich gefunden hatte, konnte ich nichts gegen die Enttäuschung tun, die mich beim Blick aufs Display durchflutete. Es war Phuong. Für einen Augenblick hatte ich geglaubt, dass meine Schwester anrief, immerhin war Montag. Da sie auf meinen Vorschlag, uns heute in der Mittagspause in dem Laden zu treffen, den Herr Wiegand mir empfohlen hatte, jedoch gar nicht eingegangen war, hätte ich es besser wissen müssen. Ich hatte mit dem Gedanken gespielt, zwischen meinen Veranstaltungen dennoch dorthin zu fahren, aber ich wollte nicht, wie letzte Woche, wieder allein in einem Lokal sitzen. Vergangenen Montag war ich am Abend wider besseres Wissen in das Restaurant gegangen, das wir vorab gemeinsam ausgesucht hatten. Louisa war natürlich nicht dort gewesen, und obwohl Kyra direkt angeboten hatte mitzukommen, war ich am Ende gegangen, ohne etwas zu bestellen. Dass die Kellnerin mir noch mitgegeben hatte, er sei es nicht wert, also offensichtlich davon ausgegangen war, mein Date hätte mich sitzengelassen, hatte es nicht besser gemacht. Diese Blöße wollte ich mir nicht noch einmal geben. Selbst Kerim ignorierte meine Nachfragen bezüglich Louisa, und unsere Gespräche hatten sich auf das gemeinsame Geschenk für meinen Vater beschränkt. Wenn ich zu seinem Geburtstag überhaupt noch eingeladen war, denn unser Familien-Gruppenchat blieb stumm.

Ich nahm den Anruf an und hielt mir mit der freien Hand das linke Ohr zu, um die Geräuschkulisse der vorbeilaufenden Studierenden zu unterdrücken.

»Ja?«, fragte ich.

»What's up, Buttercup? Bist du an der Uni?«

»Ja, mein Seminar ist grad rum.«

»Das trifft sich gut, wir wollten dich gerade einsammeln!«

»Wir?«

»Kat und ich.«

»Okay, und wofür wollt ihr mich einsammeln?«

»Ist 'ne Überraschung. Treffen wir uns an der Mauer vorn wie immer?«

Ich warf einen Blick auf meine Armbanduhr, den es nicht benötigt hätte, denn es war nicht so, als ob ich heute noch großartige Pläne hatte.

»Okay«, sagte ich und nahm die Treppe nach unten.

»Gut, wir sind nämlich schon seit fünf Minuten hier und warten. Widerspruch wäre eh zwecklos gewesen.«

Widerwillig musste ich lachen. »Bis gleich, Phuong.«

Ich legte auf, machte noch einen kurzen Abstecher zur Toilette, da ich keine Ahnung hatte, was Phuong vorschwebte, und hielt draußen angekommen nach einem platinblonden und einem bunten Haarschopf Ausschau. Ich entdeckte Phuong und Kat vor der Mauer, wobei Kat an dieser lehnte und Phuong mit ihren Fingerspitzen spielte. Der Anblick brachte mich zum Lächeln. Das war mehr als überfällig gewesen.

Als die beiden mich entdeckten, ließ Phuong Kats Hand los und umarmte mich. Sie trug zerrissene High Waist Jeans und ein großes Shirt irgendeiner Band, das sie darüber zusammengeknotet hatte. Ich kniff die Augen zusammen, um den Schriftzug lesen zu können, was mir durch die Falten im Stoff jedoch nicht gelang.

»Ist Olivers, hat er nicht mit nach Hamburg genommen. Kat zieht das normalerweise zum Schlafen an, aber dass ich in Kats Sachen reinpasse, kann ich vergessen, also hab ich mir das geklaut. Hat er davon, wenn er die Band verlässt und woanders als in Berlin studiert.«

»Steht dir auf jeden Fall besser als ihm«, meinte Kat mit einem Schmunzeln und umarmte mich ebenfalls.

»Stimmt«, bestätigte Phuong mit einem Blick an sich hinab. Dann hakte sie sich bei Kat und mir ein und zog uns weg vom Campus in Richtung U-Bahn.

»Was habt ihr denn vor?«

»Was haben *wir* vor, ist die richtige Frage. Ich wollte dich heute zum Essen entführen, weil ich dachte, wenn deine Schwester gerade nicht will, erhalten wir die Tradition einfach aufrecht, bis sie wieder zu Sinnen kommt. Kat hatte gleich eine noch bessere Idee: Wir machen eine kulinarische Stadtführung.«

»Wir futtern uns durch Berlin?«

»Durch Kreuzberg«, korrigierte Kat mich. »Ich hab das mit meinen Eltern gemacht, kurz nachdem ich hergezogen bin. Es hat sogar die beiden von Berlin überzeugt, und sie haben zum ersten Mal komplett vegan gegessen, wenn auch, ohne es zu merken.« Kat grinste. »Es gibt aber auch eine Station mit Currywurst, wie sollte es anders sein. Mehr verrat ich nicht! Die Lokale da sind echt toll, ich glaub, damals haben wir fünf Stopps gehabt.«

»Und wir lernen was über dein Viertel, du wolltest doch eh mal eine Walking Tour durch Kreuzberg machen.« Phuong knuffte mich sanft in den Arm. »Außerdem ist das Wetter heute perfekt, und wir können unterwegs Fotos für Kats Instagram machen.«

Kat schüttelte lachend den Kopf. »Phuong hält sich neuerdings für so was wie meine Social-Media-Managerin.«

»Du willst ohne die Band Musik machen, du brauchst irgendeine Plattform, damit die Leute überhaupt auf dich aufmerksam werden«, erwiderte Phuong in bestimmtem Tonfall. »Guck doch mal, wie Kyras Podcast geteilt wird und wächst. Daniels neue Band hat auch einen super Instagram-Auftritt. Sie sind sogar auf TikTok. Nur gut zu singen und Gitarre zu spielen reicht nicht mehr – leider.«

Kat hob beschwichtigend die Hände, und ich folgte dem Austausch der beiden mit einem Schmunzeln. Als sich die gelben Türen der U-Bahn öffneten und hinter uns wieder schlossen, hatte ich das Gefühl, ein Stück der schlechten Laune auf dem Steig zurückzulassen. Ich mochte keine Zeit mit meiner Schwester verbringen können, aber ich hatte Freundinnen, die mich auffingen, wann immer ich es brauchte. Sie waren mein Sicherheitsnetz, selbst dann, wenn mir gar nicht bewusst war, dass ich fiel. Ich kickte eine leere Plastikflasche zwischen dem Viererplatz zur Seite und ließ mich auf einem der leicht zerschlissenen, vierfarbigen Sitze nieder, die ich früher als hässlich empfunden hatte, mittlerweile aber irgendwie liebte.

»Danke«, sagte ich leise, als Phuong und Kat sich zu mir setzten.

Kat lächelte, und Phuong rechts neben mir winkte ab. »Bedank dich nicht dafür, dass wir Zeit mit dir verbringen, das ist auch ein Gewinn für uns! Außerdem gibt es Essen.«

»In dem Fall: Gern geschehen!«, gab ich mit einem Schmunzeln zurück. An meinem Oberschenkel vibrierte etwas, und ich zog das Handy aus dem Seitenfach meiner Tasche. Mein Herzschlag beschleunigte sich im selben Moment, in dem mein Blick auf das Display fiel. Elias. Kurz blickte ich zur Seite, doch Phuong war bereits wieder in ein Gespräch mit Kat vertieft. Ich hielt die Luft an und klickte auf Elias' Nachricht.

Hi Miri … Ich weiß, ich hab es eigentlich dir angeboten, nicht andersrum, aber hast du Lust, was zu trinken oder so? Könnte grad etwas Ablenkung und Gedanken sortieren gebrauchen.

»Hey«, sagte ich über den Lärm der anfahrenden Bahn hinweg und tippte Phuong auf den Arm, um ihre Aufmerksamkeit zu erregen. »Wäre es okay, wenn noch jemand dazustößt?«

»Uh«, machte Kat, und auch Phuong sah mich mit erhobenen Augenbrauen an. »Wer denn?«

»Elias hat gerade geschrieben.«

»Ach so, klar.« Phuong machte eine wegwerfende Handbewegung. »Und ich dachte schon, es gäb was, was ich wissen müsste.«

Ich schluckte bei ihren Worten, so ertappt fühlte ich mich.

»Wir haben unsere Tickets online geholt, aber er kriegt sicher auch eins vor Ort. Er soll zum Hohenstaufenplatz kommen, da ist der Treffpunkt.«

Ich nickte.

Phuong und Kat haben mich gerade abgeholt, wir machen 'ne kulinarische Stadtführung. Startet am Hohenstaufenplatz. Magst du mit?

Ich zögerte, dann tippte ich die nächsten Worte doch.

Ich würd mich sehr freuen! 😊

Supergern! Bin unterwegs, bis gleich 😊

Ich verkniff mir das Lächeln, das sich direkt auf mein Gesicht schleichen wollte. Er wollte nur reden. Da war nichts dabei. Ich war eine Bekannte, die Freundin seiner Schwester. Mehr nicht. Hatte Phuongs Reaktion nicht genau das bewiesen? Er brauchte nur jemanden zum Reden, das hatte nichts mit mir persönlich zu tun.

Ich sagte mir diese Worte so lange, bis ich sie glaubte. Dennoch konnte ich nichts dagegen tun, dass mein Herz schneller klopfte und ich mich plötzlich noch mehr auf die Stadtführung freute.

»Hi!«

Ich zuckte zusammen, als Elias' Stimme plötzlich hinter mir ertönte. Wir standen mit einer kleinen Gruppe vor einer Statue zweier kämpfender Ziegen am Rande des Parks. Unser Tourguide war in ein Gespräch mit einer Familie verwickelt, die ihn bereits ein paar Dinge zu Berlin fragte.

Ich drehte mich zu Elias um, der mich in eine Umarmung zog.

»Danke, dass ich kommen durfte«, sagte er an meinem Ohr. Sehr nah an meinem Ohr. So nah, dass ich seinen Bart an meinen Haaren spürte.

Verhalt dich normal. Das alles ist ganz normal. Wie sonst auch.

Leider interessierten meinen Puls die mahnenden Worte nicht im Geringsten. Also nickte ich nur, bevor ich über meine eigenen Worte stolpern oder Elias an meiner Stimme hören konnte, was los war. Er ließ von mir ab und begrüßte Phuong und Kat, dann ging er zu unserem Guide und kaufte ein Ticket. Ich nutzte die Zeit, um tief durchzuatmen. Wieso war ich so nervös? Ich hatte Elias früher jede Woche gesehen, mehrmals sogar. Gut, Kyra war immer dabei gewesen, aber wieso sollte es jetzt anders sein? Es war nicht so, als wäre das hier ein Date, Phuong und Kat waren schließlich auch da. Mein Blick fiel auf die beiden. Sie hielten Händchen.

Okay, zumindest war es für Elias und mich kein Date. Ich durfte diese Sache nicht größer machen, als sie war. Er wollte reden, ich hatte ihn eingeladen, Ende der Geschichte.

Mit einem Lächeln kam Elias zurück zu unserer kleinen Gruppe. »Hat alles geklappt. Ich wohn schon so lange in Kreuzberg und hab noch nie eine Tour hier gemacht. Generell in Berlin noch nicht, abgesehen von einer Bootstour über die Spree mit meiner Klasse damals.«

»Ne, ich auch nicht«, erwiderte Kat.

»Wie kamt ihr auf die Idee?«

Phuong warf mir einen Blick zu und ergriff dann das Wort, bevor Kat antworten konnte. »Hatte mal Lust auf was anderes und hab online hiervon gehört.«

Ich lächelte ihr zu, dankbar, dass sie Louisa nicht erwähnte. Nicht dass es mir unangenehm gewesen wäre, wenn Elias davon erfuhr, aber ich wollte gerade einfach nicht daran denken.

Wenige Minuten später hob unser Guide die Hand, bat uns, näher an ihn heranzutreten, und erklärte uns den groben Ablauf der Tour. Dann setzte er sich in Bewegung und offenbarte uns nach und nach die Geheimnisse Kreuzbergs, erzählte von der Gentrifizierung und einigen hiesigen Berühmtheiten, bis wir schließlich vor dem ersten Lokal zum Stehen kamen. Es war ein kleines, unscheinbar wirkendes Restaurant mit orangefarbenen Außenwänden. Unser Guide, der sich als Valentin vorgestellt hatte, hielt uns die Tür auf und deutete hinein.

»Nehmt gern schon einmal Platz.« Ich steuerte mit den anderen drei einen Tisch in der Ecke an und ließ mich auf das dunkelblaue Polster fallen. Die Wände waren auch innen orangefarben gehalten, und das Restaurant war klein und lang, sodass es nur wenige Tische gab, was das Ganze gemütlich machte.

»Euch erwartet hier libanesische Küche – mit den besten Falafeln Berlins, versprochen!« Valentin ließ die Tür hinter den Letzten ins Schloss fallen und trat zwischen unseren und den Nachbartisch, wo er an die Wand deutete. »Sogar Keanu Reeves ist Gast hier, wann immer er in Berlin ist.«

Ich folgte seinem ausgestreckten Zeigefinger, und tatsächlich, dort auf dem gerahmten Foto stand der Schauspieler zwischen einem Mann und einer Frau, vermutlich den Besitzern des Ladens.

»Und da kommen auch schon die Vorspeisen! Amal erklärt euch nachher noch etwas zu den Gerichten und zu ihrem Laden, aber lasst es euch jetzt erst einmal schmecken.«

Amal, die Frau auf dem Foto, stellte mehrere kleine Schüsseln vor uns auf den Tischen ab. Die Falafel und der Hummus landeten direkt vor mir, etwas, das Amal als Tabbouleh bezeichnete, stellte sie vor Phuong ab, die sich mit dem Löffel direkt eine große Portion auf ihren Teller schaufelte.

»Valentin sagte Vorspeise«, kommentierte Elias mit einem amüsierten Gesichtsausdruck.

»Klappe, ich hatte kein Frühstück«, erwiderte Phuong und reichte die Schüssel dann an mich weiter. Ich nahm mir ebenfalls etwas und hielt sie Elias hin. Es war nur eine kleine, sanfte Berührung unserer Fingerspitzen, ähnlich der im Krankenhaus vor ein paar Tagen. Unsere Blicke trafen sich, und genau wie damals reichte dieser kurze Kontakt aus, damit sich meine Muskeln anspannten und Gänsehaut meinen Rücken überzog.

Die eine Sache, die diesmal anders war? Elias' Blick hielt meinen gefangen, und er machte keine Anstalten, seine Finger von meinen zu lösen. Ich schluckte gegen meine plötzlich trockene Kehle an und zog dann die Hand zurück, um sie im langen Ärmel meiner geblümten Bluse zu verstecken. Das Gefühl, das seine Berührung hinterlassen hatte, konnte ich so jedoch nicht loswerden. Meine Fingerspitzen kribbelten, und das überforderte mich komplett. Wieso zeigte mein Körper so eine starke Reaktion auf ihn? Oder besser gesagt: Wieso schien ich diese nicht mehr unter Kontrolle zu haben?

Mit der rechten Hand nahm ich die Gabel und schob mir eine Portion des Tabboulehs in den Mund. Als ich kurz aufschaute, fand ich den Blick aus Elias' braunen Augen auf mich gerichtet. Ob immer noch oder wieder konnte ich nicht sagen. Seine Stirn war leicht gerunzelt, bevor sich seine Miene klärte und auch er sich dem Essen widmete. Keiner von uns sprach, während Kat und Phuong sich über Keanu Reeves und *Matrix* unterhielten und das Schweigen, das sich zwischen Elias und mir ausbreitete, dadurch zum Glück übertönten.

Elias hatte mit mir sprechen wollen, und ich hatte es kaum erwarten können, ihn zu sehen. Doch jetzt hatte ich Angst, auch nur ein Wort zu äußern, weil ich mir sicher war, dass er all meine Gedanken sofort an meinem Gesicht ablesen könnte. Also probierte ich von den verschiedenen Gerichten und sprach, als ich mir sicher war, normal zu klingen, mit den anderen über *John Wick* – den ich dank Kyra gesehen hatte. Meinen Kopf hielt ich konsequent nach rechts gewandt, da ich wusste, dass ein weiterer Blick von Elias genügen würde, um mich vollends aus der Fassung zu bringen.

»Ich kann nicht mehr«, stöhnte Phuong vor mir.

»Wir haben noch zwei Stationen vor uns.« Phuongs Miene

brachte Kat zum Lachen. »Jetzt stell dich nicht so an und lauf weiter. So hoch ist das jetzt auch nicht.«

»Trägst du mich?«

»Träum weiter.«

»Dann brauch ich 'ne Pause.« Phuong blieb, kaum dass sie die Worte ausgesprochen hatte, so abrupt stehen, dass ich beinahe in sie hineinstolperte. Gerade rechtzeitig zog Elias mich am Arm ein Stückchen zur Seite, was auch dazu führte, dass ich plötzlich noch näher neben ihm lief.

»Danke«, sagte ich leise.

»Geht schon mal vor, wir holen euch gleich wieder ein.« Kat rollte mit den Augen. »Sobald ich meine melodramatische Freundin zum Weiterlaufen bewegt habe.«

»Ich bin nicht melodramatisch, ich bin einfach überfressen. Ich dachte, wir laufen von Station zu Station, nicht quer durch den Viktoriapark.«

»Weil du ja wieder mal nicht hören wolltest. Wir haben dir mehrmals gesagt, dass du Platz für den Nachtisch lassen sollst.«

»Jaha, aber der letzte Stopp ist Eis, und das rutscht dazwischen, das weiß jeder.«

Ich verkniff mir mein Lachen und blickte zu Elias auf. »Magst du warten oder sollen wir echt schon einmal vor?«

»Ich würde sagen, wir gehen vor. Ich war noch nie ganz oben, und wer weiß, wie viel Zeit wir haben«, antwortete Elias, und mit einem Winken liefen wir der Gruppe hinterher, während Phuong sich an das Geländer lehnte. Eine Weile gingen wir schweigend nebeneinander, bis Elias' »Wow« mich von der Erde zu meinen Füßen aufblicken ließ. Rechts von uns verlief ein Wasserfall nach unten.

»Ganz oben könnt ihr bereits das Nationaldenkmal sehen. Da wollen wir hin! Was es damit auf sich hat, erzähl ich euch oben. Der Wasserfall hier wird künstlich betrieben. Da werden 13 000 Liter die Minute gepumpt.«

»Das ist so schön. Ich kann nicht glauben, dass ich hier in all den Monaten noch nicht war.« Ich warf Elias einen Seitenblick zu. »Ich kann nicht glauben, dass *du* hier noch nicht warst. Du bist Berliner.«

»Ich weiß, Schande über mich.«

»Und über deine Kuh«, erwiderte ich automatisch.

»Meine Kuh?«, fragte Elias mit einem Lachen.

»*Mulan*«, murmelte ich und wünschte, ich hätte die Klappe gehalten, anstatt mit der Disney-Anspielung herauszuplatzen. Peinlich berührt wandte ich den Kopf ab und beobachtete das Plätschern des Wassers, das seltsam beruhigend auf mich wirkte. Dann drehte ich mich zu Elias herum. »Weswegen wolltest du denn reden?«

Falls ihn der plötzliche Themenwechsel irritierte, ließ er es sich nicht anmerken. Er öffnete den Mund, als wollte er antworten, sah dann jedoch weiter stumm auf den Wasserfall hinaus.

»Geht es um deinen Vater?«

»Nein«, erwiderte er. Dann runzelte er die Stirn. »Ja, jein, ich weiß es nicht genau. Nicht nur.« Seufzend fuhr er sich durchs Haar und nickte in Richtung der Truppe, die bereits weitergegangen war, bevor er sich langsam in Bewegung setzte. Kurz dachte ich, das Thema hätte sich damit für ihn erledigt, doch dann sprach er weiter.

»Ich mag die Arbeit im Studio. Sehr sogar. So sehr, dass ich sie nicht aufgeben will.«

»Und du hast das Gefühl, du musst, weil es sonst zu viel wird?«

Elias zuckte mit den Schultern. »Meine Eltern sind von Anfang an davon ausgegangen, dass es sich dabei um einen Übergangsjob handelt, und zu Beginn dachte ich das auch. Aber ich bin wirklich gern dort. An den Tagen, an denen ich Kurse hab, steh ich morgens direkt auf und hab Lust zu arbeiten.«

»Hast du das bei deinen Eltern im Büro nicht?«

Elias dachte eine Weile nach, bevor er antwortete. »Doch, schon auch. Oder besser gesagt, ich hatte es. Aber eher dann, wenn etwas Besonderes anstand, ich mit zu einem Termin konnte oder so.«

»Und beides weitermachen geht gerade nicht, weil deine Eltern dich mehr einspannen?«

Elias nickte. »Meine Eltern brauchen mich jetzt mehr denn je. Und ich war weniger anwesend denn je. Ich weiß, dass es vernünftiger wäre, den Job im Studio sein zu lassen. Wenn ich noch mehr im Büro arbeite, muss ich eh aufpassen, dass ich nicht zu viele Stunden habe. Wegen der Uni und Krankenkasse und so«, erklärte er, als er meinen fragenden Blick sah. »Aber das ist es nicht mal, nicht nur. Ich hab das Gefühl, Marc und die Kids aus den Kursen brauchen mich. Ich weiß, dass meine Eltern mich auch brauchen, aber ...« Er hob die Schultern. »Ich will einfach keinen von ihnen enttäuschen. Jetzt kommt noch hinzu, dass die Stadt das Fabrikgelände benötigt, auf dem auch das Studio steht, und Marc sich nach was Neuem umsehen muss. Dadurch wird die Pacht vermutlich teurer, wodurch das Studio die Preise anziehen muss, und das führt wiederum dazu, dass sich nicht mehr alle den Kurs leisten können.« Elias verzog den Mund zu einem grimmigen Lächeln. »Wenn Marc so schnell überhaupt was Neues findet.«

»Das ist eine Menge«, sprach ich das Offensichtliche aus.

»Ja«, erwiderte Elias.

»Kann ich dir irgendwie helfen?«

»Ich glaub nicht. Ich erwarte auch gar keine Lösung oder so

von dir. Ich wollte nur mit irgendjemandem reden, weil ich das Gefühl hab, den Überblick zu verlieren.«

»Kein Wunder. Mir wird oft die Uni allein schon zu viel, und du hast in deiner ganzen Aufzählung nicht einmal deine Bachelorarbeit erwähnt.«

»Ach ja, die gibt es auch noch.« Bei Elias' trockenem Ton musste ich schmunzeln, und auch seine Mundwinkel schoben sich ein wenig nach oben.

»Besteht denn die Chance, dass Noah ein paar mehr Stunden leistet?«

Noch bevor ich zu Ende gesprochen hatte, schüttelte Elias den Kopf. »Ne, der arbeitet bereits zu viele.«

»Okay, also du willst mehr in der Firma aushelfen, um deine Familie zu entlasten, gleichzeitig deine Kurse mit den Kids leiten, deinen Bachelor beenden und außerdem Marc helfen, das Studio zu den gleichen Preisen zu halten.«

Elias lächelte mich schief an, was ihm wohl Antwort genug war.

»Dir ist klar, dass du nur vierundzwanzig Stunden am Tag hast? Oder habe ich da was verpasst?«

»Das schaff ich schon irgendwie ... Mein Vater kann irgendwann ja zurück in den Betrieb, auch wenn es länger dauert. Grade hab ich eher Sorgen um das Studio und Kinder wie Marlon, die dann vielleicht nicht mehr kommen können.« Er legte eine kurze Pause ein. »Ich weiß auch nicht, wieso mich das so fertig macht, aber die Truppe ist mir in den letzten Monaten wirklich ans Herz gewachsen. Insbesondere Marlon und ein paar andere.«

Ich nickte langsam. »Es ist nicht ganz das Gleiche, aber ich glaube, ich verstehe es. Als meine Oma gestorben ist, wollte ich auch auf keinen Fall im Krankenhaus aufhören. Ich war irgendwie schon fester Bestandteil dort, kannte die Leute, sie mich, und ich hatte und habe wirklich das Gefühl, etwas verändern zu können, wenn auch nur im Kleinen.«

»Ja, genau«, pflichtete Elias mir bei und bedachte mich mit einem Lächeln. Wieder hielten sich unsere Blicke gefangen. Es war beinahe seltsam, seine braunen Augen aus dieser geringen Distanz zu sehen, wahrzunehmen, wie sich das Licht der Sonne darin spiegelte. Die Wimpern sehen zu können, die sie umrahmten. Der Moment machte mir bewusst, dass das hier gerade das erste Mal war, dass wir beide etwas zusammen unternahmen, das erste Mal, dass wir uns so nah waren. Hitze schoss mir in die Wangen, doch ich zwang mich, meinen Blick nicht abzuwenden, wie ich es sonst getan hätte.

Dann räusperte Elias sich, und der Moment war vorbei. »Marlon hat sogar seine Note in Deutsch verbessert, weil er ein paar Tipps von mir angewandt hat. Es ist so schön zu sehen, wie sie alle mit der Zeit offener werden.« Er hob die Schultern. »Ich will das nicht einfach aufgeben, auch wenn es vielleicht schlauer wäre.«

»Hat Marc denn irgendwie die Chance, etwas zu finden, das nicht so viel teurer ist?«

Erneut zuckte Elias mit den Schultern. »Keine Ahnung, aber ich glaub nicht so wirklich dran, um ehrlich zu sein. Vielleicht wenn er sich was außerhalb sucht, aber dann gehen ihm Kunden flöten, schätze ich.«

»Und Kyra und Noah hatten auch keine Idee? Die beiden kennen das Studio ein bisschen besser, oder?«

Elias zögerte mit der Antwort und kniff die Augen leicht zusammen. »Ich hab den beiden nichts von alldem erzählt.«

Oh. Ich durfte mir nichts darauf einbilden, dass er es mir erzählte. Ich durfte nicht. Sicher hatte alles einen ganz simplen Grund, der rein gar nichts mit mir persönlich zu tun hatte.

»Und wieso?«, fragte ich.

»Weil ich nicht will, dass sie denken, ich würde die Arbeit im Büro vernachlässigen. Ich glaub, sie sind sowieso nicht begeistert, dass ich so viel Zeit bei Marc verbringe.«

»Da sind wir«, unterbrach Valentin unsere Unterhaltung und breitete beide Arme aus. »Hier seht ihr das Nationaldenkmal, dem wir uns gleich widmen, aber zuerst ein Fakt, über den ich mich immer sehr viel mehr freue: Hier oben wird Wein angebaut! Total untypisch für Berlin, aber das Ganze geht bis ins 15. Jahrhundert zurück. Der jetzige Rebbestand stammt aus Wiesbaden und war ein Geschenk des …«

So sehr ich versuchte, Valentin zuzuhören, drifteten meine Gedanken doch wieder ab, und mein Blick wanderte von unserem Guide zu Elias, der neben mir mit verschränkten Armen dastand. Zwar hatte er den Kopf zu Valentin gedreht, doch sein Blick folgte nicht dessen Gesten, sondern er starrte ins Nichts. Auch wenn ich gerade einen Berg an eigenen Problemen hatte, wollte ich in diesem Moment nichts dringender, als ihm zu helfen. Meine Probleme konnte ich, solange weder meine Eltern noch Louisa bereit waren, mit mir zu reden, ohnehin nicht lösen. Aber vielleicht könnte ich immerhin für Elias da sein. Denn bei dem grübelnden, müden und fast schon zermürbten Ausdruck auf seinem Gesicht hätte ich ihn am liebsten in den Arm genommen. Da ich das nicht durfte, konnte ich zumindest einen Schlachtplan für ihn entwickeln.

10. KAPITEL

Elias

»Hand vor den Mund beim Gähnen. Oder alternativ mal Schlaf ausprobieren.«

Mit einem leisen Ächzen ließ Marc sich auf den Stuhl mir gegenüber fallen. Ich saß seit fünf Minuten am Tisch und hielt meine Kaffeetasse umklammert.

»Dafür müsste ich den Arm aber zu hoch heben, und das tut weh«, murmelte ich.

»Nach zwei Kursen noch zu trainieren ist auch 'ne dumme Idee, das hätte ich dir gleich sagen können.«

»Hmhm«, brummte ich. Mich nach den Gruppen noch am Boxsack auszutoben, war tatsächlich nicht mein schlauster Einfall gewesen, aber ich hatte gehofft, dass es mir helfen würde, den Kopf freizukriegen. Leider war der genauso voll wie die Tage zuvor. Zwar hatte ich mit Miriam noch mehrmals hin und her geschrieben, doch eine Lösung hatte ich nach wie vor nicht, sodass unsere Gespräche irgendwann zu Musik und Filmen abgedriftet waren. Ich war überrascht, wie leicht es gewesen war, mich mit Miriam zu unterhalten. Mehr als das: Es war schön gewesen. Von der Befangenheit, die ich sonst von ihr gewohnt war, war nichts zu spüren gewesen, und ich hatte mich dabei ertappt, wie ich immer mehr hatte wissen wollen – selbst über Themen wie *Doctor Who*, von denen ich so gar keine Ahnung hatte. Von den paar Folgen, die ich damals ihr zuliebe geschaut hatte, mal abgesehen. Doch allein zu sehen, wie glücklich es sie machte, darüber zu sprechen, gab mir etwas. Für einen kurzen Moment hatte sie es geschafft, mich meine Sorgen vergessen zu lassen. Mit Sicherheit war das auch der Grund, weshalb ich am liebsten schon wieder Zeit mit ihr verbringen würde. Denn die Gelassenheit war wie verflogen und mein Kopf wieder ein einziges Chaos. Das würde sich wohl so schnell nicht ändern. Nur dass ich jetzt zusätzlich mit Muskelkater würde kämpfen müssen. *So klug, Elias.*

»Kyra war am Dienstag hier und meinte, Jonathan wäre raus aus dem Krankenhaus?«

»Ja, seit Dienstagmorgen«, sagte ich mit einem Lächeln. »Er hat es geschafft, meine Mutter zu einer ambulanten Therapie zu überreden, also bleibt er in Berlin. Aber sie lässt ihn keinen Fuß in die Firma setzen.«

»Besser so«, erwiderte Marc mit einem Nicken. »Aber wieso schaust du dann so missmutig drein? Kyra hat sich ein bisschen mehr gefreut.«

»Ich freu mich auch«, warf ich sofort ein. »Ich bin nur einfach total übermüdet.«

»Na, vielleicht hab ich ja was, was dich aufweckt.« Marc stand auf und ging neben mir in die Hocke, um an das unterste Regalfach an der gegenüberliegenden Wand zu kommen. Er blätterte in einem schwarzen Ordner und drückte mir kurz darauf zwei bedruckte A4-Seiten in die Hand. Ich überflog sie.

»Du hast ein neues Studio?«

»Ich hab ein Angebot für ein neues Studio. Es ist noch nichts unterschrieben. Ich muss mich bis nächste Woche entscheiden und wollte vorab noch einmal hin, ein paar Dinge ausmessen, auch wenn das Ganze wirklich gut aussieht. Kommst du mit? Mich würd deine Meinung interessieren, bevor ich zusage.«

Überrascht blickte ich zu Marc auf. Das Studio war sein Baby, und er ließ sich von nichts und niemandem reinreden. Lennart hatte einmal beiläufig vorgeschlagen, die Rückwand im Dunkelrot des Logos zu streichen, und – nun ja, er hatte das Thema so schnell nicht noch einmal aufgegriffen, und die Wand blieb weiß. Wobei ich mir ziemlich sicher war, dass das eine reine Trotzreaktion Marcs war. Keine Ahnung, woher es kam, aber er reagierte bei allem, was das Studio anbelangte, überempfindlich, als handelte es sich dabei um sein Kind. Vielleicht tat es das in gewisser Weise ja auch. Umso seltsamer also, dass ihn meine Meinung zu dem neuen Gebäude interessierte.

»Klar, wann denn? Gleich am Montag?«

Marc schüttelte den Kopf. »Montag ist der erste Mai.«

Er grinste, als er meinen verwirrten Blick bemerkte. »Tag der Arbeit. Feiertag. Schon mal gehört? Solltest du nutzen und dich ausschlafen. Ich würd Dienstag direkt hin, passt dir das?«

»Ja«, entgegnete ich, ohne überhaupt in meinen Kalender zu schauen. Ich würde die Arbeit drumherumlegen, das würde für die ein, zwei Stunden, die ich benötigte, schon gehen. »Schreib mir einfach, wann ich wo sein soll.«

»Cool!«, sagte Marc und lächelte. »Ich bin gespannt, was du sagst.«

Mit einem Nicken blätterte ich auf die zweite Seite und stutzte. »Das ist aber schon teurer als hier, oder?«

»Ja«, antwortete Marc gedehnt. »Wir müssten die Preise ein wenig anheben. Aber ich denke, das könnten wir gut rechtfertigen. Die Sanitäranlagen sind wesentlich besser, und wir haben zwei Räume mehr für Kurse. Bis es richtig anläuft, wollte ich aus einem davon einen kleinen Trainingsraum machen. Ich hatte auch überlegt, ihn unterzuvermieten für Team-Events oder auch für private Trainings, aber mal sehen.«

Wie automatisch nickte ich weiter, während Marc mir von

seinen Plänen für die neue Fläche erzählte. Es klang toll, und es ergab Sinn. Doch mein erster Gedanke galt Marlon, Julius und den anderen in den Gruppen. Was würde aus ihnen werden?

»Wenn du den Mitgliedsbeitrag hebst … Das gilt auch für die Kurse, oder?«

Marc stoppte mitten in seinem Satz, den ich ohnehin nicht wahrgenommen hatte. Sein Blick fiel auf mich und er lächelte schief. »Du fragst wegen deinen Kursen, oder?«

»Marlon zahlt manchmal von seinem eigenen Geld«, antwortete ich.

Marc nickte. »Ich weiß. Bei Katharina sind's auch Kostengründe, dass sie nicht jede Woche teilnehmen kann.« Er rieb sich mit der breiten Hand übers Gesicht. »Keine Ahnung, darüber mach ich mir Gedanken, wenn es so weit ist. Noch haben wir ja nichts unterschrieben.«

Mit ziemlicher Sicherheit hatte Marc recht, und es brachte nichts, bereits über Probleme zu grübeln, die noch gar nicht da waren. Dennoch konnte ich nichts dagegen tun, dass meine Gedanken auch um diese Sache immer und immer wieder kreisten. Was, wenn wir zwar ein neues Gebäude hatten, aber die Hälfte meines Kurses fehlte? Was, wenn Marlon nicht mehr kommen konnte, weil die Gebühr zu hoch wurde? Er hatte so eine Wandlung durchgemacht – sie alle. Und ich hatte dazu beitragen dürfen. Ich wollte unter keinen Umständen, dass das alles umsonst gewesen war.

»Kannst du wenigstens ein bisschen so gucken, als ob das gute Neuigkeiten sind? Immerhin haben wir was in Aussicht. Karin vom Tanzstudio nebenan hat noch gar keine Idee, was sie machen soll.«

»Sorry. Du hast ja recht.« Ich streckte mich und zog zischend die Luft ein, als mein Trizeps und meine Brustmuskeln schmerzhaft protestierten. Yep, ich hatte eindeutig übertrieben. »Ich muss los. Dann sehen wir uns am Dienstag!«

Marc nickte. »Alles klar. Und ruh dich mal aus, bei den Schatten unter deinen Augen könnte man meinen, der Boxsack hat zurückgeschlagen.«

»Interessant. Da bist du schon zwei Jahre lang Papa, aber die Dad-Jokes kommen erst jetzt?«

»Raus mit dir, sonst setzt es 'ne Kündigung.«

»Du brauchst mich, alter Mann«, gab ich mit einem Schnauben zurück.

Ich erwartete einen ähnlich sarkastischen Kommentar von Marc, doch er musterte mich mit überraschend ernstem Blick.

»Da hast du recht.«

Seine Worte lösten Stolz in mir aus, doch da war noch ein anderes, nagenderes Gefühl. Ein Erwartungsdruck, ein Verantwortungsgefühl und ein schlechtes Gewissen, weil ich mir nicht sicher war, ob ich all dem gerecht werden konnte.

Ich hatte gerade die Umkleidekabine verlassen, als mein Handy klingelte. Kyra.

»Hey, alles gut?«, fragte ich.

»Noah will seinen Geburtstag nicht feiern«, erwiderte meine kleine Schwester ohne Begrüßung.

»Hm?«

»Noah will nicht mehr feiern. Weil er meint, dass andere Dinge gerade wichtiger sind, blah blah. Ich glaub, er will wegen Papa nicht feiern, aber das ergibt überhaupt keinen Sinn, weil er über den Berg und sogar schon zu Hause ist.«

»Und du willst, dass ich ihn überrede? Vielleicht mag er den Tag einfach entspannt mit Lia auf der Couch verbringen.« Nach all dem Trubel seit Semesterbeginn konnte ich es ihm nicht verübeln.

»Du kennst Noah, er hat nur wieder ein schlechtes Gewissen. Er hat sich die ganze Zeit auf seinen Geburtstag gefreut – und selbst wenn nicht, dann hat er die Ablenkung gerade nur noch nötiger.«

»Okay. Aber du weißt, wie stur er ist, wenn er sich was in den Kopf gesetzt hat.«

»Ja, und deshalb will ich, dass *wir* was organisieren.«

»Willst du nicht erst mal bei Lia nachhaken, ob er darauf überhaupt Lust hätte?«

»Hab ich schon. Ich hab auch Daniel gefragt, er hilft uns, und wir feiern bei ihnen in der WG. Er lenkt ihn dann ab, während wir alles organisieren.«

Obwohl mir gar nicht danach zumute war, musste ich lachen. Kyra rief nicht an, um mich zu fragen, sondern lediglich, um mich zu informieren. Ich konnte ihr nicht einmal böse sein, weil es viel zu guttat, sie wieder so selbstsicher zu erleben wie früher.

»Ey, lach nicht, sag lieber Ja!«

»Ich hab doch eh keine Wahl, oder?«

»Stimmt, aber mit deinem Einverständnis fühl ich mich ein bisschen besser.«

»Wie überaus rücksichtsvoll.«

»Ja, und rücksichtsvoll, wie ich nun mal bin, hab ich auch schon nächsten Mittwoch für die Vorbereitungen vereinbart. Hab in den Kalender geschaut, du hast keinen Kundentermin, und deine Kurse sind aktuell wechselnd montags, dienstags und donnerstags, also passt das, oder?«

Mit einem Augenrollen, das Kyra glücklicherweise nicht sehen konnte, stieß ich die Tür nach außen auf. Es war angenehm mild, und ich ließ meinen Blick über das Gelände wandern, das ursprünglich einmal als Gerberei gedient hatte. Den Innenhof zierten Bänke und Kirschbäume, die bereits Blüten trugen.

Gegenüber saß eine Dreiergruppe an einem Tisch des kleinen Cafés, und zwei Frauen in Sportkleidung verließen neben mir gerade das Tanzstudio. Weiter hinten standen Reihen alter roter Kinositze mitten auf dem Platz vor einer großen Leinwand. Nächsten Monat würde das Freilichtkino wieder starten – nur um bald schließen zu müssen. In meiner Brust zog sich etwas zusammen. An diesem Gelände hingen Existenzen. Klar, mit dem Umbau würden neue gesichert werden, und für die Stadt ergab es Sinn, die alten Hallen anderweitig zu nutzen. Aber ich wollte nicht, dass diese Zuflucht etwas anderem weichen musste. Es war wie ein Dorf, ein eigener kleiner Mikrokosmos inmitten der Hauptstadt. Es war mein Safe Space.

»Bist du noch dran?«

»Sorry, ja. Passt. Solang ich keine Einladungen basteln oder irgendwas ausschneiden muss.«

»Ich hätte eine WhatsApp-Gruppe vorgeschlagen, aber mir gefällt, wie du denkst. Ich melde mich später, ich klär das mal mit Lia und Daniel. Ciao, ciao!«

»Ciao«, sagte ich und legte auf.

Bevor ich über Kyras Anruf nachdenken oder überlegen konnte, wie ich das auf die immer weiter wachsende Liste an Dingen, die ich zu erledigen hatte, packen sollte, fiel mein Blick auf einen mir vertrauten blonden Haarschopf. Miri lehnte an einem der Bäume vor dem Café. Sie trug ein knielanges gelbes Kleid, darüber eine dunkle Jeansjacke und hatte mich offensichtlich im selben Moment entdeckt wie ich sie, denn sie hob die Hand und winkte. Ich steckte mein Handy zurück in die Tasche und ging auf sie zu. Die Freude, die dabei Besitz von mir ergriff, konnte ich nicht leugnen. So kitschig der Gedanke auch war: Miriam zu sehen war wie der erste Sonnenstrahl nach einem langen Winter. Die bloße Tatsache, dass sie hier war, vertrieb die Sorgen aus meinem Kopf und wärmte irgendetwas in meinem Inneren. Eine Stelle, die ich zu lange ignoriert hatte.

»Was bringt dich denn hierher?«, fragte ich und bemühte mich um einen neutralen Tonfall.

»Du, um ehrlich zu sein.« Miriam lächelte verlegen, und ihr Blick schweifte einmal über den Innenhof. »Es ist superschön hier.«

»Ja«, antwortete ich gedehnt und versuchte, mir meine Sorgen in Anbetracht der Tatsache, dass das hier bald der Vergangenheit angehören würde, nicht anmerken zu lassen.

»Ich hab nachgedacht über alles, was du bei der Führung gesagt hast.«

»Über was genau? Ich hab ziemlich viel erzählt«, erwiderte ich mit einem Schmunzeln.

»Das mit dem Studio und diesem Gelände. Ehrlich gesagt hab ich mir eine Woche lang den Kopf zerbrochen und kam nicht wirklich weiter, aber gestern Abend hab ich rumgelegen und einen Film geguckt, und dabei kam mir eine Idee.« Miriam blickte über ihre Schulter zu dem Café, bei dem zwei Tische außen noch unbesetzt waren. »Hast du noch ein paar Minuten? Oder musst du ins Büro?«

»Nein, hab heute Nachmittag frei.« *Um mich endlich um meine Bachelorarbeit zu kümmern und die Quellen durchzugehen.* Doch das sprach ich nicht laut aus, denn wenn Miriam wirklich eine Idee hatte, wie die ganze Situation zu retten war, dann war sie es wert, gehört zu werden. An dem Studio hingen Jobs und – etwas dramatischer formuliert – Schicksale. An meiner Bachelorarbeit hing eine Note, und das Endresultat war nicht einmal besonders wichtig, da ich sowieso die Firma meiner Eltern übernehmen würde.

Außerdem willst du Zeit mit ihr verbringen.

So ungern ich den Gedanken zuließ, er war da. Dass Miriam

sich mir zuliebe Gedanken gemacht hatte, obwohl sie selbst genug um die Ohren hatte, war alles andere als selbstverständlich.

»Sollen wir uns kurz setzen? Oder ist dir nicht nach Kaffee?«

»Doch, klar«, sagte ich sofort. »Jetzt bist du schon extra rausgefahren. Und …«

Ich zögerte. *Was soll's.*

»Und ich freu mich, dich zu sehen.«

Miriams Augen weiteten sich kurz, beinahe so, als überraschten sie meine Worte. Ich biss mir auf die Innenseite meiner Wange. Genau deshalb sollte ich solche Gedanken besser für mich behalten: Sie waren unangebracht. Gott, ich musste dringend wieder unter Menschen. Ich durfte nicht mit der Freundin meiner Schwester flirten. Die Komplikationen konnte ich neben der Sorge um das Studio und dem Frust, was meine Zukunft anging, nicht auch noch gebrauchen.

Ich wandte meinen Blick von Miriam ab und ließ mich auf einen der hölzernen Gartenstühle fallen, die vor dem Café aufgestellt waren. Miriam tat es mir gleich und studierte die Karte, die zwischen uns auf dem Tisch lag. Ich bemühte mich, sie nicht direkt mit Fragen zu löchern, auch wenn mir diese unter den Nägeln brannten. Während Miriam die Rückseite der Karte durchlas, zwang ich mich, meinen Blick nicht ständig zu ihrem Gesicht wandern zu lassen. Stattdessen richtete ich ihn auf meine Hände und fuhr über die rauen Stellen, die das Training dort hinterlassen hatte.

»Hey, ihr beiden. Was darf ich euch bringen?«

Ich bestellte einen Cappuccino bei der lächelnden Bedienung, und Miriam nahm einen selbst gemachten Eistee. Kaum dass die Barista wieder das Café betreten hatte, platzte ich mit meiner Frage heraus. »Du hast eine Idee?«

Miriam wiegte den Kopf hin und her. »Ja, ich glaub schon.

Keine Ahnung, wie gut sie ist und ob dir das nicht schon selbst kam, aber vielleicht kann man daraus was machen.«

Ich lehnte mich in meinem Stuhl nach vorn und wartete darauf, dass sie weitersprach. Miriam strich sich die blonden Haare hinter die Ohren und legte die Unterarme auf dem Tisch ab.

»Also … ich nehm mal an, das Studio selbst ist nicht mehr zu retten. Ich hab mir den Bebauungsplan durchgelesen und glaube nicht, dass sich die Stadt davon abbringen lässt. Zumal es an sich ja eine super Sache ist, dass sie neuen Wohnraum schaffen wollen, wenn nicht das Studio und die anderen Läden dafür draufgehen würden. Wenn ich es richtig verstanden habe, war das bei der Pachtung der Fläche aber wohl schon klar. Dass keine dauerhafte Nutzung möglich ist, meine ich.« Miriam räusperte sich. »Na ja, dann hab ich auf jeden Fall weiterüberlegt, was man stattdessen machen könnte. Eine neue Fläche zu finden, die passt, ist zwar nicht einfach, sollte insgesamt aber machbar sein, denke ich. Ich habe keine Ahnung, was dein Chef gerade zahlt, aber es gibt schon Hallen oder Räume, in die man sich einmieten kann. Das Problem ist ja eher, dass die Kosten dann steigen und nicht mehr jeder teilnehmen kann, richtig?«

Ich nickte. »Gerade die Kinder in meinen Kursen nicht.«

»Aber was, wenn die Kosten anders getragen werden?«

Ich schob die Augenbrauen zusammen, sagte aber nichts, da ich Miriams Redefluss nicht stoppen wollte.

»Wir haben ja noch ein paar Monate. Na ja, zwei. Was, wenn wir hier eine Art Festival organisieren, um zu zeigen, was im Studio so alles passiert? Vielleicht wollen sogar noch andere teilnehmen, ich habe hier noch ein Tanzstudio, einen Keramikladen und eine Näherei entdeckt. Die stehen ja vor demselben Problem. Wir könnten ein Charity Event machen und mögliche Sponsoren einladen oder auch einfach Besucher und Anwohner aus der Nähe. Bestimmt wissen viele Berliner gar nicht, dass das hier existiert. Ich war bis heute ja selbst noch nie hier und es ist echt schön. Vielleicht bekommt man genug zusammen, um die Kurse teilweise mitzufinanzieren.«

Ich ließ mir Miriams Vorschlag durch den Kopf gehen. Sie war beim Reden immer schneller geworden, und es war ihr anzusehen, dass sie die Idee begeisterte. Kein Wunder, denn sie war wirklich gut.

»Ich könnte mit den Kids eine Show einstudieren. Dann können sie zeigen, was sie bisher gelernt haben, und vielleicht wollen so sogar noch andere teilnehmen. Oder Marc und ich organisieren für den Tag Probekurse.«

Miriam nickte. »Vielleicht könnt ihr auch gemeinsam mit der Tanzschule nebenan einen Kursplan erstellen. Das Café hier könnte das Catering übernehmen, vielleicht macht der Laden mit und bietet einen Töpferkurs an. Natürlich vorausgesetzt, die anderen haben Lust.«

»Die Trainerin des Tanzstudios kenn ich, da kann ich gleich direkt fragen«, überlegte ich laut. »Notfalls gibt es eben ganz viel Programm mit den Kindern. Glaub mir, wenn ich eins gelernt hab, dann dass Kinderaugen immer ziehen.«

Miriams Lachen klang so hell, dass es einen kleinen Teil der dunklen Gedanken in meinem Kopf vertrieb. Gleichzeitig zog sich etwas in mir zusammen, und ein angenehmer Schauer durchrieselte mich. Wenn mein Blick nicht auf Miriams funkelnden Augen geruht hätte, hätte ich mir einreden können, dass das Gefühl nur von dem Gedanken rührte, das Studio retten zu können.

Die Kellnerin kam zurück an unseren Tisch und platzierte die Getränke darauf. Ich bedankte mich, dann wandte ich meine Aufmerksamkeit sofort wieder Miri zu.

»Würdest du Eintrittskarten verkaufen?«, fragte ich sie.

»Hm. Ich weiß nicht, wenn es kostenlos ist, habt ihr sicher mehr Publikum. Klar, dann sind da auch einige, die einfach nur kurz vorbeischauen und wieder gehen, aber man kann von außen so gut aufs Gelände schauen, vielleicht habt ihr dann mehr Zulauf, weil es direkt voller wirkt. Mit Tickets könnte man natürlich besser kalkulieren, wie viele Leute in etwa kommen.«

»Oder man bietet denjenigen Tickets, die sicher in einen Kurs wollen, und sie erhalten ein Getränk dazu oder so. Der Rest, der nur zuschauen will, kann kommen.«

Miriam nickte begeistert. »Gute Idee.«

Wir brainstormten noch eine ganze Weile. Wie lange, wurde mir erst bewusst, als ich einen Schluck meines Kaffees trinken wollte und die kalte Flüssigkeit in meinem Mund spürte. Ich hatte ihn und die Zeit über unserem Gespräch völlig vergessen. Ein Blick auf meine Uhr offenbarte mir, dass wir bereits seit einer Stunde hier saßen, dabei hätte ich schwören können, dass bloß Minuten vergangen waren. Mit dem Daumen fuhr ich die Mine meines Kugelschreibers ein und legte ihn auf die von oben bis unten vollgeschriebenen A4-Seiten vor mir. Wir hatten alles niedergeschrieben, was uns in den Sinn gekommen war, und ich konnte kaum erwarten, es Marc zu präsentieren.

»Danke«, sagte ich und musterte sie nun doch. Das Lächeln, das ich auf meinem Gesicht wusste, lag auch auf ihrem und brachte ihre Augen zum Strahlen. Ganz so, als wäre ihr das hier genauso wichtig wie mir. Aber wieso? Warum tat sie all das, um mir zu helfen?

»Nicht der Rede wert«, erwiderte Miriam, dabei war es das sehr wohl. Denn dank des Gesprächs mit ihr hatte ich nicht nur einen Plan, sondern auch Hoffnung.

»Aber jetzt haben wir schon wieder nur über mich und meinen Mist geredet«, gab ich zu bedenken, nachdem ich die Blätter in meiner Sporttasche verstaut hatte. »Wie sieht es bei dir aus? Hat sich das Familiendrama klären lassen?«

Miriams Lächeln verrutschte, was eigentlich Antwort genug war, dennoch schüttelte sie den Kopf. »Leider gar nicht.«

»Kann ich dir irgendwie helfen?« Denn das wäre das Mindeste, nachdem sie extra hierhergefahren war und diesen ganzen Plan mit mir ausgetüftelt hatte. Es war alles andere als selbstverständlich, dass sie sich der Sache so annahm.

»Ich glaub nicht. Meine Eltern und meine Schwester sind sauer auf mich, und meine Schwester weicht bisher jedem Klärungsversuch aus.«

»Hast du was verbockt?«

»In ihren Augen schon, ja.« Sie seufzte, als sie meinen auffordernden Blick bemerkte. »Du hörst Kyras Podcast, oder?«

Ich nickte und brauchte einen Moment, um zu verstehen, worauf sie anspielte. »Sind sie wegen der Folge mit dir sauer?«

»Jap.«

»Aber das war … wann? Im November?«

»Anfang Dezember, ja.«

»Und sie wollten nicht, dass das mit deiner Abtreibung rauskommt? Aber das ist doch deine Sache.«

»Nein.« Miriam schüttelte sacht den Kopf, und die Art, wie sie ihr Glas umklammert hielt, machte deutlich, dass es kein angenehmes Thema für sie war. Dennoch wechselte sie es nicht, sondern sprach weiter. »Sie wussten nichts davon, und meine Schwester hat den Podcast gefunden. Oder besser gesagt, ich hab sie, ohne nachzudenken, mit der Nase darauf gestoßen. Aber ich hätte auch nicht gedacht, dass es ein so großes Problem für sie ist. Mir war klar, dass meine Eltern nicht in Begeisterungstänze ausbrechen, vielleicht auch, dass sie eine Zeitlang sauer sind, aber ich hab nicht damit gerechnet, dass das alles so eskaliert.«

Ohne dass ich es verhindern konnte, verzog sich mein Mund zu einem Lächeln. Leider entging das auch Miriam nicht.

»War das dumm von mir, das anzunehmen?«

»Nein, gar nicht«, sagte ich schnell. »Ich finde es nur witzig, dass Kyra und du da so ähnlich tickt. Sie hat kurz vor dir auch alles erst im Podcast erzählt und ist danach zu unseren Eltern gegangen.«

»Irgendwie ist es auch leichter, das einer anonymen Masse zu erzählen als der eigenen Familie.« Miriams Blick wurde fest. »Mit dir oder den anderen darüber zu reden, ist gar kein Problem. Aber damals war ich noch unsicherer als heute, noch nicht so … gefestigt, falls man das sagen kann.«

»Ich weiß, was du meinst. Denkst du, du hättest dich damals zu etwas beschwatzen lassen, was du nicht wolltest?«

Miriam hob die Schultern. »Vielleicht, sicher sagen kann ich es nicht. Aber ich wollte es nicht riskieren. Jetzt fühl ich mich da viel gefestigter. Nur hab ich jetzt, wie es aussieht, die Chance verpasst, mit meiner Familie darüber zu reden.«

»Das glaub ich nicht. Sie sind deine Familie. Glaub mir, die Liebe geht so tief, diese Stellen erreicht ein Streit gar nicht.«

Das Lächeln, das diese Worte auf Miriams Gesicht zauberten, sorgte für kleine Fältchen um ihre Augen und erneut für dieses sonderbare Gefühl in meiner Magengrube.

Der Vibrationsalarm von Miriams Handy unterbrach das sanfte Flüstern der umliegenden Gespräche. Sie warf einen Blick auf das Display und zog die Stirn kraus.

»Das ist jetzt gruslig.«

»Hm?«, fragte ich.

Mit dem Zeigefinger entsperrte sie das Handy und las die eingegangene Nachricht.

»Mein Vater«, murmelte sie zur Antwort. »Mein Vater hat übermorgen Geburtstag, und ich hab die ganze Zeit gerätselt, was ich machen soll, weil meine Eltern ja nicht mit mir reden, ich seinen Geburtstag aber auf keinen Fall verpassen wollte. Jetzt hat er mich eingeladen.«

»Also kommt die Chance, mit deiner Familie zu sprechen, sogar früher als gedacht. Sieht aus, als würde sich das Chaos bei uns beiden ein bisschen lichten, was?«

Zumindest hoffte ich das. Denn so sehr Miriam mir heute geholfen hatte und so sehr ich an meine Worte glaubte, die ich gerade über Familie gesagt hatte, so unsicher war ich mir doch, ob ich mit meinen Eltern jemals ein solches Gespräch führen sollte. Denn wenn die Liebe wirklich so tief reichte – sollte ich mich dann nicht leichter damit abfinden können, ein paar Abstriche zu machen?

11. KAPITEL

Miriam

Ich hätte nie gedacht, dass es mich einmal nervös machen würde, das Haus meiner Eltern zu betreten. Nein, das stimmte nicht ganz. Nach dem Tod meiner Oma war ich mir meiner Nervosität mehr als bewusst gewesen, weil ich Angst gehabt hatte, das verweinte Gesicht meiner Mutter zu sehen. Doch jetzt war das Gefühl ein anderes. Denn ich stand seit bestimmt zwei, drei Minuten vor unserer Haustür und traute mich nicht, sie zu öffnen. Den Schlüssel hielt ich bereits in der Hand, doch es fühlte sich nicht so an, als ob ich ihn nutzen dürfte. Das hier war nach wie vor mein Zuhause, das war mir klar, doch die Einladung in dieses war von meinem Vater erfolgt, und er hatte mir privat geschrieben, nicht im Gruppenchat. Von meiner Mutter hatte ich nach wie vor kein Wort gehört. Ein wenig hatte ich darauf gehofft, dass meine Eltern mir die Tür öffnen würden, so wie sonst auch immer, sobald sie mein Motorrad in der Einfahrt hörten, doch das war nicht geschehen. Mit einem Seufzen ließ ich den Haustürschlüssel wieder in meinen Rucksack gleiten und klingelte. Ich hatte neben dem Geschenk für meinen Vater vorsichtshalber Kleidung und Schlafzeug eingepackt, da ich ursprünglich geplant hatte, das gesamte Wochenende zu Hause zu verbringen. Gerade fühlte es sich nicht so an, als ob dieser Plan realistisch war, aber die Hoffnung starb bekanntlich zuletzt.

Die Tür öffnete sich nach innen, und mein Vater stand mir gegenüber.

»Hey Papa«, sagte ich und hielt mich im letzten Moment davon ab, zu winken. Für einen Moment schien er ebenso angespannt und unschlüssig zu sein wie ich, dann jedoch machte er einen Schritt auf mich zu und umarmte mich.

Erleichtert legte ich meine Arme um ihn. »Alles Gute zum Geburtstag.«

»Danke, Süße.«

Für meinen Geschmack viel zu schnell löste er sich wieder aus der Umarmung und sah mich eindringlich an.

»Meine Schwester ist schon da, mein Bruder wie immer zu spät, und Louisa kommt in etwa einer Stunde, deshalb wäre es schön, wenn wir …« Kurz suchte er nach Worten. »… wenn wir dieses Thema heute ruhen lassen.«

Dieses Thema. Ich schluckte den Frust hinunter und rang mir ein Lächeln ab. »Verstanden.«

Mein Vater nickte und trat zur Seite, damit ich hereinkommen konnte. Der Geruch unseres Hauses zauberte mir trotz all der Anspannung ein Lächeln ins Gesicht. Es war schwer, zu beschreiben, wie es roch. Genau so, wie es sich für mich anfühlte: nach Wärme und Geborgenheit. Ich zog meine Motorradjacke aus und hängte sie neben die meines Vaters an die Garderobe. Dann folgte ich ihm in die Wohnküche, wo der Tisch bereits gedeckt war.

»Miriam, wie schön, dich zu sehen!«, begrüßte mich meine Tante Anja und drückte mich fest an sich. Mein Cousin sah kurz von seiner Nintendo Switch auf und winkte mir zu, bevor er sich wieder auf das Display konzentrierte. Mein Blick wanderte nach rechts, wo meine Mutter neben ihrer besten Freundin an der Theke stand. Fehlten also nur noch mein Onkel und dessen Frau sowie Louisa und Kerim. Ich räusperte mich, woraufhin sich meine Mutter umdrehte und ein Lächeln aufsetzte, das gezwungener nicht hätte sein können. Ihre Lippen waren zu dünnen Linien verzogen, und ihr Gesicht, das mir sonst mit so viel Aufmerksamkeit und Liebe begegnete, so zu sehen, versetzte mir einen Stich. Sie machte keinerlei Anstalten, mich zu umarmen, wie mein Vater es getan hatte, also blieb auch ich einfach im Raum stehen und verschränkte die Arme unbeholfen vor der Brust.

»Schön, dass du da bist«, sagte Pia. Ihr Lächeln wirkte aufrichtig, doch ihr Blick, der zwischen mir und meiner Mutter hin und her huschte, verriet, dass meine Mutter ihrer besten Freundin alles erzählt haben musste.

Das kann ja was werden.

»Der Kuchen schmeckt ausgezeichnet.« Pia nickte Anja anerkennend zu, während ich mir stillschweigend ein Stück in den Mund schob. Sie hatte recht, der Kuchen war super, und unter anderen Umständen hätte ich ihn auch genossen. So wie das Essen zuvor, denn schon dabei hatte Louisa bei jedem meiner Versuche, in das Gespräch einzusteigen, die Augen verdreht oder mich unterbrochen. Es war so kindisch, dabei war sie die Ältere von uns beiden. Übernachten würde ich hier auf keinen Fall, so viel stand fest. Ich war froh, wenn ich wieder zurück in die WG konnte, so leid es mir für meinen Vater tat. Denn er war definitiv der Leidtragende und hatte sich bis eben – zu meiner Erleichterung – bemüht, das Gespräch auch mit mir aufrechtzuerhalten. Also schien immerhin er mich nicht komplett zu hassen.

»Ich hab gehört, du hast deinen Literaturkurs mit einer 1,3 bestanden«, richtete meine Tante das Wort plötzlich an mich. Mit vollem Mund nickte ich.

»Das ist großartig. Also macht dir das Studium Spaß?«

Ich schluckte den Bissen hinunter und ignorierte, dass meine Schwester sich demonstrativ mit ihrer Serviette beschäftigte und den Blick nach unten gerichtet hielt, anstatt mir zuzuhören.

»Ja, total. Ich hatte letztes Semester ein paar Startschwierigkeiten, da es so anders war als in der Schule, aber jetzt mag ich es echt. Ich vermisse Fächer wie Mathe und Sport nicht gerade.«

»Ja, so ging es mir auch. Das hätte ich am liebsten abgewählt«, erwiderte Anja mit einem Lachen. »Deine Mutter hat Physik geliebt, ich bin da mehr bei dir und würde Sprachen immer vorziehen.«

Das Gespräch tröpfelte eine Weile weiter vor sich hin, bis Louisa es mit einem Räuspern unterbrach. »Wie wär's mit Geschenken, Papa?«

»Ihr sollt mir doch nichts schenken.«

»Das sagst du jedes Jahr.«

»Ja, und in keinem Jahr haltet ihr euch daran. Ich dachte, wir hätten euch erzogen.«

»Sie haben auch schon als Kinder nicht gehört«, murmelte meine Mutter mit einem Schmunzeln. Kurz trafen sich unsere Blicke, und ihre Miene wurde wieder ernst.

»Wenn ihr euch streitet, fang ich eben an«, unterbrach mein Onkel und verschwand kurz im Flur. »Das hier ist von uns«, sagte er, als er zurückkam, und trug ein offensichtlich schweres Geschenk zu meinem Vater, das fast so hoch war wie er. Trotz der Größe war es in dunkelblaues Geschenkpapier gewickelt. Mein Vater klopfte seinem Bruder auf die Schulter und machte sich ans Auspacken. Ich warf einen flüchtigen Blick zu Louisa, die ihn jedoch entweder nicht mitbekam oder, was wahrscheinlicher war, einfach ignorierte. Dafür fanden Kerims dunkelgrüne Augen meine, und er zwinkerte mir kurz zu.

Mein Vater stieß einen leisen Pfiff aus. »Hast du das etwa selbst gemacht?«

»Ja«, erwiderte mein Onkel mit stolzem Nicken. »Das Treibholz haben wir im Urlaub gefunden. Dann ein Fuß dran, damit es stabil steht, und die Löcher für die Weinflaschen.«

»Das sieht wirklich toll aus! Du solltest überlegen, ob du das ins Sortiment aufnimmst, ich bin sicher, du würdest Abnehmer finden.«

»Ja, mal sehen, gerade haben wir schon alle Hände voll zu tun. Oh, Wein haben wir natürlich auch mitgebracht, damit es nicht so leer aussieht.«

»Das wird nicht passieren«, antwortete meine Mutter und ließ den Blick bedeutungsschwanger zum Weinregal gleiten, das bereits im Wohnzimmer stand. Mein Vater liebte Wein und kannte sich mit den unterschiedlichen Geschmäckern und Rebsorten bestens aus. Das war eine Sache, in der wir uns gehörig unterschieden und die Louisa dafür von ihm übernommen hatte.

»Wusstest du, dass auf dem Kreuzberg Wein angebaut wird?«, fragte ich. »Wir haben die Tage eine kulinarische Führung dort gemacht, und der Guide hat erzählt, dass Kreuzberg zu irgendeiner Partnerschaft Weinreben aus Rheinhessen bekommen hat. Anscheinend ernten sie die sogar dort und lassen sie dann in Rheinhessen zu Wein umwandeln. Nur trinken soll man den wohl nicht.«

»Ich kann mir auch nicht vorstellen, dass der Boden dafür geeignet ist. Aber kulinarische Führung klingt gut. Das sollten wir auch mal machen«, sagte Papa mit einem Seitenblick zu meiner Mutter.

»Gut, wir sind dran«, fiel meine Schwester dazwischen, bevor unsere Mutter reagieren konnte. Bildete ich mir das ein oder versuchte sie bereits den ganzen Tag, zu verhindern, dass ein Gespräch zwischen mir und meinen Eltern entstand? Falls ja, war das nicht nur kindisch, sondern auch unfair meinem Vater gegenüber. Sollten sie und meine Mutter meinetwegen weiterhin wütend auf mich sein, aber das war sein Tag. Wenigstens heute konnten sie sich doch zusammenreißen, schließlich tat Papa das auch und verhielt sich mir gegenüber fast normal.

»Das hier ist von uns dreien.« Louisas Geste schloss auch mich mit ein. Immerhin.

Unser Geschenk war wesentlich kleiner als das vorhergehende, da es nur aus einem Umschlag bestand. Mein Vater öffnete ihn, zog die Karte hervor und wandte seinen Blick dann nacheinander Kerim, Louisa und mir zu.

»Das ist doch viel zu viel!«

Ich versuchte einen Blick auf die Karte zu erhaschen, da ich Kerim zwar das Geld überwiesen und die Details geklärt, die fertige Karte jedoch nicht gesehen hatte. Wir hatten meinen Eltern einen Wochenendtrip nach Prag geschenkt. Ich hatte ein Hotel und einige Attraktionen gesucht und Kerim geschickt, und wir waren uns schnell einig geworden. Mit Louisa hatte ich nicht ein Wort über das Geschenk verloren, aber wie es aussah, hatte sie den Gutschein erstellt, denn ich glaubte nicht, dass Kerims Photoshop- oder InDesign-Skills dafür ausgereicht hätten.

Meine Mutter beugte sich über den Tisch und zog die Karte aus den Händen meines Vaters.

»Oh, ihr Lieben! Da habt ihr ja gleich uns beiden was geschenkt. Aber da hat euer Vater recht, das ist wirklich viel zu viel.«

»Das ist das Mindeste«, antwortete Kerim. »So viel, wie ihr bei unserem Haus geholfen habt!«

»Das ist doch selbstverständlich«, sagte mein Vater und machte eine wegwerfende Bewegung mit der Hand. »Vielen

Dank! Wir waren ewig nicht mehr in Prag. Wann war das letzte Mal?«

»Fünfzehnter Hochzeitstag«, antwortete meine Mutter, ohne zu zögern.

»Muss ich ein schlechtes Gewissen haben, weil ich das vergessen hab?«

»Heute bist du aus dem Schneider.«

Meine Tante lachte, und mit einem Grinsen wischte mein Vater sich den imaginären Schweiß von der Stirn. Für einen Moment war beinahe alles wieder normal. Ich nutzte die Gelegenheit, um meinem Vater das selbstgebastelte Fotoalbum zu überreichen. Kurz bevor ich ausgezogen war und wir meine Sachen ausgemistet hatten, waren wir auf die Fotoalben gestoßen, und mein Vater hatte bedauert, sie, als Louisa und ich ein gewisses Alter erreicht hatten, nicht mehr weitergeführt zu haben. Also hatte ich das übernommen und ein Album angefertigt, das zeitlich an die anderen anknüpfte.

Mit einem Lächeln öffnete mein Vater das Album und blätterte die einzelnen Seiten durch. Meine Mutter stand auf, umrundete den Tisch und stellte sich, die Hände an seiner Stuhllehne abgestützt, hinter ihn. Zwei Seiten später stieß sie ein Lachen aus, und ich schob mich leicht hoch, um zu sehen, welche Fotos sie gerade betrachteten. Sie zeigten meinen Vater, Louisa und mich beim Putzen seiner Harley. Ich war gerade einmal acht Jahre alt gewesen und voller Begeisterung dabei, während die vierzehnjährige Louisa der Kamera, die meine Mutter gehalten hatte, einen grimmigen Blick zuwarf.

»An dem Tag haben wir dir verboten, dir ein Bauchnabelpiercing stechen zu lassen.« Die Erinnerung brachte meinen Vater zum Lachen. »Du warst so sauer auf uns.«

»Bin ich heute nicht mehr, eher dankbar«, murmelte Louisa, und ich meinte, auch auf ihrem Gesicht ein Lächeln zu entdecken. Mein Herz schlug hoffnungsvoll etwas schneller. Ich hatte das Album nicht mit dem Gedanken an eine Beilegung unseres Streits erstellt und es zu dem Zeitpunkt bereits fertig gehabt, aber vielleicht brachte es uns dennoch wieder näher zusammen.

»Wann war das denn?«, fragte mein Vater und deutete auf ein Bild, das mich mit sehr weißem Gesicht zeigte.

»Vor Miriams Theateraufführung«, sagte meine Mutter im selben Moment, in dem ich mit »am schlimmsten Tag meines Lebens« antwortete. Für einen kurzen, kostbaren Augenblick lächelten wir uns bei der Erinnerung an meinen verpatzten Auftritt als Wolke in Frau Holle an.

»Oh, das war ein toller Urlaub«, meinte mein Vater, als sein Blick auf das Foto aus Italien fiel.

Meine Tante, die sich mittlerweile dazugesellt hatte, lehnte sich ein Stückchen vor. »Da ist sogar Finn mit drauf. Wie es ihm wohl geht?«

»Gut, ich hab Anfang des Monats erst mit ihm geredet«, erwiderte ich.

Der Kopf meiner Schwester schnellte zu mir herum, und ihr Blick aus zusammengekniffenen Augen bedeutete mir, dass ich etwas Falsches gesagt hatte, was auch immer das gewesen sein mochte.

»Schön, dass es ihm auch so gut geht«, sagte sie trocken. »Wie alt wart ihr hier eigentlich? Sechzehn? Siebzehn?«

Irritiert sah ich sie an. »Keine Ahnung. Es war auf jeden Fall eine Weile vor dem Abi.«

»Hmm«, machte sie, und mir entging nicht, wie ihr Verlobter sie am Arm berührte. Falls Kerim Louisa hatte beruhigen wollen, ging das nach hinten los, denn sie schüttelte seine Hand ab und blätterte eine Seite weiter. »Und noch ein Foto der glücklichen Familie. Wie schön.«

»Louisa«, mahnte nun auch mein Vater.

»Was denn? Ist das ihr Ernst?«

»Ist was mein Ernst?« Zum zweiten Mal in kurzer Zeit schlug mein Herz schneller, diesmal jedoch vor Aufregung.

»Dass du diese Fotos hier reinklebst. In ein Fotoalbum, als wär das was Positives, was du uns allen unter die Nase reiben musst.«

»Und warum sollte das nichts Positives sein? Finn und ich sind im Guten auseinandergegangen.«

»Klar seid ihr das, den Ballast seid ihr ja auch ganz bequem losgeworden, was?«

»Louisa«, mahnte mein Vater nun mit mehr Nachdruck und betonte jede einzelne Silbe ihres Namens.

Anja räusperte sich, und Pia warf meiner Mutter einen Blick zu. Auch mein Onkel und meine Tante schauten betreten drein, nur mein Cousin blickte lediglich für einen Moment auf und wirkte sofort wieder unbeteiligt. Wahrscheinlich spielte er unter der Tischdecke weiter seine Spiele und bekam die bedrückte Stimmung nur am Rande mit. Der Glückliche.

Ich schluckte. »Können wir das später klären?«

»Natürlich. Oder einfach gar nicht. Wieso solltest du auch jetzt die Klappe aufkriegen, wenn du es damals schon nicht konntest?«

»Lou, nicht jetzt.« Meine Mutter legte ihre Hand auf die meiner Schwester, die sie jedoch sofort zurückzog.

»Ich fass es nicht, wie ihr euch auf ihre Seite stellt. Sind jetzt zwei, drei Wochen vergangen, und alles ist wieder gut, oder was? Ist das euer Ernst?«

»Es ist nicht alles wieder gut, aber dein Vater hat Geburtstag und wir haben Gäste.«

»Gäste, die Familie sind, die können das ruhig mitbekommen.« Louisas Stimme war lauter geworden, und zwischen ihren Brauen hatte sich eine Falte gebildet.

»Was mitbekommen? Ist mit Finn doch etwas?«, fragte meine Tante. »Tut mir leid, Miri. Ich wollte nichts aufwühlen.«

»Oh, das muss dir nicht leidtun«, entgegnete Louisa, bevor ich etwas sagen konnte. Jedes ihrer Worte war mit einer Wut hervorgebracht, die ich so nicht von ihr kannte. »Miriam sollte es viel eher leidtun.« Die blauen Augen meiner Schwester funkelten mir von der anderen Tischseite entgegen.

»Was sollte ihr leidtun?« Mein Onkel wirkte nun ebenso verwirrt wie Anja.

Ich bohrte meine Fingerspitzen in meine Oberschenkel, als könnte der leichte Schmerz mich von all dem hier ablenken, doch ich war mir der Aufmerksamkeit, die nun auf mir lag, nur zu deutlich bewusst. Ich richtete den Blick auf Louisa, die mich weiterhin gnadenlos anstarrte.

»Möchtest du es ihnen nicht lieber selbst sagen?« Sie bedachte mich mit einem kalten Lächeln.

»Louisa, es reicht jetzt wirklich«, sagte mein Vater.

»Ne, find ich nicht.« Sie nahm meinem Vater das Fotoalbum ab und knallte es zwischen uns auf den Tisch, sodass das Geschirr klirrte. Ihr Zeigefinger landete auf dem Foto mitten auf meinem Gesicht. »War das davor oder danach, hm?«

Ihr aggressiver Tonfall und die Blicke der anderen legten einen Schalter in mir um.

»Davor«, antwortete ich trocken und hielt Louisas Blick stand. Ich würde mich von meiner eigenen Schwester nicht kleinkriegen lassen. Ich hatte die hasserfüllten Kommentare nach dem Podcast gelesen und überstanden. Hatte die Diskussionen unter dem dazugehörigen Instagram-Post gemeinsam mit Kyra besprochen und auch das wegstecken können. Es hatte mich aufgewühlt, aber nicht verletzt. Doch der Hass meiner

Schwester traf weit tiefer. Die Worte online mochten wehtun, doch die meiner Schwester bohrten sich tief wie Klingen durch mich hindurch, durch die Schutzmauer, die all die Kommentare mich hatten errichten lassen. Weil sie meine Schwester war. Sie sollte hinter mir stehen, nicht gegen mich sein.

Louisa blätterte weiter. »Und das hier?«, zischte sie, und ihr Finger landete auf einem Bild, das uns alle im Garten zeigte und das wenige Tage vor meiner mündlichen Abiprüfung entstanden war.

»Danach.«

Louisa stellte das Album aufrecht hin, sodass ich die Fotos sehen konnte, und blätterte vor und zurück. Der Blick aus ihren blauen Augen war dabei konstant auf mich gerichtet.

»Fällt dir etwas auf?«, fragte sie.

»Gibt es denn etwas, das mir auffallen sollte?«

»Du grinst auf beiden Fotos fröhlich in die Kamera, als ob nichts wäre. Als ob du nicht gerade ein Leben zerstört hast. Nein, warte, mehrere sogar.«

»Ich habe keine Leben zerstört«, erwiderte ich und bemühte mich, meine Stimme ruhig zu halten, doch ich merkte, wie es unter der Oberfläche brodelte.

»Du hast dein Kind ermordet. Noch dazu, ohne auch nur einen Gedanken an uns alle zu verschwenden, als ob das unser Leben nicht auch beeinflusst.«

Ungläubig lachte ich auf und sah meine Schwester kopfschüttelnd an. »Hörst du dir eigentlich selbst du? Hast du zu viel Zeit in Facebook-Kommentarspalten verbracht? Wo hab ich bitte euer Leben beeinflusst? Mal ganz davon abgesehen, dass ich nichts und niemanden ermordet habe.« Bei den letzten Worten bildete ich mit den Fingern Anführungszeichen in der Luft.

Wie konnte meine eigene Schwester mir genau dieselben

Dinge an den Kopf knallen wie einige der Leute, die mich gar nicht kannten und nur den Podcast gehört hatten? Aus dem Augenwinkel nahm ich wahr, wie meine Tante und mein Onkel einander etwas zuflüsterten, doch das Blut in meinen Ohren rauschte zu stark, als dass ich die Worte hätte ausmachen können.

»Ich fasse es nicht, dass du mir die ganzen letzten Tage ausgewichen bist und jetzt hier so eine Szene machst!« Nun hatte auch ich meine Stimme nicht länger unter Kontrolle, aber ich hatte Louisas Verhalten so satt. Sie hatte kein Recht, mir diese Vorwürfe zu machen, und ich musste sie mir nicht länger anhören.

»Diese Szene ist ja wohl längst überfällig.« Louisa ließ das Album mit einem dumpfen Laut zurück auf die Tischdecke fallen. »Ich kann nicht fassen, dass du so verlogen und kaltblütig bist.«

»Bitte was?«

»Jetzt beruhigt euch!«, rief meine Mutter dazwischen, während mein Vater das Album nahm und in Sicherheit brachte. Mein Herz pochte mir bis zum Hals, und hinter meinen Augen brannten Tränen, die ich krampfhaft zurückhielt. Ich wusste, dass meine Mutter recht hatte. Dies war weder der richtige Ort noch der richtige Zeitpunkt für einen Streit, und ein Blick zu meinem Vater, der uns gerade den Rücken kehrte, reichte aus, um mir ein schlechtes Gewissen zu machen. Ganz im Gegensatz zu Louisa anscheinend, denn sie sprang von ihrem Stuhl auf.

»Ich seh es gar nicht ein, mich zu beruhigen! Als ich euch davon erzählt hab, meintest du noch, du wärst auf meiner Seite, was soll denn das plötzlich? Miriam hat keine schlechte Note heimgebracht oder was aus einem Kaufhaus geklaut oder so einen Mist. Sie hat abgetrieben, Mama!«

»Habe ich, und das ist mein gutes Recht. Was glaubst du, in welchem Jahrhundert wir leben?« Ich zwang mich, sitzen zu bleiben, auch wenn ich mich so automatisch kleiner fühlte. Auch wenn alles in mir danach schrie, aufzuspringen und ihr all die Worte an den Kopf zu werfen, die in mir kreisten wie in einem Sturm. Die danach drängten, über meine Zunge zu rollen, an die Oberfläche zu gelangen und Louisa ebenso zu verletzen wie sie mich. Doch ich verschloss sie in meinem Inneren. Ich wollte keine Szene machen. Nicht heute. »Es war die richtige Entscheidung für mich, meinen Körper und auch für Finn, wenn du es genau wissen willst. Wir haben diese Entscheidung gemeinsam für unsere Zukunft getroffen, und ich bereue sie nicht, weil weder Finn noch ich bereit für ein Kind waren.«

Meine Mutter öffnete den Mund, um etwas zu sagen, aber Louisa fuhr ihr dazwischen.

»Du bereust nicht, dass du dein Kind getötet hast? Einen Teil von dir verloren hast? Wirst du noch, glaub mir. Wenn du so uneinsichtig bist, will ich nämlich nichts mehr mit dir zu tun haben.«

»Schatz«, sagte Kerim und stand nun ebenfalls auf. »Vielleicht sollten wir erst einmal heimfahren.«

Nein. Damit kommst du nicht einfach davon. Du gehst nicht einfach wieder, um mich dann ewig zu ignorieren.

Nun stand ich doch auf und hatte Mühe, meine Stimme nicht ebenfalls zu erheben.

»Merkst du eigentlich, was du hier gerade abziehst? Es geht bei der ganzen Sache nicht um dich. Es war *meine* Entscheidung. Mag sein, dass das erst mal ein Schock war, aber du weißt es seit Wochen. Was bitte ist dein Problem?«

»Dass ich keine Kinder bekommen kann!«, schrie Louisa mir entgegen. Ihr Gesicht war vor Zorn gerötet, und in ihren

Augen standen Tränen. »Wir können kein Baby bekommen, und du wirst deines so leichtfertig los. Weißt du überhaupt, wie glücklich du dich schätzen konntest?«

Bei den letzten Worten brach ihre Stimme, und sie wischte sich über die Augen, bevor die Tränen ihre Wangen erreichten. »Aber nein, du hast ja nur an dich gedacht und an dein bequemes, sorgenfreies Leben. Und was genauso schlimm ist: Du hast nicht einmal mit uns geredet! Du hast einfach für dich entschieden, dass du keine Lust auf das Kind hast, ohne Rücksicht darauf, was du damit anrichtest.«

Ich schluckte gegen den Kloß in meinem Hals an. Meine Mutter hatte die Hand vor den Mund geschlagen, und anders als bei Louisa liefen ihr Tränen über das Gesicht. Die Augen meines Vaters waren geweitet, und Pia und Anja blickten von meinen Eltern zu meiner Schwester. Offensichtlich war ich nicht die Einzige, die davon heute zum ersten Mal hörte. Da war so viel Schmerz in Louisas Gesicht, dass es mir das Herz brach. All meine Wut war mit ihren Worten verpufft. Am liebsten wäre ich um den Tisch zu ihr herumgegangen und hätte sie umarmt. Als keiner etwas sagte oder sich rührte, stand ich auf, um genau das zu tun. Doch Louisa hob eine Hand und stoppte mich somit in der Bewegung.

»Nein. Bild dir nicht ein, dass alles okay ist oder ich dir wegen ein bisschen Mitleid verzeihe.«

»Aber Louisa, wie hätte ich das damals wissen sollen? Wusstest du es da überhaupt?«, fragte ich leise.

»Natürlich konntest du es nicht wissen, weil du ja nicht mit mir geredet hast!« Louisa schluchzte auf. »Hättest du es mir gesagt, hätten wir …« Sie hielt inne, als ich den Kopf schüttelte.

»Es hätte nichts an meiner Entscheidung geändert, Lou«, flüsterte ich mit tränenerstickter Stimme, doch in der Stille des Raums war jedes einzelne Wort laut und deutlich zu vernehmen.

»Wie meinst du das?«

Ich verschränkte die Arme vor meiner Brust, die Tränen rannen nun ungehindert über mein Gesicht. Die Blicke aller Anwesenden im Raum lagen auf mir, und dennoch sagte ich die nächsten Worte, weil sie stimmten und weil sie nichts mit meiner Liebe zu meiner Familie zu tun hatten, sondern einzig und allein mit mir.

»Ich hätte trotzdem abgetrieben. Nichts, was ihr gesagt oder getan hättet, hätte mich von meiner Entscheidung abgebracht. Weil sie für mich die richtige war. Es tut mir wahnsinnig leid, Louisa, wirklich.« Ich schluckte, in der Hoffnung, dass meine Stimme wieder fester werden würde, so belegt klang sie gerade. »Das hat keine Frau verdient und du erst recht nicht. Aber ich würde nichts anders machen.«

Louisas Miene spiegelte Verwirrung, Schmerz und zuletzt eine tiefe Abneigung wider, wie ich sie selten an ihr gesehen hatte. Aus zusammengekniffenen Augen sah sie mich an. Das Weiß darin war von den Tränen gerötet, die Haut darum fleckig.

»Dann kann dir ja nicht viel an mir liegen.« Sie holte schnaubend Luft, und obwohl sie nur einen halben Kopf größer war als ich, schaffte sie es, mich von oben herab anzusehen, sodass ich mich nicht wie einundzwanzig, sondern so klein und eingeschüchtert fühlte wie zuletzt in meiner Kindheit. »Ich will nichts mehr mit dir zu tun haben.«

Dann nahm sie Kerim an der Hand und ging ohne ein weiteres Wort aus der Tür.

In mir brach etwas in tausend Teile. Hatte ich bislang geglaubt, dass wir alles würden kitten können, war diese Hoffnung nun verschwunden. Denn was immer gerade in mir kaputtgegangen war, es war irreparabel, schmerzhaft und würde nie ganz heilen. Wenn Louisa ihre Worte so meinte, dann hatte sie recht, und ich hatte mit der Abtreibung einen Teil von mir verloren. Doch nicht wie sie glaubte, mein Kind, sondern meine Schwester.

12. KAPITEL

Miriam

Ich trat den Kickstarter meiner Yamaha durch und fluchte, als sie, wie so oft, nicht direkt ansprang. Tränen vernebelten mir die Sicht, doch wegen des Visiers an meinem Helm konnte ich sie nicht beiseitewischen. Ein weiteres Mal blickte ich über die Schulter, in der dummen, naiven Hoffnung, meine Mutter oder mein Vater kämen mir nachgelaufen, doch die Haustür blieb geschlossen. Natürlich blieb sie das. Sie waren weiterhin sauer auf mich, bei meinen Tanten und meinem Onkel sah das bestimmt nicht anders aus.

Ich trat den Kickstarter ein weiteres Mal durch, und endlich ertönte das mir so vertraute Röhren des Motors. Nachdem ich kontrolliert hatte, dass mein Rucksack richtig auf meinen Schultern saß, fuhr ich los. Im rechten Spiegel sah ich, wie die Tür in meinem Rücken nun doch geöffnet wurde und mein Vater im Türrahmen erschien. Ihn so klein dort zu sehen, während ich fuhr und er Geburtstag hatte, zerbrach mein Herz. Aber ich konnte und wollte nicht bleiben. Nicht, nachdem mir dort so viel Unverständnis begegnet war. Nicht, nachdem ich sie offensichtlich enttäuscht hatte. Das Gesicht meiner Mutter erschien wieder vor meinem inneren Auge, mitsamt all dem Schmerz, den es gespiegelt hatte, als Louisa uns offenbart hatte, dass sie und Kerim kein Baby bekommen konnten. Ich schniefte und bog links ab, verließ die Straße, in der ich aufgewachsen war.

Mein Herz schmerzte für meine Schwester, aber so leid mir all das tat, änderte es nichts an der festen Überzeugung, die richtige Entscheidung für mich getroffen zu haben. Der Streit hatte mich leer und ausgebrannt zurückgelassen, und ich wünschte mir nichts sehnlicher, als mich in meinem Bett zu verkriechen und mich von einem Disney-Film berieseln zu lassen.

Ich hatte kaum das Ortsschild hinter mir gelassen, als es passierte. Noch während ich Gas gab, geriet mein Motorrad ins Schlingern.

Was zur Hölle?

Mein Puls beschleunigte sich, und ich hielt den Lenker fester umklammert, um das Fahrzeug unter Kontrolle zu bekommen, doch es half nichts. Der vordere Teil der Yamaha bewegte sich slalomartig von links nach rechts und wieder nach links, egal wie energisch ich auch gegensteuerte. Mein gesamter Körper spannte sich an, als ich einen Blick in den Spiegel warf. Hinter mir näherte sich ein Auto, und ich versuchte, das Motorrad weiter an den rechten Rand zu steuern, damit der Wagen überholen konnte und nicht auffuhr. Die Oberschenkel an die Ränder des Sitzes gepresst, bremste ich vorsichtig ab, blinkte und fuhr auf den rechten Standstreifen. Mit zitternden Fingern kam ich zum Stehen, mein Herz hämmerte so fest in meiner Brust, dass ich jeden einzelnen Schlag spürte. Ich klappte das Visier hoch und atmete viel zu schnell die frische Luft ein. Meine Lunge weitete sich schmerzhaft in meinem Brustkorb, als ich immer wieder zitternd ein- und ausatmete. Als ich mich halbwegs gefangen hatte, stieg ich ab und klappte mit wackligem Bein den Seitenständer aus. Einige Sekunden stand ich einfach so da: mit panisch klopfendem Herzen, zitternden Beinen und fest ineinander verkrampften Fingern.

»Scheiße!«, schrie ich dem Motorrad entgegen und hatte unpassenderweise Kyras Lachen im Ohr, das sie ausstieß, wann immer ich fluchte, was nicht oft vorkam. Ich zog mir den Helm vom Kopf und fuhr mir durch die langen Haare, die zerzaust darunter zum Vorschein kamen. Was war das bitte gewesen? Im Kopf ging ich die Möglichkeiten durch, wackelte kurz am Lenker, um die Verschraubung zu testen, doch die schien in Ordnung zu sein. Ich kniete mich vor das Fahrzeug und untersuchte den vorderen Reifen auf Risse, drehte ihn ein wenig und – da. In dem dicken Gummi steckte ein Nagel. Keine Ahnung, ob ich bereits in unserem Dorf über ihn gefahren war oder gerade erst auf der Landstraße. Fest stand, er steckte, und die Luft würde ungehindert aus dem Reifen entweichen. So konnte ich unmöglich weiterfahren.

Mit einem Fluchen klaubte ich mein Portemonnaie und mein Handy aus dem Rucksack. Dann rief ich die Nummer an, die auf der gelben ADAC-Karte vermerkt war. Nach kurzem Klingeln meldete sich eine freundliche Männerstimme am anderen Ende. Ich schilderte dem Mitarbeiter knapp, was passiert war und wo ich stand, und nannte ihm meine Mitgliedsnummer. Durch den Hörer waren Tippen und zustimmende Geräusche zu hören.

»Wir können in etwa zwei bis drei Stunden bei Ihnen sein.«

»Zwei bis drei Stunden?«

»Ja, normalerweise geht es schneller, aber heute ist wahnsinnig viel los. Wochenende, tolles Wetter und gleich mehrere Notfälle. Das tut mir sehr leid.«

»Ist ja nicht Ihre Schuld«, murmelte ich erschöpft. Ich bedankte mich und legte auf. Dann ließ ich mich gegen die Leitplanke sinken und schloss die Augen. Der Tag war wirklich verflucht. Mit dem Daumen knibbelte ich an der Plastikhülle meines Handys. Konnte ich Elias anrufen? Bei dem Gedanken daran schlug mein Herz aus ganz anderen Gründen schneller als zuvor. Wie ich ihn kannte, würde er keine Sekunde zögern, mich abzuholen. Doch dafür brauchte er ein Auto, das groß genug war, mein Motorrad abzuschleppen, und das wiederum würde er erst bei seinen Eltern holen müssen. Da konnte ich genauso gut auf den ADAC warten und ihm die Fahrerei ersparen, zumal sein Zeitplan auch ohne mich voll genug war.

Und zumal du dir nur wieder Hoffnungen machst, wo keine sind.

Ich schluckte, als ich an die Situation im Café vor seinem Studio dachte. Wider besseres Wissen hatte ich abends im Bett gelegen und jedes noch so kleine Detail immer und immer wieder in meinem Kopf durchgespielt: Elias' Lächeln, unser Gespräch, die Begeisterung für den Plan, den ich ihm vorgeschlagen hatte. Dabei war es so offensichtlich, dass die Freude, mich zu sehen, sich auf die Rettung des Studios bezog. Sie hatte nichts mit mir zu tun, so sehr ich mir das auch wünschte. Aber hatte er nicht auch gesagt, dass er sich freute, mich zu sehen?

Etwas Nasses traf meine Wange und riss mich aus meinem Gedankenkarussell. Mit einem Seufzen blickte ich nach oben zu den grauen Wolken, die sich über den Himmel gelegt hatten. So viel zum tollen Wetter, das der Mitarbeiter gerade erwähnt hatte. Jetzt begann es auch noch zu regnen.

»Große Klasse«, murmelte ich.

Die zwei bis drei Stunden Wartezeit stimmten mich schon nicht optimistisch, aber im Regen wollte ich sie definitiv nicht absitzen. Ich blickte die Straße entlang. Dort hinten war ein Baum, der mir immerhin ein wenig Schutz bieten würde. Seufzend sah ich auf mein Motorrad. Dann würde ich es wohl oder übel schieben müssen.

Eine halbe Stunde später war ich patschnass, denn aus dem Tröpfeln war ein Wolkenbruch geworden, und der Baum schützte mich überhaupt nicht mehr. Zweimal hatten Autofahrer angehalten und gefragt, ob sie mich mitnehmen oder mir helfen konnten, aber ich hatte das Motorrad nicht stehen lassen wollen und mich auch nicht getraut, bei fremden Personen einzusteigen. Ich verschränkte die Arme vor meinem Körper, denn mittlerweile war es doch deutlich abgekühlt, und der Wind tat sein Übriges. Ich zitterte und wollte einfach nur in mein Bett, Kyra erzählen, was passiert war, und mich dann in eine Decke einwickeln und mein Zimmer am Wochenende nicht mehr verlassen. Die ganze Zeit über hatte ich mir eingeredet, dass sich meine Schwester wieder fangen würde, wir alles klären könnten. Doch diese Hoffnung erschien mir jetzt wie naives Wunschdenken.

Durch den Helm, den ich mir als Schutz gegen den Regen wieder angezogen hatte, überhörte ich das Klingeln meines Handys beinahe. Ich bückte mich und holte es aus dem Rucksack hervor. Für einen Moment hoffte ich, dass der Abschleppdienst sich vertan und doch schon früher Zeit für mich hatte. Dann fiel mein Blick auf die vier Buchstaben inmitten des Displays.

»Papa«.

Sofort füllten sich meine Augen wieder mit Tränen, als ich unser gemeinsames Foto sah, das ich als Kontaktbild hinterlegt hatte. Mein Finger schwebte über dem Hörer. Ich wollte rangehen. Ich wollte wirklich. Aber dann würde er hören, dass ich an der Landstraße stand, und das würde ihm nur weitere Sorgen bereiten. Andererseits würde es ihm auch Sorgen bereiten, wenn ich nicht antwortete. Für gewöhnlich meldete ich mich jedes Mal, wenn ich sicher zu Hause angekommen war. Bevor ich es mir anders überlegen konnte, zog ich mir den Helm mit der freien Hand vom Kopf und nahm das Gespräch an.

»Hey.« Ich biss mir auf die Unterlippe, um nicht aufzuschluchzen.

»Hast du Zeit zu reden?«, fragte mein Vater. Seine Stimme klang sanft und überhaupt nicht wütend, und irgendwie machte das alles noch schlimmer. Ich kniff die Augen zusammen, als könnte ich so die Tränen zurückhalten, die nun unweigerlich hervorquollen.

»Klar«, sagte ich, nachdem ich mich geräuspert hatte.

»Hör mal, ich …« Er hielt inne. »Es ist so laut im Hintergrund. Bist du etwa noch unterwegs? Ich habe extra gewartet, ich hab dir doch gesagt, du sollst nicht rangehen, wenn du noch fährst. Sag mir bitte, dass du wenigstens innerhalb der Stadt gehalten hast.«

»Ich bin noch an der L21. Aber nicht freiwillig«, schob ich hinterher, bevor mein Vater mir eine Standpauke halten konnte. »Mein Reifen hat einen Platten, und ich musste halten. Ich hab den Abschleppdienst aber schon angerufen, alles ist in Ordnung.«

»Ist die Luft aus dem Reifen?«

»Jap, zumindest ein Teil.«

»Ich hab an Weihnachten noch gesagt, dass wir im Frühjahr unbedingt die Schlauchreifen loswerden müssen. Dann wäre das nicht passiert. Ein Werkzeugkit hast du nicht dabei?«

Aus meinem Mund drang ein missglücktes Lachen, das ihm wohl Antwort genug war.

»Schick mir bei WhatsApp deinen Standort, ich mach mich auf den Weg.«

»Aber der ADAC ist bestimmt bald da.«

»Dann ruf an und sag, die Sache hat sich erledigt. Ich hab die neuen Reifen hier, dann kümmern wir uns vor Ort darum.«

Ich nickte, wohlwissend, dass er mich nicht sehen konnte, aber ich musste mich kurz sammeln, damit meine Stimme nicht brach. »Danke, Papa.«

»Selbstverständlich.«

Damit hatte er aufgelegt, und plötzlich war ich froh um den Regen, der sich mit meinen Tränen vermischte, denn er bot mir eine Ausrede, wenn mein Vater eintraf.

»Ich mach dir einen Tee, und du gehst dir etwas Trockenes anziehen. Wir treffen uns gleich hier.«

Mein Vater war innerhalb weniger Minuten da gewesen, hatte meine Yamaha auf den Anhänger und mich ins Auto gepackt und war zurück zu unserem Haus gefahren. In diesem Moment drehte er den Heizstrahler in der Garage auf, was Ende April überhaupt nicht nötig war, aber mit meiner durchnässten Kleidung war ich dennoch dankbar dafür. Ich nahm die Treppe nach oben in mein Zimmer, bedacht darauf, keinen Lärm zu verursachen, damit meine Mutter mich nicht hören konnte. Jegliche Energie war aus meinen Gliedmaßen gewichen, und eine weitere Konfrontation mit ihr wäre der Tropfen, der das Fass zum Überlaufen bringen würde.

Aus der Küche drang das Rauschen des Wasserkochers, ansonsten war es still im Haus. Der Besuch war offensichtlich gegangen. Das schlechte Gewissen meinem Vater gegenüber verstärkte sich nur noch. Heute war sein Tag, und ich hatte ihn ruiniert.

Ich zog die Tür zu meinem alten Kinderzimmer hinter mir zu und ließ mich, Schuhe und nasse Kleidung am Körper, auf das gemachte Bett fallen. Meine Augen fielen wie von selbst zu, so erschöpft war ich. Der Weg zum Kleiderschrank war kurz, und ich sollte mir dringend etwas anderes anziehen, wenn ich nicht riskieren wollte, krank zu werden. Aber ich fühlte mich so ausgelaugt wie schon lange nicht mehr. Der ganze Monat war katastrophal gewesen, doch der heutige Tag hatte alles getoppt, dabei hatte mein Kopf sich wie üblich die schlimmsten Szenarien ausgemalt. Doch mit diesem hatte selbst er nicht gerechnet. Gerade wollte ich nichts lieber, als die Zeit zurückspulen und den Podcast ungeschehen machen. Oder noch besser, den Körper mit jemandem tauschen. Es gab mein gesamtes Leben über immer wieder Situationen, in denen ich alles gegeben hätte, jemand anderes zu sein. Nicht, weil ich mein Leben nicht mochte, sondern weil ich mir wünschte, selbstbewusster zu sein, schöner, talentierter, *mehr*. Aber ich hatte mich mit dem Gedanken getröstet, dass ich immerhin meine Familie hatte. Unterstützung und Liebe, die alles andere als selbstverständlich waren. Doch jetzt hatte ich selbst das verloren.

Ich fuhr mir mit der flachen Hand übers Gesicht. Tränen waren keine mehr da, denn selbst zum Weinen war ich zu fertig. Resigniert schwang ich mich aus dem Bett in den Stand und öffnete meinen Kleiderschrank. Hier hing nur noch alte Kleidung, die ich beim Umzug nicht mitgenommen hatte, und nichts davon fühlte sich nach mir an. Ich nahm meine alte Jogginghose und ein graues Langarmshirt, zog mich um und ging wieder nach unten in die Garage.

Mein Vater hatte das Motorrad bereits auf einen Montageständer gepackt, sodass die Räder einige Zentimeter über dem Boden schwebten.

»Ich hab dir deinen Tee da hingestellt.«

Ich ging zu dem Metallregal und nahm die Tasse vom Bord. »Das ist ja Kamille«, sagte ich, nachdem ich an der Flüssigkeit geschnuppert hatte.

»Wir hatten genug Aufregung heute, das rechtfertigt keinen schwarzen Tee. Ich dachte, was zur Beruhigung wäre vielleicht besser.«

Mit klammen Fingern umfasste ich die dampfende Tasse und nahm einen kleinen Schluck. Mein Vater hatte mir wieder den Rücken zugekehrt, und ich wusste nicht, wo wir standen. Er hatte mich abgeholt und sich gesorgt. Aber er hatte auch fast die gesamte Fahrt hierher geschwiegen und arbeitete nun still vor sich hin, anstatt den offensichtlichen Elefanten im Raum anzusprechen. Ich pustete und trank einen weiteren Schluck, dann stellte ich die Tasse zurück und ging neben meinem Vater in die Hocke. Offensichtlich hatte es aufgehört zu regnen, denn die tief stehende Sonne warf warmes Licht durch die kleinen Fenster der Garagentore.

»Holst du die Montiereisen, bitte? Die sind in der oberen Schublade, zweite von links.«

Ich reichte ihm die Eisen und sah dabei zu, wie er erst den vorderen und dann den hinteren Reifen von der Felge hebelte. »Wir machen gleich beide neu, damit das nicht noch einmal passiert«, sagte er. Dann stand er auf und sammelte eine Weile alle möglichen Utensilien zusammen. Unbeholfen saß ich neben meinem Motorrad.

»Jetzt kannst du den neuen Schlauch mit Magnesia einpudern, dann klebt er nicht im Reifen fest. Pump ihn dafür am besten etwas auf. Das Puder kannst du auch in den neuen Reifen geben. Danach kommt die hier«, erklärte er und hielt eine blauweiße Tube in die Höhe, auf der »Montagepaste« geschrieben stand. Die nächsten Minuten arbeiteten wir im Einklang nebeneinander her. Er beschrieb mir, was ich zu tun hatte, ich führte seine Anweisungen aus, legte den Schlauch in den Reifen ein, schmierte die Paste auf die Reifenflanke und genoss es, endlich wieder mit meinen Händen zu arbeiten. Es tat gut, meinen Kopf mit nichts anderem beschäftigen zu müssen als damit. Und es tat gut, Zeit mit meinem Vater zu verbringen. Ich war so vertieft in die Arbeit, dass ich sogar den Streit und meine Sorgen vergaß. Im Gegensatz zu meinem Vater, wie es schien, denn plötzlich sprach er wieder.

»Weißt du, wir sind nicht sauer, weil du entschieden hast,

dass du das Baby nicht willst. Deine Mutter und ich zumindest nicht.«

Ich hielt mitten in der Bewegung inne und blickte zu ihm hinüber.

»Na ja, nicht mehr zumindest. Wir waren nicht gerade begeistert im ersten Moment, das stimmt. Wir hätten das Kind geliebt, und wir hätten das geschafft.« Sein Blick traf auf meinen. »Aber ich bin viel eher traurig, dass du uns so wenig vertraust. Dass du allein durch all das musstest. Ich trauere also vielmehr der Beziehung hinterher, von der ich dachte, dass wir sie haben. Ich dachte, du vertraust uns genug, um zu wissen, dass wir hinter dir stehen. Immer. Deine Mutter und ich waren wütend, weil wir uns hintergangen gefühlt haben. Immerhin hast du noch zu Hause gewohnt, als all das passiert ist. Du hast es dir mit keinem Wort anmerken lassen. Jetzt bin ich eher wütend auf mich selbst, dass ich dir das Gefühl gegeben habe, dass ich nicht für dich da sein würde.«

Mein Vater legte das Eisen zur Seite, mit dem er den Reifen gerade auf die Felge gehobelt hatte. Sein Gesicht verschwamm vor meinen Augen.

»Aber ich vertrau euch doch.«

»Nicht genug anscheinend«, erwiderte mein Vater ohne den Hauch eines Vorwurfs. Er sagte es viel eher, als spräche er eine Tatsache aus, doch das machte es kein Stück besser.

»Ich wollte einfach nicht, dass ihr enttäuscht von mir seid.«

»Aber das wären wir doch nicht gewesen. Das könnten wir gar nicht sein, du bist unsere Tochter.«

Jetzt rannen mir zum dritten Mal an diesem Tag Tränen über die Wangen. Ich wischte sie mit den Fingern fort und bemerkte zu spät, dass ich meine Hände vorher an dem Lappen hätte sauber reiben sollen. Egal. Ich sah ohnehin vollkommen hinüber aus.

»Ich hatte Angst, dass ihr versucht, mir meine Entscheidung auszureden. Aber ich wusste einfach, dass es die richtige ist. Was ich nicht wusste, war, wie ich euch das erklären sollte.«

»Hättest du denn Lust, es zu versuchen?«, fragte er vorsichtig. »Es uns zu erklären, meine ich. Ich kann nicht versprechen, dass deine Mutter und ich es komplett verstehen werden, aber selbst wenn nicht, ändert das nichts an unserer Liebe zu dir. Die Phase, in der du diese schrecklichen Netzstrumpfhosen anhattest, habe ich immerhin auch nicht verstanden und dich trotzdem so aus dem Haus gelassen.«

Das kam so unerwartet und war ein so unpassender Vergleich, dass ich auflachen musste, was jedoch mehr in einem Schnauben endete.

»Die haben übrigens ein Comeback, Phuong trägt sie aktuell unter Ripped Jeans«, sagte ich schluchzend.

»Gott bewahre«, murmelte mein Vater, machte einen Schritt auf mich zu und zog mich in seine Arme. Ich drehte den Kopf zur Seite, um sein Shirt nicht mit meiner Mascara zu verschmieren, und schloss die Augen. Dann genoss ich einfach diesen viel zu seltenen Moment, die Wärme und die Geborgenheit, von der ich nach den letzten Tagen geglaubt hatte, sie verloren zu haben.

»Tut mir leid, dass ich deinen Geburtstag kaputtgemacht hab«, schniefte ich.

»Du hast ihn nicht kaputtgemacht. Selbst wenn, ich sag es ungern, aber ich hatte schon so viele davon, da kommt es auf einen mehr oder weniger gar nicht mehr an.«

Ich hielt ihn noch eine Weile fest, und als ich das Gefühl hatte, nicht mehr weinen zu müssen, löste ich mich wieder von ihm.

»Was kommt jetzt?« Ich nickte zu den beiden Reifen am Boden. Wenn meinen Vater der plötzliche Themenwechsel irritierte, ließ er es sich nicht anmerken.

»Jetzt prüfen wir den Luftdruck«, sagte er und machte sich wieder an die Arbeit.

»Sehr gut«, lobte er kurz darauf. »Das passt. Dann warten wir und messen später noch mal. Wenn der Druck okay ist, können die Reifen dran …«

Seine Ausführungen wurden von einem sachten Klopfen an der Tür in seinem Rücken unterbrochen. Er drehte sich gerade um, als diese geöffnet wurde und meine Mutter dahinter erschien.

»Na, ihr beiden?« Die Unsicherheit in ihrer Stimme spiegelte sich in den zaghaften Schritten wider, mit denen sie die Garage betrat. In den Händen hielt sie jeweils einen Teller mit Kuchenstücken. »Ich dachte mir, ihr könntet vielleicht etwas Nervennahrung gebrauchen.« Ihr Blick flog zu mir, und so gerötet, wie ihre Augen waren, war ich wohl nicht die Einzige, die den Tränen nachgegeben hatte. »Also … falls ich euer Reich betreten darf.«

Nun richtete auch mein Vater seinen Blick auf mich, als gehörte diese Garage mir, als wäre das meine Entscheidung. Aber vielleicht war sie das tatsächlich. Vielleicht war das hier das Zeichen, dass meine Eltern bereit waren, mir den Freiraum zu geben, den ich brauchte – nur dass ich ihn nicht länger wollte. Ich wollte nicht mehr streiten, schweigen oder aneinander vorbeileben.

»Ich könnte ein Stück Kuchen vertragen«, antwortete ich schließlich. Das Lächeln, das sich auf das Gesicht meiner Mutter legte, wirkte erleichtert, beinahe dankbar. Mit dem Ellbogen schloss sie die Tür zum Haus, dann gab sie mir einen der Teller und eine Gabel. Mein Vater rollte den Hocker, den er zum Schrauben an seinem Motorrad verwendete, für mich heran, während er und meine Mutter auf den schmalen Stufen vor der Tür Platz nahmen.

Für einen Moment hörte ich nichts außer dem Kratzen von Gabeln und kaute extra langsam, da ich keine Ahnung hatte, womit ich die unangenehme Stille füllen sollte, sobald der Kuchen aufgegessen war. Es brauchte das gesamte Stück Bienenstich, bis das Schweigen endlich gebrochen wurde.

»Es tut mir leid, wie ich reagiert habe«, sagte meine Mutter. Ich hielt die Luft an, um keines ihrer Worte zu verpassen, dabei war es vollkommen still. »Zuerst habe ich nicht verstanden, wie du so etwas tun konntest.« Sie schüttelte leicht den Kopf. »Aber das war mein Fehler. Ich wollte mich gar nicht damit befassen, wieso du es als Mädchen, als Frau getan hast. Alles, was ich gesehen habe, war meine Tochter, nicht die Frau, die du geworden bist und die ihren eigenen Weg geht. Ich war enttäuscht …«

Endlich erinnerte ich mich daran, Luft zu holen. Das musste ich auch, denn ihre Worte taten weh, auch wenn ich insgeheim bereits gespürt hatte, dass sie so fühlte.

Ihr Blick traf meinen. »Ich war enttäuscht, weil ich nicht verstanden habe, wieso du das Kind nicht mit unserer Hilfe bekommen und großziehen wolltest. Aber ich weiß jetzt, dass das überhaupt nichts mit deiner Entscheidung zu tun hatte.« Sie atmete einmal tief ein und wieder aus. »Ich bin nach wie vor traurig, dass du nicht mit uns geredet hast, aber wenn ich ganz ehrlich zu mir bin, kann ich auch das verstehen. Vielleicht hast du recht, und ich hätte wirklich versucht, dir das Ganze auszureden.«

Meine Mutter rutschte auf der Treppe ein Stück nach vorn, sodass ihre Knie meine beinahe berührten. Den Teller stellte sie zur Seite und griff nach meiner Hand, die auf meinem Bein lag.

»Es tut mir so leid, dass du all das allein durchmachen musstest, Miri. Es tut mir unendlich leid, dass du dachtest, dich uns nicht anvertrauen zu können.« In ihre Augen traten Tränen, während meine erstaunlicherweise trocken blieben. Zu sehr war ich auf jedes einzelne Wort konzentriert, das über ihre Lippen drang. Wie ein Schwamm saugte ich jede Silbe, jeden Klang auf, denn was sie gerade sagte, dass sie sich entschuldigte – damit hatte ich nie gerechnet.

»Ich bin nicht enttäuscht von dir, Miri. Wie könnte ich? Dass ich so reagiert habe, ist verletzter Stolz. Das Gefühl, als deine Mutter versagt zu haben.« Ihre Hand verließ kurz meine, um sich eine Träne von der Wange zu wischen.

»Das hast du nicht«, erwiderte ich. »Ihr beide habt nicht versagt.«

Kurz schwiegen wir alle drei, wobei mein Vater seine Hand auf den Rücken meiner Mutter legte und beruhigend darüberstrich.

Sie lächelte leicht. »Ich weiß, das kam bislang nicht rüber, aber eigentlich habe ich nur noch mehr Respekt vor dir gewonnen. Du bist so selbstständig geworden und stehst mit beiden Beinen voll und ganz im Leben. Ich bin wirklich stolz auf dich.«

Und mit diesen letzten Worten stellte auch ich endlich den Teller beiseite und zog meine Mutter in eine längst überfällige Umarmung. Sie zögerte keine Sekunde, sie zu erwidern, und so heilsam es auch sein mochte, sie all das aussprechen zu hören – ihre Umarmung war es, die die kleinen zerbrochenen Teile in mir, eines nach dem anderen, wieder zu einem Ganzen zusammensetzte.

13. KAPITEL

Elias

»Können wir nicht einfach Pizza bestellen?«

Daniel klang verzweifelt, was kein Wunder war, so rigoros wie Kyra gerade alles durchtaktete.

»Kommt nicht infrage. Noah ist dein bester Freund, ein bisschen mehr Mühe ist ja wohl nicht zu viel verlangt.« Den Worten meiner Schwester folgte ein Sofakissen, das sie Daniel gegen die Brust warf.

Er legte das Kissen zur Seite und seufzte. »Ist ja gut. Dann schreib mir einfach eine Einkaufsliste. Aber kochen kann ich nicht.«

»Wir müssen ja gar nicht richtig kochen. Wir brauchen nur Snacks, viele Snacks, damit nicht alle nach fünf Minuten betrunken sind. Außerdem macht das sowieso Elias.«

»Was?« Davon hörte ich gerade zum ersten Mal.

»Ich bin gern dein Souschef. Aber außer dir kann von uns niemand kochen.« Kyra hob die Schultern und grinste mich an. »Pech für dich. Ich hab schon ganz viele Rezepte rausgesucht, das wird super.«

»Klar wird das super«, gab Daniel zurück. »Weil du bisher alles an Aufgaben delegierst.« Er beugte sich vor und schnappte sich den Zettel, den Kyra in der Hand hielt. Sein Blick huschte über das weiße Papier. »DJ?« Er sah auf. »Das war's?«

»Gar nicht!« Kyra tippte unten auf die Seite.

»Deko.« Daniels Augenbrauen schossen in die Höhe. »Schon praktisch, wenn man Herrin über die Liste ist, hm?«

»Hey, hat dich keiner gehindert, eine zu machen. Ich war einfach schneller.«

»Und zu allen netter als zu Elias und mir. Miri, Lia und du habt nur coole To-dos. Wo ist Lia überhaupt?«

»Hat eine Schicht im Poet's, sie kommt vielleicht noch nach.«

Das Geplänkel der beiden wurde von dem Klingeln an der Tür unterbrochen. Ich stand auf und ging zur Freisprechanlage, um Miriam zu öffnen, die schon in unserem Gruppenchat Bescheid gegeben hatte, dass sie sich verspätete. Ich hatte sie seit ihrem Überraschungsbesuch am Studio nicht mehr gesehen und wollte ihr noch einmal persönlich danken. Marc war von ihrem Plan hellauf begeistert gewesen und hatte direkt die restlichen Läden und Mieter des Geländes mobilisiert. Ich musste mich unbedingt bei ihr revanchieren.

»Hey«, begrüßte ich Miri kurz darauf und umarmte sie, wofür sie sich, wie immer, auf die Zehenspitzen stellen musste. Ihr Haar kitzelte an meiner Wange, und der leichte, sommerliche Geruch nach Zitrus drang mir in die Nase. »Alles okay?«

»Ja«, sagte sie gedehnt. »Bis auf die übliche Angst, dass mein Fahrrad geklaut wird.«

»So schlimm ist Schöneberg nicht!«, rief Daniel aus dem Wohnzimmer.

»Deshalb steht deins auch im Treppenhaus vor der Wohnungstür«, murmelte Miriam.

»Das steht vor der Wohnungstür, weil Daniel zu faul zum Fahren ist. Er trägt es nie hoch und runter«, warf ich ein, was sie zum Lachen brachte. »Du kannst dich glücklich schätzen, dass du den Anfang verpasst hast. Kyra wirft mit Aufgaben um sich.«

»Ich weiß, ich hab die Liste gestern beim Frühstück schon gesehen.«

»Und du hast dich nicht für uns stark gemacht?«

»Du weißt, wie Kyra ist, wenn sie sich was vorgenommen hat.«

Ich gab einen zustimmenden Laut von mir und folgte Miriam ins Wohnzimmer, wo sie die anderen beiden zur Begrüßung umarmte.

»Ich war ewig nicht hier«, sagte Miriam und ließ den Blick durchs Wohnzimmer wandern. »Ihr habt umgestellt.«

»Ja, mein Bücherregal steht jetzt hier, damit mein neues Schlagzeug ins Zimmer passt. Wie läuft's bei dir? Was macht die Uni?«

»Alles bestens.« Miriam ließ sich auf die Couch fallen. Ich setzte mich wieder auf den Sessel und warf ihr einen Seitenblick zu. Ich hoffte, dass die Worte stimmten, denn ich hatte ihr vergangenen Sonntag geschrieben, um zu fragen, wie der Geburtstag ihres Vaters gelaufen war, und nur ausweichende Antworten erhalten. Ich wünschte, ich hätte eine ruhige Minute, um mit ihr zu reden, mich zu bedanken und mehr über das Wochenende zu erfahren, doch meine Schwester hatte sie bereits eingespannt. Innerhalb der nächsten Stunde besprachen wir alles von Getränken bis hin zur Gästeliste.

»Okay, und last but not least …«, sagte Kyra, »… brauchen wir noch eine Location für danach.«

»Danach?«, fragte Miriam.

»Na, zum Tanzen gehen. Nach Mitternacht dann – oder vorher, wenn Noah lieber im Club altern will.«

»Level Up? Infinity Project?«

Kyras Kopf schnellte zu Daniel herum. »Du erinnerst dich an sein Hausverbot? Der Club ist definitiv raus.«

»Oh.«

»Ich überleg mal weiter. Sag einfach Bescheid, falls dir noch was einfällt, was Noah mal erwähnt hat oder so.«

»Der erwähnt grad eh nichts außer die Arbeit.«

»Ach guck mal, liegt in der Familie«, meinte Kyra mit einem Blick zu mir.

»Nicht so frech, sonst geh ich.«

Meine Schwester grinste nur und zog dann ihren Laptop auf den Schoß, um mit Daniel eine Einkaufsliste zu erstellen. Miriams Blick lag auf dem Display, und ihre Augenbrauen wanderten immer weiter in die Höhe.

»Alles okay?«

Miriam sah mit einem Schmunzeln zu mir. »Ja, ich frag mich nur gerade, wer das alles trinken soll.«

»Daniel und Noah sind da in der Regel … ambitioniert.«

»Freust du dich auf die kleine Auszeit?«

Ich nickte. »Ich freu mich in erster Linie darauf, mal wieder alle auf einem Haufen zu sehen. Und du?«

»Es kann nur besser werden als der letzte Geburtstag, auf dem ich war.«

Fragend sah ich Miriam an, doch sie sprach nicht von sich aus weiter. »War es so schlimm bei deinen Eltern?«

Sie wiegte den Kopf hin und her, dann winkte sie jedoch ab. »Ich will dich nicht mit dem Drama langweilen. Ein Teil hat sich auch schon wieder geklärt.«

»Du langweilst mich nie.«

Miriam musterte mich, und für einen Augenblick lag ein fragender Ausdruck auf ihrem Gesicht. Bevor ich dahinterkommen konnte, was er bedeutete, und bevor Miriam weitersprechen konnte, schnippte Kyra zweimal vor unserer Nase mit den Fingern.

»Hier spielt die Musik, wir haben einen Job!«

Ich verdrehte die Augen und zwinkerte Miriam kurz zu, bevor ich meine Aufmerksamkeit wieder auf die Planung von Noahs Überraschungsparty richtete. Dabei entging mir jedoch nicht, dass Miriams Blick noch einen Moment länger auf mir verweilte.

Drei Tage später hievte ich mit schmerzenden Fingern das sperrige, schwere Paket hinauf in meine Wohnung und verfluchte meine Schwester in Gedanken. Denn zusätzlich zur Essensvorbereitung war ich nun auch noch dafür eingetragen worden, Noah von seiner WG fernzuhalten. Oben angekommen, stellten wir das Ungetüm mit einem Schnaufen in meinem Flur ab.

»Warum liefern die überhaupt so spät? Bei uns steht die Post spätestens um elf auf der Matte.« Er wischte sich mit der Rückseite seiner rechten Hand über die Stirn.

Ich kippte es in die Vertikale und ließ meine Seite des Kartons los.

»Keine Ahnung. Aber danke auf jeden Fall fürs Helfen.«

Ich hatte mir einen Boxtrainer mit zehn Polstern auf der einen und Boxsack und Punching Ball auf der anderen Seite gekauft. Allerdings schon vor über einer Woche. Und da hatte der Postbote, der tatsächlich gegen elf da gewesen war, beim Transport geholfen. Heute hatte ich das Ganze mit Daniels Hilfe runtergetragen, nur um es nun mit Noah wieder hinaufzuschleppen. Aufwendig, aber so hatten wir ihn erfolgreich und mit gutem Grund aus seiner Wohnung bekommen, in der Miriam, Daniel, Lia und Kyra gerade alles vorbereiteten.

Noah ging voraus in die Küche, wo er sich Wasser einschenkte und die Schere aus meinem Besteckkasten holte.

»Lass ihn uns gleich aufbauen.«

»Klar, gern«, entgegnete ich, froh, mir keine Ausrede einfallen lassen zu müssen, um ihn noch länger hierzubehalten. Noah leerte sein Wasserglas in einem Zug und schob das Paket dann ins Wohnzimmer, wo er sich daran machte, das Klebeband mit der Schere zu durchtrennen.

»Der Job im Studio hat's dir ziemlich angetan, was?«

Ich beobachtete ihn von der Seite im Versuch herauszufinden, ob er die Frage mit einem Hintergedanken gestellt hatte, doch seine Gesichtszüge wirkten entspannt und er war völlig auf seine Aufgabe konzentriert.

»Ja, schon«, sagte ich vorsichtig.

»Ich vermiss das gerade ein bisschen.«

»Das Boxen?«

»Auch, ja. Aber ich dachte eher an ein Hobby generell. Du hast das Studio, Lia die Galerie, und Kyra geht völlig in ihrem Podcast und der Arbeit in der Fachschaftsinitiative auf.« Der Blick aus seinen Augen, die meinen so glichen, dass ich die meiste Zeit vergaß, dass wir verschiedene Eltern hatten, kreuzte meinen. »Ich bewunder dich echt dafür, wie du alles unter einen Hut bekommst. Ich hab das Gefühl, seit Papa in Reha ist, wurde die Arbeit nur noch mehr. Du nicht?«

Perplex blinzelte ich zweimal, bevor ich antwortete. »Ich hatte keine Ahnung, dass dir das fehlt. Also, dass du zu viele Stunden machst und ewig nicht im Studio warst, ist mir aufgefallen. Aber ich wusste nicht, dass du es vermisst.«

War ich vielleicht nicht der Einzige, den Zweifel plagten?

Gemeinsam steckten wir die Halterung des baumähnlichen Geräts in den Standfuß, und Noah machte sich daran, das erste Polster an die dafür vorgesehene Stange zu schrauben.

»Dann probier doch mal wieder was aus oder versuch, wenigstens einmal die Woche was anderes zu machen.«

Noah nickte leicht. »Ja, mal schauen. Gerade hat die Arbeit einfach Vorrang. Ich will nicht, dass Papa sich stresst und es ihm wieder schlechter geht. Das ist wichtiger. Um den Rest kümmere ich mich danach.«

Ich schluckte und schwieg, weil Noah mir, ohne es zu beabsichtigen, ein schlechtes Gewissen gemacht hatte. Denn er hatte recht: Es war wichtiger. Dennoch flossen all meine Gedanken und all meine Energie in das Studio.

Noah deutete mein Schweigen zum Glück völlig falsch, denn er hob abwehrend die Hände.

»Ich kenn den Blick, so guckt Lia auch ständig. Keine Sorge, ich weiß ja, dass ihr recht habt. Vielleicht schaue ich mal wieder bei Marc vorbei. Ich war dieses Jahr erst einmal da, und wir haben Mai.«

»Dann solltest du dich beeilen, das Studio schließt. Besser gesagt, es zieht um«, sagte ich, und als ich Noahs geschockten Gesichtsausdruck sah, wurde mir erst richtig bewusst, dass ich ihm und Kyra von der ganzen Sache noch nicht berichtet hatte.

»Wieso hör ich davon gerade zum ersten Mal? Das hast du im Poet's Corner gar nicht gesagt.«

Hatte ich wirklich nur Miriam von allem erzählt? Offensichtlich.

»Ich war am Dienstag mit ihm die neuen Räumlichkeiten angucken. Genauso groß wie vorher, aber viel moderner. Hat meiner Meinung nach nicht den gleichen Charme wie das Fabrikgelände, aber da kann man sicher was draus machen. Marc hat unterschrieben.«

»Also hat er schon was Neues? Dann ist ja alles gut, oder?«

Wenn man den Preis und das veränderte Angebot außen vor ließ … Allerdings hatte ich Marc bei dem Besuch auch von Miriams Idee berichtet und seine Begeisterung war ansteckend gewesen. Immerhin verstand er meine Sorge um die Kurse und war genauso Feuer und Flamme, mit den restlichen Mietern des Geländes etwas auf die Beine zu stellen, wie Miriam es gewesen war. Ich brachte Noah auf den neusten Stand und ließ auch die Sorge um Marlon und die anderen nicht aus. Er schwieg eine Weile.

»Scheiße«, brachte er schließlich hervor. »Aber Miriams Idee ist super, vielleicht klappt es ja.« Noah sah mich vorsichtig von der Seite an. »Nutzt du den Zeitpunkt des Umzugs dann, um dort aufzuhören?«

Mein Herzschlag beschleunigte sich, denn insgeheim hatte ich mit der Frage gerechnet, seit wir das Boxen erwähnt hatten. Meine Eltern und Geschwister waren von Anfang an davon ausgegangen, dass es sich bei meiner Arbeit nur um einen Übergangsjob handelte. Eine Tätigkeit, die ich notgedrungen angenommen hatte, als ich nicht in der Firma hatte arbeiten können, nachdem der Sohn unseres ältesten Geschäftspartners und ich aneinandergeraten waren. Wie sollten sie auch ahnen, dass es so viel mehr für mich geworden war, wenn ich es mit keiner Silbe erwähnt hatte?

»Mal sehen«, sagte ich ausweichend. Zu gern hätte ich ihm und Kyra mehr davon erzählt: von dem Job, meinen Gedanken und meinen Zweifeln, die ich plötzlich an meinem Weg hatte. Doch Noah arbeitete so hart, gab so viel auf, und er verließ sich auf mich. Meine Eltern verließen sich auf mich. »Ich schau mal, ob Marc mich für den Aufbau des neuen Studios nicht noch braucht.«

»Klar tut er das. Er braucht dich generell, aber wir auch. Dringender vermutlich.« Noah lächelte. »Ich bin sicher, er findet auch jemand anderen für die Kurse.«

Ich nickte und war froh, dass der Boxsack, den ich an der Vorrichtung befestigte, meinen Kopf verdeckte, sonst hätte Noah mir die Sorgen vermutlich vom Gesicht ablesen können. Ich schielte auf meine Uhr. Noch etwa dreißig Minuten würde ich Noah beschäftigen müssen, dann konnten wir zurück zu seiner Wohnung fahren. Ab dann wären sowohl er als auch meine Schwester vollends beschäftigt, und ich musste nicht mehr ständig auf Zehenspitzen balancieren und aufpassen, was ich sagte und wie ich mich verhielt. Ich schraubte den schwarzen Boxsack in der Halterung fest und schlug einmal testweise dagegen. Ich wusste, dass ich früher oder später eine Entscheidung treffen musste und dass ich sie mit meinem Verhalten nur hinauszögerte. Ich hatte Angst, die falsche Entscheidung zu treffen, also lief ich vor ihr weg und hoffte, dass sie mich nicht einholte. Doch ich hatte das Gefühl, dass sie das bald tun würde.

»Ihr seid die Besten!«

Noah legte den Arm mit so viel Schwung von hinten um meine Schulter, dass ich einen Schritt nach vorn machte und beinahe gegen Noahs Kumpel Oliver gestolpert wäre. Kyra zu meiner Rechten erging es nicht anders, und sie wich im letzten Moment der Flüssigkeit aus, die aus ihrem Drink gen Boden schwappte.

»Das hast du schon mehrmals gesagt«, meinte Kyra.

»Das kann er meinetwegen noch fünfmal mehr sagen, am besten nehmen wir es auf und erinnern ihn dran.«

»Pfff«, machte Noah und löste sich wieder von mir. »Dann akzeptier meine Liebe halt nicht.« Er blickte von mir zu meiner Schwester. »Du hast hier das Sagen. Wann müssen wir los? Schaff ich noch einen Drink?«

Sie schmunzelte. »Einen kleinen, ja. So ein halbes Glas, dann gehen wir.«

Noah nickte. »Deal. Halbes Glas.« Dann ging er aus dem Zimmer in Richtung Flur.

»Ein halbes Glas? Wir haben doch noch knapp zwei Stunden, bis wir losmüssen.«

»Ja, eben. Ich trag ihn nicht in den Club«, erwiderte Kyra mit einem Seufzen.

Ihr Gesichtsausdruck brachte mich zum Lachen. »Ich hol mir mal 'nen Energydrink, damit ich durchhalte.«

»Du hast versprochen, dass du mal mehr schläfst vor heute!«

»Geh du lieber deinen DJ-Tätigkeiten nach, Phuong lässt schon wieder ihre 90er-Playlist laufen.«

»Kampf gegen Windmühlen«, murmelte Kyra und kniete sich vor Daniels Laptop, der auf dem Sideboard stand und mit den Boxen verknüpft war. Milan gesellte sich zu ihr, und die beiden machten sich an der Musik zu schaffen. Ich folgte meinem kleinen Bruder in die Küche, die so voll war, dass ich es nur mit Mühe bis zum Kühlschrank schaffte. Dem Geräuschpegel und dem Gelächter nach zu urteilen, war mein Bruder nicht der Einzige, der schon einiges intus hatte. Die Musik aus den Boxen wechselte von Britney Spears zu Selena Gomez, und Noah stieß mit dem Glas, das definitiv mehr als bis zur Hälfte gefüllt war, gegen die Dose meines Energydrinks.

»Cheers!«, rief er, bevor er sich zu Daniel und Lia umdrehte.

»Kyra hat es schon wieder getan!«, protestierte Phuong laut über die Musik hinweg. »An deinem Geburtstag bestimme ich die Musik!«

Ich drehte mich zu ihr um, um zu sehen, mit wem sie gesprochen hatte. Miriam und sie standen vor dem geöffneten Balkon, auf dem Phuongs Freundin Kat rauchte.

»Ich hatte erst. Falls du dich nicht mehr erinnerst: Du hast die Musik bestimmt«, entgegnete Miriam mit einem breiten Grinsen. Sie trug einen kurzen dunklen Jumpsuit, der mit kleinen hellen Blüten gemustert war, und ihre blonden Haare fielen ihr in sanften Wellen über die Schultern. Ihr Blick traf meinen, und sie winkte mich zu ihnen herüber. Bei der Geste erschien das Lächeln wie automatisch auf meinem Gesicht, und ich trat zu ihnen.

»Vielleicht findest du einen 90s-Floor im Club«, sagte ich, woraufhin Phuong nickte.

»Ich will es hoffen. Sonst mach ich Silent Disco.«

Miriam sah sie verdutzt an. »Bitte was?«

»Kopfhörer rein, eigene Musik hören und einfach tanzen. Es gibt sogar einen Club dafür. Da müssen wir mal hin!«

Miriam sah nicht gerade begeistert aus, doch Phuong drehte sich bereits in Richtung Balkon. »Kat, Silent Disco nächste Woche?«

Diese nickte und zeigte einen Daumen nach oben, woraufhin sich Phuong mit zufriedenem Lächeln wieder uns zuwandte. »Sehr schön. Ich hol mir noch ein Bier. Miriam? Also kein Bier, aber was anderes?«

»Danke, bin versorgt.«

»Gut, bin bald zurück. Vielleicht krieg ich Kyra noch überredet!« Phuong ging davon, und ich nahm ihren Platz an der Wand neben der Balkontür ein.

»Trinkst du auch nichts?«, fragte Miriam mit Blick auf meine Dose.

»Ne, schon seit 'ner Weile nicht mehr.«

»Gott sei Dank«, stieß sie hervor.

»So eine Abneigung gegen Alkohol?«

»Nein, aber weißt du, wie ätzend es ist, auf einer Party die Einzige zu sein, die gar nichts trinkt? Die ersten ein, zwei Stunden geht es immer, danach wird es unangenehm, weil alle um dich herum betrunken sind, dich zum Mittrinken überreden wollen und sich aufführen wie …« Sie zog die Brauen zusammen. »Mir fällt kein guter Vergleich ein, aber du weißt schon.«

»Ja, aber du kannst eine Liste führen und Kyra morgen früh

alles vorhalten, was sie so verbockt hat. Ich werd's bei Noah definitiv tun.«

»Gute Idee, ich sammle Druckmittel.«

»Genau. Du bist heute ja nicht allein. Wenn es ganz schlimm wird, verziehen wir uns einfach in eine ruhige Ecke«, entgegnete ich mit einem Grinsen.

Miriam lächelte zurück, doch da war wieder dieser Ausdruck in ihren Augen, den ich schon gesehen hatte, als sie mich am Studio abgefangen hatte. Wie zuvor löste er auch jetzt ein seltsames Gefühl in mir aus, das dafür sorgte, dass sich tief in meinem Inneren Wärme ausbreitete. Glücklicherweise kam Phuong in genau diesem Moment zurück zu uns und forderte wieder Miriams Aufmerksamkeit, sodass ich mich nicht weiter damit auseinandersetzen musste – denn wenn es eine Sache gab, die ich in meinem Leben gerade nicht gebrauchen konnte, dann war es ein weiteres Problem, das es zu lösen galt. Davon hatte ich nun wirklich genug.

14. KAPITEL

Miriam

Neonpinkes und violettes Licht erhellte das Mauerwerk, und die Bässe der lauten Musik vibrierten so stark, dass ich es in den Schuhsohlen meiner Vans spürte. Phuong hatte ich innerhalb der ersten drei Minuten verloren, da es hier tatsächlich einen Raum mit 90er-Musik gab. Dafür hielt Kyra meine Hand umklammert und zog mich zielsicher durch die katakombenartigen Gänge auf eine mit Holz verkleidete Wand zu. Wir stiegen drei Treppenstufen hinauf und befanden uns auf der Anhöhe, auf der auch die Bar stand. Die Aufmachung erinnerte an eine Theaterbühne, und tatsächlich wurde der Barbereich links und rechts von dunkelroten Vorhängen abgeschirmt, an denen sich das Licht der verschiedenen Scheinwerfer brach. Auf einem der hohen Barhocker entdeckte ich einen mir vertrauten roten Haarschopf.

»Lia!«, rief Kyra im selben Moment über die Musik hinweg, und diese drehte sich zu uns um.

»Hey! Der Ort ist der Hammer.«

»Ja, es ist echt cool hier!«, stimmte ich zu und ließ meinen Blick noch einmal durch den Raum wandern. Auf Kyras Gesicht legte sich ein breites Grinsen.

»Ja, ich hab auf Instagram eine Umfrage gestartet, und eine Followerin hat mir den Club hier empfohlen! Ich hab vorher noch nie davon gehört.«

Im nächsten Moment zog Kyra Lia und mich in eine Umarmung. »Ich bin so froh, dass wir Freundinnen sind.«

»Ich auch«, erwiderte ich lachend. Okay, Kyra war definitiv betrunken. Meine Freundin löste sich von mir, und ich versuchte, an ihrem Gesicht abzulesen, ob ich sie von dem nächsten Drink besser abhalten sollte. Immerhin war es erst kurz nach elf, und wir wollten um Mitternacht noch auf Noah anstoßen.

Ein weiterer Nachteil daran, als Einzige im Freundeskreis nichts zu trinken: Ich hatte immer die Verantwortung für meine Freundinnen. Auch wenn sie das niemals verlangen würden, hatte ich doch das Gefühl, auf sie achtgeben zu müssen.

Ihr Blick wirkte noch fokussiert, also unternahm ich nichts, als sie sich über die hölzerne Theke lehnte und ein Getränk bestellte. Auch Lia bestellte und sah mich daraufhin an. »Nimmst du auch was?«

Mehr aus Pflichtbewusstsein denn aus Lust bestellte ich mir einen Virgin Mojito.

»Ich bin so erleichtert, dass Noah sich gefreut hat«, sagte Lia.

»Hattest du etwa Zweifel?« Kyra stupste sie mit dem Ellbogen an.

Lia hob die Schultern. »Ein wenig. Er hat sich seit dem Herzinfarkt eures Vaters in den Kopf gesetzt, nicht feiern zu wollen. Frag mich nicht, wieso.«

»Weil er Noah ist«, gab Kyra zurück. »Family first und so. Er hätte in dem Zeitraum niemals selbst was veranstaltet. Da sind Elias und er sich so ähnlich.«

Oder nicht so ähnlich, wie du meinst.

Ich dachte an das Gespräch mit Elias im Viktoriapark zurück. Ob er Kyra gar nichts von seinen Gedanken erzählt hatte? Davon, dass er die Arbeit im Studio nicht aufgeben wollte und sie ihm aktuell sogar mehr Freude bereitete als die bei seinen Eltern? Dass die Familie zwar noch an erster Stelle kommen mochte, aber sich eine neue Leidenschaft dazugeschlichen hatte?

Die Barkeeperin kam zurück und schob drei volle Gläser zu uns. Ich war dankbar, aus meinen Überlegungen gerissen zu werden, denn wenn es stimmte und Elias sich mir anvertraut, Kyra und Noah gegenüber jedoch nichts erwähnt hatte, fühlte es sich seltsam an. Ein bisschen, als würde ich meine beste Freundin hintergehen. Dabei hatte ich mich nur einmal mit ihrem Bruder getroffen. Mein Blick wanderte zu Lia, die gerade zahlen wollte, was Kyra jedoch verhinderte.

»Geht alles auf mich. Als Dankeschön, dass ihr mir geholfen habt.«

Lia und Kyra waren auch befreundet, obwohl sie mit Kyras Bruder zusammen war. Okay, die beiden hatten sich nur durch ihn kennengelernt, und es war keine so enge oder lange Freundschaft, wie es bei Kyra und mir der Fall war, aber es funktionierte. Hieß das nicht im Umkehrschluss, dass es auch bei Elias und mir funktionieren könnte? Ich hatte den Gedanken nie zugelassen, doch erst hatte er mir geschrieben und vorhin in Noahs WG war dieser eine Moment gewesen … aber vielleicht bildete ich mir all das auch ein, und es war nichts als bloßes Wunschdenken. Er hatte all die Jahre nie besonderes Interesse an mir gezeigt, was sollte sich daran geändert haben?

Jemand winkte mit einer Hand vor meinem Gesicht.

»Erde an Miri«, sagte Lia und hielt mir mit der anderen Hand kurz darauf mein Getränk entgegen.

»Sorry«, murmelte ich, was mit ziemlicher Sicherheit von der Musik verschluckt wurde. Ich folgte Kyra und ihr nach draußen, wo ein paar der anderen an einem großen runden Tisch saßen.

»Da seid ihr ja!«, rief Daniel und prostete uns mit seinem Bier zu. Sein Freund, Felix, war mittlerweile auch eingetroffen und saß neben ihm auf der Bank. Milan zog Kyra auf seinen Schoß und bedeutete Lia und mir, uns ebenfalls zu setzen. Lia ließ sich auf den Stuhl auf der Seite zum Gang fallen, sodass für mich nur der Platz genau neben Elias übrig blieb. Ich setzte mich und stockte, als mein Knie kurz darauf das von Elias berührte.

Nur Zufall. Krieg dich ein.

Langsam bewegte ich mein Bein nach links, sodass ich den Körperkontakt unterbrach, doch mein Atem ging dennoch schneller, und wieder zog diese verräterische Röte in meine Wangen. Obwohl ich der größte Fan von Disney und jeglichem Kitsch war, hatte ich solche Beschreibungen in Büchern immer für ausgedacht und unlogisch gehalten. Doch jetzt breitete sich eine Gänsehaut auf meinem Rücken aus, und es war, als ob ich die leichte Berührung immer noch spürte – dabei war noch jede Menge Stoff dazwischen gewesen. Am liebsten hätte ich den Kopf geschüttelt, so albern kam ich mir vor, aber es war nichtsdestotrotz real.

Ich zog an dem Pappstrohhalm, trank einen Schluck des Mojitos und ließ die Haare wie einen Fächer vor meine rechte Wange gleiten, da ich mit ziemlicher Sicherheit rot geworden war. Das war nichts, was Elias mitbekommen musste.

»Wo ist Noah eigentlich?«, fragte Milan. »Ich dachte, er wäre mit euch was zu trinken holen.«

»Ne, der hatte eindeutig genug«, sagte Kyra.

»Der ist tanzen mit Phuong und Kat«, entgegnete Lia. »Was nicht schlecht ist, so schwitzt er den Alkohol einfach wieder raus.«

»Ach was, wir müssen bloß aufholen.« Kyra hob ihr Glas und wartete, bis wir reihum mit ihr anstießen.

»Wenn man vom Teufel spricht«, meinte Daniel, als er sein Bier wieder abgesetzt hatte.

»Heeey!« Noah kam mit einem so breiten Grinsen zu uns an den Tisch, dass ich gar nicht anders konnte, als zu lachen. »Du hast auch Grund zur Freude. Ihr alle, besser gesagt! Ihr trinkt jetzt nämlich aus und kommt mit tanzen.«

Milan und Felix sahen in etwa so begeistert aus, wie ich mich fühlte, während Kyra und Daniel fast im selben Moment aufgesprungen waren. Kyra setzte das Glas an ihre Lippen und trank in beachtlichem Tempo den Cocktail aus.

»Okay, startklar.«

Lia beäugte ihr noch halb volles Getränk skeptisch und sah dann zu meinem herüber. »Wir kommen gleich nach …«

»Nichts da!«, ertönte eine weitere Stimme, und kurz darauf erschien Phuong in meinem Sichtfeld. »Los jetzt, wir warten schon auf euch. Wir sind extra vom 80er- und 90er-Raum in einen anderen gewechselt.« Sie legte die Finger um meine Handgelenke, und einen Augenblick später hatte sie mich in den Stand gezogen.

»Trink! Und du auch, Lia! Und du, Elias! Du …«, fuhr sie mit einem Blick zu Kyra und ihrem leeren Glas fort, »… gut gemacht!«

Phuong ließ mich los, um Milan und Felix zum Tanzen zu bewegen.

Elias neben mir stieß ein Seufzen aus. »Ich muss mir ältere Freunde suchen. Das ist in meinem Alter nicht mehr so leicht, wie ihr glaubt.«

»Du bist gerade mal vierundzwanzig«, gab ich zu bedenken.

»Wart mal ab, was du in drei Jahren sagst. Ich verspreche dir, die machen eine Menge aus.«

»Ich werde berichten. Aber ich glaube nicht, dass Phuong dein Alter als Ausrede durchgehen lässt.«

»Nein, das glaube ich auch nicht«, sagte Elias und lachte, als Phuong im nächsten Moment zu uns trat und uns mit sich in Richtung Tanzfläche zog.

»Zehn, neun, acht …«

»Wir feiern meinen Geburtstag, nicht Silvester!«

»Sieben, sechs, fünf …«, zählte Kyra dennoch unbeirrt weiter. Bei den restlichen Zahlen stiegen wir alle ein, und bei null schlossen wir Noah, von Kyra ausgehend, in eine Gruppenumarmung.

»Happy Birthday!«, rief Elias über die Musik hinweg, und wir alle brüllten ihm unsere Glückwünsche über den gerade beginnenden Song von Dua Lipa entgegen.

»Alles Gute!«, grölte es auch von der tanzenden Gruppe neben uns, was uns alle zum Lachen brachte.

»Danke, Leute.« Noah trug ein breites Grinsen auf dem Gesicht. »Ihr seid die Besten, wirklich.«

»Was darf man dem Geburtstagskind zu trinken bringen?«, fragte Daniel, der mittlerweile selbst Probleme hatte, die Balance zu halten, was ihn jedoch nicht davon abhielt, im Takt der Musik mitzuwippen.

»Gin Tonic!«, rief Noah begeistert.

»Ich nehm auch noch einen«, sagte Kyra und verschwand mit Daniel in Richtung Bar.

»Und ich geh eine rauchen.« Kat gab Phuong einen Kuss auf die Wange.

»Ich komm mit«, meinte Felix. »Aber ich muss mir eine von dir schnorren.«

»Erst klaust du unseren Drummer, jetzt meine Kippen«, entgegnete Kat, zwinkerte ihm aber zu, und die beiden gingen in Richtung Flur.

»Ich hab Daniel nicht geklaut, er *wollte* in unsere Band«,

hörte ich Felix im Weggehen noch sagen. Noah, Oliver, Lia und Phuong tanzten weiter ausgelassen zur Musik, und ich stieg mit den typischen Von-links-nach-rechts-Bewegungen ein, die man machte, wenn man stocknüchtern war und noch dazu keine Ahnung vom Tanzen hatte. Genau aus diesem Grund ging ich ungern in Clubs und ließ mich, wenn überhaupt, nur widerwillig mitschleifen. Ich hatte ständig das Gefühl, dass alle Blicke auf mir ruhten. Natürlich wusste ich, dass das Quatsch war, schließlich waren alle anderen selbst mit Tanzen beschäftigt und noch dazu zu betrunken, um überhaupt auf meine Unbeholfenheit zu achten. Unangenehm war es mir dennoch. Wieso konnte ich mich nicht einfach so gehen lassen wie die anderen? Weiter hinten rechts tanzten drei Frauen ausgelassen auf einer der hohen schwarzen Boxen und schienen sich überhaupt nicht darum zu kümmern, ob andere auf sie achteten. Ganz im Gegenteil, vermutlich. Alkohol mochte sie mutiger gemacht haben, aber er hatte mit Sicherheit nicht mehr getan, als das hervorzuholen, was ohnehin in ihnen schlummerte. In mir hingegen war diese Unbekümmertheit erst gar nicht vorhanden, und ich konnte nicht sagen, warum.

Elias schob sich in mein Sichtfeld und obwohl es mir unangenehm sein müsste, dass gerade er mich so unbeholfen sah, war genau das Gegenteil der Fall. Seine Bewegungen wirkten viel entspannter als meine, und als sein Blick meinen traf, lächelte er mir leicht zu. Wie immer, wenn er mich ansah, durchfuhr mich ein warmes Gefühl, das die Befangenheit in meinem Inneren löste. Er war wie das Auge eines Orkans, ein Ruhepol in einer sich zu schnell drehenden Welt. Ich erwiderte sein Lächeln und merkte im selben Moment, wie meine Bewegungen fließender wurden und ich mich mehr und mehr von der Musik mitreißen ließ.

Einen Song später nahm ich nichts mehr wahr außer Elias und die Musik. Der gesamte Club verschwamm zu einer wogenden Masse, und durch das Gedränge auf der Tanzfläche war Elias mir plötzlich ganz nah. So nah, dass meine Finger seinen Arm streiften, seine Hand meine Seite berührte. Doch er wich keinen Zentimeter zurück, und mit jeder Berührung, mit jedem Blickkontakt klopfte mein Herz stärker. Wollte er vielleicht genauso wenig zurückweichen wie ich? Es sah ganz danach aus, denn Elias verringerte die Distanz zwischen uns noch weiter, sodass unsere Körper nur noch wenige Millimeter voneinander entfernt waren. Wir bewegten uns so nah beieinander zum Takt der Musik, dass der Stoff seines Shirts den meines Jumpsuits berührte. Es bräuchte nur ein wenig mehr, eine weitere Bewegung, einen kleinen Schritt …

Ich sah zu Elias auf. Sein Mund war nicht länger zu einem Lächeln verzogen, sondern leicht geöffnet. Als mein Blick seine Augen erreichte, sah ich, dass seiner ebenfalls auf meinen Mund gerichtet war. Elias' Augen wirkten im dämmrigen Clublicht eine Nuance dunkler als gewöhnlich. Dass wir uns noch näher kamen, wurde mir nur bewusst, weil sich im nächsten Moment tatsächlich unsere Oberkörper berührten, seine Brust an meiner lag und ich die dunklen Wimpern, die seine Augen umrahmten, noch genauer ausmachen konnte. Ich merkte, wie mein Atem flacher wurde und mein Blick unweigerlich zurück zu seinen Lippen wanderte.

Der Moment wurde jäh unterbrochen, als ich eine Bewegung in meinem Rücken spürte, die mich zusammenzucken ließ. Ich hatte alles um mich herum so sehr ausgeblendet, dass ich mich nicht einmal mehr zur Musik bewegte. In der Sekunde, in der ich den Blickkontakt unterbrach, schien auch Elias sich zu erinnern, wo wir uns befanden, denn er sah kurz zu den anderen und brachte wieder Abstand zwischen uns.

Erneut spürte ich etwas in meinem Rücken und machte einen Schritt schräg nach vorn, in der Annahme, dass eine Person sich durch die Menge ihren Weg zu ihrer Gruppe bahnen wollte. Doch sie blieb an Ort und Stelle und bewegte sich weiter zur Musik, näher an mich heran, bis sie sich schließlich zwischen Elias und mich schob. Es war einer der Männer der Gruppe, die Noah Geburtstagsgrüße herübergerufen hatten. Er lächelte mir zu und … tanzte er mich etwa an? Sah ganz danach aus, denn seine Freunde waren unverändert an Ort und Stelle geblieben, während er sich einen Weg zu mir gebahnt hatte. Mein Blick wanderte von ihm zu Kyra und den anderen, die sich jedoch völlig im Song verloren hatten. Elias wiederum konnte ich gar nicht mehr sehen, da sich weitere Tanzende zwischen uns geschoben hatten. *Na toll.*

Der Kerl sagte irgendetwas, was im Gejubel der Feiernden, der Musik und den Bässen unterging. Das schien ihm auch aufzufallen, denn im nächsten Moment beugte er sich zu mir, näher an mein Ohr. »Magst du tanzen?«

Nein. Zumindest nicht mit dir.

Denn mit Elias hatte mir das Ganze gerade unerwartet viel Spaß gemacht. Ich schüttelte den Kopf und deutete hinter mich zu den anderen, um ihm zu signalisieren, dass ich zurück zu meiner Gruppe musste. Das schien ihn jedoch nicht zu interessieren, denn er schob sich einen Schritt weiter nach links und blockierte somit den Weg zurück zu meiner Clique.

»Du siehst gut aus«, sagte er noch einmal lauter in mein Ohr, als ob sein Kompliment meine Meinung ändern könnte.

»Danke, aber ich muss …«

Weiter kam ich nicht, denn eine Hand wurde auf meine Schulter gelegt.

»Mit mir raus. Sorry, Mann.« Elias umrundete mich, warf mir über die Schulter noch einen Blick zu und verschwand von der Tanzfläche. Da Kyra, Lia und die anderen nach wie vor unbeirrt weitertanzten, beschloss ich, ihm zu folgen. Den verwirrten Blick des Typen, als ich ohne ein weiteres Wort ging, nahm ich nur am Rande wahr.

Elias wartete neben der breiten bogenförmigen Öffnung, die vom Partybereich in den Gang mit den Sitzecken führte, und lächelte mir entgegen.

»Hey. Nett gemeint, aber ich brauch keine Hilfe«, sagte ich, als ich ihn erreicht hatte.

Elias lachte tief. »Das ist mir klar. Aber ich. Ich brauch dringend frische Luft. Kommst du mit?«

Ich nickte, und gemeinsam gingen wir nach draußen. Im Gegensatz zu vorhin war nun keine Schlange mehr vor dem Club, und so ließen wir uns am Fuß der Treppe auf eine der Stufen sinken.

»Gott, tut das gut.« Seufzend streckte ich die Beine durch. Erst jetzt fiel mir auf, wie warm es da drin geworden war. Ich ließ den Kopf in den Nacken sinken und blickte gen Himmel. Sterne waren leider keine zu sehen, aber das war mitten in der Stadt nichts Außergewöhnliches. »Ich frag mich wirklich, wie Phuong das immer in den hohen Schuhen aushält.«

»Übung«, gab Elias zurück. »Sie trägt doch auch im Alltag so oft hohe Schuhe, dass sie es einfach gewöhnt ist.«

»Sorry, falls das eben pampig rüberkam«, sagte ich.

»Was genau?«

»Dass ich meinte, ich brauche keine Hilfe.«

Elias schmunzelte. »Das muss dir doch nicht leidtun. Ich muss mich eher entschuldigen, weil es halb gelogen war. Ich wollte wirklich nach dem Rechten sehen, du sahst nicht gerade begeistert aus, was den Typen anging. Aber ich wollte auch wirklich raus.«

Ich erwiderte sein Lächeln, und für einen Augenblick saßen

wir einfach nur vor dem Club, aus dem die Musik schallte, und sahen uns an.

Bild dir nichts darauf ein.

Zum vermutlich hundertsten Mal innerhalb der letzten paar Wochen sagte ich mir diesen Satz, und dennoch wurde es mit jedem Moment, den wir teilten, schwieriger, es nicht zu tun. Ich wurde das Gefühl nicht los, dass sich etwas zwischen uns geändert hatte. Vorher hatten wir nie Zeit zu zweit verbracht, lag es daran? Aber ich hatte auch mit Noah Dinge unternommen, und das war überhaupt nicht zu vergleichen. Ich schluckte und brach den Blickkontakt ab, bevor meine Gedanken in eine Richtung wandern konnten, die ich ihnen einfach nicht erlauben durfte.

»Du hast Kyra nichts davon erzählt, oder?«, fragte ich stattdessen.

»Wovon?« Elias klang verwirrt, was nach dem abrupten Themenwechsel nicht verwunderlich war.

»Von deinen Zweifeln. Es ging vorhin kurz um Noah, dich und die Arbeit, und es klang nicht danach, als wüsste sie es.«

»Nein«, bestätigte Elias. »Ich hab es bisher nur dir erzählt.«

Nun blickte ich doch wieder auf. Mein Herz schlug entgegen all meinem positiven Zureden schneller.

Bild. Dir. Nichts. Darauf. Ein.

Leider tat ich genau das.

»Warum?«

Er zuckte mit den Schultern. »Kann ich dir gar nicht genau sagen. Irgendwie ist es leichter, mit dir darüber zu reden. Mir kam erst danach, dass das ziemlich unklug war.«

»Warum?«, fragte ich schon wieder.

»Na ja, weil ich nicht will, dass du meinetwegen Geheimnisse vor deiner besten Freundin haben musst.«

Beinahe hätte ich aufgelacht. Denn das hatte ich bereits, und auch dieses Geheimnis hatte mit ihm zu tun.

Obwohl ich mir im letzten Moment auf die Zunge biss, musste meine Mimik mich verraten haben, denn Elias runzelte die Stirn. »Wieso lächelst du?«

»Nur so«, sagte ich und bemühte mich wieder um ein neutrales Gesicht. »Du brauchst kein schlechtes Gewissen zu haben oder Angst, dass ich es Kyra sage. Wenn ich dir aber irgendwie helfen kann, mit ihr oder Noah zu reden, lass es mich wissen.«

»Danke, aber ich glaube, ich muss das erst noch für mich selbst ordnen. Meinst du, es gibt so was wie eine Quarter-Life-Crisis?«

Ich schmunzelte. »Weil du in einer Sinnkrise bist?«

»Ja, weil ich nicht genau weiß, welchen Weg ich wählen soll, welcher der richtige ist und wie zur Hölle ich jetzt schon erkennen soll, ob der auch in zehn Jahren noch für mich passt.«

»Ich glaub, das ist einfach nur das Leben«, erwiderte ich.

»Große Klasse.«

»Jap. Aber hey, immerhin reden deine Geschwister noch mit dir, das ist doch ein Anfang.«

»Ich mag das ›noch‹ in dem Satz nicht«, gab Elias mit einem Lachen zurück. »Genau das ist ja meine Angst.« Sein Blick wurde ernster, als er weitersprach. »Also meintest du wohl nicht den Streit mit deiner Schwester, als du gesagt hast, dass sich ein Teil bereits geklärt hat?«

Ich schüttelte den Kopf. »Leider nein. Der Teil hat sich eher verschlimmert. Aber immerhin reden meine Eltern wieder mit mir. Es hat nur einen Streit am Familientisch, einen platten Reifen und sehr viel Kuchen gebraucht.«

Elias nickte mir mit fragendem Blick zu, und ich gab ihm

eine kurze Zusammenfassung des Geburtstags und des Streits mit meiner Schwester.

»Puh, okay. Wie hat sich das mit deinen Eltern wieder gelegt?«

»Bei Papa war es ziemlich leicht. Ich hatte immer einen besseren Draht zu ihm, und er war mir nicht böse, er war eher traurig. Meine Mutter hat ein bisschen länger gebraucht, aber von sich aus einen Schritt auf mich zugemacht. Damit hab ich gar nicht gerechnet.« Ich hob die Schultern und dachte an die geröteten Augen meiner Mutter zurück. »Sie war anfangs am Telefon vielleicht noch sauer, aber im Endeffekt wohl auch hauptsächlich, weil ich mich ihr nicht anvertraut habe.«

»Und?«, fragte Elias, als ich meine Stirn runzelte.

»Was seltsam ist, ist, dass sie gesagt hat, dass sie Respekt vor mir hat. Dass sie stolz auf mich ist.«

»Was ist daran seltsam?«

»Na ja, am Telefon damals hat sie ziemlich deutlich gemacht, dass sie meine Entscheidung nicht gutheißt. Aber am Geburtstag meinte sie, sie hat Respekt davor, dass ich das in dem Alter alles allein geschafft hab.« Ich zögerte kurz, bevor ich weitersprach. »Es hat unglaublich gutgetan, das zu hören. Dass sie es, obwohl sie nicht mit mir übereinstimmt, akzeptiert und mir nicht das Gefühl gibt, etwas Falsches getan zu haben.«

»Hattest du das Gefühl nach den Kommentaren zum Podcast?«

Ich wollte erst mit »Nein« antworten, doch dann dachte ich noch etwas länger über Elias' Worte nach. Schließlich schüttelte ich langsam den Kopf. »Nicht so richtig, aber sie haben mich an damals erinnert. Solche Kommentare gab es zum Zeitpunkt meines Abbruchs genauso – unter YouTube-Videos oder Instagram-Posts. Das in Kombination mit dem ganzen Drumherum war damals schon belastend.«

»Wie meinst du das?«

»Du hast den Podcast letztes Jahr ja gehört. Es war nicht gerade einfach, an Informationen zu gelangen und das alles durchzuziehen. Ich habe Glück, dass ich so nah an Berlin gewohnt habe. Mein damaliger Freund und ich sind zusammen in die Stadt gefahren, da gibt es Beratungsstellen. Meine Gynäkologin, bei der ich eigentlich war, macht solche Eingriffe nicht. Sie war Gott sei Dank sehr verständnisvoll, trotzdem durfte sie mich nicht direkt weitervermitteln. Sie hat mir die Adresse genannt, und ich musste mitschreiben, alles andere wäre illegal gewesen.« Ich schmunzelte bei dem Gedanken daran, wie lächerlich mir das mittlerweile vorkam. Damals hatte das Ganze mich nur noch nervöser gemacht, als ich ohnehin gewesen war, und mir das Gefühl gegeben, dass das, was ich tat, wirklich etwas Illegales war.

»Alles wegen dieses einen Paragrafen, über den ihr da gesprochen habt?«

»Ja«, sagte ich und hob die Schultern, als wäre das halb so wild. Dabei graute mir bei dem Gedanken daran, dass sich in den letzten Jahren so wenig geändert hatte und dass Frauen dieses Prozedere immer noch durchmachen mussten, anstatt auf direkte Hilfe und Verständnis zu treffen.

Elias betrachtete mich mit einem undefinierbaren Ausdruck. »Es tut mir leid, dass du da allein durchmusstest.«

»Ich war ja nicht allein«, gab ich zurück. »Finn war bei mir.«

»Natürlich.« Elias räusperte sich. »Auf jeden Fall kann ich verstehen, was deine Mutter mit dem Respekt meinte. Ich kenne durch die Arbeit Leute im Alter meiner Eltern, die es immer noch nicht schaffen, für sich einzustehen, und du hast das bereits damals gekonnt.« Er schenkte mir ein schiefes Lächeln, das ich erwiderte. »Also ist bei euch alles wieder in Ordnung?«

»Ja, nur mit Louisa nach wie vor nicht. Meine Eltern meinten, sie braucht nur Zeit, aber ich bin mir nicht sicher. Du hättest sie sehen sollen …«

»Sie hat sich seit letzter Woche nicht bei dir gemeldet?«

»Nein … und das, obwohl ich ihr geschrieben hab.«

»Das muss unfassbar schwer für sie sein, aber sie kann deine Nachrichten nicht ewig ignorieren.«

»Ja, aber ich weiß nicht, was ich noch tun soll, um sie zum Antworten zu bewegen. Ich will für sie da sein, aber gerade ist sie noch so sauer, dass das wohl nichts bringt. Einfach vorbeischauen und sie zum Reden zwingen möchte ich aber auch nicht, weil die Situation so schon schwer genug für sie ist und ich für sie mit Sicherheit nur eine weitere Erinnerung an den Schmerz bin. Damit kann ich noch weniger umgehen als mit der Wut.« Ich stieß einen Schwall Luft aus. »Wow, sorry für den Downer.«

»Hey, ich hab von der Sinnkrise angefangen.« Er legte mir die Hand auf die Schulter. »Und ich fühl mich gleich viel besser mit meinen Problemen, danke.«

Ich verdrehte die Augen, musste aber lachen. »Das freut mich natürlich ungemein.«

»Aber es hat dich zum Lachen gebracht.«

»Stimmt. Ich hab nur Angst, sie dadurch komplett verloren zu haben, und fühl mich so …« Ich dachte nach. »… allein. Ich weiß natürlich, dass ich das nicht bin und meine Freundinnen habe, aber sie war eine davon.«

Elias nickte. »Kann ich verstehen. Ich weiß gar nicht, was ich ohne meine Geschwister machen würde. Ich glaub, daher rührt auch ein bisschen die Angst, mit ihnen zu reden. Kyra wäre es egal, wenn ich plötzlich eine andere Laufbahn einschlage, sie steckt eh nicht in der Firma drin. Aber für Noah und meine Eltern …« Er hob die Schultern. »Ich will sie nicht enttäuschen.

Ich hab sie schon einmal verloren, und das war … keine gute Zeit, um es harmlos auszudrücken.«

»Ich kann mir nicht vorstellen, dass sie dich wegstoßen, nur weil du das tust, was du liebst. Vielleicht wäre erst etwas komische Stimmung, aber ich kenne deine Eltern. Sie wollen nur, dass ihr alle glücklich seid, und wenn dich etwas anderes glücklicher macht, unterstützen sie das sicher.«

»Kann schon sein. Aber ich weiß ja nicht, ob es mich langfristig glücklicher macht. Enttäuscht wären sie sicher trotzdem, immerhin war ich jahrelang zufrieden, und sie verlassen sich auf mich.« Elias lächelte schief. »Ich hab nicht so einen engen Freundeskreis wie du, der das auffängt. Die meisten meiner Freunde sind weggezogen, manche gleich nach der Schule, die anderen nach dem Studium. Deshalb will ich um jeden Preis verhindern, meine Familie noch einmal zu verlieren.«

Mir war nie bewusst gewesen, dass Elias so dachte oder dass er seine Clique vermisste. Ich hatte nicht einmal gewusst, dass seine Freunde mittlerweile alle woanders wohnten, ich kannte nur ein paar von ihnen von früher, als wir noch zur Schule gegangen waren.

»Bereust du es, nicht weggezogen zu sein? Zum Studieren, meine ich?«

»Nein«, sagte er, ohne zu zögern, was mich seltsamerweise erleichterte. »Ich bereue es ein bisschen, dass ich nie hinterfragt hab, was ich studieren will, oder dass ich mir nicht mehr Zeit gelassen habe, um generell rauszufinden, was ich machen möchte. Aber ich bereue es nicht, hiergeblieben zu sein. Ich glaube nicht, dass ich in einer anderen Stadt so glücklich wäre wie in Berlin. Zum einen wegen der Stadt selbst, aber auch wegen meiner Eltern und Geschwister. Dadurch, dass der Fokus, so ganz ohne es zu hinterfragen, immer auf der Arbeit lag, hab ich es versäumt, mich auf die anderen Dinge in meinem Leben zu konzentrieren. Neue Freundschaften zu schließen ist irgendwann gar nicht mehr so leicht. Erst recht nicht im letzten Semester, wenn alle in ihren festen Gruppen sind. Dass ich das nicht früher erkannt hab, das bereue ich ein wenig.«

»Aber du hast uns«, sagte ich. Elias erwiderte mein Lächeln zwar, wiegte jedoch den Kopf hin und her.

»Das klingt jetzt super undankbar, aber ihr seid in erster Linie Noahs und Kyras Freunde.«

Ich wollte erst widersprechen, hielt mich dann jedoch zurück. Natürlich hatte er recht, und ich hatte an meiner alten Schule, bevor ich gewechselt und Kyra kennengelernt hatte, selbst erfahren, wie es war, den Alltag ohne eine feste Gruppe von Freunden zu meistern. Es wäre nicht fair gewesen, Elias' Offenheit abzutun, also schwieg ich stattdessen. Eine Weile war nichts zu hören außer der gedämpften Musik, den ruhigen Gesprächen einiger Draußenstehender, dem Piepen der Ampel gegenüber und dem auch nachts nie versiegenden Verkehr. Es war trotz der Uhrzeit erstaunlich mild, und obwohl der Gedanke an meine Schwester meinen Kopf nie ganz verließ, fühlte ich mich ruhig und ausgeglichen.

Ich blickte zu Elias, dessen Profil von der Straßenlaterne erhellt wurde. In seiner Gegenwart fühlte ich diese Ruhe immer. Ganz ohne es zu wissen oder es zu beabsichtigen, erdete er mich. Keine Ahnung, ob es dieses Gefühl war oder die Tatsache, dass die Nacht schon die ersten Vorboten des nahenden Sommers in sich trug. Vielleicht lag es an der Art, wie er mich eben beim Tanzen angesehen hatte. Auf jeden Fall waren die nächsten Worte aus mir heraus, bevor ich überhaupt daran denken konnte, sie zurückzuhalten.

»Ich bin gern mit dir befreundet, auch ganz unabhängig von Kyra.«

Verblüfft sah Elias mich an, dann hellte sich seine Miene auf. »Danke«, erwiderte er.

Bitte werd nicht rot, bitte werd nicht rot …

Doch ich spürte bereits, wie meine Wangen glühten. Ich war ganz sicher rot. Toll.

»Hey«, sagte Elias. Ich zwang mich, meinen Kopf nicht abzuwenden, egal, wie unangenehm mir das Ganze war. »Ebenso.« Das Lächeln, mit dem er mich betrachtete, sorgte dafür, dass sich meine Mundwinkel wie von selbst auch hoben. Er mochte mich. Er mochte mich unabhängig von Kyra. Tage-, nein, jahrelang hatte ich mir eingeredet, mir nichts auf all die Worte und die kleinen Momente einzubilden. Doch während wir uns ansahen, er meine Nähe suchte, mir Dinge anvertraute, die er sonst niemandem gesagt hatte, und mein Herz nach wie vor viel zu schnell in meiner Brust schlug, beschloss ich, das zu tun, worum ich die Feiernden drinnen eben noch beneidet hatte: mich gehen zu lassen und mutig zu sein. Also hielt ich seinem Blick stand, obwohl seine Augen mein Herz so kräftig schlagen ließen, dass es den Bässen des Clubs hinter uns Konkurrenz machte. Ich legte meine rechte Hand an Elias' Wange, spürte die Stoppeln seines Barts an meiner Haut, zog sein Gesicht zu meinem, und einen Augenblick später trafen meine Lippen auf seine.

15. KAPITEL

Elias

Miriams Daumen strich sanft über meine Wange, und ihre Finger zogen mich noch näher zu sich. Ich schloss meine Augen, gab mich dem Kuss hin. Vorsichtig umfasste ich Miriams Gesicht, ihre Haut fühlte sich so unbeschreiblich zart an, und das Gefühl ihrer weichen Lippen auf meinen sandte Schauer durch meinen Körper. Ich vertiefte den Kuss, gab mich dieser Empfindung vollends hin – bis ich im nächsten Moment realisierte, was ich da gerade tat.

Miriam küsste mich. Und ich küsste sie. Ich konnte Miriam nicht küssen. Sie war die beste Freundin meiner kleinen Schwester. Außerdem hatte ich keine Gefühle für sie, konnte ich gar nicht. Ich hatte so schon genug Baustellen in meinem Leben. Da war kein Raum für eine Beziehung. Erst recht nicht mit Miriam. Gerade erst hatte sie mir ihr Herz ausgeschüttet und mir von ihren Sorgen erzählt. Das hier war mit Sicherheit der Situation geschuldet – ein kurzer Moment der Schwäche, mehr nicht. Es war vollkommen falsch, ihn auszunutzen. Ich sollte mich auf mich und meine Entwicklung konzentrieren – die würde so schon für Streit in der Familie sorgen. Einen zusätzlichen mit meiner Schwester konnte ich nicht auch noch riskieren.

Während mir all diese Gedanken durch den Kopf schossen, riss ich die Augen wieder auf und schob Miriam sanft, aber bestimmt von mir. Das hier ging nicht, war nichts, was Zukunft hatte – es hatte ja nicht einmal eine Gegenwart. Ihre Lider flogen auf, und ihre hellbraunen Augen weiteten sich.

Shit.

Ich hätte sie nicht zurückküssen dürfen.

»Ich …« Sie schluckte. »Oh Gott, tut mir so leid.«

»Muss es nicht, ich …«

Ja, was ›ich‹?

Ich fuhr mir übers Gesicht und versuchte, einen klaren Gedanken zu fassen, doch sie kreisten in einem endlosen Chaos durch meinen Kopf, während mein Herz viel zu schnell in meiner Brust pochte.

»Doch«, fuhr Miriam fort und rutschte ein Stück weg, nur um im nächsten Moment aufzustehen. »Es tut mir so leid. Ich …« Sie schüttelte ihren Kopf, ihre Wangen waren gerötet, und sie biss sich auf die Unterlippe, die soeben noch meine berührt hatte. Mein Blick folgte der Bewegung.

»Ich hab das falsch interpretiert. Ich dachte, gerade beim Tanzen …« Miriam strich sich die langen Haare aus dem Gesicht, dann verschränkte sie die Arme vor der Brust. »Gott, es tut mir so leid. Können wir einfach vergessen, was ich gerade getan hab, und nicht mehr darüber reden?«

»Klar«, sagte ich und schluckte gegen das Kratzen in meinem Hals an. Irgendetwas hieran fühlte sich falsch an, und obwohl ich mir so sicher war, das Richtige getan zu haben, setzte der Gedanke mir zu. Ich konnte nicht einmal den Finger darauf legen, woran das lag. Vielleicht daran, dass ich es mir nicht leisten konnte, dass sich etwas zwischen uns änderte. Noch vor wenigen Minuten hatte Miriam gesagt, dass ich eine Freundin in ihr gefunden hatte. Nur um mich einen Augenblick später zu küssen. Und es hatte mir gefallen. Doch das ging nicht.

Mit einem Räuspern stand ich ebenfalls auf, um nicht weiter zu Miriam aufblicken zu müssen. »Hör mal, es tut mir leid, falls ich da drinnen irgendwas Falsches gesagt oder getan hab, dass du dachtest … Gerade sagtest du noch, dass wir Freunde sind, und ich dachte, wir wären nur das.« Die Worte wollten mir kaum über die Lippen kommen, so falsch fühlten sie sich an. Dabei wusste ich, dass sie stimmten. Ich konnte ihr keine Beziehung bieten. Alles, was ich für sie sein konnte, war ein Freund.

»Ja, natürlich«, erwiderte sie, ohne den Hauch eines Zögerns. »Du hast absolut recht, alles gut.« Aber es sah nicht aus, als ob alles gut war, ganz und gar nicht. Sie rieb sich die Stirn mit den Fingerspitzen, und selbst im schwachen Licht konnte ich erkennen, wie rot sie war.

»Ich wollte dich nicht verletzen«, sagte ich, und jetzt lächelte Miriam. Aber es war nicht die Art von Lächeln, die ich gern in ihrem Gesicht sah, vielmehr sah es traurig aus.

»Hast du nicht, mach dir keinen Kopf. Ich hab mich doof verhalten, nicht du.«

»Du hast dich überhaupt nicht doof verhalten«, widersprach ich, und dann standen wir uns einige Augenblicke nur verlegen gegenüber. Ich wusste nicht, was ich tun oder sagen sollte, damit diese Angespanntheit wich. Ich mochte ganz und gar nicht, wie es sich zwischen uns anfühlte – als würde etwas enden.

»Kann ich …«, begann ich in dem Versuch, das zwischen uns zu retten, ohne überhaupt zu wissen, was ich Miriam fragen wollte, und fuhr fort: »So was kommt vor, wir müssen da keine große Sache draus machen.« So war es besser. Definitiv.

Eine Sekunde lang, die sich anfühlte wie Minuten, schaute Miriam mich geradewegs an. Dann huschte ihr Blick kurz über mein Gesicht, als suchte sie etwas darin, bevor sie die Arme vor der Brust verschränkte und nickte.

»Alles klar«, sagte sie beinahe monoton. »Ich geh mal besser rein, es ist doch etwas kalt, wenn man so lange draußen ist.« Miriam räusperte sich und sah zur Straße, sah plötzlich überall hin, außer zu mir. Das Licht der vorbeifahrenden Autos erhellte ihr Gesicht phasenweise. Waren das Tränen in ihren Augen? Ich schluckte. Bestimmt nicht, vermutlich war es wirklich nur die Kälte gepaart mit der späten Uhrzeit.

»Tut mir leid«, murmelte Miriam noch einmal und nahm dann, ohne meinen Blick zu erwidern, die Stufen nach oben. Ich hätte gern etwas gesagt, um es besser zu machen, um zu kitten, was ich oder sie, was wir gerade zerstört hatten, aber ich hatte keine Ahnung, was ich tun oder sagen konnte, um die Freundschaft, die sich erst frisch zwischen uns geformt hatte, zu retten. Also stand ich nur da und sah Miriam nach. Sie verschwand im Inneren des Clubs, und ich blieb am Fuß der Treppe zurück, mit dem seltsamen Gefühl, mehr als nur eine Freundschaft verloren zu haben.

Die letzten Tage waren wie in einem einzigen Atemzug vergangen, und ich hatte jegliches Zeitgefühl verloren. Meine Gedanken waren überall und nirgendwo, und ich schaffte es selten, mich länger als drei Minuten am Stück zu konzentrieren, bis ich wieder zum Handy griff oder mich anderweitig ablenkte. So auch jetzt, als ich zum etwa zehnten Mal innerhalb der letzten halben Stunde mein Smartphone in der Hand hielt. Bevor ich meine Nachrichtenapp öffnen konnte, warf ich es frustriert neben mich auf die Bücher. Es hatte keinen Sinn. Mehrmals hatte ich den Chat mit Miriam geöffnet, und genauso oft hatte ich ihn geschlossen, ohne einen Text an sie abgeschickt zu haben. Dabei hatte ich mehrere formuliert. Doch ich hatte nach wie vor keinen blassen Schimmer, was ich sagen sollte, und da sie sich auch nicht meldete, war es wohl besser, die Sache auf sich beruhen zu lassen.

Sie war die beste Freundin meiner kleinen Schwester. Ich konnte und wollte sie nicht als etwas anderes sehen. Dass ich jetzt schon wieder an Miriam dachte, war einfach ein weiterer Weg, mich von meiner Bachelorarbeit abzulenken, die ich wirklich dringend angehen musste. Wir hatten nur zwölf Wochen zur Bearbeitung, und seit der Anmeldung waren bereits vier verstrichen. Viel Zeit blieb mir also nicht für meine Recherche, die Empirie und das eigentliche Schreiben.

Um mich nicht weiter abzulenken, schaltete ich mein Handy komplett aus und versteckte es in meinem Rucksack vor mir selbst. Dann wandte ich mich wieder den Büchern zu und tippte alles, was mir für den theoretischen Teil meiner Arbeit sinnvoll erschien, mit Quellenangabe auf der Tastatur meines Laptops ab.

Etwa zwei Stunden später klappte ich den Laptop wieder zu. Ich hatte wenig des Gelesenen behalten, aber dafür mehrere Seiten Notizen zu Papier gebracht und würde mir drei der Bücher mit nach Hause nehmen. Das war doch ein Anfang. Ich schaltete mein Handy wieder ein und hatte zwei neue Nachrichten, keine davon von Miriam. Meine Schwester fragte, ob sie mir Kuchen vorbeibringen sollte, und Marc wollte wissen, ob ich Zeit hatte, ins Studio zu kommen. Training hatte ich heute keins, mein letzter Kurs für die Woche war bereits gestern gewesen, also ging es vermutlich um das von Miriam vorgeschlagene Event. Marcs Nachrichten waren so knapp gehalten wie seine Worte, wenn ich sonst mit ihm redete, also war mehr nicht herauszulesen.

Ich schaute in meinen Planer. Eigentlich hatte ich ins Büro gewollt, aber es stand kein Termin an, und ich würde die Zeit morgen mit Sicherheit nachholen können. Meine Eltern sahen es zwar ungern, wenn ich samstags im Betrieb war, aber es hatte den Vorteil, dass mich niemand ablenken konnte. Ich antwortete Marc, dass ich unterwegs war, und packte meine Sachen zusammen.

Auf dem Weg zum Studio schrieb ich Kyra zurück und checkte zum ersten Mal seit Langem Instagram. Im Gegensatz zu meiner Schwester war ich völlig inaktiv, mein letzter Post war beinahe ein Jahr alt. Ich sah Kyras Story an und wünschte im nächsten Moment, ich hätte es nicht getan. Sie hatte Fotos und Videos vom Kuchenbacken gemacht. Vom Kuchenbacken mit Miriam. Mein Daumen landete auf dem Display und hielt das Video an. Miriam sah glücklich aus. Einerseits sorgte der Anblick dafür, dass mir ein Stein vom Herzen fiel. Andererseits versetzte er mir auch einen kleinen Stich. Ich konnte nicht einmal genau sagen, weshalb. Ich hatte natürlich nicht erwartet, dass sie ewig an meiner Zurückweisung würde knabbern müssen. Das wollte ich auch gar nicht. Dennoch wünschte ich, ich hätte die Story nicht gesehen, denn in mir machte sich wieder dieses seltsame Gefühl breit, das ich schon gespürt hatte, als ich sie vor dem Club hatte weggehen sehen. Als hätte ich etwas verloren. Es war eine Mischung aus Traurigkeit, Nostalgie und Vermissen.

Ich vermisse Miriam.

Die Erkenntnis überrumpelte mich beinahe mehr als Miriams Kuss es getan hatte. War es ein Fehler gewesen, sie wegzustoßen? Ich stieß ein frustriertes Seufzen aus, da dieses Gefühlschaos wirklich das Letzte war, was ich gerade gebrauchen konnte. Genau das war es, was ich hatte verhindern wollen – der Plan war wohl nach hinten losgegangen.

Glücklicherweise blieb mir nicht viel Zeit, diesen Gedanken nachzugehen, denn kaum hatte ich die verglaste Tür des Studios aufgestoßen, kam mir Marc schon mit einem breiten Strahlen entgegen. »Da bist du ja! Das ging flott!«

»Jap, bin direkt von der Bibliothek aus los.«

»Super! Komm!«

Entgegen meinen Erwartungen führte er mich nicht in unseren kleinen Aufenthaltsraum, sondern nach nebenan, wo ich meine Boxkurse abhielt. Auf dem Boden waren mehrere der hellblauen Matten ausgebreitet, auf denen wiederum lagen etliche Zettel, manche davon zerknüllt, andere beschrieben, und zwei Frauen und ein Mann saßen um die Blätter herum – und Marlon und Julius.

»Was macht ihr denn hier?«, fragte ich, bevor Marc die Szene erklären konnte.

»Helfen«, sagte Julius voller Begeisterung, und Marlon warf mir einen Blick zu, der in Anbetracht der Tatsache, dass er ein gutes Stück kleiner und schmächtiger war als ich, ziemlich bedrohlich wirkte.

»Anscheinend hält uns nämlich nicht jeder für zu jung oder dumm, um mitzuhelfen.«

Mit erhobenen Brauen sah ich ihn an.

»Marc hat uns erzählt, was das Problem am neuen Studio ist. Von deiner Idee und all dem. Hättest du letztes Mal doch gleich sagen können, anstatt zu behaupten, es wär nichts.«

»Ich hab's euch erzählt, weil ihr genervt habt«, warf Marc ein, bevor ich mich vor Marlon rechtfertigen konnte. Er richtete seinen Blick auf mich. »Über mehrere Tage verteilt, stundenlang. Ich konnte meine eigenen Gedanken nicht mehr hören. Egal, könnt ihr gleich unter euch ausmachen.«

Er nickte in Richtung der drei anderen, die nach wie vor auf den Matten saßen und unseren Wortwechsel schweigend verfolgt hatten.

»Das ist Natascha.« Er deutete auf die dunkelhaarige Frau, die mir am nächsten war. »Ihr gehört das Tanzstudio nebenan.« Ich lächelte ihr zu, und sie erwiderte das Lächeln mit einem Nicken. Wir kannten uns bereits vom Sehen und hatten ab und an im Café ein paar Worte gewechselt, doch ihren Namen hatte ich in all der Zeit nicht erfahren.

»Das ist Kai aus dem Co-Working-Space, und Kamal hier organisiert das Freilichtkino und die Ausstellungen in der Galerie. Da bietet er auch Malkurse an und all so was. Das Team vom Café ist auch bei allem, was wir planen, am Start, aber sie können den Laden nicht dichtmachen, um hier zu sein.«

»Hi, ich bin Elias.« Ich winkte einmal in die Runde.

»Ah, du hattest die Idee?«, fragte Natascha und nickte mir anerkennend zu.

»Nein, die Idee stammt von einer Freundin«, erwiderte ich und merkte im nächsten Moment, wie sich etwas in meiner Brust zusammenzog.

Von einer ehemaligen Freundin.

Miriam hätte ebenfalls hier sitzen sollen. Immerhin war das Ganze ihre Idee gewesen. Ihr begeistertes Gesicht, als sie mir im Café von dem Plan erzählt hatte, trat mir wieder vor Augen. Ich wünschte, ich hätte mich dankbarer gezeigt. Jetzt war es dafür zu spät.

»Richte ihr ein riesengroßes Danke von mir aus«, sagte Marc und stemmte die Hände in die Hüften, nicht ahnend, was diese Worte bei mir auslösten. Denn obwohl ich mir nach wie vor sicher war, das Richtige getan zu haben, konnte ich eine Sache nicht leugnen: Ich vermisste Miriam. Es fühlte sich falsch an, dass sie nicht hier saß, um mit uns das Event zu planen, obwohl sie es doch in Gang gesetzt hatte.

»Also, die besten Neuigkeiten zuerst, auch wenn du dir das vielleicht schon denken kannst: Alle aus der Fabrik haben Lust auf die Spendenaktion und wollen etwas beisteuern. Ich dachte, es ist am einfachsten, wenn wir ein Kernteam haben, das die Zügel in der Hand hält.«

»Das sind wir, nehm ich an?«

Marc nickte mir zu. »Wir können uns um das Angebot an Aktivitäten kümmern. Was das Finanzielle angeht, hat sich Kai schon bereit erklärt, worüber ich echt froh bin, weil … na ja, ich hasse Zahlen. Ansonsten hätte ich bis heute Abend gern eine Liste an Dingen, die wir benötigen. Jegliche Elektrik, Essen, Equipment für das Angebot, Stühle, Deko, alles, was euch einfällt. Wir versuchen, so viel wie möglich von hier zu verwenden oder auch zu leihen. Ich werd ein paar Leute anhauen, und wenn ihr das auch könnt, wäre das super. Je weniger wir kaufen müssen, desto mehr Geld bleibt für das eigentliche Ziel.« Marc sah wieder die anderen an. »Hab ich irgendwas vergessen?«

»Gästeliste«, warf Natascha ein. »Toll wäre, wenn jeder schon einmal überlegt, wen wir vorab einladen möchten. Ich denke da nicht an euer privates Umfeld, Mama und Papa und all die …«, sagte sie mit Blick zu den beiden Jungs. »Sondern wirklich an hochrangige Personen, die Geld dalassen. Vorstände, Chefs irgendwelcher ansässiger Firmen. Ich werd außerdem die Presse anschreiben, damit das Ganze auch medial gut aufgestellt ist. Letzten Sommer hab ich mit dem MDR eine kleine Indie-Dokureihe übers Tanzen und wie es mich nach Deutschland gebracht hat, gedreht. Da setze ich an. Aber wenn wir ein bisschen auf die Gentrifizierungsschiene gehen, verschaffen wir uns schnell auch bei anderen Sendern und Zeitungen Gehör.«

»Was ist mit Influencern?«, warf Julius ein, und Kai schnaubte verächtlich auf.

»Er hat recht«, pflichtete ich Julius bei, bevor dieser sich einschüchtern ließ. »Es bringt nichts, nur klassische Medien einzuladen, und Berlin ist nun wirklich voll von Instagrammern, Streamern und YouTubern mit großer Reichweite. Was wir brauchen, ist Aufmerksamkeit, und die kriegen wir durch sie.«

Marc nickte. »Dann habt ihr beide auch 'nen Job. Ihr erstellt eine Liste mit Influencern. Aber bitte nicht nur Gamer, guckt auch ein bisschen in andere Bereiche.«

»Influencer und die Box-Show! Check!«, rief Marlon begeistert. Dann sah er mich an und klopfte neben sich auf den freien Platz. Ich stellte meinen Rucksack ab und ließ mich zwischen Kamal und Marlon auf die Matte sinken. Marc setzte sich neben Natascha, und die beiden schienen an ein vorangegangenes Gespräch anzuknüpfen.

»Wir haben schon mit einer Choreografie angefangen!« Julius holte zwei Blätter hervor, die er und Marlon beschriftet hatten, und drückte sie mir in die Hand.

»Ja, und wir müssen alle dieselben Farben tragen! Ich bin für Schwarz.«

»Schwarz ist keine Farbe, Marlon«, meinte Julius.

»Mir egal.«

»Oder zwei unterschiedliche, falls wir Teams machen und gegeneinander antreten?«

»Au ja! Und ich würd gern meine Eltern einladen, vielleicht verstehen sie dann, was ich hier überhaupt mache.«

»Musik haben wir auch schon ausgesucht, ich hab 'ne Playlist gemacht.« Julius legte sein Handy vor mich. Ich hob die Hände, in der einen immer noch die Seiten mit der Choreografie der Jungs, um den Redefluss zu stoppen.

»Macht mal halblang«, sagte ich und lachte. Dann betrachtete ich die beiden Blätter und versuchte, die gespannten Gesichter, die ich im Augenwinkel sah, auszublenden. Ihr Eifer war ansteckend, und ich merkte, wie er sich auf mich übertrug. Vielleicht würden wir die Kurse doch retten können.

»Okay, dann schnappt euch mal was zu schreiben.« Im Gegensatz zum Training hörten Julius und Marlon sofort auf mich. Die nächsten Stunden verbrachten wir mit Brainstorming, Kursplänen und vor allem einer Choreografie für die Show, die die Jungs mit mir auf die Beine stellen wollten. Als unsere Übungen zu laut und ungestüm wurden, warf Marc uns kurzerhand raus, und wir probten im Raum nebenan weiter. Ich merkte erst, wie spät es geworden war, als Julius die grellen Deckenlichter anknipste. Ich war völlig im Flow gewesen, hatte nichts wahrgenommen außer der Arbeit, die vor mir lag, und den Plänen, die wir hatten. Während ich mich in der Bibliothek noch komplett ausgelaugt und unkonzentriert gefühlt hatte, war ich jetzt, obwohl es Stunden später war und meine Erschöpfung größer sein musste, in erster Linie energiegeladen. Was mich noch mehr überraschte, war die Vorfreude, die ich plötzlich verspürte. Gemeinsam hatten wir eine aussichtslose Situation in etwas Positives und Schaffbares verwandelt, und das gab mir Hoffnung, die sich auch auf meine anderen Baustellen übertrug.

16. KAPITEL

Miriam

Wenn sogar Kyra neben mir bei der *Eiskönigin* mitsang, musste ich wirklich ziemlich fertig aussehen. Es war Freitag und Noahs Geburtstag somit eine Woche her. Eine Woche, in der ich kein Wort von Elias gehört hatte, abgesehen von den Nachrichten, die Kyra und er tauschten, aber in keiner einzigen davon erkundigte er sich nach mir. Was mir bekannt vorkam, denn auch an der Louisa-Front herrschte nach wie vor Funkstille.

Nachdem auch Phuong zu meiner Rechten mich mit dem Ellbogen anstupste, sang ich halbherzig den Refrain von *Ich lass los* mit. Anscheinend nicht gut genug, denn Kyra warf mir einen Blick zu und lächelte vorsichtig.

»Du bist doch sonst immer mit Feuereifer dabei. Sicher, dass alles okay ist? Magst du reden?«

Wollte ich reden? Ja. Konnte ich mit ihr reden? Nein. Also schüttelte ich den Kopf.

»Nein, alles gut. Ich kenne nur den deutschen Text nicht so gut, ich hab den Film bisher immer auf Englisch gesehen.« Keine Lüge, aber dennoch eine Ausrede. Glücklicherweise ließ Kyra diese durchgehen, auch wenn ich mir ziemlich sicher war, dass sie mir nach wie vor nicht glaubte, dass ich in Ordnung war. Man hatte mir meine Stimmung schon immer viel zu gut von meiner Mimik und Körpersprache ablesen können. Doch anstatt weiterzubohren, breitete sie nur die Decke weiter über mir aus, und auch Phuong stellte keine Fragen.

Ich beugte mich vor und nahm mir noch eine Portion des Himbeer-Mascarpone-Desserts, das Phuong mitgebracht hatte. Außerdem standen auf dem Wohnzimmertisch Kyras und mein selbstgebackener Kuchen, eine große Schüssel veganer Gummibärchen und etliche Törtchen und Snacks, die Phuong aus dem Poet's Corner mitgebracht hatte. Ich hatte mich die gesamte Woche nur von einer Lehrveranstaltung in die nächste geschleppt und selbst nach den Krankenhausbesuchen, die mich sonst voller Energie zurückließen, hatte sich meine Laune nur unmerklich gebessert. Also veranstalteten Kyra und Phuong einen Disney-und-Dessert-Abend für mich. Etwas, das wir zuletzt zu Schulzeiten gemacht hatten und das meine Laune tatsächlich hob. Nicht so sehr jedoch, dass es mir wieder gut ging. Denn ich verdammte mich nach wie vor für die Aktion an Noahs Geburtstag. Immer und immer wieder spielte sich die Szene vor meinem inneren Auge ab. Wie ich mich Elias genähert hatte. Wie er mich angesehen und wie gut sich seine Lippen auf meinen angefühlt hatten – und wie dieses Gefühl innerhalb eines Wimpernschlags umgeschlagen war.

Lass uns einfach vergessen, was gerade passiert ist.

Wir müssen da keine große Sache draus machen.

Er hatte deutlich gemacht, dass das, was ich getan hatte, ein Fehler war. Keine große Sache. Etwas, das wir am besten wieder vergaßen. Ich verkniff mir ein Seufzen, doch der bloße Gedanke an seine Hand an meiner Schulter, seinen Blick, mit dem er mich bedacht hatte, sorgte dafür, dass sich in meiner Brust etwas schmerzhaft zusammenzog. Ich war verletzt, ja. Aber noch viel schwerer wog meine Scham. Was hatte ich mir nur dabei gedacht? Die Zeichen, die offensichtlich keine waren, hatte ich völlig falsch gedeutet. Ich hatte Gefühle in seine

Blicke interpretiert, die nicht da waren, hatte sein Interesse an mir auf ganz andere Art und Weise verstanden, als er es beabsichtigt hatte. Als wäre ich nach den Jahren, in denen wir nur durch Kyra Kontakt hatten, so verzweifelt, dass ich jeden noch so kleinen Funken Aufmerksamkeit in meinem Kopf zu einer Flamme heranwachsen ließ. Es war nicht nur peinlich, gerade fühlte es sich beinahe erbärmlich an. Ich hatte Elias nicht nur überrumpelt und mich ihm aufgedrängt, ich hatte unsere Freundschaft zerstört, die gerade erst richtig im Entstehen gewesen war.

Oh Gott, ich kann ihm nie wieder unter die Augen treten.

Nur würde ich das wohl zwangsläufig müssen, denn er war nach wie vor Kyras Bruder, und diese war nach wie vor meine Mitbewohnerin. Genau deshalb machte ich üblicherweise nie den ersten Schritt. Genau deshalb hatte ich bisher erst eine Beziehung gehabt. Es konnte so viel schiefgehen. Menschen waren kompliziert und ich anscheinend lange nicht so gut darin, sie zu lesen, wie ich es nach einundzwanzig Jahren sein sollte.

Ich versuchte, mich auf den Rest des Films zu konzentrieren, und folgte Elsas und Annas Geschichte, doch meine Gedanken schweiften immer wieder abwechselnd zu Elias und Louisa. So lief der Abspann, ohne dass ich viel der mir bereits bekannten Handlung mitbekommen hatte, und Phuong sprang auf, um auf die Toilette zu gehen.

»Alles okay?«, fragte ich, als ich Kyras Blick auf mir ruhen spürte.

»Das wollte ich dich auch gerade fragen und hab es mir nur verkniffen, weil ich die Antwort kenne und weiß, dass du nicht darüber reden magst. Aber ich mach mir Sorgen. Du warst die letzten Tage nicht ganz bei dir selbst.«

Das war die Untertreibung des Jahres.

»Bist du sicher, dass es nichts gibt, wobei wir helfen können? Manchmal hilft Reden wirklich, hab ich mir sagen lassen. Unter anderem von dir. Ist gar nicht mal sooo lang her, falls du dich erinnerst.« Kyra schmunzelte, und ich musste daran denken, wie wir drei vor etwa einem halben Jahr hier gesessen hatten und Kyra Phuong in all ihre Sorgen und Ängste eingeweiht hatte. Natürlich hatte sie recht, und mir würde es besser gehen, wenn jemand mir dabei half, meine Gedanken zu sortieren. Doch all die Leute, die für gewöhnlich infrage kamen, waren ebenfalls mit Elias befreundet oder kannten ihn zumindest. All meine Probleme besprach ich mit Phuong und Kyra – oder meiner Schwester, der einzigen Person, die Elias nur vom Hörensagen kannte. Doch auch mit ihr konnte ich nicht mehr reden. In dieser Sache war ich völlig allein, selbst meine Oma war nicht mehr da. Wie von selbst glitt meine linke Hand zu ihrem Ring, als ich den Kopf schüttelte.

»Ich weiß, dass du recht hast, aber ich muss das noch ein wenig mit mir selbst ausmachen.«

»Okay«, sagte Kyra zögerlich. »Aber wir sehen ja, wie sehr dich die Sache mit deiner Schwester belastet. Du musst da nicht allein durch, ja? Wir hören dir immer gern zu oder sorgen für Ablenkung.«

»Danke«, murmelte ich und ließ meinen Kopf auf ihre Schulter sinken. Vermutlich sollte ich dankbar sein, dass der Streit mit meiner Schwester ein gutes Alibi für meine schlechte Stimmung lieferte. Also spielte ich mit – immerhin war es keine Lüge, denn die Sache belastete mich mindestens genauso sehr.

»Ich weiß einfach nicht, was ich wegen Louisa noch tun soll.«

»Hat sie dir nach wie vor nicht geantwortet?«

»Nein, und das, obwohl Papa ihr wohl auch geschrieben hat.«

Kyra stieß geräuschvoll die Luft aus. »Ich weiß, ich meinte anfangs noch, dass sie sicher nur Zeit braucht, aber dass sie den

Podcast gehört hat, ist jetzt anderthalb Monate her. Sie kann dich nicht ewig ghosten.«

»Ja, aber damals kannte ich ihre Gründe noch nicht.«

»Hm.«

»Was?«, fragte ich nach.

»Dass sie nicht ohne Hilfe schwanger werden kann, ist schlimm, keine Frage. Es ist ein Grund, weshalb sie verletzt und traurig ist. Aber ganz ehrlich? Das hat rein gar nichts mit dir zu tun. Es ist kein Grund, wütend auf dich zu sein. Du hast nichts falsch gemacht, Miri.«

Kyra sah mir nachdrücklich in die Augen, so lange, bis ich nickte.

»Ja, ich weiß.«

»Der Geburtstag deines Papas war vor zwei Wochen. Sie hat dich seitdem genauso ignoriert wie davor. Ich weiß, du hast Mitleid mit ihr, und ich weiß, du liebst sie, sie ist deine Schwester. Aber stell dir mal vor, ich würde dich so behandeln oder du mich.« Kyra schüttelte den Kopf. »Wenn sie Zeit braucht, ist das okay, aber es ist ja wohl nicht zu viel verlangt, dass sie dir das in einer Nachricht mitteilt, oder? Ich hab mich letzten Sommer, nachdem das mit Christopher Rothe passiert ist, kaum bei meinen Brüdern gemeldet, das war auch nicht super. Aber immerhin hab ich mich gemeldet – und als ich mitbekommen hab, wie schlecht es Noah ging, war ich da. Sie hat nicht einmal nachgefragt, wie es dir mit all dem geht, das macht mich wirklich wütend.«

Ich ließ mir Kyras Worte durch den Kopf gehen. Von außen betrachtet hatte sie recht, das wusste ich. Würden Noah oder Elias Kyra so behandeln, wäre ich auch wütend. Wieso gelang mir das bei meiner eigenen Schwester nicht?

»Ich weiß, dass du recht hast«, erwiderte ich mit einem Seufzen. »Gerade ist da mehr Enttäuschung als Wut.«

»Das ist okay, ist für mich ja auch leichter zu sagen, weil ich nicht drinstecke. Außerdem warst du noch nie der nachtragende Typ. Du versuchst immer für alle Verständnis aufzubringen und das liebe ich an dir, aber manchmal verzeihst du dadurch zu schnell. Ich will nicht, dass du dir Vorwürfe für etwas machst, was null in deiner Hand liegt.«

»Danke, Ky.«

»Nichts zu danken, dafür sind Freundinnen da. Gib Bescheid, wenn du dich wieder fertigmachst, ich kann sauer für uns beide sein.«

Schmunzelnd ließ ich den Kopf gegen ihre Schulter sinken.

»Ich hab das Gefühl, ich hab ein süßes Gespräch verpasst«, sagte Phuong, als sie ins Wohnzimmer kam und sich neben mir auf die Couch fallen ließ. »Aber das ist okay, du kriegst einfach so Liebe«, fuhr sie fort und ließ sich ihrerseits gegen mich sinken. Dann stöhnte sie auf und griff sich an den Bauch. »Und ich krieg meine Tage.«

»Hey, dann kannst du mir bei meiner Kooperation zu den Bio-Tampons helfen«, meinte Kyra begeistert. »Ich bin erst in zwei Wochen dran, aber ich wollte die Folge schon mal vorbereiten. Magst du testen?«

Phuong zog die Brauen zusammen und sah an mir vorbei zu unserer Freundin. »Bereicherst du dich gerade an meinem Leiden?«

»Ja, aber sieh es mal so: Es ist für 'nen guten Zweck.«

»Wow, der Verrat schmerzt beinahe mehr als mein Uterus.«

Widerwillig musste ich lachen.

»Ha, nimm das, Olaf!« Phuong reckte einen Arm in die Luft. »Wir haben geschafft, was du während zwei Stunden Film nicht vermochtest: Miriam hat gelacht.«

»Dann nutzen wir die gute Stimmung doch gleich für den nächsten Film«, bestimmte Kyra. »Worauf hast du Lust?«

»Du hast den letzten so gut durchgehalten, ich finde, du solltest entscheiden.«

»In welchem wird denn am wenigsten gesungen?«, fragte Kyra mit skeptischem Blick auf die Ansammlung von Disney-DVDs auf dem Sessel neben ihr.

»Stell dich nicht so an.« Phuong langte nach vorn und schnappte sich *Vaiana*. »Ich bin für den, da hat Lin-Manuel Miranda die Musik gemacht, und wenn Kyra was gegen ihn sagt, fliegt sie raus.«

»Das hier ist *meine* Wohnung.«

»Eure«, gab Phuong zurück.

»Na schön. Aber bedeutet das dann, dass ihr beide gleich lautstark mitsingt?«

Phuong nickte, und ich nahm ihr die DVD ab, um sie in den Player einzulegen. In meinem Rücken klingelte ein Handy, und ich drehte mich innerhalb einer Millisekunde um, um zu sehen, ob es mein Display war, das auf dem Tisch leuchtete. Doch es war Kyra, die sich ihr Handy schnappte und antwortete. Ich versuchte, nicht traurig zu sein, aber jedes Mal, wenn ich in meinem Umfeld einen Klingelton hörte, keimte erneut die Hoffnung auf, dass meine Schwester sich endlich meldete. Oder Elias mir schrieb – woher auch immer diese Hoffnung rührte. Und jedes Mal wurde ich aufs Neue enttäuscht.

»Hey, Papa«, sagte Kyra hinter mir. »Ne, ist er nicht. Wir sehen uns erst Montag wieder. Wieso?«

Ich packte *Die Eiskönigin* zurück in ihre Hülle und legte *Vaiana* ein.

»Arbeiten muss Elias freitags eigentlich nicht. Vielleicht schreibt er an der Abschlussarbeit und hat das Handy stumm gestellt?«

Kaum dass Elias' Name gefallen war, horchte ich auf. Ich

ging zurück zum Sofa und checkte mein eigenes Handy, damit ich nicht wirkte, als würde ich lauschen.

»Oh, ach so. Ne, sorry, gar keine Ahnung. Kannst du sonst Noah erreichen? Doch, Lia und er müssten zu Hause sein, ich hab vorhin kurz mit ihm geschrieben. Okay. Viel Glück, ciao!« Kyra legte auf und gab ein nachdenkliches Geräusch von sich.

»Alles okay?«

»Ja, denke schon«, antwortete Kyra. »Elias hat wohl nur einen Termin versäumt, und das sieht ihm gar nicht ähnlich. Aber so viel, wie er gerade macht, ist es kein Wunder, ich wüsste auch nicht, wo mir der Kopf stünde. Er wollte heute an der Bachelorarbeit arbeiten, glaub ich. Also hat er vielleicht einfach die Zeit vergessen.«

Das, oder aber er versucht gerade mit Marc, das Studio zu retten.

Doch auch das war etwas, was ich mit Kyra nicht besprechen konnte, also nickte ich nur und wechselte das Thema, da die Gedanken an Elias meine Stimmung nur weiter drückten.

»Wieso ist Lia eigentlich nicht hier, wenn sie Zeit hat?«, fragte ich, denn ich war automatisch davon ausgegangen, dass sie beschäftigt war und wir deshalb zu dritt waren.

»Wir haben nicht gefragt«, meinte Kyra. »Ich wusste ja nicht, ob du vielleicht reden magst.«

»Das ist süß, aber Lia gehört doch dazu. Das wäre kein Problem gewesen.«

»Klar, aber sie ist ja in erster Linie Noahs Freundin.«

Ich stutzte. Wie meinte Kyra das? Ich kannte Lia weit weniger als die anderen beiden und hatte noch nie allein mit ihr Zeit verbracht, aber ich hatte dennoch das Gefühl gehabt, dass sie mittlerweile Teil der Gruppe war. Sollte dem nicht so sein, nur weil sie Noahs Freundin war? Hatte Kyra Sorge, dass sie Dinge weitertrug? Dass das mit Noah und Lia nicht hielt und sie zwischen den Stühlen stünde? Ich fragte nicht nach, denn zum einen war ich mir nicht sicher, ob ich die Antwort hören wollte, und zum anderen wäre es eine Frage, die für mich niemals von Relevanz sein würde, wie ich nun wusste.

Anscheinend musste man meinem Gesicht die Verunsicherung angesehen haben, denn Kyra hob beschwichtigend die Hände. »Das ist überhaupt nicht böse gemeint. Du weißt, wie sehr ich Lia mag. Aber ich bin bei ihr manchmal vorsichtiger, was ich erzähle, einfach weil ich weiß, dass man seinen Partnern super viel sagt.« Sie hob die Schultern. »Und bei manchen Dingen will ich einfach nicht, dass sie direkt bei meinem Bruder landen. Ich wollte ihr damit nichts unterstellen.«

Ich nickte, nahm die Fernbedienung vom Tisch und startete, ohne darauf einzugehen, Film Nummer zwei, in der Hoffnung, mich wenigstens darauf konzentrieren zu können. Ich verstand Kyras Argumentation in gewisser Weise, und sollte sie mir nicht helfen, mit der Sache abzuschließen? Denn unsere Freundschaft kam vor jeder Beziehung. Darauf sollte ich mich fokussieren, nicht auf die Gedanken an Elias. Auf die Gefühle, die er nicht erwiderte und auch nie erwidern würde. Nicht darauf, dass er unglücklich in seinem Job war. Und auch nicht darauf, dass er womöglich gerade die Idee des Events umsetzte, über die ich mit ihm gesprochen hatte. Ich würde an nichts davon denken, mich auf den Animationsfilm konzentrieren und Elias so lange aus meinen Gedanken verdrängen, bis ich in ihm ganz einfach den Bruder meiner besten Freundin sehen konnte – und nur das.

Ich wurde durch das Klirren von Tellern geweckt, was verdächtig danach klang, als ob Kyra den Abwasch machte. Und das, obwohl ich Küchendienst hatte. Ich war gerührt, hatte jedoch auch ein schlechtes Gewissen, denn Kyra hasste Abwasch noch mehr als ich, und das bedeutete, dass sie sich wirklich um mich sorgte. Ich schlug die Decke zur Seite und setzte mich auf die Bettkante, wo ich mich erst einmal ausgiebig streckte. Es war spät geworden letzte Nacht, weil wir noch zwei weitere Filme geschaut hatten, und auch wenn ich mein Gedankenchaos nicht ganz hatte abstellen können, so war es doch wesentlich besser gewesen, als allein ins Wochenende zu starten. Es drangen keine Gespräche aus der Küche, also schlief Phuong wohl noch auf dem Sofa.

Ich zog mein Handy vom Ladegerät und starrte auf das wieder einmal gähnend leere Display. Keine neuen Nachrichten, nichts. Kyra hatte zwar recht, es war an Louisa, sich zu melden, aber ich hatte auch keine Lust, jeden Morgen frustriert in den Tag zu starten. Bevor mich der Mut verließ, entsperrte ich mein Handy und wählte Kerims Nummer. Wenn mir der gestrige Abend eines gezeigt hatte, dann, dass ich jemanden zum Reden brauchte. Die einzige Person, die infrage kam, war meine Schwester. Ich würde sie nicht einfach aufgeben. Ob sie es zugeben wollte oder nicht, auch sie brauchte mich. Das hoffte ich zumindest. Denn ich wollte nicht, dass sie sich ohne mich ihren Sorgen und Ängsten stellen musste.

Fünfmal ertönte das Freizeichen, und ich dachte schon, Kerim ginge nicht ans Telefon, als es in der Leitung knackte.

»Hi, Miriam«, drang mir die Stimme von Louisas Verlobtem entgegen.

»Hey«, sagte ich. Der Nachteil daran, dass ich so schnell angerufen hatte? Ich war überhaupt nicht vorbereitet und hatte keinen blassen Schimmer, was ich sagen sollte.

»Ich nehm an, du rufst wegen Lou an?«

»Ja«, bestätigte ich. »Ich … Wie geht es ihr?«

»Den Umständen entsprechend«, gab Kerim zurück, und ich war unfassbar erleichtert, dass zumindest er mich nicht ignorierte.

»Es tut mir so leid, wie alles gelaufen ist. Es tut mir so leid, dass ihr … Ich wusste nicht …«

»Ich weiß. Du hast nichts falsch gemacht.«

Bei seinen Worten fiel mir ein Stein vom Herzen. »Kann ich mit Louisa reden?«

Kerim zögerte hörbar. »Das ist keine so gute Idee. Das klingt jetzt hart, aber ich glaube nicht, dass sie gerade mit dir sprechen will.«

»Aber …«

Er seufzte. »Es tut mir leid, Miri. Ich glaube wirklich, dass du nichts falsch gemacht hast, aber ich spreche hier für mich, nicht für deine Schwester. Louisa geht es mit der gesamten Situation nicht gut. Gib ihr etwas Zeit. Es ist gerade alles sehr viel für sie.«

»Ich weiß, genau deshalb will ich ja helfen und mit ihr reden. Aber sie geht nicht ans Telefon und beantwortet keine meiner Nachrichten.«

Glaubte sie wirklich, dass die Situation nur für sie schwierig war?

»Ich kann und werde sie nicht vom Gegenteil überzeugen«, sagte Kerim sanft, aber dennoch bestimmt. »Ich hasse es, euch streiten zu sehen, aber ich kann mich da nicht einmischen. Wenn sie nicht mit dir reden will, ist das eine Entscheidung, die ich respektiere.«

Seine Stimme klang bedauernd, aber ich wusste, dass es keinen Sinn hatte, weiterzugraben. Was hatte ich auch erwartet? Ich griff mir an die Nasenwurzel und kniff die Augen zusammen. Doch dieses Mal nicht, weil ich befürchtete, sonst zu weinen, sondern weil gerade ein Funke dessen in mir aufkeimte, was Kyra bereits fühlte: Wut. Ich nahm mir die Zeit, um einmal tief ein- und auszuatmen, bevor ich weitersprach.

»Denkst du denn, das wird sich ändern? Dass sie doch wieder mit mir sprechen möchte?«

»Ihr seid Schwestern. Das ist nicht euer erster Streit. Gerade ist Louisa einfach sehr verletzt. Versuch ein bisschen, sie zu verstehen. Sie fühlt sich, als hätte man ihr etwas genommen.«

Man. Wohl eher ich. Denn auch wenn er es nicht aussprach, war klar, von wem Lou sich bestohlen fühlte. Ob es nun Sinn ergab oder nicht.

»Ich versuche ja, sie zu verstehen«, erwiderte ich. »Und ich bin auch verletzt.« Denn es mochte zwar nicht unser erster Streit gewesen sein, aber noch nie hatte so lange Funkstille zwischen uns geherrscht. Noch nie hatte Louisa mich von einem auf den anderen Tag vollkommen ignoriert. Noch nie hatte sich das, was zwischen uns stand, so gewaltig und unverrückbar angefühlt.

»Ich weiß, aber …«

»Egal«, unterbrach ich Kerim, denn das hier führte zu nichts. Er konnte nichts für die Situation, und ich wollte meinen Frust auch nicht an ihm auslassen.

»Danke, dass du rangegangen bist«, sagte ich stattdessen, verabschiedete mich von Kerim und legte auf. Eine Weile stand ich einfach im Schlafanzug vor dem Spiegel, das Handy in der Hand. Die Miriam, die mir entgegenblickte, sah müde und geschafft aus. Mein Smartphone vibrierte, und ich sah mich zusammenzucken, ohne es selbst richtig wahrzunehmen. Doch es war nicht Kerim, der mir noch eine Nachricht hinterhergeschickt hatte. Auf dem Display erschien Finns Name. Verwundert öffnete ich die Nachricht.

Hey, Lieblingsmiriam! 😎
Ich bin die Tage in Berlin, Lust, was zu unternehmen? Hab in deiner Story gesehen, dass du Cinderella *geguckt hast, und den guckst du nur, wenn's dir schlecht geht. Immer noch Elternstress?*

Ich stieß ein schnaubendes Lachen aus. Finn hatte der Realverfilmung von *Cinderella* nie etwas abgewinnen können, aber Ellas Motto »Have courage and be kind« hatte mir schon in vielen Situationen geholfen und brachte mich immer auf andere Gedanken. Ich hatte ihn einfach als letzten Film unseres DVD-Abends vorschlagen müssen.

Du kennst mich zu gut. Es ist eher Schwesternstress. Schreib mir einfach, wann du wo bist. Würd mich freuen ♥

Der Gedanke, Finn treffen zu können, gab mir einen kleinen Energieschub. Er war der Einzige, der damals alles aus nächster Nähe miterlebt hatte und genau wusste, wie ich mich gefühlt hatte. Mein Handy vibrierte erneut, als er mir einen Daumen-Hoch-Emoji schickte, und ich legte es auf dem Schreibtisch ab.

Dann trat ich wieder an mein Spiegelbild heran. Meine Augen waren glanzlos, meine Haare hingen glatt und schlaff herab, und meine Haltung wirkte, als würde mich etwas an Fäden gen Boden ziehen. Der Anblick war deprimierend. Ich konnte nicht zulassen, dass mich die Meinung anderer so beeinflusste – weder Elias' noch Louisas Meinung noch die von irgendjemand anders. Ich straffte die Schultern, strich mir die Haare hinter die Ohren und versuchte mich an einem Lächeln. Nicht ganz überzeugend, aber ein Anfang. Dann erst ging ich in die Küche, um Kyra zu helfen.

17. KAPITEL

Elias

Das erste Mal seit Langem wachte ich mit einem Lächeln auf dem Gesicht auf. Und das erste Mal seit Langem kam ich direkt aus dem Bett, weil ich mich auf das freute, was anstand. Ich hatte einen Grund aufzustehen. Wir hatten gestern bis in die Nacht an dem Event gearbeitet. Gegen Abend hatte Marc Julius und Marlon nach Hause gefahren, im Anschluss hatten wir übrigen fünf jedoch weiter organisiert. Das Event nahm Form an, und ich freute mich auf all die Punkte, die wir geplant hatten. Viel mehr spornte mich jedoch an, dass wir alle im Verlauf des Abends immer positiver und hoffnungsvoller geworden waren. Eine Idee hatte die andere gejagt, und selbst Kai, der allem gegenüber anfangs etwas skeptisch entgegengetreten war, war zum Ende hin Feuer und Flamme gewesen. Wir alle hatten nun Aufgaben für die nächsten Tage, und meine liebste davon war mit Abstand die Show, die ich mit meinen Kursen veranstalten konnte. Marlon und Julius hatten mir gestern gezeigt, dass es um mehr ging als um den Erhalt der Kurse. Für sie ging es darum, etwas Eigenes auf die Beine zu stellen. In dem Moment, in dem Marlon beschlossen hatte, seine Eltern zu der Show einzuladen, um ihnen zu zeigen, was er alles gelernt hatte, war er noch mehr bei der Sache gewesen. Das Einzige, was meine Stimmung dämpfte, war die Tatsache, dass wir Miriams Idee umsetzten, aber sie nicht daran teilhaben würde. Ich verdrängte den Gedanken an sie und konzentrierte mich wieder auf das Hochgefühl.

Angespornt von der Motivation des Vorabends, schwang ich mich aus dem Bett, ging ins Bad und setzte anschließend Kaffee auf. Heute würde ich die Stunden im Büro nachholen müssen, aber direkt im Anschluss wollte ich mich um Dinge wie mögliche GEMA-Anmeldungen und die Beschallung draußen kümmern. Obwohl es sich um eigentlich lästige, organisatorische Dinge handelte, freute ich mich darauf, weil ich das Ziel vor Augen hatte.

Erst als ich mit der Kaffeetasse am Küchentisch saß und mich durch die News klicken wollte, wurde mir bewusst, dass ich mein Handy, seit ich die Story mit Kyra und Miriam gesehen hatte, nicht mehr in der Hand gehalten hatte. Das Display zeigte mir fünf verpasste Anrufe an sowie mehrere Nachrichten. Vier der Anrufe waren von meinem Vater, einer von meiner Mutter. Sofort beschleunigte sich mein Herzschlag. Ohne zu zögern, drückte ich auf die Nummer und presste mir das Smartphone ans Ohr. Meine Finger hielten das Handy so fest umklammert, dass es in den Kuppen schmerzte.

Bitte lass alles gut sein.

Doch wieso sonst sollten sie so oft anrufen? Mist, wieso hatte ich das Handy in der Tasche gelassen? Was, wenn etwas passiert war, mein Vater wieder auf der Station lag? Aber dann hätten sich meine Geschwister sicher gemeldet, oder nicht?

Die Stimme meines Vaters unterbrach meine Gedanken. »Elias«, sagte er, und obwohl sein Tonfall nicht gerade begeistert klang, fiel mir ein Stein vom Herzen.

»Dir geht es gut«, stieß ich voller Erleichterung aus.

»Nun ja, es könnte besser sein«, gab er zurück.

»Wieso? Ist etwas passiert? Tut mir leid, dass ich gestern

nicht rangegangen bin, ich war spontan im Studio und hab dann über der Arbeit voll die Zeit vergessen.«

Kurz war Stille am anderen Ende der Leitung.

»Papa?«

»Kannst du ins Büro kommen?«

Ich stutzte. Was tat er im Büro? Wenn meine Mutter herausbekam, dass er sich wieder auf der Arbeit befand, würde sie ihm die Hölle heiß machen.

»Dahin wollte ich sowieso gerade aufbrechen. Was ist denn los?«

»Erzähl ich dir gleich in Ruhe, komm erst mal her.«

»Okay«, antwortete ich verwirrt. Wenn es etwas Gesundheitliches wäre, würde er sicher nicht mit mir im Büro sprechen wollen. Der Gedanke beruhigte und beunruhigte mich zugleich.

»Ich mache mich sofort auf den Weg.«

»Super, dann bis gleich.«

»Bis gleich«, erwiderte ich und legte auf.

Ich schloss die Tür des Büros meiner Eltern auf, während der Aufzug in meinem Rücken mit leisem Piepsen wieder nach unten fuhr. Es war seltsam, die Räumlichkeiten so still und verlassen zu sehen, aber ich hatte es immer genossen, am Wochenende hier zu sein. Es war wie früher, wenn man als einer der wenigen noch abends auf dem Schulgelände unterwegs war – es hatte etwas Verbotenes und Magisches, und ich hatte mir so oft vorgestellt, wie es wäre, wenn Noah und ich diesen Laden irgendwann gemeinsam führten. Wenn wir die Wochenenden hier gemeinsam verbringen würden. Wann war diese Magie abhandengekommen?

Im Büro meines Vaters, das ich in letzter Zeit so oft besetzt hatte, brannte Licht. Ich öffnete die Tür, und mein Vater blickte vom Bildschirm vor ihm auf. Auf dem Schreibtisch lagen zwei Aktenordner und auf dem Whiteboard standen neben meinen Anmerkungen neue Notizen gekritzelt. Er war also nicht gerade erst angekommen, er hatte gearbeitet.

Ich seufzte. Hatte er nicht versprochen, mehr auf seine Gesundheit zu achten?

Bei meinem Seufzen zog mein Vater die Brauen zusammen. »Weißt du mittlerweile, warum du hier bist, oder wie darf ich das deuten?«

»Was?«

»Setz dich.« Er klang nicht, als wäre er zu Scherzen aufgelegt, also leistete ich seinen Worten Folge, drehte einen der Sessel herum und ließ mich hineinfallen. Ich hatte mich darauf vorbereitet, ihm einen Vortrag zu halten, mehr auf seine Gesundheit zu achten, aber anscheinend war ich derjenige, der etwas verbockt hatte.

Nur was?

»Ist alles in Ordnung?«, fragte ich vorsichtig.

»Du warst gestern nicht zu erreichen«, antwortete mein Vater.

»Es war Freitagabend. Falls es um die Stunden geht, ich hatte wirklich vor, gleich heute Morgen zu kommen und sie nachzuholen. Mir kam gestern nur etwas Wichtiges dazwischen.«

»Etwas Wichtiges? Was war denn so wichtig?«

Was sollte das hier? Ich hatte alles unter Kontrolle. Hatte nicht mein Vater mich vor Kurzem noch gelobt, dass er stolz darauf wäre, sich auf mich verlassen zu können? Was machte es schon für einen Unterschied, wann ich die Stunden leistete?

Das Ganze fühlte sich wie ein Kreuzverhör an, und ich merkte, wie ich in die Defensive ging. Ich hatte meinen Vater lange nicht mehr so ernst erlebt. Ein kleiner Teil in mir freute sich, dass er seine Kraft zurückgewonnen zu haben schien, aber ein viel größerer fühlte sich plötzlich wesentlich jünger, als ich eigentlich war. Als hätte Papa mich bei etwas ertappt und hielte nun seine Standpauke. Doch ich hatte bewiesen, dass ich der Verantwortung gewachsen war. Ich hatte so viel zurückgesteckt. Doch gerade weil ich mich in diesem Moment viel jünger fühlte, wollte ich nicht ebenso trotzig reagieren, wie ich es vor einigen Jahren in einer solchen Situation getan hätte. Darum hielt ich meine Stimme betont ruhig und sachlich.

»Marc braucht aktuell Hilfe bei etwas. Ich hab die Stunden nicht geschoben, weil ich feiern war oder so, sondern weil ich arbeiten war. Ich weiß, dass die Arbeit im Studio euch nicht so wichtig erscheint, aber sie ist mir auch wichtig.«

»Wichtiger als der Termin mit Herrn und Frau Felder?«

Ich stutzte.

Shit.

Wärme schoss mir ins Gesicht. Das war gestern gewesen? Wie hatte ich den Termin nicht auf dem Schirm haben können? Ich unterdrückte den Drang, mein Handy aus der Jeanstasche zu ziehen und meinen Kalender zu checken. Mein Vater hatte mir von dem Termin erzählt, ich hatte definitiv zugesagt – war ich gestern wirklich so vertieft gewesen, dass ich ihn vergessen hatte?

Mein Vater sah mich über den Rand seiner Brille hinweg an, als wartete er, dass ich etwas zu meiner Verteidigung sagte. Doch was hätte ich schon sagen können?

»Es tut mir so leid«, sprach ich daher das Erste aus, was mir in den Sinn kam.

»Von dem Termin hing viel ab, Elias. Seit Herrn Rothes Pause ist es umso wichtiger für uns geworden, neue Kunden zu akquirieren.«

»Ich weiß …«, erwiderte ich und schluckte.

Nach allem, was im letzten Jahr passiert war, hatte Herr

Rothe, unser engster Geschäftspartner, einige Projekte auf unbestimmte Zeit auf Eis gelegt, was auch finanzielle Einbußen mit sich brachte. Die galt es nun abzufangen, und das hatte ich allem Anschein nach vermasselt.

»Ich ruf die beiden sofort an. Vielleicht können wir den Termin direkt am Montag nachholen.«

»Das ist nicht nötig.«

»Haben sie etwa abgesagt?« Mein schlechtes Gewissen wuchs noch weiter. »Ich bieg das wieder gerade. Bei unserem letzten Telefonat klangen sie so positiv, ich bin mir sicher, ich krieg das hin.«

»Das ist nicht nötig, weil ich bereits dort war«, sagte mein Vater ruhig. Er lehnte sich in seinem Stuhl zurück und faltete die Hände auf dem Schoß. »Ich habe im Teamlaufwerk und auf deinem PC nach der Präsentation, den Zahlen und deiner Einschätzung, dem Kostenvoranschlag und all dem gesucht, aber nichts gefunden.«

Ich biss mir auf die Unterlippe. Weil ich auch das nicht vorbereitet hatte. Dass mein Vater arbeitete, war also meine Schuld. Nachdem ich die Dienstreise abgesagt hatte, die wir gemeinsam hatten antreten wollen, hatte er einen Herzinfarkt erlitten und war auf der Intensivstation gelandet. Und nun, nur kurze Zeit später, versäumte ich einen wichtigen Termin und sorgte so dafür, dass er viel zu früh zurück ins Büro musste. Schlimmer noch: dass er innerhalb weniger, vermutlich enorm stressiger Stunden eine gesamte Präsentation auf die Beine stellen und meinen Kundentermin wahrnehmen musste.

»Es tut mir unglaublich leid.« Doch ich wusste, dass das nicht reichte. Das waren nur leere Worte. Wenn meine Eltern mir eines beigebracht hatten, dann, dass Worten Taten folgen mussten. Worte waren Rauch, Taten waren greifbar und das, was letzten Endes blieb. Bei Miriam hatte ich es doch auch geschafft, das Richtige zu tun. Kurz hatte ich wieder ihren verletzten Blick vor Augen, als ich unseren Kuss unterbrochen hatte. Doch das hier war der beste Beweis, dass es sich dabei um die richtige Entscheidung gehandelt hatte. Offensichtlich hatte ich gerade nämlich gar nichts mehr im Griff. Wie sollte ich mich da auf jemand anderen einlassen? Ich straffte die Schultern und atmete tief ein.

»Ich weiß, dass es dir leidtut«, sagte mein Vater. »Und ich weiß auch, dass wir dir viel zumuten. Vielleicht zu viel.«

»Nein«, erwiderte ich sofort. »Ich bin der Sache gewachsen.«

Mein Vater lächelte schief. »Ich bin nicht hier, um mit dir zu schimpfen. Aber so etwas kann nicht passieren. Wenn du das hier willst, muss ich mich auf dich verlassen können.«

»Kannst du, ich …«

Mein Vater hob die Hand und brachte mich somit zum Schweigen. »Wenn dir aber gerade alles zu viel ist, dann musst du mir das sagen. Ich kann noch nicht Vollzeit hier arbeiten, das ließe die Reha nicht zu, ganz zu schweigen von deiner Mutter. Aber ein paar Stunden, um dich zu entlasten, sind kein Problem.«

Dich. Er hatte nicht euch gesagt. Weil Noah es im Gegensatz zu mir schaffte. Weil er die Familie und die Gesundheit derselben an erste Stelle stellte, während ich sie zum zweiten Mal in so kurzer Zeit aufs Spiel gesetzt hatte.

»Auch wenn ich mich frage, wieso du nicht einfach die Arbeit im Studio sein lässt. Du brauchst sie finanziell nicht. An Weihnachten sagtest du, du hättest eine Kündigungsfrist.« Der Blick seiner braunen Augen fixierte mich. »Aber wir haben Mitte Mai. Ich weiß, das Studio bedeutet dir viel, aber den sportlichen Ausgleich kannst du ja beibehalten. Aktuell vernachlässigst du nicht nur deinen eigentlichen Job, sondern auch dein Studium.«

»Ich weiß …«, murmelte ich. Ich hatte schon an Weihnachten nicht kündigen wollen. Das Vorschieben der Kündigungsfrist als Grund, weshalb ich noch bei Marc arbeitete, war eine lahme Ausrede gewesen, bei der mir hätte klar sein müssen, dass ich sie kein zweites Mal würde verwenden können. Den Job zu behalten war egoistisch. Mein Vater hatte recht: Ich brauchte die Arbeit weder wegen des Geldes, noch hatte sie mit meinem Studienfach zu tun. Und was viel schwerer wog: Sie trug nichts zu dem Ziel bei, das Noah und ich die letzten Jahre verfolgt hatten, sie stand ihm sogar im Weg. Ich stand all dem im Weg. Ich fuhr mir mit beiden Händen übers Gesicht.

»Wenn du mehr Zeit brauchst, kann ich mit Norman reden und einen Teil deiner Aufgaben auf uns verteilen.«

»Nein«, sagte ich. Denn ich wusste, was ich zu tun hatte. Eigentlich wusste ich es schon lange, ich hatte nur die Augen davor verschlossen. »Ich kümmere mich um alles, versprochen. Es tut mir leid, dass ich das habe schleifen lassen und du dich nicht auf mich verlassen konntest. Das kommt nicht wieder vor. Bitte kümmere dich erst um deine Gesundheit, sonst bringt Mama uns beide um.«

Mein Vater schmunzelte. »Die Gefahr besteht durchaus.«

Ich stand auf und schob meinen Sessel um die Ecke, sodass ich neben ihm saß und die Bildschirme sehen konnte. »Bringst du mich auf den neusten Stand? Dann mache ich für Montag ein Telefonat mit den beiden aus und kläre den Rest.«

Er musterte mich noch eine Weile still, dann lächelte und nickte er.

Die leeren Entschuldigungen würde ich mir fortan sparen. Ich würde ihm beweisen, dass er sich auf mich verlassen konnte, damit wir uns darauf verlassen konnten, dass er gesund blieb. Auch wenn das bedeutete, dass ich an einigen Enden zurückstecken musste. Es war an der Zeit, nicht länger Fantasien hinterherzujagen, sondern das Richtige zu tun.

Wie meistens am Wochenende herrschte im Studio reger Betrieb, und aus einem der Räume zu meiner Rechten klang Lennarts laute Stimme. Ich schaute kurz in den Mitarbeiterraum, fand Marc jedoch bei den Gewichten, wo er den Bereich gerade aufräumte.

»Hattest du Sehnsucht?«, begrüßte er mich mit einem Grinsen.

Bei seiner fröhlichen Miene wurde mir eng in der Brust. Ich wollte das hier nicht. Aber es war der richtige Schritt, also würde ich ihn gehen.

»Können wir reden?«

Marcs Augenbrauen schossen in die Höhe. »Den Satz hab ich zuletzt von meiner Ex-Frau gehört.« Er hängte die beiden Gewichte, die er noch festhielt, an den Hantelscheibenständer, klatschte zweimal in die Hände, um den Staub loszuwerden, und stemmte diese dann in die Hüften.

»Was gibt's?«

Ich öffnete den Mund, nur um ihn wieder zu schließen. Wie führte man so ein Gespräch? Marc hatte es im Scherz gesagt, aber es fühlte sich tatsächlich wie Schlussmachen an. Klar, ich könnte das Studio weiter besuchen, aber es hätte ab dem heutigen Tag einen faden Beigeschmack. Doch wenn ich eines vom Schlussmachen gelernt hatte, dann dass es immer wehtat, ganz gleich, welche Worte man wählte oder wie bedacht und vorsichtig man sie aussprach.

»Ich muss kündigen.«

Marcs Hände sanken hinab. »Du *musst* kündigen?«

»Du weißt, wie sehr ich den Job liebe, aber ich kann leider nicht weiter für dich arbeiten.« Ich verschränkte die Arme vor der Brust und suchte nach den richtigen Worten. »Das mit meinem Vater hast du ja mitbekommen … Er braucht mich jetzt. Ich hab die Arbeit dort ziemlich vernachlässigt und beides gleichzeitig kann ich nicht weitermachen.«

Marc beobachtete mich für eine Weile, dann nickte er langsam. »Es wär gelogen, wenn ich sage, dass mich das jetzt überrascht. War wohl eher eine Frage der Zeit. Immerhin haben wir damals im Herbst gesagt, dass es vorübergehend ist.« Er hob leicht die Schultern. »Hätte mir nur gewünscht, dass vorübergehend etwas länger ist.«

Seine Worte brachten mich zum Lächeln. Marc war kein Mann großen Lobes. Dass er mir damals die Kurse der Jugendlichen übergeben hatte, war nicht nur Zeichen seines Vertrauens, sondern auch der Anerkennung gewesen.

»Ja, ich mir auch.«

»Aber die Show organisierst du noch mit?«

Ich schluckte. Nach dem Gespräch mit meinem Vater war ich alle Termine durchgegangen, die beruflichen wie die für die Abschlussarbeit. Die Wahrheit war, dass ich neben all dem keine Zeit hatte, weitere Aufgaben anzunehmen. Nicht, wenn ich nicht komplett ausbrennen wollte – und das durfte ich mir nicht erlauben, da ich in diesem Fall noch nutzloser für meine Familie wäre als in den letzten Wochen. Marc nickte, ohne dass ich überhaupt geantwortet hatte. Dann machte er einen Schritt auf mich zu und klopfte mir auf die Schulter. Ich hatte mich seit dem Rauswurf aus dem Familienbetrieb letztes Jahr nicht mehr so elend gefühlt. Wieso fühlte sich alles hieran so falsch an, wenn es doch ganz eindeutig das einzig Richtige war?

»Es tut mir wirklich leid.« Wie oft hatte ich diesen Satz heute gesagt? Dreimal? Viermal? Mir graute schon vor dem Moment, in dem ich ihn ein weiteres Mal aussprechen musste, wenn ich den Kids in den Kursen Bescheid sagte.

»Wird nicht leicht für Marlon«, brummte Marc in genau diesem Moment. »Er hat sich kaum noch eingekriegt wegen der Choreo und all dem. Er mag dich wirklich. Er ist ein ganz anderer Typ geworden.«

Ich schluckte gegen den Kloß in meinem Hals an. »Die Show können die Jungs und Mädchen ja trotzdem machen. Du wirst schon Ersatz finden.«

»Jemand Neues, ja, Ersatz für dich, nein.«

Ich erwiderte sein Lächeln und versuchte, nicht an Marlon zu denken. Es würde schwer für ihn werden, aber wenn ich ehrlich mit mir war, würde es mir kein Stück leichter fallen.

»Sagst du es den Kids selbst?«

»Im Vertrag steht was von zwei Wochen Kündigungsfrist. Vier Kurse hab ich also noch.« Ich hob die Schultern, und als ich sie wieder sinken ließ, fühlte es sich an, als hätte Marc die Gewichte, die er eben noch in der Hand gehalten hatte, daraufgelegt. Ich dachte, ich würde eine gewisse Erleichterung nach diesem Gespräch verspüren. Doch alles, was ich empfand, war Verlust, der Hauch einer verpassten Chance und die Lücke, die diese zurückließ. Das Gefühl kam mir vage bekannt vor. Ich hatte es zuletzt gespürt, als Miriam gegangen war.

18. KAPITEL

Elias

»Du bist schon wieder zu spät!«, rief Kyra mir entgegen, kaum dass ich das Poet's Corner betreten hatte. Zu ihrem Glück war es fast leer. Nur ein Mann am Fenster zu meiner Linken blickte irritiert von seiner Zeitung auf. Ich lächelte ihm entschuldigend zu und ging zu meinen Geschwistern an den runden Tisch, der mittlerweile zu unserem Stammplatz geworden war.

»Als Wiedergutmachung nehm ich einen Caramel Macchiato.« Kyra streckte mir mit breitem Lächeln ihr leeres Glas entgegen. »Danke, Bruderherz.«

»Ist gut, du Schnorrer. Auch was?«, fragte ich an Noah gewandt, der den Kopf schüttelte.

»Hatte schon viel zu viel Koffein heute, aber ich komm mit und hol mir ein Glas Wasser.«

Gemeinsam mit Noah ging ich zur Theke. Phuong schien heute frei zu haben, denn Larissa nahm unsere Bestellung auf und machte sich dann an der Kaffeemaschine zu schaffen.

»Alles okay bei dir? Du siehst etwas fertig aus, nichts für ungut.«

Ich hob die Schultern. »Ist nicht so meine Woche.«

»Es ist Montag.«

»Okay, dann eben: Ist nicht so mein Monat.«

Bevor Noah weiterbohren konnte, machte ich mich auf den

Weg zurück zu unserem Tisch. Als wir uns wieder gesetzt hatten, packte Kyra das Handy weg und grinste uns breit an.

»Zwanzigtausend!«

»Zwanzigtausend was?«

»Follower.«

»Herzlichen Glückwunsch!«, sagte Noah.

»Dann hast du dir eigentlich noch einen Kuchen dazu verdient.« Ich deutete zur Theke. »Magst du einen?«

»Ne, danke.« Mit einem Grinsen hielt Kyra sich den Bauch. »Miriam und ich haben gestern noch die Reste von unserem gegessen, und generell war dieses Wochenende eine absolute Katastrophe, was Ernährung angeht. Aber: Zwanzigtausend!« Kyra streckte einen Arm in die Luft, was Noah zum Lachen brachte.

»Also haben sich all die Interviews gelohnt.«

»Yep. Aber egal, das können wir wann anders zelebrieren.« Sie nahm Larissa den Macchiato ab, den diese an den Tisch brachte, und ich bedankte mich für meinen Cappuccino. »Erzähl du mal lieber, was bei dir im Argen ist.«

»Was meinst du?«

»Ach komm. Irgendwas ist los, bei diesem griesgrämigen Gesichtsausdruck. Du kennst mich gut genug, um zu wissen, dass ich sowieso nicht lockerlasse, also kannst du es mir auch direkt sagen.«

Ich rollte mit den Augen. »Es ist nichts Gravierendes. Einfach nur ein schlechter Tag.«

»Und der kommt woher?« Kyra sah mich so lange unentwegt an, dass ich aufstöhnte und ihr und Noah vom vergessenen Termin am Wochenende erzählte.

»Das mit dem Termin hab ich mitbekommen. Ich wär eingesprungen, aber ich war null im Thema drin.« Noah lächelte entschuldigend.

»Kein Ding. Mir tut es nur leid, dass Papa das ausbügeln musste.«

»Passiert. Wenn ich mir jedes Mal so einen Kopf machen würde, wenn ich etwas vergesse …«, sagte Kyra.

Ich trank einen Schluck vom Cappuccino in der Hoffnung, jemand würde ein anderes Thema aufgreifen, doch leider kannte meine Schwester mich zu gut.

»Sicher, dass das alles ist? Du kannst es uns sagen. Ich bin mittlerweile in Übung, ich hab schon das ganze Wochenende Miriam umsorgt, und ich hab kein Problem damit, noch mehr zu backen.«

Ich horchte auf. Nach Kyras Story war ich davon ausgegangen, dass es Miriam besser ging, denn die beiden hatten glücklich gewirkt. Dann wiederum sollte mir klar sein, dass Social Media kein Abbild der Wirklichkeit war. Ob ihr unsere Gespräche auch fehlten? Ob sie mich auch vermisste?

»Was ist denn bei Miri los?«, fragte ich so beiläufig wie möglich.

»Familiendrama«, antwortete Kyra knapp. »Netter Versuch, lenk nicht vom Thema ab.«

»Redet Louisa immer noch nicht mit ihr?«

Verwirrt blickte Kyra mich an.

»Wer ist Louisa?«, wollte Noah wissen.

»Miris Schwester«, antwortete sie und wandte sich dann wieder mir zu. »Sie hat dir davon erzählt? Wann das denn?«

Ich zögerte. Offensichtlich hatte Miriam Kyra nicht gesagt, dass wir Kontakt hatten. Selbst wenn, war es kein Thema, das ich an dieser Stelle weiter ausführen wollte.

»Ich hab bei Marc gekündigt.« Ich mochte den beiden nichts von Miriam erzählen können, aber zumindest so viel konnte ich sagen.

»Ich hab gleich gesagt, dass es zu viel ist«, erwiderte Kyra.

»Wie geht's dir damit?« Noah sah mich mit schief gelegtem Kopf an. »Ich war lang nicht mehr im Studio, aber du hast total glücklich gewirkt, wann immer ich dich da gesehen hab.«

»Ja, aber wie du letztens meintest: Der Umzug ist wohl der passendste Zeitpunkt, um zu kündigen.« Dass mir die Aussicht, nur noch zwei Wochen mit den anderen zu haben, schon jetzt ein ungutes Gefühl im Magen bereitete, behielt ich für mich.

»War Marc sauer?«, fragte Noah weiter.

»Nein, gar nicht. Er versteht es vollkommen.«

»Du erinnerst dich an dieses ›Wir sagen uns jetzt immer die Wahrheit‹-Ding, das wir ausgemacht haben?«, warf Kyra ein und musterte mich ebenso intensiv wie mein Bruder. »Du würdest uns sagen, wenn noch irgendwas nicht rund läuft, oder?«

»Ja«, sagte ich. Das tat ich. Aber »Hey, deine beste Freundin hat mich geküsst, und irgendwie vermisse ich sie seitdem« würde Miriam vor Kyra verraten und ein »Übrigens, Noah, dieser Nebenjob ist mir viel mehr ans Herz gewachsen als die Firma, für die wir uns jahrelang abgerackert haben und die wir gemeinsam übernehmen wollen« würde mir meine Familie zum zweiten Mal nehmen. Also versuchte ich einfach, das zu sagen, was der Wahrheit am nächsten kam.

»Mir werden meine Kurse dort einfach fehlen, und ich will Marc nicht im Stich lassen. Genauso wenig wie ich Papa im Stich lassen wollte. Daran knabber ich gerade noch.«

»Aber du kennst Papa, der kann eh nicht lang sauer sein. Außerdem machst du's ja wieder gut«, sagte Kyra.

»Eben, und auch wenn es jetzt doof ist ohne die Kurse, kannst du dich so mehr auf die eigentliche Arbeit konzentrieren, und dann passiert das kein zweites Mal. Ins Studio kannst du ja weiterhin und Marc und die anderen sehen. Also eigentlich win-win.« Noah lächelte mir aufmunternd zu.

Win-win. Die eigentliche Arbeit.

Ich erwiderte das Lächeln und schluckte all die aufkommenden Gedanken gemeinsam mit meinem Frust hinunter. Das Kapitel war abgehakt. Besser, ich fand mich damit ab und sorgte dafür, wieder zu meinem alten Ich zurückzufinden. Zu meinem Ich, bevor ich etwas anderes kannte als den Weg, den ich all die Jahre gewandelt war, ohne zu hinterfragen, wohin er führte.

»Gut, jetzt da wir das geklärt hätten …«, begann Noah und zog einen Hefter aus seiner Unitasche, »… hab ich was, was euch definitiv auf andere Gedanken bringen sollte.« Er reichte sowohl Kyra als auch mir einen Flyer.

»Was ist das?«, fragte Kyra, bevor sie den Zettel genauer betrachtete.

Ich überflog die Worte und sah Noah mit großen Augen an. »Lia veranstaltet eine eigene Vernissage?«

Noah nickte mit breitem Grinsen. »Ja, es gibt Kurzfilme gemischt mit Zeichnungen und Poetry Slams. Sie hat seit Anfang des Jahres alle möglichen Leute bequatscht, um das auf die Beine zu stellen.«

Kyra zog die Stirn kraus. »Davon hat sie gar nichts erzählt.« Sie schlug Noah mit dem Papier. »Und du auch nicht. Die ist ja schon nächste Woche!«

»Sie wollte vorab nichts sagen, falls es nicht klappt. Die Zusagen kamen leider etwas kurzfristiger als gedacht. Künstler.« Er musterte Kyra. »Aber sie hat dich mit eingeplant, also hast du mittlerweile bestimmt eine Mail im Postfach.«

»Mich? Wieso mich?«

»Weil sie bei den Poetry Slams an dich dachte.«

»Ich hab noch nie in meinem Leben einen geschrieben oder vorgetragen.«

»Nein, aber sie mag die Texte aus deinen Podcasts und meinte, das ginge auch. Lies einfach die Mail.« Er sah uns abwechselnd an. »Kommt ihr?«

»Natürlich«, erwiderte ich.

»Dass du überhaupt fragst, ist eine Frechheit. Hast du noch ein paar von den Flyern?«

»Nein, aber Lia hat gestern nach ihrer Schicht auch einen Stapel mit ins Café gebracht, um sie auszulegen.«

»Cool, dann schnapp ich mir von da ein paar und bringe Miriam einen mit. Ich kann auch Werbung für die Vernissage auf Instagram machen.«

»Danke, Ky. Du bist die Beste.«

»Yep, ich weiß.«

Ich steckte den Flyer in die Hintertasche meiner Jeans und versuchte, so gut es ging, an dem Gespräch der beiden teilzunehmen, das von Noahs geliebten True-Crime-Podcasts zu Kyras neu entdeckten Serien wechselte. Allerdings drifteten meine Gedanken ständig zu einer Sache zurück: dass meine Schwester Miriam mit zur Vernissage bringen würde. Allein die Vorstellung, sie wiederzusehen und womöglich mit ihr sprechen zu können, sorgte dafür, dass sich meine Laune ein wenig hob. Gleichzeitig war ich gar nicht sicher, ob sie mit mir sprechen wollen würde. Ihre Miene, als ich sie von mir geschoben hatte, trat mir wieder deutlich vor Augen. Die Verletzung, die Verwirrung und auch die Scham. All diese Gefühle meinetwegen. Doch vielleicht würden wir da anknüpfen können, wo wir vor Noahs Geburtstagsparty gewesen waren. Denn auch wenn ich mich nicht auf sie einlassen konnte, vermisste ich sie. Ihr Lachen, die Gespräche, ihre Art, über Dinge nachzudenken. So ungern ich es mir auch eingestand, so deutlich zeigte es mir mein heftig pochendes Herz: Sie fehlte mir wirklich. Und das verwirrte mich mehr als alles andere.

Es war der wärmste Tag des Jahres bisher, und selbst im Zentrum waren mir die Passanten mit einem Lächeln begegnet. Auf die Besucher der Galerie schien das Wetter eine ähnliche Wirkung zu haben, denn als ich eintraf, waren die Gespräche bereits in vollem Gange. Lia winkte mir mit einem Strahlen zu und umarmte mich, als ich die Theke erreichte, die zu einem Sektausschank umfunktioniert worden war. Ihre Haare reichten ihr wieder bis zur Brust, und sie trug ein weißes, schulterloses Kleid, auf das dunkelrote Blüten gestickt waren.

»Schön, dass du gekommen bist.«

»Ich bin underdressed, oder?«, fragte ich mit einem erneuten Blick auf ihr Outfit.

»Nein«, entgegnete Lia mit einem Lachen. »Es gibt keinen Dresscode, ich bin einfach froh, dass ihr da seid.«

»Lass das Milan nicht hören, ich hab das Gegenteil behauptet«, ertönte die Stimme meiner Schwester hinter mir. Sie umarmte mich, und ich sah automatisch über ihre Schulter, um nach Miriam Ausschau zu halten. Stattdessen fiel mein Blick auf Kyras Freund, der in ein lebhaftes Gespräch mit Noah vertieft war.

»Er hat Jeans an«, sagte ich, als Kyra mir wieder gegenüberstand.

»Eben. Deine Alltagsoutfits sind Milans formelle Garderobe.«

»Als ob du nicht auch ständig Sportkleidung trägst.«

»Also bitte.« Meine Schwester drehte sich einmal um die eigene Achse, wobei ihr Rock in einem Bogen um ihre Beine wirbelte. »Doch nicht an Lias großem Tag!«

»Und an deinem«, warf ich ein. Denn nachdem Kyra letzte Woche im Café von der Vernissage erfahren hatte, hatte sie an dem Text gefeilt, den sie vortragen wollte. Ich hatte ihn bereits gelesen und keinerlei Zweifel daran, dass er super ankommen würde, aber so wie meine Schwester von einem Fuß auf den anderen trat, war sie definitiv aufgeregt.

»Hey, du hast alles unter Kontrolle.« Ich stupste ihr in die Seite. »Du machst das doch jede Woche.«

»Ja, aber da rede ich mit einem Mikrofon und kann alle ›Ähms‹ im Anschluss einfach rausschneiden.«

»Ich bin super gespannt auf den Beitrag«, sagte Lia mit einem Lächeln. Dann erforderte eine eintretende Frau mit blauem Haar ihre Aufmerksamkeit.

»Melina!«, rief Lia. »Entschuldigt mich kurz. Damit sind alle Künstler hier. Oh Gott. Ich hoffe, alles klappt.«

»You got this!«, rief Phuong ihr hinterher und trat zu uns. »Sie ist seit drei Tagen total nervös. Gestern ist sie so oft aufs Klo gerannt, dass ich genauso gut allein hätte arbeiten können.«

»Hey«, erklang eine sanfte Stimme, und mein Herzschlag beschleunigte sich im selben Moment, in dem Phuong einen Schritt zur Seite machte, um Raum für Miriam in unserem Kreis zu schaffen.

»Hi«, sagte ich und schluckte, als ich geradewegs in ihre hellbraunen Augen blickte. Miriams Haare fielen ihr, wie fast immer, in leichten Wellen über die Schulter, und sie trug ein dunkelblaues Jeanskleid über einem weißen Shirt. Sie hielt meinen Blick für eine Sekunde gefangen, bevor sie ihre Aufmerksamkeit Kyra zuwandte, die gerade ein weiteres Mal leise die einstudierten Worte vor sich hin murmelte. Ich stand angespannt inmitten der Gruppe und versuchte, einen Blick von Miriam zu erhaschen, doch sie wich mir aus und verwickelte Phuong in ein Gespräch. Kein einziges Mal wandte sie sich mir zu. Entweder war ihr die ganze Situation so unangenehm wie mir, oder aber die Sache berührte sie weniger als mich.

Etwa zehn Minuten später, in denen ich mich ein bisschen verloren gefühlt hatte, hatte sich der Eingangsbereich gefüllt, und einige Besucher hatten sich mit ihren Getränken sogar draußen vor den großen Fenstern versammelt, weil der Platz innen langsam zur Neige ging. Lia stand vor der Theke vor einem der weißen, eckigen Stehtische und schlug mit einem Löffel dreimal gegen ihr Sektglas. Sie stellte es vor sich ab und ich meinte, ihre Finger zittern zu sehen, als sie nach dem Mikrofon griff und es einschaltete. Die blauhaarige Frau lächelte ihr aus einigen Metern Entfernung aufmunternd zu.

»Vielen Dank, dass ihr alle so zahlreich erschienen seid«, begann Lia ihre Rede. Sie erklärte den Aufbau der Galerie, stellte die anwesenden Künstler und Künstlerinnen vor und eröffnete schließlich, unter großem Applaus, die Vernissage. Ich folgte meiner Truppe hinein, wanderte von Bild zu Bild, sah mir die auf Leinwänden laufenden Filme an – und blickte zwischendurch doch ständig zu Miriam. Wann immer sich unsere Blicke trafen, sah sie schnell zur Seite, griff beschäftigt nach ihrem Handy oder redete mit Kyra und Phuong. Sie hatte kein Interesse daran, mit mir zu sprechen, das war mehr als deutlich. Dabei wollte ich nichts dringlicher als das. Ich wollte diese seltsam angespannte Atmosphäre zwischen uns auflösen, selbst wenn ich nur erreichen würde, dass wir wieder dazu übergingen, lose Bekannte zu sein. Sie, die Freundin meiner Schwester, und ich, der große Bruder ihrer besten Freundin, den sie nur alle paar Wochen bei einem gemeinsamen Treffen zu Gesicht bekam. Selbst das wäre besser als diese Barriere zwischen uns, die wir beide spürten, aber die niemand ansprach.

Bevor ich es mir anders überlegen konnte, überbrückte ich die Distanz zwischen uns und legte meine Hand sanft auf Miriams Schulter. Sie versteifte sich einen Augenblick, bevor sie sich zu mir umdrehte, so als wüsste sie bereits, wer hinter ihr stand, und als wollte sie das unausweichlich Folgende so lange hinauszögern wie nur möglich.

»Hey«, sagte ich. »Können wir reden?«

»Jetzt?«

»Wenn es für dich okay ist?« Ich wollte das Ganze vor dem Auftritt meiner Schwester aus dem Weg haben, und Miriam würde wohl oder übel noch einige Stunden mit mir verbringen, also hoffte ich, dass es ihr ähnlich ging.

»Okay«, antwortete sie. »Sollen wir rausgehen?«

Ich nickte, und wir verließen schweigend die Galerie. Miriam steuerte eine mit Mosaiksteinen verzierte Bank vor dem Parkplatz an, und ich setzte mich mit etwas Abstand neben sie.

»Es tut mir leid«, meinte Miriam im selben Moment, in dem mein »Ich vermisse dich« aus mir herausplatzte, ohne dass ich vorgehabt hatte, diesen Gedanken auszusprechen.

Mist.

»Was?« Irritiert blickte sie mich an. Ihre Augen waren leicht geweitet, und wenn mich nicht alles täuschte, meinte ich, etwas wie Hoffnung darin zu lesen. Vielleicht hatte sie ähnliche Bedenken wie ich gehegt, dass unsere Freundschaft verloren war.

»Ich vermisse unsere Gespräche.«

»Ich auch«, erwiderte sie und lächelte leicht. »Das hat mir gefehlt.«

Allein durch diese wenigen Worte fiel mir ein Stein vom Herzen. Ich schluckte, weil ich wusste, dass ich die nächsten Worte sorgfältig wählen musste. Dass ich, wie bei der Entscheidung zwischen unserer Firma und dem Studio, rational würde wählen müssen.

»Denkst du, wir können einfach zu der Zeit vor dem Geburtstag zurückspulen?« Denn was auch immer zwischen Miriam und mir war: Ich brauchte sie als Freundin mehr als alles andere. Sie war die Einzige, die meine Gedanken in letzter Zeit zur Ruhe gebracht hatte.

Miriams Lächeln verrutschte, und sie atmete tief ein und aus. Eine Weile blickte sie bloß zu Boden und spielte mit der Naht ihres Jeanskleides. Ich hielt den Atem an, um keines ihrer Worte zu verpassen, doch einige Sekunden verstrichen, bevor sie wieder sprach. Als sie es tat, schaute sie mir geradewegs ins Gesicht.

»Das wäre schön«, sagte sie langsam.

»Das ist …«

»Aber ich weiß nicht, ob ich das kann.«

Damit hatte ich nicht gerechnet. Ich beendete meinen Satz nicht, sondern sah Miriam einfach nur an, während sie auf ihrer Unterlippe kaute und meinen Blick unsicher erwiderte.

»Aber …«, begann ich und suchte nach den richtigen Worten. »Es muss dir nicht unangenehm oder peinlich sein. Wir können die ganze Sache einfach vergessen. Wir verstehen uns doch gut.«

Miriam drehte den Kopf zur Seite und murmelte etwas, das ich nicht ganz ausmachen konnte, das jedoch wie »zu gut« klang.

»Du bist die Einzige, mit der ich über alles, was passiert, reden kann. Mit meinen Geschwistern geht das nicht. Das vermisse ich wirklich.«

Miriam versteifte sich neben mir. Als sie sich mir wieder zuwandte, war ihr Gesicht beinahe ausdruckslos. »Also vermisst du nicht mich, sondern jemanden, der dir zuhört und dir beim Lösen deiner Probleme hilft.«

»Ich vermisse es, mit dir zu reden«, begann ich. »Dass …«

»Ja, das hab ich schon verstanden.« Miriams Stimme war beinahe monoton. »Tut mir leid, Elias. Ich glaub nicht, dass ich das kann. Rede mit deinen Geschwistern, oder …« Sie zuckte mit den Schultern. »Ich weiß es nicht, such dir jemanden zum Reden. Was du vermisst, ist, eine Stütze zu haben, nicht mich. Aber die kann ich dir gerade nicht sein, weil ich erst dafür sorgen muss, dass ich selbst wieder aufrecht stehen kann.«

Ich schluckte und nickte, weil ich nicht wusste, was ich antworten sollte. Egal, was ich sagte, vermittelte offensichtlich nicht das, was ich eigentlich sagen wollte. Vielleicht war es besser so. Ein klares Ende, bevor ich mich in etwas verlor, was nicht für mich gedacht war – genau wie es bei dem Studio der Fall war. Wenn es da schon wehgetan hatte, wollte ich mir nicht ausmalen, wie es sich bei Miriam angefühlt hätte.

19. KAPITEL

Miriam

Die Toilettentür fiel mit einem sanften Klicken hinter mir ins Schloss. Ich schob den Riegel vor und lehnte mich gegen die Wand der Kabine, wo ich mehrere Male tief hintereinander durchatmete. In meinen Augen brannten Tränen, aber ich würde nicht weinen. Nicht hier, nicht schon wieder.

Es war so albern. Ich war seit beinahe drei Jahren in Elias verliebt, doch nie hatte es so wehgetan. Immer hatte ich ihn aus der Ferne angehimmelt, mir manchmal ausgemalt, wie es sein und sich anfühlen könnte, wenn wir uns näherkamen. Aber es war nie mehr als das gewesen: eine Fantasie, ein Luftschloss, das ich mir aus Wünschen und Tagträumen erbaut hatte, doch dessen Fundament nie existieren würde. Damit hatte ich umgehen können. Die Sehnsucht war da, aber sie hatte mir nicht wehgetan, und ich war mir sicher gewesen, dass sich all das verflüchtigen würde, sobald mir jemand begegnete, der mich begeisterte, so sehr, dass ich mich auch in ihn würde verlieben können. Doch jetzt …

Ich dachte an den Moment im Krankenhaus zurück, als wir uns unterhalten hatten. An die Stadtführung, das Studio und den Geburtstag. Dachte an die Nachrichten dazwischen. Hatte ich mir sein Interesse an mir bloß eingebildet? Offensichtlich. Ich hatte jeden Blick überinterpretiert, seinen Worten mehr Gewicht beigemessen genauso wie der Tatsache, dass er sich mir anvertraute. All das, weil meine Gefühle für Elias meinen Blick getrübt hatten. Ich hatte all das sehen *wollen*. Die Hoffnung, die mich soeben durchflutet hatte, als er erwähnte, mich vermisst zu haben, war der beste Beweis dafür. Dieser eine Satz hatte gereicht, mein Herz zum Rasen zu bringen und mich Dinge annehmen zu lassen, die nicht da waren. Er hatte mich glauben lassen, dass Elias es sich anders überlegt hatte. Dass der Kuss, den er unterbrochen hatte, doch etwas in ihm geweckt hatte.

Doch da war nichts, was ich hätte wecken können. Elias hatte keine Gefühle für mich. Keine, abgesehen von Freundschaft zumindest. Bevor ich jedoch versuchen könnte, mit ihm befreundet zu sein, musste ich über ihn hinwegkommen. Und ich würde heute damit beginnen.

Mit geschlossenen Augen nahm ich mir ein paar Sekunden Zeit, mich zu sammeln. Ich konnte das. Bis zu dem Zeitpunkt, ab dem ich mir reale Hoffnungen gemacht hatte, hatte es schließlich auch funktioniert. Wenn ich dort wieder hinfand, wäre irgendwann vielleicht sogar eine Freundschaft zwischen uns möglich. Bis dahin würde ich einfach so tun, als wäre alles beim Alten. Ich würde mich auf die Uni fokussieren und auf die Arbeit im Krankenhaus, auf Phuong und Kyra, würde dafür sorgen, dass meine Eltern, mit denen ich mich immerhin ausgesprochen hatte, mir wieder vollends vertrauen konnten.

Ich hatte meine Schwester verloren. Da sollte der Verlust von Elias doch wirklich zu verkraften sein. Außerdem konnte ich nichts verlieren, was nie mir gehört hatte.

Ich widerstand dem Drang, mir am Waschbecken kaltes Wasser ins Gesicht zu spritzen, da ich ausnahmsweise Make-up trug und dieses nicht ruinieren wollte, und ging zurück zu den anderen. Kyras Auftritt begann in wenigen Minuten, und sie stand mit Lia neben der kleinen Bühne. Davor hatten sich bereits mehrere Menschen versammelt, und ich sah meiner besten Freundin an, wie nervös sie war. Das brachte mich zum Schmunzeln. Kyra war nicht leicht aus der Fassung zu bringen, also war ihr das hier wirklich wichtig.

Phuong zog uns ein Stückchen weiter nach vorn, sodass wir in der ersten Reihe standen und ich den Kopf leicht in den Nacken legen musste, um Lia, die die Bühne betrat, besser sehen zu können. Elias stand rechts neben Noah, und ich war dankbar, nicht in seiner unmittelbaren Nähe sein zu müssen.

»Vielen Dank für das bisherige Feedback, die Gespräche und dass so viele von euch bis zu dem Veranstaltungsteil geblieben sind.« Sie ließ den Blick durch den Raum schweifen, der sich, wenn ich mich nicht täuschte, sogar noch weiter gefüllt hatte. Da es ein Werktag war, waren einige der Anwesenden vermutlich gerade erst nach Feierabend eingetroffen. Ob nun dank Lias Werbung oder Kyras Post auf Instagram: Die Vernissage fand vollen Anklang.

»Vor weniger als einem Jahr bin ich nach Berlin gezogen. Unglaublich viel hat sich verändert in der Zeit. An meinem allerersten Tag bin ich in ein Café etwa zehn Minuten vom Alexanderplatz entfernt gestolpert und habe da eine meiner mittlerweile besten Freundinnen kennengelernt.« Sie blickte lächelnd zu Phuong neben mir, die mit Zeigefingern und Daumen ein Herz vor der Brust bildete. »Obwohl wir uns zu dem Zeitpunkt gar nicht kannten, hat sie mir etwas gesagt, das mich bis heute fast jeden Tag begleitet. Sie sagte, dass Mut nicht zwangsläufig darin besteht, ein Abenteuer nach dem anderen zu bestehen, sondern darin, Routinen zu durchbrechen und aus der eigenen Komfortzone herauszukommen. Das habe ich seitdem ziemlich häufig gemacht. Wer bereits durch die Gänge gelaufen ist und sich die dazugehörigen Texte durchgelesen hat, hat das Thema vielleicht schon erkannt: Mut. Ein plakatives Thema, zugegeben, aber eines, das für mich einfach passte. Die Umsetzungen zeigen, dass auch ein plakatives Thema etliche individuelle Interpretationen und Geschichten hervorbringt. Umso mehr freue ich mich auf einen weiteren Beitrag zu diesem Thema von einer der mutigsten Frauen, die ich kenne: Kyra Seger, Gründerin des Podcasts *My Story is Your Story.*« Lia sah zur Seite und nickte Kyra zu, die die drei Stufen auf die Bühne nahm und neben Lia an das Mikrofon trat.

»Woohoo!«, rief Phuong lautstark, während alle anderen klatschten und Kyra sich mit zwei Zetteln an das Rednerpult stellte und das Tischmikrofon richtete.

»›Fake it till you make it.‹ Jeder von uns kennt diesen Ratschlag. Ich hielt mich für mutig, weil ich nach diesen Worten lebte. Eine Situation war mir unangenehm oder erforderte Mut? Ich tat einfach so, als hätte ich ihn und als wüsste ich genau, wie ich mich in der Situation zu verhalten hatte. Denn wer sich verhält, als wäre er selbstbewusst, wird selbstbewusst. Wer sich benimmt, als gehörte er an einen Ort, wird so wahrgenommen, als gehörte er wirklich dorthin. Eine solche Fassade aufrechtzuerhalten kann hilfreich sein. Sie kann wie ein Schutzschild wirken. Wir inszenieren tagtäglich Dinge zu unserem Vorteil. Bei mir beginnt das bereits morgens im Bad mit dem Griff zum Concealer. Es geht weiter mit einem Instagram-Post meines morgendlichen Kaffees. Natürlich halte ich die Kamera so, dass man die Bilder an meiner Wand sieht, nicht das ungespülte Chaos im Hintergrund. Wie oft sagen wir, dass es uns gut geht, wenn das gar nicht der Fall ist?«

Mein Blick wanderte wie automatisch zu Elias. Tat er nicht genau das tagtäglich, indem er niemandem von seinen Zweifeln erzählte?

»Wie viel ›Fake it till you make it‹ halten wir aus, bis wir uns von uns selbst entfremden und den Unterschied zwischen

Schein und Sein nicht länger erkennen? Es mag eine gewisse Zeit lang gut gehen. Doch wenn wir unsere Mauern nie einreißen, stets nur einzelne Teile von uns zeigen oder eine Maske tragen, die unser eigentliches Ich verbirgt: Wie sollen Menschen dann die Chance erhalten, uns wirklich kennenzulernen? Uns unter all dem? Und noch viel wichtiger: Wie soll es uns gelingen, uns selbst noch als die Person wahrzunehmen, die wir wirklich sind? Ich selbst bin das beste Beispiel, in vielerlei Hinsicht sogar. Ich habe mich monatelang belogen und mir eingeredet, ich wäre okay, obwohl ich Hilfe brauchte und alles andere als okay war. Ich habe zwei Instagram-Accounts, einen großen, einen privaten, auf dem mir nur Freunde folgen. Doch auf beiden inszeniere ich mich, retuschiere unreine Haut und stelle mein Leben schöner dar, als es eigentlich ist.

Wir machen uns so lange etwas vor, verbergen Wünsche, idealisieren uns selbst und erschaffen dieses Bild, das andere von außen bewundern. Ein unerreichbares Ideal. Das Problem dabei? Dieses Ideal ist auch für uns selbst nicht mehr zu erreichen, doch einmal errichtet, erhält es Aufmerksamkeit, Lob und Anerkennung, und es wird immer und immer schwerer, diese Abbildung unserer selbst aufzubrechen und einzureißen. Warum sollten wir auch? Unser Gehirn schüttet bei all der Anerkennung für unser falsches Idealbild regelmäßig Dopamin aus, und wir werden süchtig nach dieser Scheinwelt. So sehr, dass wir irgendwann als eine bloße Simulation unserer selbst leben, die sich nicht mehr fragt, ob das, was sie tut, eigentlich richtig für sie ist oder dem Ideal dient, dem sie nacheifert. Daraus auszubrechen erfordert unglaublich viel Mut und ist ein langwieriger Prozess, denn möglicherweise müssen wir einige Schritte zurückgehen, um uns selbst wieder zu finden. Und möglicherweise verlieren wir bei diesem Rückwärtsgang Menschen, die uns wichtig sind, denen wir jedoch nie unsere wahre Seite zeigen konnten.

Doch als jemand, der gerade mitten in diesem Prozess steckt, kann ich euch nur sagen, dass es sich lohnt. Es lohnt sich, sich mit seinen eigenen Wünschen und Eigenheiten auseinanderzusetzen, zu reflektieren und die eigene Schablone zu zerstören.«

Während alle gebannt zuhörten und ihre Blicke auf Kyra richteten, die weiterhin über Mut sprach, hatte Elias mittlerweile die Arme vor der Brust verschränkt und sah auf seine dunklen Schuhe hinab. Ob auch ihm die Parallelen auffielen? Ich schluckte. Zu gern wäre ich zu ihm hinübergegangen. Denn was Kyra gerade sagte, traf auch auf ihn zu. Er machte allen etwas vor, um sie nicht zu enttäuschen. Um Anerkennung für einen Lebensweg zu erhalten, den er womöglich gar nicht mehr gehen wollte. Und dabei belog er sich selbst am meisten, da er sich einredete, glücklich zu sein.

Doch ich ging nicht zu ihm, sondern blieb an meinem Platz zwischen Noah und Phuong und hörte Kyras Rede zu Ende. Wie Kyra soeben gesagt hatte: zu sich selbst zurückzufinden war ein Prozess, den Elias selbst durchlaufen musste. Gern hätte ich ihm dabei geholfen, und offensichtlich wollte auch er das – aber eben nur das. Und ich konnte mich emotional nicht so involvieren und vorspielen, ich wäre mit all dem okay. Denn dann würde ich genau das tun, wovor Kyra uns dort oben gerade warnte.

»Was für ein Tag!«

Lia ließ sich neben mir auf die Decke fallen und streckte sich ausgiebig. Phuong saß auf meiner anderen Seite auf einem großen Badetuch auf dem Gras und kämpfte mit dem Verschluss der Sektflasche.

»Ob ich dich jemals von Bier überzeugen werde?« Kyra seufzte.

»Beim Bier schießen die Korken nicht so schön.«

»Das wirst du hier auch sein lassen, es ist total voll! Du wirst niemanden abschießen.«

»Spielverderber«, murmelte Phuong mit Blick auf eine sehr laute Truppe Jugendlicher ein paar Meter weiter. Obwohl mir gar nicht danach zumute war, musste ich lächeln.

»Ich hab für dich übrigens alkoholfreien dabei«, sagte Phuong.

»Danke dir.« Ich verteilte die Becher unter uns, in die Phuong kurz darauf den Sekt eingoss. Dann hob ich meinen in die Höhe. »Auf Lia!«

»Genau, auf dich, Lia!«, rief Phuong. »Du bist einer der wundervollsten Menschen, die ich kenne, und du hast dich in der kurzen Zeit, die du hier bist, schneller entwickelt als jedes Pokémon.«

»Toller Vergleich, nehm ich.«

»Team Digimon«, murmelte Kyra und hob ihren Becher. »Auf dich.«

»Und auf dich«, erwiderte Lia. »Danke, dass du Teil davon wurdest. Und danke natürlich auch für die Werbung vorab. Einige kamen echt durch deine Insta-Posts.«

»Es war mir eine Ehre.«

Wir stießen an, und ich trank einen Schluck des alkoholfreien Sekts. Mein Blick wanderte über die Gruppen von Menschen im Park, die weißen Schiffe, die auf der Spree entlangfuhren, das dahinterliegende Pergamonmuseum, das von der tief stehenden den Sonne beleuchtet wurde, bis hin zum Fernsehturm zu meiner Linken, der über die Dächer ragte. Berlin zeigte sich bei wunderbarem Wetter von seiner besten Seite. Es war ein perfekter Tag. Zumindest von außen betrachtet.

»Schade, dass Noah nicht noch bleiben konnte«, sagte Phuong, aber Lia winkte ab. »Er hat schon ewig lang Konzertkarten mit Daniel. Notiz an mich selbst: Die nächste Ausstellung mit mehr Vorlauf planen. Aber es ist schade, dass Elias nicht mit anstoßen wollte.«

Ich verspannte mich, versuchte jedoch, mir nichts anmerken zu lassen. Mit ziemlicher Sicherheit war ich der Grund, weshalb Elias bereits aufgebrochen war.

»Ja …«, entgegnete Kyra gedehnt. »Er war schon den ganzen Tag so seltsam. Dabei muss er heute Abend definitiv nicht arbeiten, und jetzt, da er den Job im Studio los ist, sollte er wieder mehr Zeit haben.«

»Er ist den Job im Studio los?«

Kyra nickte. »Jap, er hat gekündigt. Nur übermorgen hat er noch 'nen Kurs, glaub ich, dann ist er raus. Wurde aber auch langsam Zeit, er macht schon viel zu lange viel zu viel.«

»Aber er liebt das Studio.«

»Klar, da kann er ja auch weiter hin.«

Ich wollte etwas erwidern, biss mir jedoch auf die Zunge und trank schnell einen weiteren Schluck, bevor ich mich verplapperte. Kyra wusste nicht, dass ihm die Arbeit im Studio mehr Freude bereitete als die im Betrieb ihrer Eltern. Vor allem aber wusste sie nicht, dass ich es wusste. Und das durfte sie nicht, da ich Momente wie diesen nicht aufgeben wollte. Dennoch ließen mich die Gedanken nicht los.

Elias hatte allen Ernstes seinen Job im Studio aufgegeben? Aber was war mit der Show? Was war mit den Kids, die ihm so ans Herz gewachsen waren? Kein Wunder, dass er jemanden zum Reden gebraucht hatte. Bei Marc zu kündigen musste ihm unglaublich schwergefallen sein. Das schlechte Gewissen durchflutete mich so schnell, dass ich es beinahe prickelnd in meinem Körper fühlen konnte. Schlimm genug, dass Elias das Glück seiner Familie über sein eigenes stellte, doch er hatte nicht einmal jemanden, mit dem er über all das sprechen konnte. Ich biss mir auf die Lippe. Ich konnte diese Person nicht sein, und es war albern, dass ich ein schlechtes Gewissen hatte. Ich hatte nichts falsch gemacht. Man suchte sich seine Gefühle nicht aus. Ich konnte Elias nicht gegenübersitzen und so tun, als fühlte ich nicht, was ich für ihn empfand. Als wäre da nicht dieses Kribbeln in meiner Magengrube, wann immer er mich mit einem Blick bedachte. Als hätte ich nicht rasendes Herzklopfen, sobald mein Handy eine Nachricht von ihm anzeigte.

»Miri?«

»Hm?« Mein Kopf schnellte in die Höhe, und Kyras Blick traf auf meinen.

»Alles okay?«

»Ja, klar. Was sollte nicht okay sein?«, sagte ich und merkte erst durch die Blicke der anderen, die nun alle auf mich gerichtet waren, dass meine Antwort viel zu schnell gekommen war. »Ich war nur mit den Gedanken woanders«, fügte ich hinzu.

»Du bist in letzter Zeit ganz schön oft mit den Gedanken woanders«, erwiderte Phuong und sah mich mit zusammengekniffenen Augen an.

»Ist es wegen Louisa?«

Ich schluckte. An meine Schwester hatte ich in den letzten Stunden nicht einmal gedacht, weil in meinem Kopf nur Elias herumgegeistert war.

»Ist einfach immer im Hinterkopf«, murmelte ich so leise, dass ich es selbst kaum hörte. Die anderen jedoch hatten mich dennoch verstanden.

»Sorry, das sollte nicht doof kommen. Na klar beschäftigt dich das, würd es mich auch.« Phuong sah mich entschuldigend an. »Wir sind immer da, wenn du über deine Schwester reden willst oder wir was für dich tun können, das weißt du hoffentlich.«

Kyra und Lia nickten, und ich erwiderte das Lächeln. Na toll, jetzt hatte ich auch noch ein schlechtes Gewissen, weil ich meine besten Freundinnen anlog. Aber ich würde über Elias hinwegkommen, allein schon, um keine Geheimnisse mehr vor Kyra haben zu müssen.

»Danke euch«, erwiderte ich. »Aber Finn hat sich auch gemeldet, er ist seit gestern in Berlin, und wir wollten uns treffen und noch mal über alles reden.«

»Oh, cool!«, sagte Kyra. »Vielleicht hat er ja noch eine Idee. Ich fand seine Reaktion auf den Podcast echt niedlich.« Sie wackelte mit den Augenbrauen. »Sicher, dass da nichts geht?«

Unweigerlich rollte ich mit den Augen. Finn hatte mir, nachdem er den Podcast gehört hatte, Blumen geschickt und mir geschrieben, dass er stolz auf mich war. Schon danach hatte ich Kyras hoffnungsvolle Kommentare über mich ergehen lassen müssen.

»Ja, sehr sicher«, gab ich mit einem Grummeln zurück. Kyra nickte zwar, aber der Blick, den sie mit Phuong teilte, war Hinweis genug, dass die beiden sich dennoch Hoffnung machten, wo keine war. Ich konnte ihnen nicht einmal böse sein, denn das kam mir zu bekannt vor.

20. KAPITEL

Miriam

»Hey, Miri!«

Es reichte aus, ihn zu sehen, damit sich meine Laune hob. Finn stand an den Fahrplan am Rand der S-Bahn-Haltestelle gelehnt und hatte mich erspäht, kaum dass ich die Bahn verlassen hatte. Obwohl es erst Ende Mai war, hatte er es schon geschafft, eine Bräune aufzubauen. Absolut unfair, wenn man bedachte, dass er ebenso blond war wie ich und mich das Wetter maximal mit Sonnenbrand segnete.

Ich winkte ihm zu, schob mich im Slalom an all den anderen Menschen vorbei und umarmte ihn zur Begrüßung. »Lang nicht mehr gesehen«, sagte ich.

»Viel zu lang«, kommentierte er. »Zumindest durfte ich mir das von meinen Eltern gestern den ganzen Tag anhören. Ich muss häufiger herfahren.«

»Wie ist Kiel?«

»Alles gut, alles beim Alten. Und bei dir?«

»Auch alles beim Alten, im negativen Sinn. Mit meinen Eltern passt es wieder, aber mit meiner Schwester …« Ich hob die Schultern. »Weißt du ja.«

Er nickte. »Jap, und deshalb hab ich mir die perfekte Aufmunterung ausgedacht.«

»Die da wäre?« Mit erhobenen Brauen betrachtete ich ihn.

»Wir gehen ins Stift & Papier.«

»Du willst ohne deine Freundin *Dungeons and Dragons* spielen? Sie bringt uns um.«

»Ne, zu zweit wohl kaum«, erwiderte Finn mit einem Grinsen. »Aber ich dachte, Brettspiele lockern das Gespräch etwas auf. Klang bei dir ja nicht ganz einfach, und wenn es so richtig hart wird, lass ich dich gewinnen.«

»Träum weiter«, gab ich mit einem Lachen zurück. »Du gewinnst nicht.«

Mit einem »Werden wir ja sehen« stupste Finn mich in Richtung der Treppen, und wir machten uns auf den Weg zu dem Brettspiel-Café, in dem wir früher mit Finns aktueller Freundin und einem Klassenkameraden häufig gewesen waren.

»Ha!«, rief ich und rückte mein Holzklötzchen ein Feld weiter über die Zielgerade. »Und jetzt erzähl mir nicht, du hast mich gewinnen lassen, das war pures Können.«

»Pures Glück wohl eher«, gab Finn zurück und fegte die Spielfiguren mit einer fließenden Bewegung zurück in ihren Karton.

»Darf ich das nächste Spiel aussuchen?«

»Klar«, erwiderte Finn mit einem Nicken, und ich drehte den Kopf zur Seite, um die vollgestopften, hohen Regale mit den vielen Spielen überschauen zu können. Ich war seit gut zwei Jahren nicht mehr hier gewesen, das Sortiment war um ein Vielfaches gewachsen. Außerdem waren Finn und ich nicht die Einzigen, und das, obwohl es mitten am Tag war. Früher hatte es zwei größere Tische gegeben, und alles hatte etwas verloren gewirkt. Dass Brettspiele einen Aufschwung zu erleben schienen, freute mich wirklich, und dass die Besitzer ein Café in den Laden integriert hatten, schadete sicher auch nicht.

»Wie wär's mit *Azul*?«, schlug ich vor.

»Ja, gleich. Zuerst noch was anderes«, sagte er, stellte seinen Rucksack auf seinen Schoß und kramte darin herum. »Erst kümmern wir uns mal um das drängende Problem.«

Ich hielt das Seufzen zurück, das automatisch meinem Mund entweichen wollte. Schließlich hatte Finn direkt deutlich gemacht, dass wir nicht nur zum Spaß hier waren.

»Du meintest auf dem Weg hierher, dass deine Schwester nichts mehr von dir hören will, aber ich kenne Lou, und ich kenne euch beide zusammen.« Er hielt kurz in der Bewegung inne und blickte zu mir auf. »Glaub mir, das meint sie nicht so. Sie braucht dich genauso sehr wie du sie.«

Er legte einen etwas zerfranst aussehenden Collegeblock und einen Kugelschreiber vor mir ab. »Und deshalb schreibst du deiner Schwester jetzt einen Brief.«

Als ich nicht reagierte, klappte Finn den Collegeblock auf, drehte ihn herum und streckte mir den Kugelschreiber vor die Nase, bis ich ihn ergriff.

Langsam schüttelte ich den Kopf. »Ich weiß nicht, was ich schreiben soll.« Alles, was ich hatte sagen wollen, hatte ich bereits gesagt.

»Schreib einfach erst mal auf, was du denkst. Notfalls kürzen wir und machen eine saubere zweite Version.«

Missmutig blickte ich auf das weiße Blatt Papier. Wenn Finn das sagte, klang es so einfach.

»Ich weiß nicht, ob das eine gute Idee ist.«

»Ach ja? Und was hast du zu verlieren?« Finn sah mich mit erhobener rechter Augenbraue an.

»Lass das, du weißt, wie neidisch ich bin, dass du das kannst.«

Er grinste, ließ sich jedoch nicht ablenken und tippte mit dem Zeigefinger auf den Block. »Los jetzt.«

»Na gut«, murmelte ich, drehte die Mine des Kugelschreibers auf und ließ die Spitze auf dem Papier verharren. In mir war weiterhin die Traurigkeit, aber seit dem Gespräch mit Kyra hatte sich Wut dazugesellt. Gut zwei bis drei Minuten saß ich mit meinen Gefühlen einfach so da, bis das Papier in meinem Sichtfeld verschwamm. Dann plötzlich, ohne dass ich bewusst darüber nachdachte, bewegte sich meine Hand und brachte die Worte von meinem Herzen direkt aufs Papier.

Liebe Louisa,

falls du erwartest, dass ich diesen Brief mit einer Entschuldigung beginne: Die wird nicht folgen. Die einzige Sache, die mir leidtut, ist, dass ich nicht ehrlich zu dir war. Ich bitte dich trotzdem, ihn zu lesen. Ich finde, das bist du mir als meine Schwester schuldig, denn ich dachte wirklich, dass nichts und niemand einen Keil zwischen uns treiben kann. Versuch bitte wenigstens, mich zu verstehen.
Als ich damals erfahren habe, dass ich schwanger bin, ist für mich für einen Moment die Welt zusammengebrochen. Da war keine Freude in mir, kein Glücksgefühl, nichts. Da waren nur unsagbare Angst, eine Art Taubheit und vor allem Hilflosigkeit. Wir hatten verhütet, und doch war es passiert und ich war schwanger geworden. Ich vermute, dass du diese Worte gerade als bodenlose Ungerechtigkeit empfindest, weil es bei mir klappte, obwohl ich es nicht wollte, und bei dir nicht, obwohl ihr es euch so sehr wünscht. Es ist *ungerecht. Und ich wünschte mir, es wäre anders. Aber das sind die Tatsachen, und ob du nun sauer auf mich bist oder nicht, mir verzeihst oder nicht – nichts davon wird etwas an diesen Fakten ändern. Weshalb ich nicht verstehe, wieso wir nicht gemeinsam als Schwestern, als Freundinnen da durchkönnen, so wie bisher auch immer. Ich will mich in diesem Brief nicht wieder erklären und rechtfertigen. Wenn du Fragen hast, wenn du verstehen willst, warum ich gehandelt*

habe, wie ich nun einmal gehandelt habe, dann lass uns über alles reden.

Aber da liegt genau das Problem, oder etwa nicht? Du willst nicht reden.

Seit Wochen ignorierst du mich, meine Anrufe, meine Nachrichten. Fällt es dir wirklich so leicht, einen Schalter umzulegen? Mich komplett aus deinem Leben zu verbannen, weil wir in einer Sache nicht derselben Meinung sind?

Ich kann mir nicht einmal im Ansatz vorstellen, wie schlimm es gerade für dich sein muss, und du hast mein Mitleid und meine Unterstützung, wann immer du diese willst. Doch was ich mittlerweile auch weiß, ist, dass all das nicht rechtfertigt, wie du mich behandelst. Ich bin nicht schuld an deiner Situation. Niemand ist schuld an deiner Situation. Ich dachte, wir wären unzertrennlich.

Weißt du eigentlich, wie verdammt weh es tut, wenn die wichtigste Person in deinem Leben dich von einem auf den anderen Tag komplett aus ihrem verbannt?

Ich schrieb und schrieb und schrieb und war selbst überrascht, in welche Richtung mich meine Gedanken führten. Weg von den Erklärungen und dem Mitleid, hin zu der Wut, die ich in den letzten Tagen gespürt hatte.

Wie viel Zeit verging, merkte ich nur daran, dass Finn mir irgendwann einen frischen Eistee brachte und ich, als ich den letzten Punkt setzte und meinen Namen schrieb, bereits fünf Seiten gefüllt hatte.

Ich legte den Stift zur Seite und blickte auf. »Puh.«

Finn sperrte sein Handy, auf dem er gerade herumgetippt hatte, und nickte mir auffordernd zu. »Fertig?«

Ich nickte. Der Brief und ich auch, wenn ich ehrlich war. Ich nahm mehrere Schlucke des Eistees und massierte meinen

Mittelfinger, an dem sich eine Delle vom Stift abzeichnete, so fest hatte ich ihn umklammert gehalten. Ich fühlte mich leer, aber auf eine gute Art und Weise. Als hätte ich all die unterdrückten Emotionen endlich freigelassen – wie früher beim Tagebuchschreiben, womit ich im Alter von fünfzehn Jahren aufgehört hatte.

»Wie geht's dir?«, fragte Finn, und ich runzelte die Stirn, weil es mir seltsamerweise besser ging.

»Ich fühl mich leichter«, erwiderte ich. »Dabei glaub ich nach wie vor nicht, dass der Brief groß was bewirkt, aber es hat gutgetan, mir alles von der Seele zu schreiben, ohne unterbrochen zu werden und mich rechtfertigen zu müssen.« Ich lächelte ihn an. »Danke.«

»Bedank dich nicht zu früh, der schwere Teil kommt jetzt erst.«

»Was meinst du?«

»Jetzt fahren wir zu deiner Schwester und werfen ihn ein.«

Ich schluckte. Es überraschte mich nicht wirklich. Ich hätte damit rechnen müssen, Finn war nie der Typ dafür gewesen, etwas auf die lange Bank zu schieben. »Ich weiß nicht …«

»Das hast du eben vorm Schreiben auch schon gesagt, und dir ging es danach besser.« Er legte den Kopf schief. »Lass es uns wenigstens probieren.«

»Wir haben doch nicht mal einen Wagen.«

»Wie gut, dass es da diese Sache mit den Autos gibt, die sich per App öffnen lassen. Ein Wunder der Technik und der Großstädte«, erwidert Finn.

Ich seufzte ergeben. »Ich hab eh keine Wahl, oder?«

»Nope, nur eine kurze Schonfrist von …« Finn blickte auf seine Armbanduhr. »… etwa 45 Minuten. So lang hab ich den Tisch noch gebucht. Ein Spiel bleibt uns also noch.« Damit stand er auf und steuerte auf die bunt gemusterte Verpackung von *Azul* zu. Mein Blick wanderte wieder hinab auf die dicht beschriebenen Seiten, die ich vorsichtig knickte und in den Briefumschlag wandern ließ, den Finn bereitgelegt hatte. Er hatte wirklich alles sorgfältig geplant. Vielleicht war das genau der Schubs, den ich brauchte.

Ich hörte die Autotür hinter uns ins Schloss fallen, gefolgt von dem Knirschen von Finns Schritten im Kies, als er zu mir aufschloss. Adrenalin strömte durch meine Adern, und so, wie ich mit klopfendem Herzen in der Einfahrt stand, fühlte ich mich an den Geburtstag meines Vaters zurückerinnert. Nur dass ich heute immerhin keine Konfrontation eingehen musste. Hinlaufen, einwerfen, gehen. War ja wohl nicht so schwer.

»Okay«, sagte ich, wie um mir selbst Mut zuzusprechen, und lief auf die Tür zu. Finn folgte mir mit geringem Abstand, und irgendwie war ich dankbar, ihn in meinem Rücken zu wissen – wortwörtlich und bildlich gesprochen. Ich hatte gerade die Klappe des Briefkastens geöffnet, als Finns Finger sich in mein Sichtfeld schob – und auf dem Klingelknopf landete.

»Finn, was zur Hölle?«

»Ich warte im Auto, bis gleich.«

Fassungslos drehte ich mich um und sah zu, wie er – viel zu beschwingt für meinen Geschmack – die Stufen und den Weg zurück zu dem Leihwagen lief. Nun schlug mein Herz wirklich viel zu schnell, und dass im Inneren des Hauses Schritte ertönten, half nicht gerade, meinen Puls zu beruhigen. Umkehren und Finn hinterherlaufen war keine Option mehr, denn im nächsten Moment öffnete sich bereits die Tür, und Louisa stand vor mir.

Mist. Bestimmt hatte Finn nur deshalb so lange einen Tisch gebucht, damit er sicher sein konnte, dass Louisa bereits Feierabend hatte.

Die Augen meiner Schwester weiteten sich, als ihr Blick auf mich fiel.

»Was willst du hier?«

Dieses Mal zuckte ich bei ihren Worten nicht zusammen, sondern blieb ruhig.

»Dir das hier geben«, sagte ich und streckte ihr den Umschlag entgegen, den ich eben noch hatte einwerfen wollen. Alles, was ich zu sagen hatte, hatte ich darin mehr oder weniger ordentlich zu Papier gebracht. Es war ein letzter Versuch, ihr meinen Standpunkt zu verdeutlichen, und ich hoffte von ganzem Herzen, dass er nicht vergebens war.

Louisa zog die Brauen zusammen und musterte mich einen Moment, dann endlich nahm sie den Brief entgegen.

Sie öffnete den Mund, als wollte sie etwas erwidern, schloss ihn jedoch, ohne dass ein Laut über ihre Lippen kam. Mir fiel auf, dass ihr Blick nicht länger feindselig wirkte, vielmehr sah sie geschlagen aus – als hätte sie tagelang kein Auge zugetan. Ich merkte, wie die Wut, die sich beim Schreiben des Briefes aufgebaut hatte, zu versiegen drohte. Es war genau wie Kyra gesagt hatte: Ich war zu nachgiebig, verzieh zu viel und zu schnell. Ich hatte Mitleid mit Louisa, aber ich durfte nicht vergessen, auch für mich einzustehen.

»Lies ihn dir durch«, sagte ich leise, aber bestimmt, und als Louisa langsam nickte, fiel mir trotz allem ein riesengroßer Stein vom Herzen.

Einen Moment lang verweilten wir regungslos an der Tür, als warteten wir darauf, dass einer von uns noch etwas sagte. Als das nicht geschah, nickte ich knapp und wandte mich zum Gehen.

»Warte.«

Dieses eine Wort genügte, um mich mitten in der Bewegung innehalten zu lassen.

»Magst du vielleicht reinkommen?«

Ich schluckte. Natürlich wollte ich. Am liebsten hätte ich mich in ihre Arme geworfen, alles vergeben und vergessen und da weitergemacht, wo wir vor wenigen Wochen gewesen waren – bevor sie den Podcast gehört hatte. Aber wenn wir unser gutes Verhältnis retten wollten, konnten wir nicht schweigen und ignorieren, was geschehen war. Ich musste wissen, dass sie mich und meine Entscheidung akzeptierte, musste sichergehen, dass dieses Thema und all ihre Vorwürfe gegen mich nicht immer und immer wieder hochkochten.

»Ich würde gern«, antwortete ich, »aber lies bitte erst den Brief.« Wie es danach weiterging, lag an ihr. Ich hatte getan, was ich tun konnte, hatte genug Schritte auf sie zugemacht. Also schenkte ich ihr noch ein letztes Lächeln und ging dann zurück zum Auto. Ich spürte Louisas Blick in meinem Rücken, als ob er sich durch die dünne Bluse brannte, und tatsächlich hörte ich die Tür erst ins Schloss fallen, als ich das gusseiserne Tor erreichte.

»Es ist nicht gut gelaufen, oder?«, fragte Finn mit einem angespannten Lächeln, als ich wieder auf dem Beifahrersitz saß.

»Doch, es war okay. Besser als alles davor war es auf jeden Fall.«

»Aber sie hat dich nicht einmal hereingebeten.«

»Hat sie. Außerdem hat sie den Brief genommen, mich nicht angeschrien und mir die Tür nicht vor der Nase zugeknallt.« Ich hob die Schultern. »Das ist ein Anfang, oder?«

Finn stieß ein tiefes Lachen aus. »Okay, das war optimistischer als erwartet.«

Er stieß mir mit dem Ellbogen gegen den Arm. »Hey, ich bin stolz auf dich.«

»Na ja, du hast mir ja keine große Wahl gelassen.«

»Nicht nur wegen heute. Auch wegen der Sache mit dem Podcast. Und auf damals.«

»Danke«, sagte ich leise, und während Finn den Gang einlegte und langsam aus der Parklücke fuhr, sah ich ein weiteres Mal zum Haus meiner Schwester. Louisa würde wohl niemals Stolz für meine Entscheidung empfinden. Aber vielleicht, ganz vielleicht, würde sie sie zumindest nachvollziehen können.

»Da wären wir.« Mit einer schwungvollen Bewegung stieg Finn aus dem Auto.

»Magst du noch was trinken oder fährst du direkt los?«, fragte ich, als ich zu ihm aufgeschlossen hatte.

»Ich bin heute Abend noch mit Arne verabredet und würd direkt fahren. Es sei denn, du magst noch reden?«

Ich reagierte mit einem schnaubenden Lachen. »Ich glaub, mein Kontingent an Wörtern heute ist erschöpft. Das Einzige, was ich jetzt noch mache, ist, mich mit einem Buch ins Bett zu kuscheln.«

»Da stehen auch Wörter drin«, gab Finn zu bedenken.

»Ja, aber die muss ich weder sagen noch schreiben. Damit bin ich für heute echt durch.«

»Verständlich.« Finn zog mich in eine Umarmung. »Ich hoffe, Louisa meldet sich. Halt mich auf dem Laufenden, und ruf mich jederzeit an, wenn was ist. Wir stecken da zusammen drin.«

Ich legte die Arme um Finn und genoss es, für eine Weile einfach gehalten zu werden.

»Danke«, murmelte ich. »Dass du dir die Zeit genommen hast, dir alles angehört hast und fürs Fahren natürlich. Und dass du damals für mich da warst.«

»Das ist doch klar. Dazu gehören immer zwei, ich war genauso beteiligt wie du.«

Ich schmunzelte gegen seine Schulter, denn das war so typisch Finn. Für ihn war der Beistand selbstverständlich, dabei war er das leider ganz und gar nicht.

»Ich glaub an dich. Du hast bisher für alles eine Lösung gefunden, wieso sollte das jetzt anders sein?« Finn drückte mir einen Kuss auf die Schläfe, dann löste er sich aus der Umarmung. »Mach's gut, Miri.«

»Bis dann«, verabschiedete ich mich mit einem Lächeln, das in dem Moment gefror, in dem Finn zurück zum Wagen lief. Denn er gab den Blick auf ein Gesicht frei, das ich in den letzten Tagen immer und immer wieder zu verdrängen versucht hatte.

Elias.

Seine braunen Augen waren erst auf mich gerichtet, dann wanderte sein Blick kurz zu Finn und wieder zurück zu mir. Ich konnte nichts gegen die Wärme tun, die mir unweigerlich in die Wangen schoss. Gott, wie ich es hasste, dass ich das nicht unter Kontrolle hatte. Finn stieg unterdessen ahnungslos ins Auto, winkte mir noch einmal und fädelte sich in den Kreuzberger Verkehr.

Elias' leises »Hallo« genügte, um mir einen Schauer über den Rücken zu senden. Seine Stimme zu hören war beinahe genug, mich vergessen zu lassen, warum ich auf Abstand bleiben wollte. Aber nur beinahe. Dann erinnerte ich mich wieder an die Auseinandersetzung bei der Vernissage. Daran, dass er in mir nur eine Freundin sah, jemanden, bei dem er seinen emotionalen Ballast abladen konnte, jemanden, dessen Kuss man ohne Weiteres vergessen konnte. Ich schluckte den Frust, den diese Gedanken auslösten, hinunter und rang mir ein Lächeln ab.

»Hallo«, erwiderte ich.

Elias musterte mich eine Weile, und zwischen seinen Brauen bildete sich eine tiefe Falte, als dächte er angestrengt über etwas nach. Dann schüttelte er leicht den Kopf, machte auf dem Absatz kehrt und ging ohne ein weiteres Wort in die Richtung, aus der er anscheinend gekommen war. Verwirrt blickte ich ihm nach, bis er wenige Häuser weiter um die Ecke gebogen war. Was war das denn? Hatte er vorgehabt, Kyra zu besuchen, und war nun umgekehrt, weil ich auch anwesend war? Was erwartete er denn? Ich wohnte hier. Mit gerunzelter Stirn nahm ich die beiden Stufen bis zur Haustür, doch trotz des guten Zuredens und der Gewissheit, dass ich mir Elias aus dem Kopf schlagen musste, brauchte ich zwei Anläufe, um mit dem Haustürschlüssel das Schloss zu treffen.

21. KAPITEL

Elias

Am liebsten hätte ich meinen Kopf ausgetauscht. Denn gerade spielte er mir immer und immer wieder das Bild ab, das sich in meine Netzhaut gebrannt hatte: Miriam und dieser Kerl, wie er sie im Arm hielt und sie küsste – wenn auch nur auf die Schläfe. Und ich hatte kein Recht, mich darüber aufzuregen. Ich war selbst schuld, das war mir klar. Trotzdem war ich überrascht, wie weh es getan hatte, die beiden so zu sehen. Dabei rührte der bittersüße Schmerz in mir nicht nur von der Eifersucht her, sondern vielmehr davon, dass Miriam glücklich ausgesehen hatte. Etwas, das sie mehr verdient hatte als alles andere. Was mich schmerzte, war, dass nicht ich für dieses Glück verantwortlich war, sondern dieser fremde Typ. Hatte Miriam wirklich so schnell mit mir abgeschlossen?

Und selbst wenn, es ist ihr gutes Recht.

So weh es auch tat: Es stand mir nicht zu, wütend oder eifersüchtig zu sein. Nicht, nachdem ich sie weggestoßen hatte. Der Schmerz und der Frust waren dennoch da, genau wie die Gedanken, die in Dauerschleife durch meinen Kopf liefen.

Was, wenn ich den Kuss einfach zugelassen hätte?

Was, wenn ich Miriam nicht das Gefühl gegeben hätte, dass ich nicht sie, sondern lediglich ihren Beistand vermisste?

Was, wenn ich einfach einmal meinem Herzen und nicht all der Scheißrationalität folgen würde?

Doch leider war das genauso wenig möglich, wie aus meiner Haut zu fahren. Was leider dazu führte, dass ich nun noch etwas tun musste, das völlig im Widerspruch zu dem stand, was mein Herz wollte.

Ich blies zweimal kurz in die Trillerpfeife um meinen Hals, und nur wenige Sekunden später verstummten die Gespräche, das Lachen und die Geräusche der nackten Füße auf dem Boden. Die Gruppe war heute unfassbar schwer zu bändigen gewesen, da mittlerweile alle von der Show wussten und wir fast die gesamten neunzig Minuten genutzt hatten, um an der Choreografie zu arbeiten. Sogar Lennart war Feuer und Flamme gewesen, und dank ihm hatten wir in den letzten zwei Wochen auch Figuren aus dem Kickboxen und Jiu-Jitsu in die Choreografie eingearbeitet, um das Ganze etwas abwechslungsreicher zu gestalten. Außer Puste, aber grinsend versammelten sich die Jungs und Mädchen bei mir, wobei manche bereits ihre Sachen von den Bänken am Rand geholt hatten, da wir leicht überzogen hatten und ihre Eltern schon draußen warteten. Der Grund für das Überziehen war ich. Denn ich hatte Angst.

»Gute Arbeit heute, wirklich. Die Choreografie sitzt fast bei allen, und ab nächster Woche könnt ihr an den Feinheiten arbeiten. Dann ist bis zum Event im Juli alles sicher.« Ich räusperte mich. »Nächste Woche müsst ihr leider ohne mich an der Show arbeiten.«

Wie von selbst schoss mein Blick zu Marlon, der neben Julius schräg vor mir stand und bei meinen Worten die Stirn runzelte.

»Ich muss leider aufhören, hier zu arbeiten, und kann deshalb auch euren Kurs nicht weiter leiten.« Mehrmals schluckte ich gegen die Trockenheit in meiner Kehle an. Wieso war das so verdammt schwer? Okay, ich wusste, wieso. Weil ich mehr als meinen Trainerjob aufgab. Das machten mir Marlons und Julius' Blicke nur zu bewusst.

»Was?«, fragten die beiden im selben Moment wie drei andere Kinder.

»Aber wieso?«, wollte Sarah wissen. »Was heißt ›du musst aufhören‹?«

»Du bist erwachsen, dir kann doch keiner mehr sagen, was du musst«, meinte Julius, und am liebsten hätte ich aufgelacht, weil das genau die Denkweise war, die ich als Kind auch gehabt hatte. Glaubten wir das nicht alle? Dass wir nur erwachsen werden mussten und schon hätten wir das Sagen über unser eigenes Leben und dieses in allen Belangen im Griff? Und dann wurden wir erwachsen und merkten, dass das Ganze nicht mehr als eine notwendige Lüge war, die wir uns selbst eingeredet hatten. Denn jetzt mit vierundzwanzig fühlte ich mich nicht so, als hätte ich irgendetwas im Griff. Es fühlte sich vielmehr an, als entglitten mir mehr und mehr Fäden, die eigentlich mein Leben zusammenhalten sollten. Und nun, im Versuch sie zu sortieren, richtete ich noch größeres Chaos an, indem sie sich verknoteten und an den falschen Enden wieder zusammenkamen.

»Ganz so leicht ist das nicht.« Ich bemühte mich, nicht zu sehr auf Marlons Gesichtsausdruck zu achten, denn er sagte gar nichts, sondern sah mich mit zusammengepressten Lippen an. »Gerade weil ich erwachsen bin, muss ich Verantwortung übernehmen. Ich mache dieses Jahr meinen Bachelor, und meine Eltern brauchen mich gerade im Büro.«

»Aber wir brauchen dich auch«, widersprach Julius und verschränkte die Arme vor der Brust, während sich meine unangenehm zusammenzog.

»Sonst können wir die Show vergessen«, stimmte Sarah ihm zu. »Oder glaubst du ernsthaft, Lennart kriegt das hin?«

»Kannst du nicht noch wenigstens bis zur Show bleiben?« Julius sah mich bettelnd an.

Natürlich hatte ich auch diesen Gedanken gehabt: den einen weiteren Monat über einfach bleiben. Doch ich wusste, dass es nur eine Aneinanderreihung an Anlässen war, die mir Gründe für den Aufschub der Kündigung gaben. Nach dem Event wäre es der Umzug, das Aufhübschen des neuen Studios, danach der Aufbau eines neuen Kundenstamms, dann wäre Herbst und wir würden unser Kurssortiment erweitern, und so würde es in einem fortgehen. Und wer versprach mir, dass mit meinem Vater alles okay sein würde, selbst wenn ich nur drei, vier weitere Wochen blieb? Er verließ sich auf mich. Seine Gesundheit war wichtiger. Also schüttelte ich den Kopf, auch wenn es mir in der Seele wehtat, dass das den Abschied bedeutete.

»Ich bin unglaublich stolz auf alles, was ihr geleistet habt. Als ich euren Kurs letzten Herbst übernommen hab, hätte ich nie gedacht, dass wir alle so weit kommen würden. Damit meine ich nicht nur eure sportliche Leistung, sondern auch eure persönliche Entwicklung. Lasst euch nie einreden, dass ihr etwas nicht schaffen könnt, denn ihr habt hier jede Woche das genaue Gegenteil bewiesen.« Ich lächelte in die Runde und biss meine Zähne dabei so fest aufeinander, dass meine Kiefermuskeln schmerzten. Doch der Schmerz lenkte mich von der Traurigkeit ab, denn die war nichts, was die Kinder mir anmerken sollten.

Sarah kam auf mich zu und umarmte mich, wobei ihr Kopf mir gerade einmal bis zur Brust reichte. »Okay, aber dann komm dir die Show angucken, ja?«

Ich legte einen Arm um sie und nickte. »Als ob ich mir das entgehen lasse.«

Die anderen umarmten mich nach und nach und verabschiedeten sich, und es brach mir das Herz, in manchen Augen Tränen stehen zu sehen. Ich tat das Richtige. Dass es sich so falsch anfühlte, war nur dem Moment geschuldet. In wenigen Wochen wäre ich wieder vollends in meine Arbeit bei Seger vertieft und dankbar, diese Entscheidung getroffen zu haben. Ich würde endlich richtig an der Bachelorarbeit schreiben können und diese nicht länger vernachlässigen. Es war das Richtige.

Auch Julius umarmte mich kurz. »Danke für alles. Also das Boxen und so, aber auch dass du mir diese Nachhilfestelle gesucht hast. Ich find Mathe immer noch echt scheiße, aber immerhin schreib ich keine Fünfen mehr.«

Ich schmunzelte. »Kein Thema.«

Julius trat einen Schritt zurück, und ich blickte an ihm vorbei zu Marlon, dessen Blick auf mich gerichtet war. Ich wandte mich ihm zu, in der Erwartung, dass auch er sich von mir verabschieden würde, doch stattdessen schüttelte er den Kopf, nahm seine Wasserflasche vom Boden und stürmte an mir vorbei. Julius sah ihn genauso irritiert an wie ich.

»Ey, Marlon!«, rief er, sodass dieser sich, eine Hand an der Glastür, zu uns umdrehte.

»Kommst du? Wir haben schon zehn Minuten überzogen, ich hab keinen Bock, einen Anschiss zu bekommen.« Marlon drehte das Gesicht zur Seite, doch ich meinte, sein Kinn zittern zu sehen.

»Hey«, sagte ich und machte einen Schritt auf ihn zu, was ihn zurückweichen ließ.

»Spar dir dein scheiß Hey!«

Sarah, die noch auf Xenia gewartet hatte, sah von Marlon zu mir und schob sich dann mit ihrer Freundin an ihm vorbei nach draußen.

»Es tut mir leid, dass ...«

»Es tut dir leid? Dass du uns im Stich lässt? Dass du die ganze Zeit sagst, wir sollen nicht aufgeben, und es dann selbst tust? Du hast gesagt, dass man Dinge, die man anfängt, auch durchziehen muss! Dass ich mir keine Gedanken machen brauche, weil sich für jedes Problem eine Lösung findet. Weißt du was? Ich scheiß auf die Show. Dir ist doch eh egal, ob das was wird.«

»Ist es nicht«, antwortete ich ruhig.

Marlon schnaubte, und in seinen Augen standen nun eindeutig Tränen. Shit. Ich versuchte noch einmal, mich ihm zu nähern, doch er ging kopfschüttelnd einen Schritt zurück.

»Nein«, sagte er. »Ich hab diese falschen Versprechen so satt.«

»Ihr könnt die Show auch ohne mich auf die Beine stellen. Ihr bekommt einen anderen tollen Trainer, sobald ihr in dem neuen Studio seid.«

»Als ob wir da überhaupt hinkönnen.« Wütend wischte Marlon sich über die Augen. »Denkst du, meine Eltern können sich das leisten? Jemand wie Sarah kann dann vielleicht bleiben, aber ich doch nicht.«

»Aber dafür machen wir doch die Show«, sagte Julius und trat zu seinem Freund.

»Ja, aber nicht mit mir. Das klappt doch eh nicht. Wahrscheinlich weiß Elias das auch. Wenn er kommt, bin ich raus. Wenn du uns einfach so abschiebst, hab ich auch keinen Bock mehr, Zeit mit dir zu verbringen.« Marlon warf mir einen Blick zu, in dem so viel Schmerz und Enttäuschung lagen, dass sich ein Kloß in meinem Hals bildete. Ich schluckte.

»Hör mal, ich …«

»Ich will dir gar nicht mehr zuhören. Du kannst mich mal.« Marlon packte Julius am Arm und zog ihn zur Tür. Julius warf mir einen entschuldigenden Blick über die Schulter zu, und dann waren die beiden verschwunden. Die Tür fiel mit einem leisen Klicken ins Schloss, dann war es still in dem leeren Raum.

Ich ließ mich mit dem Rücken gegen das Fenster sinken und atmete lautstark aus. Mit Daumen und Mittelfinger massierte ich die Stelle zwischen meinen Augen, hinter der es sanft zu pochen begann. Das war definitiv noch beschissener gelaufen, als ich erwartet hatte.

»Scheiße«, murmelte ich und schloss die Augen, da sie zu brennen begannen. Ich wusste nicht, wann ich zum letzten Mal hatte weinen müssen. Selbst als mein Vater ins Krankenhaus musste, hatte ich nicht geweint. Ich hatte Mama, Kyra und Noah eine Stütze sein wollen. Doch die Enttäuschung, die mir gerade entgegengeschlagen war, war wie der Tropfen, der das Fass zum Überlaufen brachte. Wortwörtlich, denn trotz meiner geschlossenen Augen konnte ich die Tränen nicht zurückhalten.

Ich hatte Unrecht gehabt: Ich hielt die Fäden nicht in der Hand, ich hatte sie im Laufe der Jahre an andere übergeben, an andere Menschen sowie an Umstände und Erwartungen. Und jetzt stand ich hier und versuchte, sie wieder zu fassen zu bekommen, doch jeder Griff ging ins Leere, huschte hauchzart an den Fadenenden vorbei. Egal wie sehr ich mich anstrengte, irgendjemanden enttäuschte ich dabei immer. Am allermeisten mich selbst. Und so stand ich in dem leeren Raum, das kalte Fensterglas im Rücken, und weinte zum ersten Mal seit Jahren.

»Das liest sich alles flüssig und die Quellen im theoretischen Teil sind ebenfalls gut gewählt.« Frau Dr. Coşkun, meine Betreuerin und Dozentin, nickte zufrieden. Ich kannte sie bereits seit dem ersten Semester und den Veranstaltungen zur Optimierung regenerativer Energiesysteme. »Zum empirischen Teil hab ich ein paar Kommentare bezüglich der Methodik gemacht, die Sie sich zu Hause einmal in Ruhe anschauen können. Die bisherigen Ergebnisse sehen ebenfalls vielversprechend aus, auch wenn ich, wenn möglich, an Ihrer Stelle den Datenpool vergrößern würde. Sie meinten in Ihrer Mail, sie haben mit der Auswertung der Ergebnisse noch nicht beginnen können?«

Ich nickte.

»Wenn Sie mehr Zeit benötigen, können Sie das beim Prüfungsamt beantragen. Abschlussarbeiten in einer Firma zu schreiben, gerade wenn die Arbeit so sehr von der Empirie abhängt, ist immer ein enormer Zeitaufwand.«

Wäre ich nicht so übermüdet gewesen, hätte ich gelacht. Enormer Zeitaufwand war es definitiv. Dass ich im Zeitplan zurücklag, war jedoch der Tatsache geschuldet, dass ich viel zu spät mit der Datenerfassung begonnen hatte. Ohne die Arbeit im Studio hatte ich zwar endlich Zeit gefunden, mehr an meiner Abschlussarbeit zu schreiben, die Aufgaben, die ich für meinen Vater übernahm, hatten es jedoch in sich und verlangten mehr Aufmerksamkeit, als ich es gewohnt war.

»Danke, ich schaue mal, wie ich vorankomme, und gebe im Zweifel früh genug Bescheid.«

Dr. Coşkun nickte und blätterte in ihrem Planer. »Wir haben Ihre Arbeit am 28. April offiziell angemeldet, richtig? Dann bleiben Ihnen noch knapp fünf Wochen. Überlegen Sie es sich frühzeitig, es ist wirklich kein Problem.«

Erneut nickte ich, auch wenn ich wusste, dass ich das Angebot nicht annehmen würde. An Schlaf war aktuell ohnehin nicht zu denken, da ich alle paar Stunden aufwachte. Mit etwas Kaffee würde ich die Deadline schon halten können.

»Gut, dann schauen Sie sich die Anmerkungen einfach mal an und melden Sie sich, sollten Sie Fragen haben.« Frau Dr. Coşkun schob mir die ausgedruckten Papiere über den Schreibtisch entgegen und schenkte mir ein aufmunterndes Lächeln. »Bald haben Sie es geschafft.«

Ich lächelte schief zurück. »Kann es kaum erwarten.«

Meine Betreuerin lachte und nickte. »Ja, an das Gefühl erinnere ich mich gut. Dann sagen Sie sich, dass Sie das nie wieder machen, und irgendwann sitzen Sie an Ihrer Dissertation und verfluchen sich noch mehr. Gehen Sie das alles einfach in kleinen Schritten an, die sind eher zu bewältigen als der große Berg.«

»Vielen Dank«, sagte ich und nahm den Papierstapel vom Tisch. »Auch für die Anmerkungen.«

»Sehr gern. Ich freu mich, die zweite Hälfte zu lesen. Bis dann, Herr Seger.«

»Bis dann.«

Ich schloss die Tür hinter mir und stand im schwach beleuchteten Gang des Instituts. Auch wenn ich es wirklich nicht vermissen würde, war es ein merkwürdiges Gefühl, dass ich diese Strecken nur noch wenige Male laufen würde. Ich würde keinen Hörsaal und keinen Seminarraum mehr betreten und müsste nicht mehr mehrmals die Woche die Strecke zum Campus Wilhelminenhof zurücklegen. Bis zu meinem Master zumindest, aber den würde ich erst ein Semester später beginnen, wenn mein Vater wieder Vollzeit im Büro arbeiten konnte. Das war zumindest der Plan, den wir besprochen hatten.

Ich blickte auf meine Uhr. Es war gerade einmal elf und ich sehr viel schneller fertig gewesen als geplant. Somit blieben mir noch fast drei Stunden, bevor ich im Büro sein musste. Ich holte mein Handy aus der Hosentasche und tippte eine Nachricht an meine Schwester, da ich wusste, dass sie donnerstags nur eine Vorlesung am Morgen hatte. Okay, und weil ich nach wie vor Miriam und diesen Typen vor meinem inneren Auge sah und Kyra vielleicht ganz beiläufig nach ihm fragen konnte.

Eis? Kaffee? Irgendwas anderes? Hab grad 'ne Pause und heimfahren vor der Arbeit lohnt sich nicht so richtig.

Ich hatte nicht einmal das Gebäude verlassen, als ihre Antwort bereits einging.

Yesss! 🖤 Sind eh grad in der Friedrichstraße, Miri wollte zu Dussmann (what else)

Miriam war mit Kyra unterwegs. Mein Herz setzte einen Schlag aus, als mein Blick auf dem einen Namen verharrte, den ich die letzten Wochen zu denken und sagen vermieden hatte – so lange zumindest, bis ich ihr vor der WG in die Arme gelaufen war. Nur um dann einfach umzukehren, ohne meine Schwester, die ich hatte besuchen wollen, überhaupt zu sehen.

Ich blieb stehen und starrte auf das Display, beide Daumen über den Tasten. Jedoch wusste ich nicht, was ich antworten sollte. Ich konnte Miriam nicht ausweichen, und mittlerweile war mir klar, dass ich das auch gar nicht wollte. Sie mit diesem Kerl zu sehen mochte der Weckruf gewesen sein, den ich gebraucht hatte, aber wenn ich ehrlich zu mir selbst war, war mir schon länger klar, dass ich meine Gefühle nicht einfach abschalten konnte. Es war kaum ein Tag vergangen, an dem nicht etwas passiert wäre, das ich ihr erzählen wollte. Dinge, zu denen ich gern ihre Meinung erfahren hätte. Aber es war nicht so, wie sie es mir vorgeworfen hatte. Ich vermisste es nicht, jemanden zu haben, bei dem ich meine Gedanken und Sorgen abladen konnte, auch wenn das ein Teil davon war. Ich vermisste sie. Ich vermisste ihre Art, auf Dinge einzugehen, die Ruhe, die sie ausstrahlte und die sich automatisch auf mich übertrug. Wenn ich an der Supermarktkasse eines dieser royalen Klatschmagazine sah, musste ich an sie denken, ebenso wie wenn vor mir auf dem Gehweg ein Kind mit Disney-Rucksack lief. Jeden Tag stolperte ich über eine Kleinigkeit, die mich an sie erinnerte. Doch selbst wenn es diese Kleinigkeiten einmal nicht gab, führten mich meine Gedanken wie von selbst zu ihr zurück.

Und doch hatte ich ihr seit der Vernissage keine Nachricht

geschickt, hatte es bei unseren Montagen im Poet's Corner vermieden, Kyra nach ihr zu fragen. Denn ich hatte sie bereits verletzt und wollte ihr keine falschen Hoffnungen machen, wo nichts sein durfte. Sie hatte schon ihre Schwester verloren, denn daran hatte sich laut Kyras Berichten nichts geändert. Wenn das mit uns nicht funktionierte, wenn ich für noch mehr Drama sorgte, würde ich ihre Beziehung zu einer weiteren Bezugsperson sabotieren. Denn so sehr Kyra Miriam liebte – ich war mir nicht sicher, was sie tun würde, wenn sie zwischen den Stühlen stünde. Kyra mochte sich nie groß für das Familienunternehmen interessiert haben, so wie es bei Noah und mir der Fall war, aber genau wie bei uns kam Familie bei ihr an erster Stelle. Das, was mir sonst Halt gab, stand mir nun im Weg. Ganz davon abgesehen, dass ich Miriam nicht in das Chaos hineinziehen wollte, das gerade mein Leben war …

»Entschuldigung?«, erklang eine Stimme hinter mir, und erst als ich aufblickte, merkte ich, dass ich die Tür blockierte.

»Sorry«, murmelte ich, als ich einen Schritt zur Seite trat, um dann hinter der Person das Gebäude zur verlassen. Draußen war es deutlich wärmer, und meine Augen brauchten eine Weile, um sich an die Helligkeit zu gewöhnen. Mein Handy vibrierte erneut, und ich schirmte das Display mit der Hand ab, um die eingegangene Nachricht lesen zu können.

Sollen wir uns bei Starbucks in der Friedrichstraße treffen? Können an die Spree 😍

Phuong killt dich, sobald du diesen Laden betrittst.

Was Phuong nicht weiß … 😏 *Außerdem ist es übelst heiß und ich brauch einen Frappuccino!*

Bin unterwegs. Aber lasst euch Zeit bei Dussmann, brauch locker 40 Minuten.

Als ob ich Miri schneller hier rauskriege 😆

Ich verließ den Campus und überquerte die Brücke über die Spree in Richtung der S-Bahn. Etwas über vierzig Minuten, und ich würde Miriam wiedersehen. Mein Herzschlag beschleunigte sich schon wieder, und ich konnte nicht anders, als über mich selbst den Kopf zu schütteln. Hatte es wirklich Abstand und diesen anderen Mann gebraucht, um das zu sehen, was vor meinen Augen war? Dass Miriam mehr war als eine bloße Freundin? Dass sie all die Zeit über mehr hätte sein können, wenn ich nicht so ein Feigling gewesen wäre? Oder lag es einfach daran, dass Miriam die Einzige war, die mir gerade ein gutes Gefühl gab? Weil ich alles andere aus meinem Leben gestoßen hatte? Aber wenn es das war, durfte ich diesem Gefühl nicht nachgeben. Doch wie sollte ich anders herausfinden, ob das, was ich zu fühlen glaubte, real war?

Ich fuhr mir durch die Haare, die warm von der Sonne waren, und versuchte, die Gedanken zu verdrängen. Die S9 fuhr ein, ich ließ mich auf einen der blauen Sitze fallen und konzentrierte mich auf den Ausdruck der Bachelorarbeit, den ich nach wie vor in der Hand hielt. Hierauf sollte ich mich fokussieren, nicht auf verpasste Chancen. Also brannte sich mein Blick förmlich in die mit Kugelschreiber verfassten Anmerkungen meiner Betreuerin, und ich blendete alle anderen Einflüsse aus.

22. KAPITEL

Miriam

Seufzend drehte ich mich zu Kyra um, die gerade ihr Handy wegpackte und zu mir ans Regal trat.

»Ich kann mich nicht entscheiden.«

Sie musterte den Stapel in meinen Armen. »Nimm das.«

Ich betrachtete das blaue Taschenbuch, auf das sie soeben gedeutet hatte. »Warum das?«

»Da sah der Buchrücken am schönsten aus.«

»Ja, aber das hier …« Ich hielt ein schwarzes, dickes Buch in die Höhe. »… ist Fantasy, und ich hab viel zu lang keine Fantasy mehr gelesen.«

»Na, dann nimm das.«

»Ja, aber das hier …« Ich deutete auf das rote Young-Adult-Buch. »… wurde von einer britischen YouTuberin, die ich mag, total gelobt.«

»Dann musst du wohl das nehmen«, sagte Kyra mit einem Schmunzeln.

Ich betrachtete die Bücher noch einmal nacheinander. »Ich glaub, ich nehm alle drei.«

»Ich würde ja versuchen, dich davon abzuhalten, weil du sparen wolltest, aber ich vermute, das hat sowieso keinen Sinn, richtig?«

»Richtig.«

Kyra lachte, und ich hob entschuldigend die Schultern.

»Wir müssen aber noch mindestens eine halbe Stunde hierbleiben. Elias ist gerade auf dem Weg zu uns, aber er war an der HTW und braucht noch 'ne Weile.«

»Elias kommt?« Mein Herz setzte einen Schlag aus, und ich umklammerte die drei Bücher in meiner Hand fester.

»Ja, ist das okay? Ich hätte gefragt, aber du bist ohne Verabschiedung in die englische Abteilung gerannt, und ich musste dich erst mal finden.«

Ich sah zurück zu meinen Büchern, mehr um mich einen Moment zu sammeln, als um über die Kaufentscheidung nachzudenken. Ich hatte mit Elias seit der Vernissage vor drei Wochen nicht mehr richtig gesprochen. Von dem verkrampften Hallo einen Tag darauf nach dem Besuch bei meiner Schwester mal abgesehen. Doch dort hatte er sich so merkwürdig verhalten, dass die Stimmung heute sicher nicht lockerer werden würde.

Ich glaubte nicht, dass er nur zufällig bei unserer WG vorbeigekommen war. Vermutlich hatte er Kyra sehen wollen und dann sofort kehrtgemacht, als ich auch dort gewesen war. Es war offensichtlich, dass er mir auswich – so wie ich Gesprächen über Elias auswich. Doch irgendwann musste ich ihm trotz meiner Blamage in die Augen blicken, das war mir klar. Vermutlich war der heutige Tag dafür so gut wie jeder andere. Aber wollte er das auch?

»Weiß er denn, dass ich dabei bin? Also nicht, dass er was mit dir allein machen wollte.«

»Wieso sollte er?«, fragte Kyra sichtlich verwirrt. »Aber ja, hab geschrieben, dass wir beide hier sind. Also ist's okay?«

Mit einem Lächeln nickte ich, obwohl ich merkte, wie ich mich vor Nervosität anspannte.

»Klar ist das okay. Und ich nehm wirklich alle drei. Ich geh kurz bezahlen, und dann können wir ja ins Erdgeschoss zur

Musik oder so, dann schnappst du dir ein paar Platten und hast auch noch was davon.«

Kyra nickte, und ich ging schnellen Schrittes zur Kasse, bevor mein Gesicht meine Gefühle preisgeben konnte.

Etwas über eine halbe Stunde später standen wir vor Starbucks und warteten auf Elias. Ich war nervös. Ich spürte es an meinen warmen Wangen, was ich immerhin auf die Hitze schieben konnte, und daran, dass ich meinen Herzschlag fühlte, ohne die Hand auf meine Brust legen zu müssen. Und dann sah ich ihn in einiger Entfernung schräg gegenüber auf der anderen Straßenseite an der Ampel, die gerade auf Grün schaltete. Dank des Wetters und der Uhrzeit war es unglaublich voll, und doch hätte ich Elias inmitten Hunderter Passanten ausmachen können, da er sich wie immer mit einem ausgeprägten Selbstbewusstsein bewegte. Jede Bewegung wirkte präzise und elegant, und doch wusste ich, dass auch er sich manchmal fehl am Platz fühlte. Ich dachte, ihn so lange nicht zu sehen, hätte dafür gesorgt, dass meine Gefühle abgeschwächt waren, doch mein Körper zeigte mir deutlich, dass das Gegenteil der Fall war. Als litte er unter Entzugserscheinungen, konnte ich den Blick nicht von Elias lassen, während er die letzten Meter auf uns zuschritt.

Bleib stark.

Was leichter gewesen wäre, wenn er nicht so gut aussähe oder mit einem so warmen Lächeln auf uns zugelaufen käme. Er trug ein khakifarbenes Shirt und schwarze Jeans. Bei uns angekommen umarmte er erst Kyra, dann mich. Völlig überrumpelt von seiner Berührung hielt ich die Luft an, und doch konnte ich ihn und den sanften Duft seines Parfums riechen. Umarmte er mich nur, um vor Kyra den Schein zu wahren, oder war für ihn wirklich wieder alles beim Alten? Ich biss mir auf die Innenseite meiner Wange und zwang mich, ruhig zu atmen und mich aus der Umarmung zu lösen. Am liebsten hätte ich ihn festgehalten, so gut fühlte es sich an, endlich wieder in seiner Nähe zu sein. Ich schluckte, sah zu Boden und war froh, dass Kyra direkt das Wort ergriff und so Elias' Aufmerksamkeit forderte.

»Wie sehr hasst deine Betreuerin, was du geschrieben hast?«

»Bitte? Sie hat es nicht gehasst. Sie hatte nur ein paar Anmerkungen zu Stellen, die ich noch ausbessern kann.«

»Cool, dann hast du dir den Belohnungskaffee ja verdient.«

»Bei der Hitze wird's wohl eher ein Frappuccino.«

»Miri hat auch schon wegen des Wetters rumgeheult. Freut euch doch einfach, dass der Sommer zurück ist. Ich will so schnell wie möglich an den See.«

»Ja, würde ich so schnell braun werden wie du, würd ich mich auch auf den See freuen«, gab ich zurück.

»Wir nehmen Sonnencreme und einen Schirm mit, und du hast Bücher und kannst im Schatten lesen. Klingt nach einem perfekten Tag für uns beide.«

»Nach den Klausuren«, versprach ich.

»Erinnere mich nicht …«

»Noch nicht gelernt?«, fragte Elias mit Seitenblick auf seine Schwester und hielt uns die Tür zum Café auf.

»Nicht so viel, wie ich sollte. Miriam schreibt schon seit zwei Wochen Lernzettel.«

»Muss ich auch, ich hab einfach kein Zahlengedächtnis und muss für Anglistik so viele Jahreszahlen lernen.«

»Ich beneide euch nicht, ich bin echt froh, wenn ich's bald geschafft hab«, sagte Elias.

Um dann Vollzeit einer Arbeit nachzugehen, die dich nicht mehr erfüllt?

Ich sprach die Gedanken nicht aus, denn es ging mich nichts an. Die Zeit, in der ich ihm Ratschläge gegeben hatte, war vorbei. Wir waren nicht einmal mehr Freunde. Wie bis vor wenigen Monaten war er nur der Bruder meiner besten Freundin – und er hatte sich entschieden. Also sagte ich nichts, bestellte bei der Barista meinen Eistee und wartete anschließend mit den anderen beiden auf die Getränke. Kyra und Elias unterhielten sich weiter über seine Bachelorarbeit, und ich hörte mit halbem Ohr zu und bemühte mich, nicht ständig zu ihm zu sehen. Wann immer ich es jedoch tat, traf mein Blick seinen.

Es hat nichts zu bedeuten.

Ich wusste, dass es nichts zu bedeuten hatte, das hatte Elias mehr als deutlich gemacht. Doch meinen Körper interessierte das leider überhaupt nicht, er reagierte trotzdem darauf.

»Ein Hibiscus Tea für Miriam?«

Ich hob die Hand, und die Barista stellte das Getränk vor mir auf der Theke ab.

»Danke«, sagte ich, als sie sich bereits abwandte, um Kyra und Elias ihre Getränke zu geben.

Wir waren kaum zurück auf die Straße getreten, als Kyra neben mir zum Stehen kam.

»Alles okay?«, fragte ich, als ich ihren kritischen Blick sah.

»Sie hat Chirah geschrieben«, antwortete sie und hielt mir ihren Becher entgegen.

»Ich hab mal gelesen, dass sie das absichtlich machen, damit Leute die falschen Namen fotografieren und auf Instagram stellen«, meinte Elias.

Kyra sah ihren Bruder an und zog sich die Tasche über die Schulter, in der sie soeben mit der freien Hand gewühlt hatte.

»Wolltest du gerade dein Handy rausholen und genau das tun?«, fragte er mit einem Grinsen.

»Klappe«, murmelte Kyra und ging mit einem Schmunzeln auf dem Gesicht voraus in Richtung Spree.

Morgen würde ich definitiv einen Sonnenbrand haben, das stand außer Debatte. Wir waren die letzte halbe Stunde am Wasser entlangspaziert, begleitet von den Klängen von Musikern und den Geräuschen der Touristengruppen auf den Booten. Ich hatte mich ab und an in die Unterhaltung eingeklinkt, Elias die neuen Bücher gezeigt, mich sonst aber bedeckt gehalten. Es war schwer genug, so neben ihm herzulaufen, auch wenn ich Kyra als Puffer zwischen uns hatte. Ich fühlte mich nicht mehr schlecht, und auch die Schamgefühle waren weniger geworden, doch es schmerzte immer noch.

»Ich muss leider langsam los ins Büro«, meinte Elias mit Blick auf seine Uhr.

Kyra nickte. »Ich muss auch nach Hause, Phuong und ich wollten heute Abend feiern gehen, und ich hab noch die neue Folge zu schneiden.«

»Thema?«

»Finanzen.«

Elias verzog das Gesicht. »Klingt trocken.«

»Ist es aber nicht! Ich hab eine Gründerin dazu interviewt. Sie gibt Kurse für Frauen, die auch gründen wollen, und hat mich total motiviert, mich mit meinen Finanzen auseinanderzusetzen und mein Geld vielleicht zu investieren.«

»Dein Geld? Welches Geld?«, fragt Elias.

»Oh, haha.« Kyra boxte ihren Bruder gegen den Oberarm. »Das, das ich in Zukunft sicher haben werde, irgendwann. Hör's dir einfach an.«

»Mach ich doch eh«, sagte er und wandte sich dann mir zu. »Was steht bei dir heute an?«

»Ähm … ich fahr noch ins Waldfriede.«

»Ich finde es immer noch bewundernswert, dass du freiwillig so viel Zeit im Krankenhaus verbringst. Seit unser Vater da lag, mag ich den Ort noch weniger als vorher.«

Ich hob die Schultern, da ich keine Antwort darauf wusste. Was sagte man da? Danke? Wieso verunsicherte er mich nur so sehr? Wieso konnte ich keine normale Unterhaltung mit ihm führen, als ob alles in Ordnung wäre? Elias war noch dieselbe Person wie zuvor, und doch hatte ich das Gefühl, als wäre jedes Thema ein Minenfeld. Als könnte jede Antwort ihm das Gefühl geben, dass ich die Sache nicht unter Kontrolle hatte. Als könnte jede seiner Antworten dafür sorgen, dass ich die Sache wirklich nicht mehr unter Kontrolle hatte. Ich verfluchte mich in Gedanken selbst und verfiel auf dem Weg zurück zur Friedrichstraße wieder in Schweigen.

»Ich muss runter.« An der Haltestelle angekommen deutete Kyra zu den Treppen, die zu den U-Bahn-Gleisen führten. »Ihr nehmt die S, oder?«

Elias nickte und sah mich fragend an, woraufhin ich auch nickte. »S1, ja.«

»Hey, ich auch. Dann können wir ja ein Stück zusammen fahren.«

Juhu. Zeit allein mit Elias, wenn auch nur für wenige Minuten. Das war genau das, was ich brauchte. Ich rang mir ein Lächeln ab. »Cool.«

Ich schaffte das. Was war schon dabei?

»Bis Montag, Ky.« Elias umarmte seine Schwester zum Abschied.

»Bis später, Miri«, sagte sie dann zu mir. »Und wenn du es dir mit dem Feiern anders überlegst, gib Bescheid. Aber ich schätze, die neuen Bücher gewinnen heute?«

Mein Schmunzeln war ihr Antwort genug, und sie winkte uns noch einmal zu. »Ciao!« Dann nahm sie die Treppen zur U6, und Elias und ich standen allein in der Halle. Er räusperte sich und richtete den Blick auf mich. Vielleicht bildete ich es mir ein, aber plötzlich wirkte er nicht weniger nervös als ich. Schweigend nahmen wir die Stufen zur S-Bahn. Oben angekommen huschte mein Blick zur Anzeige. Sechs Minuten, na toll. Sechs Minuten des unangenehmen Schweigens. Ob ich behaupten sollte, etwas im Park vergessen zu haben? Ich schluckte. Nein. Ich musste das schaffen, wenn ich wollte, dass es sich jemals wieder normal anfühlte, wenn Elias die WG besuchte oder wir etwas in der Gruppe unternahmen. Denn der kurze Moment nach meinem Treffen mit Finn hatte sich ganz und gar nicht normal angefühlt. Das konnte so nicht weitergehen.

»Tut mir leid, dass ich euch bei eurem Treffen gestört habe«, sagte Elias plötzlich.

»Du hast uns nicht gestört, Kyra und ich waren eh nur Bücher shoppen.«

»Das meine ich nicht«, erwiderte er und sah aus, als würde es ihm komplett widerstreben, weiterzusprechen. Er tat es dennoch. »Ich meinte diesen Kerl und dich bei eurem … Date.«

Das letzte Wort klang beinahe wie eine Frage, und ich musste aufpassen, nicht laut aufzulachen. Deshalb die komische Reaktion seinerseits? War er eifersüchtig? Wohl kaum. Aber was sollte sein Verhalten dann?

»Das war kein Date, das war Finn – und nicht, dass ich mich rechtfertigen müsste, aber er hat mir bei der Sache mit meiner Schwester geholfen.«

Für einen kurzen Moment starrte Elias mich einfach nur an, dann fuhr er sich übers Gesicht und nuschelte irgendetwas, das ich nicht verstand. Als er die Hand wieder neben seinen Körper fallen ließ, meinte ich, etwas wie Erleichterung in seinem Blick zu sehen.

»Also ist bei dir und deiner Schwester wieder alles in Ordnung?«

Sah er deshalb erleichtert aus? Weil er glaubte, dass sich der

Streit mit Louisa gelegt hatte? Oder steckte doch mehr dahinter? Ich musterte ihn, doch seine Mimik ließ auf keinen seiner Gedanken schließen.

»Nicht wirklich. Aber zumindest hab ich jetzt alles versucht.«

»Ich hoffe, es klärt sich bald.« Er lächelte mir kurz zu, dann blickte er zu Boden. Erneut legte sich Schweigen über uns. Noch vier Minuten, bis die Bahn kam. Ich nahm meinen Mut zusammen und sprach das Erste aus, was mir in den Sinn kam.

»Kyra hat erzählt, du hast gekündigt.«

Klasse, Miriam. Ich mochte nicht viel über Small Talk wissen, aber ich war mir sicher, dass er nicht so funktionierte. So wie ich das gerade gesagt hatte, klang es nicht einmal wie eine Feststellung, sondern mehr nach einer Anklage.

Elias nickte. »Hab ich, ja.«

»Wieso?«

Kurz sah er an mir vorbei in Richtung der Gleise, bevor er meinen Blick erwiderte. »Weil alles zu viel wurde und ich die eigentliche Arbeit vernachlässigt habe.«

»Hm«, machte ich und musterte sein Gesicht. Ich sah seinen Kiefer mahlen. »Und was ist mit dem Studio? Und dem Event?«

»Das kommt beides auch ohne mich klar.«

»Und die Kids, die dir so viel bedeuten, die auch?«

Er stieß eine Mischung aus Schnauben und Lachen aus, und das Lächeln, mit dem er mich vorhin noch bedacht hatte, wich aus seinem Gesicht.

»Müssen sie wohl. Ich werd nicht zum Event gehen. Denkst du, mir fällt das leicht?«

»Ne, tu ich nicht. Ich denke, dir geht es ziemlich schlecht damit.«

»Dann danke, dass du es mir unter die Nase reibst.«

Am liebsten hätte ich Elias gepackt und geschüttelt. Stattdessen verschränkte ich die Arme vor meiner Brust und baute mich vor ihm auf, so gut das bei meiner Körpergröße nun einmal ging. »Ich reibe es dir nicht unter die Nase, damit du dich schlecht fühlst, sondern damit du siehst, was eigentlich so offensichtlich ist, seit du mir das erste Mal von allem erzählt hast.«

»Und das wäre?«

»Dass du mit der Entscheidung nicht glücklich bist.«

»Denkst du, das weiß ich nicht?«

»Aber wieso hast du dann gekündigt?«

»Weil das Leben nicht schwarz und weiß ist. Es gibt nicht die eine richtige und die andere falsche Entscheidung. Egal, wie ich entschieden hätte, ich hätte Menschen verletzt, also hab ich die Entscheidung mit dem geringsten Kollateralschaden genommen. Ist das wirklich so schwer zu verstehen?« Ich schüttelte den Kopf, und Elias zog die Brauen zusammen. »Was?«

»Das glaub ich nicht. Das hast du dir eingeredet, ja, aber du kannst doch gar nicht wissen, wie deine Familie reagieren würde.«

»Mein Vater braucht mich.«

»Dein Vater braucht jemanden, ja. Nicht zwingend dich. Nicht für den Job. Denkst du nicht, dass er auch will, dass du glücklich bist? Er sagt, dass er dich braucht, weil er glaubt, dass die Firma das ist, was du willst. Woher soll er auch wissen, dass das nicht der Fall ist? Woher soll irgendjemand aus deinem Umfeld das wissen? Weißt du, wie blöd es sich anfühlt, wenn jemand, der dir nahesteht und von dem du dachtest, dass ihr euch alles sagen könnt, etwas so Großes vor dir geheim hält und sich dir gegenüber nicht öffnet?« Ich hielt inne und schluckte den Kloß in meiner Kehle hinunter. Als ich die Worte ausgesprochen hatte, waren meine Gedanken bei Louisas Schweigen gewesen, doch das war auch genau das, was ich meiner Familie gegenüber getan hatte. »Ich glaub, du willst gar nichts an deiner Situation ändern. Und dass du niemanden zum Reden hast, stimmt auch nicht. Du hast Geschwister, die immerhin noch mit dir sprechen – und nichts würde das ändern. Du denkst, Noah wäre enttäuscht und er und deine Eltern würden doof reagieren, aber du gibst ihnen nicht einmal die Chance, dir das Gegenteil zu beweisen. Weil du Angst hast.«

Ich holte Luft und war selbst überrascht von meinem plötzlichen Redeschwall. Elias offensichtlich auch, denn er musterte mich schweigend. Auch wenn ich mich nach diesem Ausbruch am liebsten in mir selbst verkrochen hätte, hielt ich seinem Blick stand. Ich hatte mich schon bis auf die Knochen blamiert, indem ich ihn geküsst und unsere gesamte Beziehung zueinander falsch gedeutet hatte, da kam es darauf auch nicht mehr an.

In meinem Rücken hörte ich das Rattern der nahenden Straßenbahn. Die restlichen Leute auf dem Steig drängten sich näher in Richtung Gleis, als hätten sie um diese Uhrzeit die Chance, einen Sitzplatz zu ergattern.

»Du hast eben gesagt, dass es beschissen ist, wenn jemand, den du liebst, etwas vor dir verheimlicht und sich dir gegenüber nicht öffnet«, sagte Elias so leise, dass es über den Lärm der Bahn kaum zu hören war. »Aber solltest du gerade dann nicht auch ein bisschen verstehen, wie deine Schwester sich fühlt?«

Die Bemerkung traf mich wie eine Ohrfeige, da das die eine Sache war, die ich Louisa in dem Brief eingeräumt hatte, die eine Sache, die mir wirklich leidtat. Dennoch hatte es nichts gebracht, ich hatte noch nichts von Louisa gehört.

»Immerhin habe ich das erkannt und mich sowohl meinen Eltern als auch Louisa gegenüber geöffnet. Es mag gutes Zureden von Finn gebraucht haben, aber ich habe etwas unternommen, bin für mich eingestanden. Du hingegen weichst all dem einfach aus«, sagte ich und erschrak darüber, wie resigniert ich klang. Es sollte mich nicht so sehr mitnehmen.

Die Bahn kam neben uns zum Stehen, und die gelben Türen glitten auf. Einen Augenblick standen wir beide noch dort, schwiegen, wurden von den in die Bahn eilenden Passanten angerempelt und sahen uns einfach nur an. Dann unterbrach Elias den Blickkontakt eine Sekunde, bevor die Türen zu piepsen begannen, und wir stiegen ein, ohne ein weiteres Wort zu wechseln. Ebenso schweigend standen wir da, als die Bahn wieder anfuhr. Ich griff nach der Stange, um mich festzuhalten, und meine Finger berührten Elias' Hand, mit der er ebenfalls das Metall umschlossen hielt. Unsere Blicke trafen sich, und wenn ich es nicht besser wüsste, hätte ich aus seinem all die Emotionen herausgelesen, die auch in meinem Inneren tobten. Denn Elias sah mich mit einer Mischung aus Verlangen, Sehnsucht und Verwirrung an. Das zumindest hätte ich noch vor Kurzem aus seiner Miene gelesen, nach seiner Abfuhr jedoch wusste ich, dass ich nur projizierte und sah, was ich sehen wollte.

Frustriert wandte ich den Blick ab und starrte durch das Fenster auf die vorbeiziehende Szenerie. Als die Computerstimme den Potsdamer Platz ankündigte, räusperte Elias sich, und ich drehte mich wieder ihm zu.

»Also dann …«, sagte er.

»Viel Spaß auf der Arbeit«, erwiderte ich.

Elias nickte langsam, und auf sein Gesicht legte sich ein grimmiger Ausdruck. Dieser erst führte mir vor Augen, dass meine Worte, die als Floskel dahingesagt waren, auf ihn wie Hohn wirken mochten. Ich zog die Augenbrauen zusammen. »Das war nicht doof gemeint.«

Er winkte ab. »Ist okay.«

Wir fuhren in den S-Bahnhof ein. Als sich die Türen öffneten, drehte sich Elias noch ein letztes Mal zu mir um. »Es war schön, dich zu sehen, Miri.« Dann verschwand er nach draußen, die Türen schlossen sich, und ich blieb perplex zurück.

Er fand es schön, mich zu sehen? Nachdem ich ihm gerade mitten am Gleis eine Standpauke gehalten und mich in seine Angelegenheiten eingemischt hatte? Obwohl die Stimmung zwischen uns mehr als merkwürdig war, weil ich all seine Worte und Gesten überinterpretiert hatte? Auch wenn ich nach wie vor der felsenfesten Überzeugung war, dass ich mit meinen Worten genau ins Schwarze getroffen hatte, plagte mich das schlechte Gewissen. Familie war Elias das Wichtigste, so wichtig, dass er anscheinend nicht sah, dass das andersrum genauso galt und sein Wohl bei seiner Familie mit an erster Stelle stand. Ich wusste, dass Kyra und Noah ihn verstehen würden, aber ich konnte Elias nicht zu seinem Glück zwingen. Ich konnte ihm höchstens einen Schubs in die richtige Richtung geben. Denn egal was zwischen uns war, wenn ich eines nicht wollte, dann war es, diesen resignierten Gesichtsausdruck eine Sekunde länger an ihm zu sehen – ein Ausdruck, der besagte, dass er bereits aufgegeben hatte.

Vielleicht war ich wirklich zu nett, so wie es mir immer wieder gesagt wurde, vielleicht verzieh ich zu schnell. Aber brauchten wir wirklich einen guten Grund, um anderen Menschen zu helfen?

Die Bahn kam an der Yorckstraße zum Stehen, die Türen glitten auf, und im letzten Moment sprang ich nach draußen.

23. KAPITEL

Miriam

Das Studio empfing mich mit angenehmer Kühle und leiser, aber energiegeladener Musik. Es war recht leer, zwei Männer standen links von mir vor einem roten Boxsack, und durch die Scheiben zu meiner Rechten konnte ich eine Gruppe im Raum nebenan ausmachen, die trainierte. Mein Blick wanderte durch die Halle und landete auf einem großen, breitschultrigen Mann, der den Boden mit dünnen Matten auslegte. Als die Tür hinter mir ins Schloss fiel, entdeckte er mich und kam mit einem sympathischen Lächeln auf mich zu.

»Hi, du bist neu hier, oder?«

Ich nickte.

»Ich bin Marc, freut mich! Bist du für eine Probestunde gekommen?«

»Ähm, nein.« Ich zögerte. Das war Marc, ihm gehörte also das Studio, wenn ich mich recht erinnerte. Wie sollte ich ihm klar machen, wieso ich hier war? Vielleicht hätte ich das alles besser durchdenken sollen, anstatt einem Impuls zu folgen. Ich war auf halber Strecke zum Krankenhaus umgekehrt und zum Studio aufgebrochen.

»Ich bin für Elias hier.«

Marc zog die Augenbrauen fragend zusammen, sagte jedoch nichts.

»Ich bin eine …« Erneut zögerte ich. »… eine Freundin von

ihm, und ich weiß, dass es ihm nicht gut damit geht, dass er gekündigt hat.« Ich verschränkte die Arme vor der Brust und hob die Schultern an.

»Okay«, erwiderte Marc gedehnt, als ich nicht weitersprach. »Und da kann ich dir wie genau helfen?«

»Ich weiß auch nicht, ich … Keine Ahnung, aber Elias fehlt das hier wirklich, und er sagte, dass er nicht einmal zu dem Event kommen mag, vermutlich aus schlechtem Gewissen.«

»Eher weil Marlon ihm offensichtlich gedroht hat, sonst nicht zu kommen.«

Beinahe synchron stießen Marc und ich ein Seufzen aus.

»Ihm liegt wirklich viel an dem Studio, an dir und insbesondere an den Kindern, die er trainiert hat.«

»Ich weiß«, entgegnete Marc.

»Das Event findet doch nach wie vor statt, oder?«

Marc legte den Kopf schief und musterte mich. »Warte, bist du Miriam?«

Ich nickte und bemerkte erst jetzt, dass ich mich gar nicht vorgestellt hatte.

»Also muss ich mich bei dir für die Idee bedanken. Es sind echt alle Feuer und Flamme, und mittlerweile hat sich jeder auf dem Gelände in irgendeiner Form bereiterklärt, mitzumachen. Also ja, das findet statt.«

Meine Schultern senkten sich, als ein Teil der Anspannung meinen Körper verließ. Immerhin diese Sache lief nach Plan.

»Wie geht es Elias? Ich hab ihn seit seinem letzten Kurs nicht mehr gesehen.« Marc blickte nach links zu dem Raum, in dem die Truppe trainierte. »Die Kids vermissen ihn, ich glaub, zu Lennart haben sie einfach nicht so 'nen Draht wie zu ihm.«

»Sind sie da drin?«

»Ja, donnerstags ist einer der Kurse. Trainieren grad für das Event, falls du mal reinschauen magst.«

»Das ginge?«

»Klar. Kannst direkt Feedback dalassen. Die Motivation ist ziemlich flöten gegangen, seit Elias weg ist.« Marc musterte mich. »Sag ihnen nur besser nicht, was du mir grad gesagt hast. Dass Elias nicht zum Event kommen mag, mein ich. Glaub, das würd sie runterziehen.«

»Ist notiert.« Ich nickte, und Marc führte mich zu dem Raum mit den Glasscheiben, die fast die gesamte Wandseite ausfüllten.

»Alle mal herhören«, sagte er einige Töne lauter, als er die Tür nach innen aufstieß. Wie auf Kommando hielt die Gruppe in der Bewegung inne und blickte zu Marc. »Das hier ist Miriam. Sie hatte die Idee mit der Show und würd sich gern mal angucken, was ihr bisher so auf die Beine gestellt habt. Also gebt euch Mühe, das ist jetzt quasi eure Generalprobe.«

»Ich dachte, die haben wir nächste Woche«, gab ein braunhaariger Junge zurück.

»Jetzt habt ihr zwei. Außerdem mag niemand Klugscheißer, Marlon.«

Der Junge rollte mit den Augen, musste aber schmunzeln. Das war also Marlon, von dem Elias bereits erzählt hatte. Eines der Kinder, zu dem er eine enge Bindung aufgebaut hatte und das sich, so hatte Elias zumindest gemutmaßt, das Studio nicht weiter würde leisten können.

»Okay, dann alle auf Position«, rief der Mann links neben Marc, den ich bislang gar nicht wahrgenommen hatte. Das war dann wohl Lennart. Ein paar Pratzen wurden in die Ecken gekickt, und das Dutzend Kinder stellte sich mit etwas Abstand im Raum verteilt auf. Marc legte mir eine Hand auf die Schulter, zwinkerte mir zu und ging nach draußen. Der andere Mann schaltete an der Anlage in der Ecke die Musik an, und mit dem ersten Ton begann die Gruppe mit der Choreografie.

Ich hatte nicht den Hauch einer Ahnung vom Boxen und konnte demnach nicht sagen, ob die Schläge gut ausgeführt waren, doch was ich auf Anhieb sah, war, dass die Truppe für die Kürze der Zeit, die ihnen zur Verfügung gestanden hatte, wirklich synchron war. Sie waren gut. Was mir jedoch genauso wenig entging, war der grimmige Gesichtsausdruck auf Marlons Gesicht, denn auch wenn ich versuchte, der Gruppe als Ganzes zuzusehen, huschte mein Blick doch immer wieder zu ihm. Obwohl er die Bewegungen alle präzise ausführte, wirkten sie kraftloser als bei den anderen Kindern, so als nähmen sie ihm Energie, anstatt sie ihm zu geben.

Nach etwa drei Minuten endete das Lied, und die Kinder und Jugendlichen kamen schwer atmend zum Stehen. Zwei in der hinteren Reihe stützten die Hände auf den Knien ab und schnauften. Ich konnte es ihnen nicht verübeln, mit Sicherheit hatten sie das Ganze heute schon mehrere Male geprobt und sich nun besonders angestrengt, weil ich als Außenstehende zusah. Ich klatschte in die Hände, und Lennart warf mir ein Lächeln zu.

»Das war wirklich super!«

»Ja?« Ein Junge in der vorderen Reihe sah mich strahlend an. »Und Lennart, hast du gesehen, ich hab die Drehung hinbekommen!«

»Ja, hab ich«, erwiderte dieser grinsend. »So, das war es auch für heute. Packt eure Sachen zusammen und schafft euch nach Hause. Oh, und bitte duscht vorher. Bei den Temperaturen ist Straßenbahnfahren schon nervig genug, niemand will euren Mief dabei haben.«

Ich schmunzelte, als ein paar Kinder die Augen verdrehten. Anscheinend war Lennarts Hinweis berechtigt.

»Hey, Marlon?«, fragte ich, als der braunhaarige Junge sich gemeinsam mit seinem Freund dem Ausgang näherte.

»Ja?« Skeptisch sah er mich an, und obwohl ich einen Kopf größer und ein gutes Stück älter war, überraschte mich, wie erwachsen er klang. Ich war mir ziemlich sicher, dass ich in seinem Alter anders aufgetreten war, insbesondere Erwachsenen gegenüber.

»Können wir kurz reden oder musst du los?«

Er zuckte mit den Schultern. »Klar. Hab's nicht eilig.«

Sein Freund sah von ihm zu mir. »Kann ich bleiben oder soll ich lieber raus?«

»Ne, bleib ruhig, …«

»Julius«, warf er ein, als ich ihn fragend ansah.

»Es geht um Elias«, sagte ich und behielt Marlons Miene im Blick. Bei der Erwähnung von Elias' Namen verzog er den Mund.

»Schickt er dich jetzt etwa vor, um sich zu entschuldigen, oder wie?«

»Was? Nein. Ich bin hier, weil ich mit euch reden wollte, oder besser gesagt, insbesondere mit dir.«

»Aha, und worüber?« So wie er vor mir stand, die Arme vor der Brust verschränkt, wirkte er plötzlich beinahe einschüchternd. Als hätte er von einer auf die andere Sekunde meterhohe Mauern errichtet.

»Über Elias.«

»No front, aber kein Interesse.«

»No front?«

»Heißt so was wie ›ist nicht böse gemeint‹«, erklärte Julius.

»Ähm, okay. Aber gib mir wenigstens fünf Minuten«, sagte ich und ging einen Schritt nach rechts, sodass ich zwischen Marlon und dem Ausgang stand. Er musste mir zuhören. Ich wusste, dass ich Elias nichts schuldig war, aber das hier war die eine Sache, bei der ich ihm helfen konnte. Zumindest glaubte und hoffte ich das.

Marlon erwiderte nichts, nickte aber.

»Elias hat euch wirklich, wirklich gern, und er vermisst euch und die Arbeit hier enorm«, begann ich. »Er weiß auch, wie sehr es euch verletzt hat, dass er einfach gegangen ist.«

»Hätte er ja nicht machen müssen«, unterbrach Marlon mich.

»Stimmt, hätte er nicht. Aber manchmal tut man dumme Dinge, weil man sie für den einzig richtigen Weg hält.«

»Okay, und was hab ich damit zu tun?«

»Ich glaube, du könntest ihm helfen.«

Marlon schnaubte, doch ich überging das Geräusch ebenso wie seine abwehrende Haltung. »Elias ist sich nicht sicher, ob er zu der Show kommen soll und ...«

»Was, aber er hat es versprochen! Er muss kommen!« Julius sah mich mit geweiteten Augen an. »Wir haben uns die zu dritt ausgedacht, er kann nicht einfach nicht kommen!«

»Ja, und deshalb bin ich hier. Ich glaube, er hat Angst, dass ihr ihn nicht hier haben wollt, und er steht sich selbst im Weg.«

»Vielleicht will ich ihn ja auch nicht hier haben«, erwiderte Marlon.

Julius stieß ihn mit dem Ellbogen in die Seite. »Ey, komm schon.«

»Was denn? Wenn er uns im Stich lässt ...«

Ich seufzte. Okay, das war schwieriger, als ich erwartet hatte.

»Ihr seid ihm wirklich wichtig. Das ganze Studio ist ihm wichtig, und ich weiß, dass er gerade nicht glücklich ist. Kennt ihr das denn nicht, wenn ihr aus Trotz oder Sturheit manchmal eine dumme Entscheidung trefft und das Gefühl habt, dass ihr sie nicht rückgängig machen könnt? Manchmal braucht es einen Freund oder jemand anderen, der einem dann hilft. Ich hab das ziemlich oft, und meine Freundinnen helfen mir, etwas klarer zu sehen. In ein paar Wochen schreib ich zum Beispiel Klausuren, und ich weiß schon jetzt, dass ich beim Lernen verzweifeln werde, aber auf meine Mitbewohnerin zählen kann, dass sie mir dabei hilft, klarer zu sehen. Sie spricht mir Mut zu und hilft mir aus meinem negativen Denken raus.«

»Und das soll ich jetzt bei Elias machen, oder was?« Marlon wirkte alles andere als überzeugt.

»Ich hatte einfach gehofft, dass wir ihm zeigen können, was er hier alles erreicht hat. Seit er hier zu arbeiten angefangen hat, hat er so glücklich gewirkt, ganz anders als jetzt. Ich kann verstehen, wenn ihr enttäuscht von ihm seid, aber glaub mir, er selbst ist viel enttäuschter von sich. Wenn er schon nicht wieder hier anfangen kann oder will, fände ich es schön, wenn er zumindest sieht, was ihr gemeinsam auf die Beine gestellt habt. So ist es wenigstens ein schöner Abschluss.«

Meine letzten Worte trugen definitiv nicht dazu bei, dass sich Marlons Laune besserte, aber ich hatte ihm auch keine falschen Hoffnungen machen wollen. Ich wusste nicht, ob Elias dazu zu bewegen war, seine eigentlichen Träume in die Tat umzusetzen. Das lag allein in seinen Händen. Aber wenn ich ihm dabei helfen konnte, mit sich selbst mehr im Reinen zu sein, wollte ich das tun.

Marlon jedoch presste die Lippen aufeinander und sah mich prüfend an. »Warum sagst du ihm das nicht alles?«

»Hab ich«, antwortete ich ehrlicherweise.

»Hat nicht so gut geklappt, was?«

»Nein.«

»Und warum sollte er dann auf mich hören?«

»Weil du ihm wichtig bist und du mehr von all dem hier verstehst.« Ich deutete mit den Händen durch den Raum, als könnte ich das gesamte Studio umfassen.

Eine Weile sah mich Marlon nur an. So lange, dass sogar Julius ihn abwartend musterte. Dann schüttelte er den Kopf. »Nö. Wir sollten Elias nicht anbetteln müssen, damit er zu der Show kommt. Wenn wir ihm nicht wichtig genug sind, dass er von selbst kommen will, kann er auch wegbleiben, sorry.«

»No front, nehm ich an«, murmelte ich.

»Was?«

»Nichts.« Ich konnte es ihm ja nicht einmal verübeln. An seiner Stelle hätte ich vermutlich genauso reagiert.

»Können wir jetzt gehen?«, fragte Marlon, die Arme nach wie vor vor der Brust verschränkt.

Mit einem Seufzen trat ich zur Seite und nickte. »Klar. Danke trotzdem.«

Ohne noch mehr Zeit zu verlieren, trat Marlon aus der Tür, und nach einem letzten entschuldigenden Blick zu mir folgte Julius ihm.

Immerhin hast du es versucht.

Nur dass mein Versuch nicht ausreichte. Offensichtlich tat er das nie. Weder bei meiner Schwester noch bei Elias.

24. KAPITEL

Elias

»Bis morgen, Elias!«

»Bestell deinem Vater liebe Grüße!«

»Bis dann«, verabschiedete ich mich von den anderen, verließ das Büro und ging schnurstracks auf den Aufzug zu. Zum Treppenlaufen war es heute eindeutig zu heiß. Die Türen glitten auf, und ich betrat den Fahrstuhl, der im Inneren verspiegelt war.

Mein Anblick ließ mich gleich noch ein wenig mehr in mich zusammensinken. Ich sah aus wie überfahren, was wohl kein Wunder war, wenn ich bedachte, dass ich das ganze Wochenende über an meiner Bachelorarbeit gesessen und heute ein Kundentelefonat nach dem anderen geführt hatte. Immerhin war kein Video Call dabei gewesen. Meine Stimme hatte ich deutlich besser unter Kontrolle als mein Gesicht, dem man nur zu deutlich ansah, wie dringend ich in mein Bett wollte. Nur dass das keine Option war, denn der Grund dafür, dass ich heute bereits vor vier Uhr das Büro verließ, hieß Statistik und brachte mich zur Verzweiflung.

»Hey, warte«, rief jemand, und ich schob den Fuß zwischen die sich soeben schließenden Türen.

»Danke!« Bernd stellte sich zu mir in den Aufzug. »Meine Enkelin hat heute Theateraufführung im Kindergarten, deswegen breche ich auch schon auf.« Er lächelte stolz und erzählte mir von dem fünfjährigen Mädchen. Ich nickte hin und wieder und gab an den hoffentlich richtigen Stellen interessierte Laute von mir, aber meine Aufnahmefähigkeit war gleich null. Glücklicherweise schien Bernd das nicht zu bemerken, denn unten angekommen beendete er seine Erzählung, verabschiedete sich und machte sich dann an dem Schloss seines Fahrrads zu schaffen. Ich hatte meines sicherheitshalber zu Hause im Innenhof stehen lassen, weil ich die Augen heute Morgen trotz zwei Tassen Kaffee kaum hatte aufhalten können, und so machte ich mich auf den Weg zur Bahn. Weit kam ich allerdings nicht, da mein Blick auf ein mir nur zu gut bekanntes Gesicht fiel.

»Marlon«, sagte ich überrascht. »Was machst du denn hier?«

»Was, was ich nachher voll bereue«, erwiderte er, und sein Tonfall klang alles andere als begeistert. Bei genauerer Betrachtung verstärkte seine Mimik diesen Eindruck, denn er sah aus zusammengekniffenen Augen zu mir auf.

»Deine Freundin war da.«

»Meine Freundin?«

»Diese Miriam.«

»Miriam? Im Studio?«

Marlon nickte, und ich stutzte. Miriam war ins Studio gefahren? Wann? Und vor allem: wieso? Die bloße Erwähnung ihres Namens reichte aus, um all die Müdigkeit von mir abfallen zu lassen.

»Ja, sie hat sich die Choreo angeschaut. Immerhin einer interessiert sich, wie die läuft.«

Ich atmete schwer aus. »Ich interessiere mich auch dafür, wie sie läuft.«

»Wirklich? Oh, dann hab ich wohl nur verpasst, dass du da warst. Dachte irgendwie, du hast vor fast 'nem Monat gekündigt und dich dann nicht mehr blicken lassen.« Er schlug sich mit der flachen Hand gegen die Stirn. »Mein Fehler. Aber du hast uns ja beigebracht, für das zu kämpfen, was wir wollen, und dann einfach aufgegeben. Ich Dummerchen.«

Ich zwang mich, in Gedanken bis drei zu zählen, um ihm nicht ebenso flapsig zu antworten. Ich kannte dieses Verhalten noch zu gut vom Beginn des Kurses und wusste, dass es weniger mit mir zu tun hatte als vielmehr damit, dass Marlon verletzt war – zu Recht. Er hatte sich auf mich verlassen, und am Ende war ich eine weitere Person gewesen, die ihn hatte hängen lassen, wenn auch nicht ganz freiwillig.

»Was wollte Miriam im Studio?«

Marlon zuckte mit den Schultern und sah mich weiterhin verbissen an.

»Marlon, bitte. Sollen wir uns kurz hinsetzen?«

Er schnaubte. »Nicht nötig, ich will nicht noch mehr deiner ach so wertvollen Zeit stehlen.«

»Ich weiß, dass du wütend auf mich bist, und ich verstehe es, wirklich. Wäre ich an deiner Stelle auch. Aber du bist mit Sicherheit nicht hergefahren, um mit mir zu streiten, oder?«

Er schüttelte den Kopf und murmelte etwas vor sich hin, das ich nicht verstand. Dann griff er in seine Hosentasche und hielt mir einen zerknickten Zettel entgegen. Ich nahm ihn und faltete ihn auseinander. Es war ein Flyer für das Event, der eindeutig nicht von Marc oder Lennart erstellt worden war, denn er war wirklich schön, wirkte elegant und vereinte in einer Collage all die verschiedenen Läden und Künstler des Geländes. Wie von selbst legte sich ein Lächeln auf mein Gesicht. »Das ist echt gut geworden.«

»Ja«, sagte Marlon leise. »Dreh mal um.«

Ich wendete das Blatt Papier und musste noch breiter lächeln, als ich das Programm auf der Rückseite sah. Sie hatten wirklich alles umgesetzt. Besser noch: Das Angebot war gewachsen. Mein Blick fiel auf einen Eintrag, der mit einem Kugelschreiber umkringelt war.

»Um fünfzehn Uhr ist eure Show.«

Marlon nickte. »Jap. Am 1. Juli. Ist ein Samstag, also wenn du nicht arbeiten musst …«

Er ließ den Satz unvollendet zwischen uns stehen und sah mich an. Seine Haltung war weiterhin abweisend, die Arme hatte er vor der Brust verschränkt und zwischen seinen Brauen hatte sich eine Falte gebildet. Doch in seinen Augen lag das genaue Gegenteil, denn darin las ich eine Mischung aus Hoffnung und Schmerz. Plötzlich war es mir egal, dass ich dem Ganzen hatte fernbleiben wollen und wie unwohl ich mich dort fühlen würde – zum einen, weil ich alle hatte hängen lassen, und zum anderen, weil es mir mit all seiner Gewalt vor Augen führen würde, dass ich ein Leben lebte, das nicht mehr meines war. Doch ich konnte Marlon nicht noch mehr enttäuschen.

Ich nickte, und mit dieser einen Bewegung senkten sich Marlons Schultern ein wenig, und die Furche zwischen seinen Augen verschwand. »Heißt das, du kommst?«

»Es wäre mir eine Ehre.«

Marlon stieß einen Laut aus, der ein bisschen wie ein Seufzen klang. Ich hätte am liebsten mit eingestimmt. »Gut«, sagte er schließlich.

»Freunde?«, fragte ich und sah ihn mit schiefem Lächeln an.

»Weiß nicht«, erwiderte Marlon. »Ich versteh halt nicht, wie ihr erwachsen sein könnt und trotzdem Kram macht, den ihr eigentlich nicht wollt. Oder anderes Zeugs nicht, obwohl ihr Bock drauf habt. Weißt du, wie dringend ich achtzehn werden will? Selbst sechzehn wär schon nice. Dann kann ich weg, und weder meine Eltern noch irgendwelche Lehrer können mir sagen, was ich tun und lassen soll. Dann fängt mein Leben endlich richtig an. Du bist alt und nutzt das trotzdem nicht aus, das ist doch total bescheuert. Oder hat Miriam unrecht und du machst das hier lieber als das bei uns im Studio? Ich mein, das Hemd da steht dir, bringt deine Augen echt toll zur Geltung, props, aber so richtig begeistert wirkst du grad nicht.«

»Ich bin nicht alt«, erwiderte ich schmunzelnd.

»Das ist das, was bei dir grad hängengeblieben ist, ja? Dann bist du steinalt, weil du nämlich nicht mehr so gut hörst.«

Lachend schüttelte ich den Kopf. »Du bist ganz schön schlau, weißt du das? Genau aus dem Grund wirst du das mal viel besser machen als ich. Wenn du alt bist und so. Props.«

»Wenn du das sagst, klingt das echt cringe.«

»Bei dir auch, du merkst es nur nicht, weil die ganzen Twitch-Streamer, die du guckst, so reden.«

»Klappe.«

Wir sahen uns an, und dann begannen wir im selben Moment zu lachen. Es war das erste echte Lachen seit Wochen, und ich hatte es Miriam zu verdanken. Denn wäre sie nicht zu Marlon durchgedrungen, wäre er nicht hier und ich würde mit Sicherheit nicht zu dem Event gehen. Wieso hatte sie das getan? Nachdem ich sie weggestoßen hatte und trotz der schlechten Stimmung, die zuletzt zwischen uns geherrscht hatte, hatte sie sich die Mühe gemacht, mir zu helfen.

Erneut betrachtete ich den Flyer in meiner Hand. Miriam hatte recht: Ich rannte vor Dingen weg, weil ich Angst hatte. Schlimmer noch, ich rannte mit verschlossenen Augen und sah nicht, was für andere Wege sich mir auftäten, wenn ich nur nach links und rechts schauen würde. Das Papier in meiner Hand knickte, so fest hielt ich es zwischen Daumen und Zeigefinger.

»Elias? Alles okay?«

»Hm?« Ich blickte in Marlons Gesicht. Er musterte mich

nun besorgt. »Ja, doch, alles gut«, log ich. Denn in Wahrheit war es alles andere als gut, da mir eine Sache gerade zu bewusst geworden war: Ich verschloss nicht nur die Augen vor den Dingen, die ich wirklich wollte, sondern auch vor der einen Person, die ich wollte. Dabei wusste ich, ähnlich wie bei meinem Job im Studio, dass sie mich glücklich machte. Ich war all die Zeit so sehr auf den einen Weg konzentriert gewesen, der mir richtig erschienen war, dass ich nie innegehalten hatte, um zu reflektieren, was mir guttat, bis es zu spät war. Denn ich hatte sowohl Miriam als auch die Tätigkeit, die mich so sehr erfüllte wie nichts anderes, verloren. Aber vielleicht konnte ich wenigstens einen der beiden Fehler geradebiegen.

Ich legte eine Hand auf Marlons Schulter. »Danke dir, Großer. Ich werde da sein, versprochen. Ich muss los, wir sehen uns bei der Show, ja?«

Marlon nickte, wenn auch sichtlich verwirrt, und ohne weitere Worte machte ich mich schnellen Schrittes auf den Weg zur Bahn.

»Welch seltener Anblick!«, sagte Daniel zur Begrüßung und umarmte mich. »Noah hat gar nicht gesagt, dass du kommst.«

»Ne, war auch eher spontan,« erwiderte ich und betrat die WG, in der es angenehm kühl war.

»Magst du was trinken? Es ist so mega heiß heute.«

»Wasser wäre super«, antwortete ich.

»Kommt sofort.« Daniel machte sich auf den Weg in die Küche und rief unterwegs ein lautes »Noah!« in Richtung des Zimmers meines Bruders.

Die Tür öffnete sich, Noah sah mich überrascht an und zog sich die Kopfhörer aus den Ohren. »Oh, hey, was machst du denn hier?«

»Können wir reden?«

»Klar«, antwortete Noah sofort. »Ist was passiert?«

Ich schüttelte den Kopf, woraufhin er sich sichtlich entspannte. »Gott sei Dank. Magst du 'nen Kaffee oder so? Wir können auf den Balkon, da ist um die Zeit Schatten.«

Ich folgte Noah in die Küche, wo Daniel mir das Wasser in die Hand drückte. Mein Bruder machte sich einen Kaffee, und gemeinsam gingen wir auf den kleinen Balkon.

»Ich war viel zu lang nicht mehr hier«, sagte ich stirnrunzelnd.

»Ja, kein Wunder, dass Ky die Kaffeedates am Montag ins Leben gerufen hat. Ich glaube, wir haben alle etwas zu viel zu tun gerade.« Er musterte mich. »Geht es darum? Um die Arbeit?«

Zögernd biss ich mir auf die Unterlippe. Ich wünschte, ich könnte ihm auch das sagen, doch so gern ich die Dinge so einfach sehen würde wie Marlon, konnte ich das nicht. Also schüttelte ich langsam den Kopf. »Nein, aber es geht um was, wozu ich eine Meinung brauche.« Ich sah meinem Bruder in die Augen, die meinen so sehr ähnelten. »Und es geht um etwas, wovon Kyra nichts wissen sollte.«

Noah ließ den Kopf in den Nacken fallen und stöhnte. »Nope.«

»Noah, ich …«

»Erinnerst du dich zufällig noch an letztes Jahr und das Chaos und die Tatsache, dass Geheimnisse scheiße sind und zu Problemen führen und dass wir das nicht mehr machen wollten und …«

»Ich glaub, ich bin in Miriam verliebt.«

Da war es. Ich hatte die Worte ausgesprochen, die ich mir selbst so lange nicht eingestanden hatte. Noah stoppte in seiner Aufzählung und sah mich mit großen Augen an. »Oh.«

»Ja, oh.«

Er schwieg eine Weile, bevor er weitersprach. »Und du meinst, Ky hätte damit so ein großes Problem, dass du es vor ihr geheim halten musst?«

Ich hob die Schultern. »Wäre schon komisch, oder?«

»Hm, weiß nicht.«

»Wie fändest du es, wenn Kyra in Daniel verliebt wäre?«

»Komisch, aber Daniel steht auch nicht auf Frauen.«

Ich rollte mit den Augen, und Noah lächelte schief. »Ne, stimmt schon, es wäre vielleicht seltsam. Weiß Miriam denn davon? Oder hast du das Gefühl, dass da was sein könnte?«, fragte er vorsichtig. »Weil wenn nicht …«

»Sie hat mich geküsst.«

»Sie hat … echt?« Nachdenklich biss er sich auf die Lippe, dann nickte er langsam. »Ja, doch. Hätte ich draufkommen können.«

»Wie denn das?«

»Na ja, da gab es in den letzten Monaten schon ein paar Situationen.« Er zuckte mit den Schultern. »Aber wo ist dann das Problem? Sie will dich, du willst sie, go for it.«

»Ich hab sie weggestoßen.« Ich rieb mir mit der Hand übers Gesicht und seufzte. »Und ich hab Angst, dass …« Im letzten Moment biss ich mir auf die Zunge. Ich konnte Noah nicht sagen, wovor genau ich Angst hatte, weil ich es selbst nicht mehr wusste. Da war keine Angst mehr. All die Zeit über hatte ich die Augen vor meinen eigenen Gefühlen verschlossen, nicht nur bei Miriam, sondern bei allem, was mich anbelangte. Ich hatte überhaupt keine Ahnung gehabt, was ich wollte – oder wen. Dadurch, dass sie mir geholfen hatte zu sehen, welcher Lebensweg mich glücklich machte, hatte sie so viel mehr in mir losgetreten, als sie ahnte. Ich hatte nicht zu dem Event gewollt, weil ich genau wusste, dass es mir zeigen würde, was ich tief in meinem Inneren schon lange verstanden hatte: dass es diese Arbeit war, die mich erfüllte. Und Miriam hatte ich aus einem ähnlichen Grund weggestoßen. Denn auch ihr gegenüber hatte ich jegliche Gefühle unter Verschluss gehalten. Nicht, weil ich mir ihrer nicht sicher war, sondern weil ich stets den Eindruck gehabt hatte, dass ich diese Empfindungen nicht haben durfte. Doch sie waren da. Ich wollte Miriam. Ich wollte der Grund sein, weshalb sie lachte, und nicht noch einmal für den verletzten Ausdruck in ihren Augen sorgen.

»Du hast Angst …?«, wiederholte Noah.

»Ich hab Angst, dass ich damit Kyras und Miriams Freundschaft sabotiere.«

»Okay, versteh ich. Aber die Alternative ist, dass ihr es nicht probiert und unglücklich seid. Kyra fände es vermutlich komisch, aber ich glaub nicht, dass sie ein großes Problem damit hätte, wenn ihr es beide wollt. Wir sind alle erwachsen.«

»Das klingt alles ein bisschen einfach, oder?

»Und wieso sollte es nicht einfach sein?«

Weil nichts in meinem Leben sich gerade einfach anfühlt.

Die Worte lagen mir auf der Zunge. Ich konnte sie beinahe schmecken. Doch ich wusste, dass ich sie nicht würde zurücknehmen können, wenn ich sie einmal ausgesprochen hatte. Dass ich mich würde erklären müssen und nicht würde leugnen können, wie unglücklich mich die Situation machte. So wie ich meine Gefühle Miriam gegenüber nicht länger leugnen konnte. Ich hatte Angst, meine Beziehung zu Kyra zu belasten, doch die Angst, das Verhältnis zwischen Noah und mir zu zerstören, war noch um ein Vielfaches größer. Denn indem ich meinen Traum lebte, von dem ich mir nicht einmal sicher war, ob er für immer hielt, zerstörte ich seinen: mit mir die Firma zu leiten. Er sprach, seit wir Kinder waren, von nichts anderem, genauso wie ich damals – nur dass ihn der Gedanke noch erfüllte, während es sich bei mir anfühlte, als würde ich einer anderen Person dabei zusehen, wie sie ihr Leben lebte. Ich funktionierte auf Autopilot.

»Wie lang fühlst du denn schon so?«, fragte Noah weiter. Kurz verspannte sich alles in mir, dann erst wurde mir bewusst, dass er die Frage wegen Miriam stellte und nichts von meinen Gedanken ahnte.

»Erst dachte ich, seit ich sie weggestoßen habe und sie gegangen ist oder seit ich sie mit Finn gesehen habe, ohne zu wissen, dass es Finn war. Aber ich glaube, eigentlich schon länger«, antwortete ich ehrlicherweise. »Ich weiß nur nicht, ob ich es an einem Tag oder an irgendeiner Sache festmachen kann.«

»Red mit ihr, und schnapp dir Kyra. Sie wird das verstehen. Wenn es doch nicht passt, wird es einen Moment lang unangenehm, aber auch das ist nichts, was ewig anhält.«

»Hm.«

»Hey, Kopf hoch.« Noah legte mir eine Hand auf die Schulter. »Nächsten Monat gibst du die Bachelorarbeit ab, dann ist der Ballast schon mal weg, und du kannst dich voll auf die Arbeit konzentrieren. Ich war am Wochenende zu Hause, und Mama und Papa sind superstolz auf dich. Mach dir nicht so 'nen Kopf wegen allem, du machst das schon. In zwei Semestern komm ich nach, und dann haben wir es endlich geschafft.« Noahs Lächeln war warm und echt, und bei dem Anblick breitete sich ein flaues Gefühl in meinem Magen aus, ganz so, als würde sich meine Lüge noch tiefer in mir vergraben.

25. KAPITEL

Miriam

Ich packte die Lernzettel, die ich in der Bahn auf dem Weg hierher studiert hatte, zurück in meine Tasche und stieß die Tür zum Zimmer auf.

»Miriam!«, ertönte Herrn Wiegands Stimme erfreut.

»Hallo, Arthur«, begrüßte ich ihn.

»Was für eine Freude. Und das mit dem Vornamen hast du dir auch endlich gemerkt. Sehr schön.« Er lächelte mir zu, wodurch sich tiefe Falten um seine Augen legten. »Ich hab dich letzten Donnerstag vermisst.«

»Ja, ich musste … jemandem helfen«, gab ich zurück, auch wenn ich mir nicht sicher war, ob ich Elias mit meinem Besuch im Studio wirklich geholfen hatte, so abweisend, wie Marlon reagiert hatte. »Dafür sehen Sie mich diese Woche gleich Mittwoch *und* Donnerstag, was sich im Übrigen sehr gut trifft, weil ich auf Sie gehört habe …« Ich langte in meine Tasche und holte eine abgegriffene Version von Virginia Woolfs *Orlando* daraus hervor. Den Roman hatte ich in einem Shop für gebrauchte englische Bücher entdeckt.

»Ach, sehr schön.«

Wie jede Woche zog ich einen der Besucherstühle zu Herrn Wiegands Bett heran. Er hatte heute einen guten Tag, was meine Stimmung beträchtlich hob. Umso mehr überraschten mich seine nächsten Worte.

»Ist alles okay bei dir, Miriam? Du siehst ein wenig mitgenommen aus.«

Ich zog die Augenbrauen in die Höhe. »Mitgenommen?«

»Entschuldige, das war unhöflich. Hast du gerade viel Stress an der Universität?«

»Ich glaube, Sie haben gerade das erste Mal Universität statt Schule gesagt«, meinte ich mit einem Schmunzeln. »Es ist schon viel zu lernen, aber das ist es gar nicht. Die Sache mit meiner Schwester, von der ich Ihnen erzählt hab, die hat sich immer noch nicht geklärt.«

»Sie will immer noch nicht mit dir reden? Das ist schade.« Er gab ein nachdenkliches Geräusch von sich. »Ich kenne deine Schwester nicht, aber ich hab selbst vier Geschwister, und mein älterer Bruder war so stur, das würdest du gar nicht glauben, wenn du es nicht selbst erlebt hättest. Sein Stolz stand ihm ständig im Weg. Bei einem solchen Dickschädel half es nur, mit dem Vorschlaghammer anzurücken. Vielleicht solltest du genau das tun. Du hast doch dein Motorrad, von dem deine Oma immer so geschwärmt hast. Fahr zu ihr. Was hält dich auf?«

»Angst vor einer weiteren Abfuhr. Ich war bereits dort«, erwiderte ich und gab ihm eine kurze Zusammenfassung des Tags mit Finn. »Und sie hat sich immer noch nicht gemeldet«, schloss ich. »Ich hab echt Angst, es durch die Aktion noch schlimmer gemacht zu haben.«

Er schüttelte den Kopf. »Schlimmer als kein Kontakt? Was ist denn noch schlimmer?«

Ich lächelte traurig. »Touché. Aber gerade scheine ich auf viele Menschen diese Wirkung zu haben.«

Arthur sah mich fragend an, doch ich schüttelte den Kopf und schlug das Buch auf der ersten Seite auf. »Ich bin nicht hier, um Sie mit meinen lächerlichen Problemen zu belasten.«

Eine faltige Hand schob sich auf meine und drückte sie nach unten, sodass das Buch sich wieder schloss. »Deine Probleme sind nicht lächerlich, Miriam.«

Mein Blick wanderte zu ihm und dem Bett, auf dem er lag und das er an schlechten Tagen kaum verlassen konnte. Sein Blick folgte meinem, und er lachte leise. »Wenn du all deine Probleme mit einer tödlichen Krankheit vergleichst, kannst du ja nur verlieren.« Er wiegte den Kopf hin und her. »Oder gewinnen.«

Er nahm mir das Buch aus der Hand und legte es auf den Beistelltisch neben seinem Bett, dann setzte er sich aufrechter hin. »Erzähl schon. Ich bin mir sicher, wir finden eine Lösung.«

In diesem Moment erinnerte er mich so sehr an meine Großmutter, dass es wehtat. Ich sah zu dem Ring an meiner Hand, atmete geräuschvoll aus und lehnte mich in dem Stuhl zurück. Und dann erzählte ich einem zweiundachtzigjährigen Mann von den Liebesproblemen einer Einundzwanzigjährigen. Arthur hörte ruhig zu, hakte an den richtigen Stellen nach, nickte ab und an, und als ich zum Ende kam, seufzte er. »Das ist wohl etwas, das sich nie ändert, egal, wie viel Zeit vergehen mag.«

»Das beruhigt mich jetzt nicht wirklich«, gab ich zurück, woraufhin er heiser lachte. »Ich weiß, dass es zwecklos ist und dass es sowieso viel besser wäre, wenn ich keine Gefühle hätte – schon wegen meiner besten Freundin –, aber ich weiß nicht, wie ich das abstellen soll. Er geht mir einfach nicht aus dem Kopf, und dabei ist es ganz egal, was ich tu. Ich bin in der Buchhandlung und sehe irgendwelche Superhelden-Comics und denke an ihn, weil ich weiß, dass er die sammelt. Ich koche Bolognese und denke an ihn, weil er die mal zum WG-Abend bei Noah und Daniel mitgebracht hat. Ich sehe einen Golden Retriever und denke an ihn, weil seine Eltern einen haben.« Ich hob die Schultern. »Er ist immer da.«

»Wenn du jemanden nicht aus deinen Gedanken vertreiben kannst, dann liegt das vielleicht daran, dass er dorthin gehört.«

Ich schnaubte. »Also soll ich mich weiter selbst quälen? Ich bin mir nicht sicher, ob das so ein guter Tipp ist.«

»Ich habe nie gesagt, dass ich ein guter Ratgeber in Herzensangelegenheiten bin«, erwiderte Arthur mit einem Schmunzeln. »Aber von alldem her, was ich gerade gehört habe, magst du ihn sehr gern. Wenn ich auf meine alten Tage eines gelernt habe, dann, dass es sich lohnt, für die Liebe zu kämpfen. So wie ich es schon in Bezug auf deine Schwester gesagt habe, denn auch das ist Liebe.«

»Tatsächlich ist es heute eher angesagt, dass man sich Leuten nicht aufdrängt und ein Nein akzeptiert«, entgegnete ich. »Ich kann ihn nicht zwingen, etwas zu fühlen, was nicht da ist.«

»Nein, das kannst du nicht«, stimmte Arthur mir zu. »Aber du kannst ihm dabei helfen, die Dinge klarer zu sehen. Denn bei alldem, was du mir gerade berichtet hast, scheint es so, als wäre er nicht ehrlich zu sich selbst. Er belügt sich schon eine Weile und hat nie gelernt, für sich einzustehen. Da bist du ihm einen Schritt voraus.«

Ich stutzte. *Ich* war Elias in etwas voraus?

»Ich bin die Unsicherheit in Person.«

»Unsicherheit hat nichts mit mangelnder Stärke zu tun, Miriam. Du magst unsicher sein, wenn es um andere Menschen geht, aber du weißt genau, was du willst und was nicht. Du hast deine Werte gegenüber deiner Schwester vertreten und bist dir treu geblieben, obwohl du wusstest, dass es zu Problemen führen würde, und du hast deine Gefühle für diesen Mann offengelegt und dich damit verletzlich gemacht. Nichts davon ist schwach, meine Liebe.«

Ich schluckte und merkte, wie es hinter meinen Augen zu brennen begann, so unfassbar gut tat es, diese Worte zu hören.

»Danke«, sagte ich leise. »Nur schade, dass es mir nichts gebracht hat.«

»Das weißt du nicht, das Leben hat manchmal gewitzte Einfälle, uns für mutige Taten zu belohnen.«

Ein Klopfen an der Tür unterbrach unsere Unterhaltung, und Arthur sah verwirrt auf die digitale Anzeige des Weckers auf seinem Nachttisch.

»Bisschen früh für meine Tabletten«, grummelte er, als sich die Tür öffnete.

Mein Herz setzte aus.

In der Tür stand Elias.

»Ähm, hi.« Unsicher wagte er einen Schritt in den Raum. »Entschuldigen Sie, dass ich störe.«

»Hier stört niemand«, erwiderte Arthur abwinkend. »Sind Sie neu hier?«

»Könnte man so sagen, ja.« Elias fuhr sich durch die dunklen Haare, sein Blick flog unsicher zu mir. »Können wir reden? Dürfte ich Miriam für einen Moment entführen?«

Auf Arthurs Gesicht legte sich ein breites Grinsen. »Sie kommen wie gerufen, junger Mann. Ich wollte Miriam gerade einen Punkt näherbringen, den Sie somit bewiesen haben, denke ich.«

Elias runzelte die Stirn, fragte aber nicht weiter nach. Mein Herz pochte viel zu schnell in meiner Brust, als ich langsam aufstand und den Stuhl zur Seite schob.

»Wir sehen uns dann morgen«, sagte Arthur mit Nachdruck in der Stimme. »Vielen Dank für deinen Besuch.«

»Aber wir haben noch gar nichts gelesen«, widersprach ich.

Bitte sag, dass ich bleiben soll.

Fast flehend sah ich in die hellen Augen des Mannes, doch er lächelte bloß. Von ihm konnte ich also keine Unterstützung erwarten. So sehr ich mich freute, Elias zu sehen, und so sehr ich hoffte, dass Arthur recht behielt und sein Auftauchen einen positiven Anlass hatte, so sehr fürchtete ich mich auch. Was, wenn er von dem Besuch bei Marlon Wind bekommen hatte und nun wütend war?

Doch natürlich eilte Arthur mir nicht zu Hilfe, sondern legte das Buch in die Schublade seines Tischs. »Das verwahre ich so lange hier, ich freu mich schon. Und jetzt macht euch einen schönen Tag, bei diesem Wetter sollte man nicht freiwillig Zeit in einem Krankenhaus verbringen.«

Ich lächelte ihn verkniffen an und trug den Stuhl zurück zu dem Besuchertisch.

»Bis Morgen, Arthur.«

»Bis Morgen, meine Liebe. Danke für das Gespräch. Ich denke, den jungen Herrn hier würden die Inhalte auch interessieren, im Besonderen der Teil mit der Bolognese.«

Ich benötigte keinen Spiegel, um zu sehen, dass ich rot anlief, mein Kopf glühte förmlich. Das schien auch Arthur nicht zu entgehen, denn er lächelte amüsiert. Bevor ich zu Elias ging, der nach wie vor in der Tür stand, beugte ich mich zu Arthur und füllte ihm etwas Wasser nach.

»Dafür bringe ich Ihnen morgen *Shades of Grey* zu lesen mit«, murmelte ich so leise, dass nur er es hören konnte.

»Das wäre dir weitaus unangenehmer als mir«, sagte er laut lachend. Womöglich hatte er recht.

Ich verabschiedete mich von Arthur, der mir noch einmal zuzwinkerte, drehte mich um und ging zu Elias. Mein Herz pochte mit jedem Schritt, der mich zu ihm führte, noch lauter, und ich vermied den Blick in den Spiegel, der an der Garderobe zu meiner Linken befestigt war, da er mich nur noch weiter verunsichern würde. Vermutlich waren meine Wangen knallrot und mein Hals fleckig vor Aufregung.

»Hey«, sagte Elias, als ich vor ihm zum Stehen kam.

»Hey«, erwiderte ich und hoffte, dass er das leichte Zittern in meiner Stimme nicht bemerkte. Ich ging an ihm vorbei durch die geöffnete Tür und schloss meine Augen für einen Moment, um mich zu sammeln.

Es konnte nicht unangenehmer werden als mein unerwiderter Kuss auf der Geburtstagsparty, richtig? Ich straffte die Schultern und drehte mich zu ihm um, wobei Elias so nah stand, dass ich den Kopf beinahe in den Nacken legen musste.

»Was meinte er eben mit der Bolognese?«

»Ich dachte, du hasst Krankenhäuser«, erwiderte ich, ohne auf seine Frage einzugehen.

»Ja, tu ich auch.«

»Warum bist du dann hier?«

»Weil ich mit dir reden wollte.« Das hatte ich befürchtet, allerdings klang seine Stimme überhaupt nicht wütend, sondern fast schon … nervös.

»Über was wolltest du …«

»Hi, Miriam! Gehst du schon?« Dominik, einer der Pfleger, füllte gerade den Tee an der Theke für die Patienten und Patientinnen nach.

»Ja, aber bin morgen Vormittag wieder da.«

»Sehr schön, dann bis morgen«, sagte er und winkte mir mit der Packung Rooibostee in der Hand zu.

Ich winkte zurück und wandte mich wieder Elias zu. »Sollen wir rausgehen? Wir können uns in der Cafeteria was zu trinken holen und uns draußen eine Bank suchen.«

»Die Cafeteria kenne ich ja noch«, meinte er mit schiefem Lächeln. »Ich hab wirklich Respekt davor, dass du hier mehrmals die Woche hinkommen kannst. Ich fühl mich allein durch die Gänge hier schon eingeengt, und es ist immer so dunkel.«

»Es ist dunkel, weil die Fenster in den Patientenzimmern

sind«, erwiderte ich mit einem Lachen. »Alles andere wäre ein wenig seltsam.«

»Ich find den Ort trotzdem bedrückend. Du gar nicht?«

Ich schüttelte den Kopf. »Nein, schau mal.« Ich hielt neben der Tür, an der wir gerade vorbeigingen, und schob sie leicht auf. Als ich sah, dass der Raum leer war, öffnete ich sie ganz.

»Das hier ist alles neu, es nennt sich Snoezelenraum. Das ist ein Konzept aus den Niederlanden.« Ich trat in das blau beleuchtete Zimmer und wartete, dass Elias mir folgte. »Das Bett hat eine Massagefunktion, Arthur, der Mann von eben, liebt es.«

»Es riecht total gut«, merkte Elias an und ließ seinen Blick über die gemütliche Einrichtung wandern.

»Ja, es wird unter anderem mit Aromatherapie gearbeitet – alles, was zur Entspannung beiträgt.« Ich hob die Schultern. »Es ist nicht alles negativ hier, ganz im Gegenteil eigentlich. Ich kann natürlich nur für mich sprechen, aber ich finde, man kriegt auch unglaublich viel zurück. In Form von Dankbarkeit, aber im Fall von Arthur auch durch tolle Gespräche und Wissen. Dieser Mann weiß so viel über Film und Literatur, es ist unheimlich.« Ich schloss die Tür wieder, und wir gingen weiter in Richtung der Aufzüge. »Die Pfleger und Pflegerinnen sind auch super.«

»Und vermutlich total dankbar, dass du hilfst.«

»Mir hilft das Ganze auch«, sagte ich. »Ich hab hier mehr schöne als schlechte Erinnerungen mit meiner Oma gehabt. Sie hat Arthur hier kennengelernt, und es ist schön, mit jemandem reden zu können, der sie auch kannte.«

»Denkst du nicht, es wird schwer, wenn …« Elias schüttelte den Kopf. »Das war unsensibel, sorry.«

»Du meinst, wenn er stirbt?«, hakte ich nach und drückte, am Aufzug angekommen, den Knopf nach unten.

Elias nickte, die Lippen zusammengepresst. »Ich kann mir das einfach nicht vorstellen. Ich kam schon kaum klar, als mein Papa hier lag, und er war gerade einmal zehn Tage im Krankenhaus. Du baust eine Bindung zu Menschen auf, von denen du weißt, dass sie nicht mehr lange in deinem Leben sein werden.«

Ich nickte, während ich den Aufzug betrat.

»Natürlich wird das nicht leicht. Aber die Alternative wäre, diese Menschen nicht kennenzulernen, und die Vorstellung finde ich viel trauriger. Arthur und ich lesen immer Klassiker zusammen. Er hat mit seiner Frau fast zwanzig Jahre in einem kleinen Dorf in Nordengland gelebt, also kann ich sie sogar auf Englisch lesen. Das ist für mich eine super Übung, und die Diskussionen mit ihm im Anschluss bringen mir manchmal mehr bei als die Seminare an der Uni. Außerdem wohnt seine Familie weiter weg und kann ihn nicht so oft besuchen.« Ich hob die Schultern. »Also ja, natürlich wird es schwer, aber das, was Arthur und die anderen Patienten mir mitgegeben und beigebracht haben, die Momente zusammen, all das kann mir niemand nehmen. Die Trauer bleibt eine Zeit lang, aber die Tatsache, dass sie alle mich haben wachsen lassen, bleibt für immer. Meine Oma hat mal gesagt, dass wir letzten Endes ein Puzzle sind, zu dem jeder Mensch, mit dem wir uns umgeben – gut wie schlecht –, sein Puzzleteil beigetragen hat.«

Die Fahrstuhltüren öffneten sich mit einem »Ping«, doch anstatt auszusteigen, blieb Elias stehen und lächelte mich an. Irritiert erwiderte ich den Blick. In seinen braunen Augen blitzte etwas auf, und die Art, wie er mich ansah, ließ mein Herz wieder schneller schlagen, dabei hatte ich es gerade beruhigt. Jetzt erst fiel mir auf, wie nah wir beieinanderstanden, und ich schluckte gegen die plötzlich aufkommende Trockenheit in meinem Hals an. Irgendetwas war heute seltsam an ihm, und so froh ich auch war, dass er nichts von meinem Gespräch mit Marlon zu wissen schien, so verwirrend fand ich das Ganze. Denn er wandte seinen Blick nicht ab, ganz im Gegenteil, er ließ ihn einmal über mein Gesicht wandern, und wenn ich mich nicht täuschte, schluckte er ebenso schwer wie ich. Zitternd atmete ich aus.

Bleib stark.

Ich wusste es besser, als etwas in diese Situation hineinzulesen. Ich wusste es besser, als mir einzubilden, in seinen Augen läge Verlangen. Das war eine Illusion, pures Wunschdenken, mehr nicht.

»Miriam, ich …«

Die Türen des Aufzugs glitten wieder zu, und ich trat schnell einen Schritt nach vorn, bevor sie sich schließen und wir zurück nach oben fahren konnten.

In der Eingangshalle tummelten sich mehrere Besucher, die meisten waren ebenfalls auf dem Weg nach draußen, um das sonnige Wetter auszunutzen. Ich machte einer Frau im Rollstuhl Platz und drehte mich dann zu Elias um, der mir gefolgt war. Mein Herz schlug immer noch zu schnell, doch der Moment hatte sich verflüchtigt. Natürlich hatte er das. Weil er nur in meinem Kopf existiert hatte.

»Was wolltest du gerade sagen?«

»Nicht so wichtig«, sagte er und lächelte kurz. »Ich folg dir, den Weg zur Cafeteria find ich allein nie wieder.«

»So unübersichtlich ist es nun auch nicht«, gab ich schmunzelnd zurück und nickte nach rechts. »Einmal hier entlang.«

Dann ging ich voraus, Elias in meinem Rücken. Ein Teil von mir war froh, dass mir somit Zeit blieb, meine Gedanken zu sortieren, denn obwohl ich wusste, dass der Moment im Fahrstuhl nichts als ein Trugbild meiner Gefühle und Wünsche war, so konnte ich doch nichts gegen das nervöse Kribbeln in meinem Bauch tun.

Elias trommelte mit dem Daumen auf der Kappe seines Kaffeebechers herum und machte mich noch nervöser, als ich ohnehin war. Das leise Vogelzwitschern und das Grün waren viel friedlicher und ruhiger, als ich mich in meinem Inneren fühlte. Als er nicht zu sprechen begann, räusperte ich mich. Elias' Kopf schnellte nach oben, und er fuhr sich mit einer Hand über den mittlerweile kürzeren Bart.

»Nichts für ungut, aber warum bist du hier?«, fragte ich vorsichtig.

Elias kaute auf seiner Unterlippe, und ich zwang mich dazu, der Bewegung nicht mit meinem Blick zu folgen. Wie schwer konnte es sein, mich in seiner Gegenwart zusammenzureißen?

»Marlon hat mich nach der Arbeit abgefangen.«

Ups. So viel zu meiner Hoffnung, dass er Elias nichts von meinem Besuch erzählt hatte. Andererseits war es genau das gewesen, was ich mir damit erhofft hatte.

»Und … was hat er gesagt?«

»Du klingst total schuldig.«

»Ein bisschen vielleicht«, gab ich zu. »Ich weiß, dass es mich eigentlich nichts angeht und ich mich nicht hätte einmischen sollen. Aber ich wollte, dass du wenigstens die Show miterlebst.«

»Ja«, antwortete er gedehnt. »Und du hast recht. Ich hätte Marlon und die anderen nicht einfach hängen lassen dürfen.«

Ich horchte auf. »Also trainierst du die Kurse weiter?«

»Ne. Ich meinte, ich hätte sie bei dem Event nicht hängen lassen sollen. Er hat sich voll gefreut, als ich meinte, dass ich zum Zuschauen komme.«

»Du bedeutest ihm echt viel«, sagte ich. »Das habe ich direkt gemerkt. Sonst hätte ihn dein Abgang auch nicht so verletzt.«

»Die Menschen, die wir am meisten mögen, haben auch die Macht, uns am meisten zu verletzen.«

»Kyra meinte schon, dass du das mit diesen Kalendersprüchen echt drauf hast.«

Elias lachte leise. »Ja, mag sein, aber der stimmt.« Sein Lachen verstummte, und ein ernster Ausdruck legte sich auf sein Gesicht. »Deshalb tut es mir auch so leid, dass ich dich verletzt habe.«

»Hast du nicht.«

Elias' Augenbrauen schossen in die Höhe.

»Ich sag ja nicht, dass ich nicht verletzt war, aber das war vielmehr meine Schuld. Wenn jemand ins offene Feuer fasst, trägt auch nicht das Feuer die Schuld.« Ich schluckte. Es war seltsam, über den Abend der Feier zu reden. Es war so lange her, und ich hatte mir relativ bald danach jeden Gedanken daran verboten. Elias traf keine Schuld, er musste sich nicht entschuldigen. Ich war diejenige, die impulsiv gehandelt hatte, ohne die Konsequenzen abzuwägen.

»Ich weiß, du glaubst mir nicht, wenn ich es sage, aber ich vermisse dich wirklich.« Elias' Blick traf auf meinen, und er schien direkt durch mich hindurchzusehen. »Dich. Nicht dass du dir meinen Mist anhörst, sondern dich.«

Mein Herz setzte aus, und ich hielt die Luft an, um ja nichts von dem zu verpassen, was er sagte.

»Ich hab so oft gehört, wie du dich darüber beschwert hast, dass du so ruhig bist, dabei brauchst du nur ein wenig Zeit, um aufzutauen – und was du sagst, ist immer interessant. Dass du weniger sagst, hat nichts damit zu tun, dass du nichts zu sagen hast, sondern einfach damit, dass du Stille nicht mit Belanglosigkeiten füllen musst. Wenn du den Raum betrittst, fühlt es sich an, als hätte man einen Shot Espresso getrunken. Dummer Vergleich, du trinkst keinen Kaffee …« Elias sah auf seinen eigenen Kaffee und stellte den Becher zur Seite. Sichtlich nervös strich er sich durchs Haar. »Ich meine damit, dass du die Stimmung in jedem Raum hebst, den du betrittst, und dafür musst du gar nicht laut sein. Du merkst immer, wenn es jemandem schlecht geht, und weißt in der Regel sofort, woran es liegt. Wie man bei mir gemerkt hat, hast du noch dazu direkt Lösungen für Probleme parat, weil du eben nicht lockerlässt, bis du eine gefunden hast. Das ist bewundernswert.«

Elias betrachtete mich nachdenklich, als versuchte er, ein Rätsel zu lösen. »Ich habe mir früher nie wirklich Gedanken darüber gemacht, weil du durch Kyra einfach immer da warst. Dann haben wir plötzlich Zeit zusammen verbracht, und ich wollte gar nicht wahrhaben, dass sich etwas zwischen uns verändert hat, ich war viel zu sehr auf mich und meine Probleme fokussiert. Das tut mir leid.«

»Es muss dir nicht …«

Elias schüttelte lächelnd den Kopf. »Nicht nur für dich«, sagte er. »Es tut mir auch für mich leid. Denn was ich neben dir wirklich vermisse, ist die Chance, die ich habe verstreichen lassen, als ich dich auf Noahs Geburtstagsparty weggestoßen habe. Ich war einfach feige. Nicht einmal bewusst, aber ich hab so lange vermieden, mich mit meinen Wünschen auseinanderzusetzen, und bin für mich vorprogrammierten Wegen gefolgt. Mir ist alles über den Kopf gewachsen – mein Job, die Arbeit mit den Kids, das Studium, und ich hatte Angst, dass meine Gefühle für dich alles noch komplizierter machen. Ich wünschte, ich könnte das rückgängig machen.«

Hätte mein Herz nicht so heftig geklopft, dass ich es bis hinunter in meinen Bauch spüren konnte, hätte ich glauben können, dass die Zeit nach seinem letzten Satz stehenblieb. Wie festgefroren saß ich auf der Bank, und unsere Blicke ruhten ineinander. Etwas Fragendes legte sich in seinen, und er schluckte hörbar.

»Na ja«, sagte ich leise, wohl wissend, wie nah wir uns mittlerweile gekommen waren. »Du hast nicht zufällig auch einen dieser Sprüche zu zweiten Chancen?«

Elias' Mundwinkel zuckten kurz, dann legte er eine Hand an meine Wange und zog meinen Kopf sanft heran. Ich unterdrückte ein Seufzen, als ich die Augen schloss und seine Lippen auf meine trafen. All die Jahre hatte ich hiervon geträumt und doch nie und nimmer gedacht, dass dieser Traum einmal real werden würde.

26. KAPITEL

Elias

In dem Moment, in dem Miriams und meine Lippen sich berührten, schoss mir nur ein einziger Gedanke durch den Kopf: Wie hatte ich so lange die Augen vor dem Offensichtlichen verschließen können? Es schien, als wäre das, was ich im Leben wirklich wollte, die ganze Zeit direkt vor meiner Nase gewesen, und ich hatte es nur nicht sehen wollen – und das in allen Bereichen. Es hatte Miriam gebraucht, mir dies zu zeigen.

Als ich meinen Mund leicht öffnete und meine Zunge auf ihre traf, war jedoch auch dieser Gedanke verschwunden, und ich gab mich vollends meinen Gefühlen hin. Diesem Gefühl. Dem Gefühl von Miriams Körper an meinem, ihrem Geschmack auf meiner Zunge und dem leisen Geräusch ihres Atems in meinem Ohr. Sanft glitt mein Daumen über ihre Wange, meine Fingerspitzen lagen auf ihrem Haar. Ich zog sie noch enger an mich und vertiefte den Kuss. Ich nahm nichts mehr wahr außer ihr, verlor mich vollends in der Berührung, in der Tatsache, dass das hier real war. Es war nicht nur real, es war so viel echter als alles, was ich zuvor gefühlt hatte.

Unser Kuss verwandelte sich von etwas Sanftem, Vorsichtigem in etwas Leidenschaftlicheres, und ich hätte nicht gedacht, dass sich das Kribbeln in meinem Bauch noch verstärken könnte, aber das tat es. All die Filme und Songs und Bücher, deren Beschreibungen ich als Lügen und künstlerische

Freiheit abgetan hatte … sie hatten recht. Ich seufzte, und das Geräusch kam tief aus meiner Kehle, tief aus meinem Inneren, stammte von dem Ort, wo ich meine Gefühle für Miriam so lange unwissentlich begraben hatte.

Schwer atmend lösten wir uns voneinander. Miriams Gesicht war meinem so nah, dass ich die feinen Sommersprossen um ihre Nase herum ausmachen konnte. Eine Weile hielt sie meinen Blick gefangen, dann wandte sie lächelnd den Kopf ab.

»Sprüche über zweite Chancen hin oder her«, murmelte sie. »Ich bin ganz froh, dass wir diese genutzt haben.«

Lächelnd nickte ich und nahm erst jetzt wahr, wo wir uns befanden. »Ich hoffe, das hat niemand gesehen. Das wäre ziemlich unpassend, oder?«

»Schon okay. Arthur würde wahrscheinlich mit hochgestrecktem Daumen am Fenster stehen, so wie ich ihn kenne.« Sie lachte leise.

»Jetzt hab ich doch eine schöne Erinnerung ans Krankenhaus«, sagte ich schmunzelnd.

»Darf ich fragen …« Miriam räusperte sich und sah mich mit leicht zusammengekniffenen Augen an. »Woher der plötzliche Sinneswandel? Was hat sich geändert?«

»Das könnte man jetzt wirklich auf einen Kalender drucken, aber ich hab es erst gemerkt, als du nicht mehr da warst. Nicht, weil ich dich als selbstverständlich wahrgenommen habe, überhaupt nicht«, beeilte ich mich zu sagen, »aber weil ich nicht weiß, wann sich das zwischen uns geändert hat. Ich wollte nicht wahrhaben, dass sich meine Gefühle dir gegenüber geändert haben. Deshalb war ich so überrumpelt.« Ich hob die Schultern. »Und dann habe ich es mir lange nicht eingestanden, weil ich ganz gut darin bin, Dinge zu verdrängen.«

»Kyra würde dir jetzt einen Vortrag über toxische Maskulinität und das Nicht-Zulassen von Gefühlen halten.«

Bei der Erwähnung meiner Schwester verrutschte das Lächeln auf meinem Gesicht, und auch an Miriam schien der Gedanke nicht spurlos vorüberzugehen.

»Ich rede mit ihr«, sagte ich.

Miriam runzelte die Stirn. »Mit Kyra? Über das hier?«

»Willst du das nicht?«

»Doch, aber … Ich weiß nicht. Sie ist meine beste Freundin. Der Mensch, dem ich mehr vertraue als jedem anderen – von meiner Schwester mal abgesehen. Ich will sie nicht verlieren.«

»Und sie wird dich nicht verlieren wollen, weil es ihr genauso geht. Außerdem hätte ich euch beide gern dieses Wochenende bei dem Event dabei. Und ich fände es schön, wenn wir zusammen hingehen könnten. Wir beide, aber auch wir alle als Gruppe.«

Miriams Lächeln sandte eine Welle der Erleichterung durch meinen Körper. »Das wäre schön. Auch wenn es ein bisschen komisch wird, oder?«

»Nur so komisch, wie wir es werden lassen«, sagte ich zuversichtlich, wenngleich ich Miriams Bedenken verstehen konnte. Doch wenn Noah so gelassen reagiert, ja sogar etwas geahnt hatte, dann war die Sache in unseren Köpfen womöglich größer als in Wirklichkeit.

»Die Alternative wäre, dass wir das Ganze anfangs geheim halten, und ich will nicht in noch mehr Dingen unehrlich zu ihnen sein. Nicht hierbei.«

»Du hast recht«, erwiderte Miriam mit einem Lächeln. »Auch wenn das Ganze wirklich surreal ist. Also … sagst du es Kyra heute?«

»Wäre das okay?«

Langsam nickte Miriam. »Ich hab gleich ein Tutorium, das ich ungern verpassen würde, weil die Klausuren anstehen. Aber ich seh sie danach heute Abend, also … wenn es seltsam wird, könnte ich es noch klären.« Plötzlich sah sie nervös aus. »Vielleicht wäre es doch besser gewesen, wenn ich hier und da wenigstens mal eine Andeutung gemacht hätte.«

»Hey.« Sanft legte ich meine Hand auf ihre. »Mach dir keinen Kopf, ja? Das sind unsere besten Freunde. Wir haben den ganzen Mist im letzten Sommer überstanden, da wird das hier ein Klacks.«

Alle Zweifel waren noch nicht aus Miriams Gesicht gewichen, doch wenn ich wenigstens für diese eine Sache kämpfen konnte, würde ich das tun. Mit der Hand an ihrem Hinterkopf zog ich sie wieder näher zu mir heran und presste ihr einen Kuss auf die Stirn. Es fühlte sich an, als hätte sie nie woanders hingehört.

»Hey, Bruderherz!«

»Hi.«

Meine Schwester umarmte mich und hielt mich dann auf Abstand. »Gleich vorweg: Es ist nichts Schlimmes passiert und niemand ist gestorben, oder?«

»Was? Nein, wieso?«

Kyra zuckte mit den Schultern. »Weil man dich außerhalb der Arbeit so selten draußen sieht, und jetzt bist du freiwillig im Prenzlauer Berg. Da wundere ich mich schon.«

»Oh haha«, sagte ich trocken. »Bei dir wundert man sich allerdings gar nicht.« Ich deutete auf die weiße Papiertüte in Kyras Händen. Wir standen vor ihrem liebsten Plattenladen, und wie unschwer zu erkennen war, war sie wieder einmal schwach geworden.

»Hey, das ist meine Belohnung für die Klausuren.«

»Es ist Ende Juni, ich dachte, es geht erst im Juli los?«

»Dann ist es eben meine frühzeitige Belohnung. Belohnung und Motivation in einem!«

Ich lachte. »Okay, wenn du das sagst. Kaffee?«

»Jap, ich weiß auch schon wo. Um die Ecke ist ein schwedisches Café, und sie haben Sitze im Schatten.«

Ich folgte Kyra durch die Allee und merkte, wie ich nervös wurde. Der feige Teil in mir wollte das Ganze doch nicht ansprechen, sondern alles auf sich zukommen lassen. Mit Miriam bei dem Event auftauchen und alle vor vollendete Tatsachen stellen – doch das wäre meiner Schwester gegenüber nicht fair, und sie hatte Ehrlichkeit verdient.

Am Café angekommen, bestellten wir und suchten uns mit unseren Getränken einen kühlen und ruhigen Platz auf den mit Kissen belegten Europaletten draußen.

»Also, was gibt es so Dringendes?«, fragte Kyra, kaum dass wir uns gesetzt hatten.

Ich holte den mittlerweile stark zerknickten Flyer aus meiner Hosentasche und reichte ihn Kyra. Sie überflog die geschriebenen Worte und studierte auch den Zeitplan auf der Rückseite. Ihre Stirn legte sich in Falten. »Versucht ihr, das Studio zu retten?«

»Ne, nicht wirklich. Marc hat schon was Neues und der Umzug steht fest, aber ich hoffe, dass wir so meine Kurse ... meine alten Kurse sponsern können, damit die Gruppe auch am neuen Standort unterrichtet werden kann.«

»Das ist eine schöne Idee. Braucht ihr Werbung? Ich kann es gern posten.«

»Daran hab ich gar nicht gedacht, um ehrlich zu sein«, antwortete ich. »Marlon und Julius wollten sich mit Lennart um die Einladungen kümmern, seit der Kündigung bin ich da gar nicht mehr up-to-date.« Ich lächelte. »Wobei sich sicher niemand beschwert, wenn du es teilst. Aber mach das nur, falls du es für passend hältst.«

»Klar, ich bin doch selbst Mitglied.« Sie lächelte schief.

»Auch wenn ich die Male, die ich im letzten Jahr dort war, an beiden Händen abzählen kann. Aber hier …« Kyras dunkelrot lackierter Fingernagel landete auf dem Flyer. »Marc bietet auch einen Selbstverteidigungskurs an. Da kann ich auf jeden Fall den Bogen spannen und dafür werben.«

»Danke«, sagte ich lächelnd. »Also kommst du?«

»Na klar komm ich. Du solltest Mama und Papa auch fragen.«

»Die waren seit Jahren nicht mehr da.«

»Jap, aber sie könnten ihr Portemonnaie mitbringen. Papa regt sich doch eh ständig über die Gentrifizierung auf, wann immer er uns in Kreuzberg besucht.«

»Ob ihm klar ist, dass er dazu beiträgt, indem er unsere Wohnungen mietet?«

Kyra hob die Schultern. »Ich wollte es nicht hinterfragen, solange es mir ein Dach über dem Kopf sichert, aber … Punkt für dich. Ein Grund mehr, ihn einzuladen. Dann kann er sich von seinem schlechten Gewissen freikaufen, indem er die Kurse sponsert.«

»Da gibt es noch etwas, über das ich mit dir sprechen wollte.« Nervös spielte ich mit dem Zuckerstreuer, der zwischen Kyra und mir stand.

»Okay? Abrupter Themenwechsel, das klingt doch ernster.«

War es das? Irgendwie schon. Denn ich wusste, wenn meine Schwester ein Problem mit Miriam und mir hätte, würde ich diesen neuen Gefühlen nicht nachgehen. Kyra war mir zu wichtig, und ich würde einen Teufel tun, die Freundschaft zwischen Miriam und ihr zu sabotieren. Dennoch … Ich dachte an den Kuss mit Miriam, und sofort war auch das Kribbeln in meinem Bauch zurück. Die Gefühle waren unerwartet, aber sie waren definitiv echt.

»Elias?« Kyra musterte mich besorgt. »Ist alles okay?«

»Ich …« Ich nahm einen tiefen Atemzug. »Ich habe mich in Miriam verliebt und sie sich in mich.« Die Worte fielen förmlich aus mir heraus, als wären sie zentnerschwer, und da lagen sie nun vor uns auf dem Tisch und warteten darauf, dass Kyra etwas mit ihnen tat – irgendetwas. Denn an ihrer Miene konnte ich nicht ablesen, was sie davon hielt. Sie sah mich unverändert an.

»Miriam und du?«, fragte sie schließlich. »Wo ist Miriam?«

»Ich wollte erst mit dir reden. Es wäre noch unangenehmer, wenn sie hier wäre, oder?«

»Hm«, machte Kyra. »Vielleicht.« Nachdenklich sah sie auf ihre Hände. »Wie lang denn schon?«

»Wie lange ich Gefühle für sie habe?«

»Wie lange das mit euch beiden schon geht?«

»Noch gar nicht«, sagte ich schnell. »Es ist nichts hinter deinem Rücken passiert. Wir haben uns geküsst, einmal. Na ja, zweimal irgendwie.« Ich hob die Schultern und lächelte schief, während mein Herz einen Takt schneller schlug. Ein wenig fühlte es sich an wie früher, wenn ich meiner Mutter eine schlechte Note beichten musste. Dabei wollte ich genau das nicht: dass sich ein solches Gefühl zwischen meine Schwester und mich stellte.

»Also … was? Fragst du um Erlaubnis?« Kyra sah mich mit schief gelegtem Kopf an.

»Sozusagen?«

Zu meiner Erleichterung hoben sich Kyras Mundwinkel kurz, bevor ein nachdenklicher Ausdruck auf ihrem Gesicht erschien.

»Alles okay?«, vergewisserte ich mich, als sie fast eine Minute lang geschwiegen hatte.

»Ja, schon. Ich geh nur grad in meinem Kopf ein paar Situationen durch und frag mich, ob ich es hätte merken müssen.

Manchmal, wenn du kamst, hat sie sich extra noch mal umgezogen. Sie hat immer mal gefragt, ob du oder Noah auch kommt, wenn wir etwas in unserer Truppe gemacht haben, früher hat sie es voll vermieden, allein mit dir in einem Raum zu sein.« Kyra hob die Schultern. »Und sie wurde selbst beim Umzug letztes Jahr ziemlich rot, sobald ihr euch mal zu nah kamt. Vielleicht war ich einfach blind.« Sie seufzte. »Wieso hat sie denn nichts gesagt?«

»Weil ihr die Freundschaft zu dir wichtiger ist und weil ich ziemlich lange auf dem Schlauch stand. Sie hätte also gleich zwei Dinge riskiert.«

Kyra nickte langsam. »Ja, versteh ich.«

»Was denkst du dazu?«

»Zu euch?«

Ich nickte.

»Schwer zu sagen. Ist ein komischer Gedanke, wenn ich ehrlich bin. Ich will natürlich, dass ihr beide glücklich seid, und ich würd euch niemals sagen, was ihr tun und lassen sollt, ich hoffe, das weißt du.« Sie sah mich so lange abwartend an, bis ich erneut nickte. »Aber es wird seltsame Momente geben, oder? Was, wenn ihr Streit habt, auf wessen Seite stell ich mich dann? Kann Miriam sich bei mir dann nicht über ihren Freund auskotzen? Und andersrum genauso: Als es mit Nadine und dir damals vorbei war, konnten wir da gemeinsam durch. Klar, ich mochte und mag Nadine auch, aber wir kannten uns nur durch dich. Was, wenn es nicht hält und es dann irgendwas kaputtmacht? Die Sorge hatte ich anfangs schon bei Phuong und Kat, und Kat kam nur über Daniel in unsere Gruppe.« Sie hob die Schultern. »Aber wenn die Gefühle da sind, sind sie da.«

»Ich weiß nicht, ob es dich beruhigt, aber weder Miriam noch ich sind der Typ für Drama. Natürlich gibt es keine Garantie, dass es funktioniert, aber selbst wenn nicht, kriegen wir das schon hin.«

»Wie gesagt, ich will, dass ihr glücklich seid. Nichts für ungut, in letzter Zeit hast du nicht gerade wie das Glück in Person gewirkt, also wenn dir das hilft …« Sie hob die Schultern. »Dann wünsch ich euch alles Glück der Welt. Auch wenn es am Anfang bestimmt nicht leicht wird, euch *so* miteinander zu sehen.« Sie verzog das Gesicht. »Oh Gott, bitte habt niemals Sex in unserer WG. Weißt du noch, als ich Nadine und dich damals zu Hause auf der Couch erwischt hab?« Kyra schüttelte sich, und ich musste lachen.

»Wir werden uns zusammenreißen«, versprach ich mit einem Grinsen.

Kyra nahm einen Schluck ihres Kaffees. Ich hatte meinen vollkommen vergessen, so angespannt war ich gewesen. Eine Weile hingen wir unseren Gedanken nach, dann stupste Kyra mich unter dem Tisch mit dem Fuß an. »Dann wird das Event wohl eure Bestandsprobe, und Miriam lernt die Familie kennen.«

»Sie kennt die Familie schon.«

»Ja«, sagte Kyra gedehnt und schmunzelte. »Ich frag mich nur gerade, ob es das leichter macht. Aber ich freu mich für euch, wirklich.«

»Danke, Ky.« Ich merkte, wie mir ein Stein vom Herzen fiel. Mir hätte klar sein müssen, dass jegliche Sorgen unbegründet waren. Zum ersten Mal seit dem Herzinfarkt meines Vaters erlaubte ich mir, Vorfreude auf etwas zu fühlen. Vorfreude auf Miriam, Zeit mit unserer Gruppe, vor allem aber auch auf die Show und darauf, alle noch einmal zu sehen – wenngleich dieses Gefühl mit einer gewissen Wehmut gemischt war.

Ich holte mein Handy aus der Jeanstasche hervor und öffnete das Chatfenster mit Miriam. Sie wurde bereits als online angezeigt, als ich zu tippen begann.

Schon Pläne für morgen?

Es dauerte nur wenige Sekunden, bis meine Nachricht als gelesen angezeigt wurde.

Abgesehen von Uni? Nein, aber das klingt, als hätte ich gleich einen? 😌

Hast du in der Tat. Ich hol dich gegen 15 Uhr ab.

Krieg ich einen Hinweis? 🧐

Nö, Überraschung

🥺🥺🥺

Okay. Es wird was für das Fangirl in dir 😊

Dann bin ich dabei! 😍

Lächelnd packte ich das Handy wieder weg, und als ich aufblickte, begegnete ich Kyras grinsendem Gesicht.

»Gott, du bist echt verknallt.«

Ich rollte kurz mit den Augen, konnte ihr jedoch nicht widersprechen. Denn das, was ich gerade empfand, war mehr als nur die Vorfreude auf das Bevorstehende. Endlich musste ich es nicht länger leugnen.

27. KAPITEL

Miriam

Ich war so verdammt nervös. So sehr, dass ich den ganzen Tag und selbst in der Mensa keinen richtigen Bissen hinunterbekommen hatte. Kyras wissendes Schmunzeln half auch nur bedingt, meine Nerven zu beruhigen. Gedankenverloren spielte ich mit dem Ring meiner Großmutter, drehte ihn nach links, rechts und wieder nach links. Irgendwie musste ich meine Finger beschäftigen.

»Gott, Miriam, entspann dich«, sagte Kyra mit einem Lachen. Im Gegensatz zu mir war sie die Ruhe in Person, dabei konnte ich mir kaum vorstellen, dass die Situation für sie nicht seltsam war.

Bestimmt zum hundertsten Mal an diesem Tag musterte ich sie, doch da war nach wie vor nichts Negatives in ihrem Blick.

»Und du bist dir wirklich sicher, dass es okay für dich ist?«

»Miriam«, stöhnte Kyra. Sie beugte sich über den Küchentisch, sodass sie ihre Hände auf meine legen konnte. »Ich habe dir doch bereits gesagt, dass es okay für mich ist. Wieso zweifelst du denn noch?«

Ich schluckte, und mein Blick wanderte zur Küchenuhr. Knapp zehn Minuten blieben mir, vermutlich war es unklug, dieses Fass aufzumachen. Doch wenn ich es jetzt nicht tat, würde ich das Thema gar nicht mehr aufbringen.

»Klar ist es etwas seltsam«, fuhr Kyra fort, als ich schwieg. »Aber es ist nichts, woran ich mich nicht gewöhnen werde.«

Ich schüttelte den Kopf. »Das ist es nicht. Bei dem Filmabend mit Phuong, als ich gefragt hab, wieso Lia nicht dabei ist, obwohl sie an dem Abend zu Hause war …«

Kyra runzelte die Stirn und sah mich fragend an. Offensichtlich erinnerte sie sich nicht an ihre Worte.

»Du meintest, dass sie in erster Linie Noahs Freundin wäre, nicht unsere, und dass du dich ihr weniger anvertraust, weil sie mit deinem Bruder zusammen ist«, erklärte ich. »Dass sie dann Dinge weitererzählen würde … Du bist meine beste Freundin, wenn du mir etwas im Vertrauen erzählst, bleibt das unter uns, daran ändert sich nichts.«

Kyra legte die Hände noch etwas fester um meine.

»Gott, Miri, das weiß ich doch. Das hab ich einfach so dahergesagt. Du bist meine beste Freundin und das seit Jahren, daran wird sich nichts ändern, okay?« Sie lächelte schief. »Und dass ich das über Lia gesagt hab, tut mir leid. Es war überhaupt nicht so hart gemeint, wie es anscheinend rüberkam. Ich kenne Lia einfach noch nicht so gut und nicht so lange wie dich. Was aber gar nicht ablehnend gemeint ist. Wenn überhaupt, wünsche ich mir, enger mit Lia befreundet zu sein, so viel wie ich ihr zu verdanken hab. Ich wollte in dem Moment nur verhindern, dass du dich unwohl fühlst. Tut mir wirklich leid, dass das falsch rüberkam und ich dir so ein Gefühl gegeben hab.«

Ich sank in meinen Stuhl zurück und atmete erleichtert aus. Obwohl Kyra mir gestern versichert hatte, dass sie kein Problem darin sah, wenn ich mit ihrem Bruder ausging, hatte mich der Gedanke daran, was sie über Lia gesagt hatte, noch geplagt. »Also ist wirklich alles gut bei uns?«

»Ja. Glaub mir, wenn ich ein großes Problem damit hätte, wäre ich ehrlich genug, es euch zu sagen. Ihr seid zwei der wichtigsten Menschen in meinem Leben. Eigentlich hat es also nur den Vorteil, dass ich weiß, dass ihr beide in guten Händen seid.« Sie hob die Schultern. »Solang ihr diese Hände in meiner Anwesenheit bei euch behaltet …«

Die Klingel rettete mich zum Glück davor, darauf antworten zu müssen.

Kyra sprang auf. »Ich verkriech mich in meinem Zimmer, bin gar nicht da.«

»Du kannst Elias ruhig Hallo sagen«, erwiderte ich. »Verkriechen brauchst du dich auch nicht, wir gehen direkt los, denke ich.«

Ich eilte zur Tür und schüttelte lachend den Kopf, als Kyra sich entgegen meinen Worten in ihrem Zimmer verschanzte.

Die Zeit, die Elias brauchte, um die Stufen in den vierten Stock zu erklimmen, genügten, um die Nervosität, die mich schon von meinen Seminaren abgelenkt hatte, noch zu steigern. Ich atmete tief durch und hoffte, dass ich nicht wieder rot wurde.

In dem Moment, in dem Elias um die Ecke im Treppenhaus bog und die letzten Stufen zu unserer Wohnung herauf nahm, war alles wie weggeblasen: die Angst, die Nervosität, die Bedenken, was irgendjemand aus unserer Freundesgruppe sagen könnte. Sein Lächeln, als sein Blick auf mich fiel, brachte seine Augen zum Strahlen, und ich konnte gar nicht verhindern, dass sich ebendieses Lächeln auch auf meinem Gesicht bildete.

»Hi.«

»Hey.«

Es war das erste Mal, dass er meinetwegen hier war. Um mich zu sehen. Der bloße Gedanke sorgte für ein sanftes Kribbeln in meinem Bauch, und ich musste mich anstrengen, nicht blöd zu grinsen. Elias kam vor mir zum Stehen, und als ich zu ihm aufsah, hätte ich schwören können, dass mein Herz einen

Augenblick aussetzte. Wie konnte ein einzelner Mensch eine solche Wirkung auf mich haben?

Er beugte sich zu mir herunter, nahm meinen Kopf vorsichtig in die Hände, und als seine Lippen meine berührten, schloss ich die Augen und gab mich voll und ganz diesem Moment hin. Ich war es so gewohnt, in meinem Kopf gefangen zu sein, alles zu zerdenken, die Vergangenheit wie die Zukunft in all ihren möglichen Szenarien in Dauerschleife vor meinem inneren Auge durchzuspielen, dass das hier etwas vollkommen Neues war: einen Moment einzig und allein den Moment zu genießen. Der sanfte Druck von Elias' Lippen auf meinen war wie ein Pauseknopf für meine immerzu kreisenden Gedanken. Viel zu früh für meinen Geschmack löste er sich von mir.

»Du siehst wunderschön aus«, sagte er leise.

»Danke. Du siehst auch nicht schlecht aus«, flüsterte ich ebenso leise zurück. Dabei war das eine Untertreibung. Elias trug Jeans, Sneaker und ein dunkelblaues Shirt, das seine Oberarme zur Geltung brachte. Ich mochte diese Outfits viel lieber an ihm als die Hemden, die er trug, wenn er nach dem Büro vorbeischaute. Nicht, weil sie seine Muskeln betonten, sondern weil er entspannter wirkte, mehr wie er selbst.

»Magst du direkt los? Kyra weigert sich, aus ihrem Zimmer zu kommen, weil sie uns Privatsphäre geben will«, sagte ich mit Blick über meine Schulter, wo die Tür zum Zimmer meiner besten Freundin weiterhin geschlossen war.

Elias lachte. »Hey Ky«, rief er in den Flur hinein.

»Viel Spaß!«, erklang es zurück.

Schmunzelnd schüttelte er den Kopf. »Wäre aber tatsächlich nicht schlecht, wenn wir schon losgehen. Wir haben einen Termin.«

»Verrätst du mir jetzt, wo wir hingehen?«, fragte ich, während ich in meine Sandalen schlüpfte.

»Nope, das erfährst du so oder so gleich.«

»Was ein Argument dafür wäre, es mir zu sagen, aber okay.«

Anstatt einer Antwort tasteten seine Finger nach meinen, und er zog mich sanft in Richtung Treppen. Eine federleichte Berührung, als würde man durch warmes Wasser streichen. Mit kribbelndem Bauch schloss ich die Tür hinter uns und folgte Elias nach draußen ins sommerliche Berlin.

Vier U-Bahn-Haltestellen und ein paar Meter Fußweg später kamen wir vor einem Altbau in Mitte zu stehen. Die graue Fassade wurde von großen Fensterfronten durchbrochen, über denen in goldenen Lettern »Second Star to the Right« stand.

»Ist das eine Anspielung auf *Peter Pan*?«

»Nicht schlecht, mir wurde das erst auf der Website klar«, erwiderte Elias. Durch die Fenster erkannte ich einen Tresen, zwei Sessel und mehrere Bildschirme, die an den Wänden entlang verliefen. Sie gaben mir allerdings keinen Aufschluss darüber, was mich erwartete. Elias öffnete die Tür, und wir traten ins Innere, wo uns angenehme Kühle empfing.

»VR Exit«, las ich flüsternd vor, was ich nun auf den Bildschirmen erkannte. Dann wanderte mein Blick zur Decke. Ein goldener Kronleuchter ragte über unseren Köpfen auf und schien so gar nicht zu dem zu passen, was ich mir unter Virtual Reality vorstellte.

»Machen wir einen Escape Room? Mit Virtual Reality?« Ich hatte nicht einmal gewusst, dass es so etwas hier gab.

Elias' Antwort war ein Grinsen. Zu mehr kam er auch nicht, da uns in diesem Moment die blonde Frau begrüßte, die am PC hinter dem Tresen saß.

»Hallo, ihr beiden. Seid ihr zum ersten Mal hier?«

»Ja, wir haben den Slot um halb vier gebucht«, gab Elias zurück. Ich ließ meinen Blick noch einmal durch den Raum wandern. In einer Vitrine auf der anderen Seite war eine Art Klettergurt ausgestellt, zumindest sah er aus wie die Gurte, die ich am Wandertag zum Hochseilgarten zu Schulzeiten umgelegt bekommen hatte. Jetzt erst erkannte ich die Musik, die leise aus den Lautsprechern drang: Sie war aus *Arielle*.

Stirnrunzelnd trat ich zu Elias an den Tresen und versuchte, einen Blick auf das Papier zu erhaschen, auf das er gerade etwas schrieb. Meine Bemühungen hätte es gar nicht gebraucht, denn kurz darauf schob er es mir zu.

»Es geht nur um ein paar gesundheitliche Hinweise«, erläuterte die Frau. »Hochschwangere sollten an unseren Exit Rooms nicht teilnehmen und hier …« Ihr Kugelschreiber landete auf einem kurzen Paragrafen. »… sind ein paar Infos, solltest du unter photosensitiver Epilepsie leiden.«

Statt die Gesundheitshinweise näher zu betrachten, landete mein Blick auf der oberen Hälfte der ausgedruckten Seite.

»Wir machen einen Disney-Escape-Room?«

Mein Blick flog zu Elias, doch es war die blonde Frau, die mir mit einem Schmunzeln antwortete. »Überraschungsdate, was? Deshalb steht dort hinten der gläserne Schuh.«

Mit ausgestreckter Hand deutete sie auf ein Regal, das ich noch gar nicht wahrgenommen hatte. Nicht nur Cinderellas Schuh, auch der sprechende Kerzenständer aus *Die Schöne und das Biest* fand sich dort sowie das grüne Chamäleon Pascal aus *Rapunzel*.

»Ich glaub, ich bin im Paradies«, murmelte ich, woraufhin Elias neben mir ein Lachen ausstieß.

»Dann ist die Überraschung gelungen?«

»Und wie. Welchen machen wir denn?«

»Ich hab uns für *Rapunzel* angemeldet, weil du mal meintest, dass das dein liebster Film ist.«

»*Die Schöne und das Biest* wäre ansonsten auch noch frei«, meinte die Frau und sah mich fragend an.

»Nein, *Rapunzel* ist perfekt«, entgegnete ich. Und das war es. Mir wurde warm ums Herz. Nein, nicht nur ums Herz, eigentlich war alles in mir von Wärme erfüllt. Elias hatte sich nicht nur wirklich Gedanken zu heute gemacht, er hatte mir offensichtlich auch zugehört. Denn ich wusste nicht einmal mehr, wann ich ihm das mit *Rapunzel* erzählt hatte – aber es stimmte.

Ich unterschrieb den Zettel und reichte ihn der Frau, die ihn abheftete und zu einem Schrank neben dem Tresen ging, aus dem sie Equipment hervorholte.

»Erst wollte ich *Mulan* buchen wegen deiner Bemerkung bei der Wanderung auf den Kreuzberg, aber das haben sie nicht«, meinte Elias. »Und zu dem hier meintest du mal, dass du ihn alle paar Wochen gucken könntest und beinahe auswendig mitsprechen kannst. Also sind die Chancen bestimmt größer, dass wir erfolgreich entkommen.«

»Das ist perfekt, wirklich. Aber wann meinte ich das denn?«

»Mit *Rapunzel?* Letztes Jahr beim Umzug in eure WG. Aber dann habt ihr euch doch für *Aladdin* entschieden.«

Schmunzelnd schüttelte ich den Kopf.

»Was?«, fragte Elias irritiert.

»Ich hätte nicht gedacht, dass du dir das merkst«, gab ich ehrlicherweise zu.

»Überrascht, dass ich zuhören kann?«

Ich stieß ihm in die Seite. »Nein, gar nicht. Aber es war so was Unwichtiges.«

»Wären wir in einem Disney-Film, könnte ich jetzt ganz kitschig sagen, dass es um dich ging und daher gar nicht unwichtig sein kann.«

»Könntest du. Aber in *Rapunzel* ist der Kerl alles andere als kitschig.«

»So, kommt ihr mit? Ich bin übrigens Denise.« Die Frau, Denise, stieß den Schrank mit dem Ellbogen zu und nickte in Richtung des Durchgangs links neben dem Tresen. Über ihrem linken Arm hingen zwei der Ausrüstungen, die mich an Klettergurte erinnerten. Wir folgten ihr durch einen länglichen Raum bis zu einer Tür, die mitsamt der sich darum befindenden Wand mit einer wunderschönen Szenerie bemalt war. Es war der hohe Turm aus dem Film, in den Rapunzel gesperrt war. Denise öffnete die Tür, und wir folgten ihr ins Innere. Auf der rechten Seite standen Bücherregale, und links war ein Fenster aufgemalt, das beleuchtet wurde. Die Decke war über und über mit Mustern bemalt – genau wie im Film.

»Ich bin mir gar nicht sicher, ob ich entkommen will«, sagte ich beinahe ehrfürchtig, was Denise zum Lachen brachte.

»Glaub mir, sobald es losgeht, willst du raus. Wenn ihr eure Sachen verstauen wollt, könnt ihr das hier tun.« Sie deutete auf eine kleine Kommode am Rand, wartete, bis ich meine Tasche darin abgelegt hatte, und reichte uns die Gurte. Dann wies sie auf zwei Markierungen am Boden. »Zieht die an, und stellt euch bitte auf die beiden Flächen hier. Die Gurte werden über ein dünnes Seil an den Verankerungen über euch befestigt. Außerdem lege ich euch gleich an Füßen und Händen Sensoren an, und zwei weitere sind an der VR-Brille. Dadurch erkennt das Spiel zu jeder Zeit, wo ihr seid.«

Ich stieg in den Gurt und wartete, bis Denise den Karabinerhaken befestigt hatte. Dann legte sie mir zwei Manschetten um die Fußknöchel und zwei weitere um die Handgelenke. Nachdem sie sich vergewissert hatte, dass alles saß, führte sie Elias durch dasselbe Prozedere. Nervös wippte ich auf meinen Fußballen, als Denise die beiden VR-Brillen von der Halterung an der Wand nahm. Hoffentlich stellte ich mich nicht blöd an. Sie half Elias dabei, seine aufzusetzen.

»Es ist zwar ein virtueller Escape-Room, aber ihr werdet mit ein paar Dingen im Raum interagieren müssen. Habt keine Angst, euch zu bewegen, ihr könnt dabei nicht gegen etwas laufen oder euch verletzen.« Sie erklärte uns noch, wie wir um Tipps bitten konnten, sollten wir gar nicht weiterkommen, oder wie wir mit ihr sprechen konnten, falls uns schlecht wurde oder Ähnliches. Dann kam Denise mit einem Lächeln und der zweiten VR-Brille auf mich zu und half mir, sie so einzustellen, dass ich scharf sehen konnte.

»Wow«, flüsterte ich, als ich plötzlich mitten in Rapunzels Turm stand. Ich wandte den Kopf von links nach rechts. »Es sieht wirklich genauso aus wie im Film.« Mein Herzschlag beschleunigte sich. Ich hatte es vorhin im Scherz gesagt, aber das war wirklich das Paradies.

»Fühlt ihr euch startklar?«

Ich nickte wie wild, und auch Elias zu meiner Linken bejahte.

»Super, dann gehören die nächsten neunzig Minuten euch. Viel Erfolg.«

Kurz darauf hörte ich in meinem Rücken die Tür ins Schloss fallen, während sich gleichzeitig das Licht im Raum veränderte. Vor Rapunzels Zimmer ging die Sonne auf und tauchte den Raum in warmes Licht, Vogelgezwitscher ertönte, und alles wirkte harmonisch – bis auf Rapunzels verzweifelt klingende Stimme, die erklärte, dass sie unbedingt nach draußen gelangen musste, um die schwebenden Lichter zu sehen.

»Los geht's«, rief ich begeistert und merkte mit jedem Schritt, den ich in dem virtuellen Raum tat, wie die Befangenheit von mir abfiel und die Illusion immer mehr zur Realität wurde, bis ich nach wenigen Minuten des Rätsels völlig vergaß, dass wir nicht wirklich in einem Turm gefangen waren.

»Das war eine Rekordzeit«, begrüßte Denise uns, als wir die Brillen abnahmen. Meine Augen brauchten eine Weile, sich wieder an die Lichtverhältnisse zu gewöhnen, und ich blinzelte ein paarmal, um mich zu orientieren. Die letzte Stunde war wie in einem Wimpernschlag vergangen, und so schön es auch gewesen war, das Rätsel gelöst zu haben, so gern wäre ich am liebsten wieder in der Welt versunken.

»Das war so cool!« Ich reichte die Brille Denise, die mich kurz darauf von dem Seil und den Sensoren befreite und mir meine Tasche reichte. Mir gegenüber stand ein grinsender Elias, den ich tatsächlich kein einziges Mal umgelaufen hatte.

»Freut mich, dass es dir gefallen hat.«

»Gefallen ist eine Untertreibung. Ich würde am liebsten direkt noch einen Raum machen.«

»Ihr könnt jederzeit wiederkommen, drei haben wir ja noch«, sagte Denise. »Gerade arbeiten wir an einem weiteren. Ich bin immer noch baff, wie schnell ihr wart. Die meisten brauchen ewig, um die Sternbilder richtig anzuordnen, aber ihr habt die Hinweise total schnell gefunden.«

Wir folgten ihr zurück in den Eingangsbereich, unterhielten uns noch einen Moment lang mit ihr, dann verließ ich schweren Herzens das Gebäude.

»Danke«, sagte ich und drehte mich zu Elias um, kaum dass die Tür hinter uns zugefallen war. Anstelle einer Antwort lächelte er und zog mich in seine Arme. Unsere Lippen fanden sich mühelos, unsere Körper schmiegten sich aneinander, als hätten sie nie woanders hingehört, und am liebsten hätte ich laut geseufzt. Ich erwiderte seinen Kuss, der viel zu schnell endete, und blickte zu ihm auf. Seine Arme lagen nach wie vor um meiner Taille.

»Nichts zu danken«, antwortete Elias. »Es hat echt Spaß gemacht. Und wie begeistert sie war, dass du die Rätsel so schnell gelöst hast.«

»Wir«, korrigierte ich ihn.

»Na ja, wenn wir ehrlich sind, war das meiste dein Verdienst. Und du warst anfangs nervös. Wir arbeiten noch daran, dass du dich nicht immer selbst unterschätzt.«

»Viel Erfolg«, erwiderte ich trocken. Denn da würde Elias gegen jahrelang gefestigte Zweifel ankämpfen müssen, und es war nicht so, als hätte ich es nicht versucht. Doch das Lächeln, mit dem er mich gerade bedachte, wirkte nicht so, als würde er sich davon abschrecken lassen – ganz im Gegenteil. Vielmehr wirkte er, als könnte er es nicht erwarten, all die Unsicherheiten, eine nach der anderen, zum Vorschein zu bringen und zu entkräften.

28. KAPITEL

Miriam

»Schon süß, dass mein Bruder es schafft, dich so rot werden zu lassen.«

»Kyra, hör auf, sie ist schon nervös genug.« Phuong stieß unsere beste Freundin in die Seite.

Leider wurde Kyras Grinsen dadurch noch ein Stückchen breiter. »Sorry«, sagte sie, wirkte aber überhaupt nicht, als täte es ihr leid. »Ich hab Miri nur noch nie so erlebt. Bei Finn warst du nie so nervös.«

»Mit dem war ich ja auch schon zusammen, als wir uns kennengelernt haben. Außerdem bin ich nicht nur wegen Elias nervös, sondern wegen allem.«

Okay, hauptsächlich war ich wirklich wegen Elias nervös. Besser gesagt: Weil uns heute zum ersten Mal alle anderen zusammen sehen würden. Ich strich meinen knielangen, korallenroten Rock glatt und merkte am Stoff, dass meine Hände wieder feucht vor Nervosität waren. Vielleicht lag es aber auch an den Temperaturen, denn obwohl es erst elf Uhr vormittags war, krochen diese wieder auf über dreißig Grad.

»Das ist es, oder?« Phuong deutete in Richtung des Gemäuers aus Backstein, das die alte Fabrik von der Straße abgrenzte.

»Ja«, entgegneten Kyra und ich gleichzeitig. Der Eingang war unschwer zu erkennen, da sich bereits eine Schlange davor gebildet hatte. Den Andrang zu sehen zauberte mir ein Lächeln ins Gesicht. Elias hatte Sorge gehabt, dass kaum Leute kommen würden, dass es zu heiß wäre, das Gelände zu weit außerhalb läge – aber allem Anschein nach war seine Befürchtung mehr als unbegründet gewesen.

»Elias sagte, das Ganze war deine Idee.«

»Nur das mit dem Event, der Rest ist von Marc, Elias und den anderen«, erwiderte ich abwesend. Okay, ich war verdammt nervös, und je näher wir der Schlange kamen, desto aufgeregter wurde ich. Elias war bereits seit dem Morgen im Studio und hatte beim Aufbau geholfen. Ich hingegen war alle möglichen Szenarien hundertmal im Kopf durchgegangen, denn heute wären Elias und ich das erste Mal in der Gruppe unterwegs. Ich hoffte, dass es keine seltsamen Momente zwischen uns geben würde, dass ich die Freundschaft unserer Truppe nicht sabotieren würde. Meine Gefühle nach all der Zeit offen zeigen zu können war mehr als ungewohnt, und ich wusste noch nicht recht, wie ich damit umgehen sollte.

»Noah, Lia und Daniel sind schon drinnen«, murmelte Phuong mit Blick aufs Handy, als wir uns in die Schlange einreihten.

»Bist du dir sicher, dass du an dem Boxkurs teilnehmen willst? Selbst mir ist das heute zu warm«, sagte Kyra.

»Jetzt hab ich extra Sportsachen an, ich zieh das durch.« Phuong sah auf mein Outfit, das aus einem locker fallenden Shirt, Rock und Sandalen bestand. »Glaub nicht, dass ich nicht weiß, wieso du das trägst.«

Ich schmunzelte. »Immer noch kein Fan von Sport«, gab ich zurück. »Außerdem wollten Lia und ich am Töpferkurs teilnehmen.«

»Na gut«, meinte Phuong. »Ich bin gespannt, wie es wird. Das neue Studio ist ja näher am Zentrum, wenn's mir gefällt, meld ich mich vielleicht an. Wäre ein guter Ausgleich zu der Lernerei aktuell.«

Wir gingen einen Schritt in der Schlange voran, und Kyra hob protestierend die Hände. »Wir haben ausgemacht, dass heute weder Uni noch Klausuren noch sonst was thematisiert werden. Mich stresst es auch so genug, dass die Klausuren in zwei Wochen anfangen.«

»Bin ja schon still«, murmelte Phuong und trat dann zu dem provisorisch aufgebauten Einlass, hinter dem Marlon und ein blondes Mädchen saßen und die Kasse betreuten.

»Oh, hi!«, rief Marlon mir entgegen, als er mich sah. »Wollt ihr Tickets für die Kurse oder fürs All-you-can-eat?«

»Es gibt Essen? Dann hätten wir Kat ja doch überreden können! Ich nehm beides«, sagte Phuong.

Marlon trennte zwei rote Papierzettel von einer großen Rolle ab und sah dann fragend zu mir.

»Ich hab schon«, entgegnete ich und zeigte ihm meine ausgedruckten Tickets, die ich online geholt hatte.

»Cool!«, antwortete er mit einem Grinsen. »Ihr könnt euch bei allem ausprobieren, das Programm draußen ist komplett kostenlos, nur für die Kurse braucht ihr Tickets. Aber beim Rest freuen wir uns über Spenden – dir brauch ich ja nicht erklären, warum. Oh, und danke noch mal. Elias war sogar bei der Generalprobe!« Verglichen mit unserem letzten Gespräch hatte Marlon eine 180-Grad-Wandlung gemacht. Von dem verletzten, frustrierten Jungen war heute nichts zu sehen, stattdessen strahlte er mich förmlich an.

»Du musst mir nicht danken, du hast das alles getan«, erwiderte ich lächelnd. Kyra und Phuong bezahlten die Tickets für die Kurse, an denen sie teilnehmen wollten, und wir gingen hinein.

»Wow, das sieht komplett anders aus als sonst«, sagte Kyra,

und ich konnte ihr nur zustimmen. An den einzelnen Stationen hingen Luftballons, das Café zu unserer Linken hatte die breiten Türen geöffnet und etliche Stühle und Tische aufgestellt. Da sie nicht zusammenpassten, hatten sie sie wohl aus den umliegenden Läden geholt. Musik schallte aus zwei aufgebauten Boxen, überall tummelten sich Leute, Kinder rannten umher, und das Ganze erinnerte an ein Sommerfest. Meine Sorge, dass die Stimmung aufgrund der unweigerlich folgenden Schließung gedrückt sein würde, war unbegründet. Lachen erklang über die Musik hinweg, und die Stationen wurden rege genutzt.

»Ich hab nicht damit gerechnet, dass so viele Leute kommen«, sagte ich, und Kyra nickte zustimmend.

»Oh, da hinten ist Lia.« Phuong zog mich am Arm in Richtung unserer Freundin.

»Hey!«, begrüßte Lia uns lächelnd und umarmte einen nach dem anderen. »Ich hab euch ewig nicht gesehen!«

»Wir haben uns gestern gesehen. Und vorgestern. Aber es freut mich, dass du mich so vermisst«, gab Phuong zurück.

»Ich meinte die anderen. Alles gut bei euch?« Lias Blick huschte kurz zu mir, und ich bemühte mich, nicht wieder rot anzulaufen. Noah hatte ihr mit Sicherheit von Elias und mir erzählt.

Wie bereits gestern verschwand meine Nervosität genau eine Sekunde später – denn mein Blick landete auf dem einen Gesicht, das mein Herz höher schlagen ließ als alles andere und es dennoch schaffte, mich zu beruhigen. Elias trat aus dem Café, eine Flasche Wasser in der Hand. Er drehte suchend den Kopf, bis sein Blick schließlich meinen traf. Das Lächeln, das sich auf seinem Gesicht ausbreitete, ließ auch meine Mundwinkel automatisch nach oben wandern. Selbst von hier aus konnte ich sehen, wie es seine Augen zum Strahlen brachte. Es war ein unfassbar schönes Gefühl, dass ich Auslöser für dieses Lächeln war, in das ich mich über die Jahre hinweg verliebt hatte.

Elias trug eine schwarze Sporthose und ein eng anliegendes graues Shirt, doch selbst ohne das Spiel seiner Muskeln, das sich unter dem Stoff abbildete, wäre sein Auftreten von einer solchen Sicherheit begleitet, wie ich sie mir nur wünschen konnte. Elias hatte gesagt, ich wäre diejenige, die die Stimmung hob, wenn sie einen Raum betrat. Er jedoch war wie ein Magnet. Er zog die Blicke der anderen auf sich, insbesondere meinen, gleichzeitig schien er alles andere von sich wegzustoßen, da ich, wann immer er auf der Bildfläche erschien, nichts mehr außer ihm wahrnahm.

»Hi ihr«, sagte er, als er unsere kleine Gruppe erreicht hatte. Er umarmte Kyra und Lia und blieb dann unschlüssig vor mir stehen. Ich biss mir auf die Lippe, und mein Blick schoss kurz zu den anderen hinüber. Mist, vielleicht hätten wir eine Art Schlachtplan für dieses Szenario erstellen sollen.

»Um Gottes willen, jetzt macht halt. Ihr benehmt euch wie Teenager.« Kyra rollte mit den Augen. »Ich dreh mich auch um und guck weg, wenn euch das lieber ist.«

Lia lachte auf, und zu meiner Erleichterung überbrückte Elias die letzten Zentimeter, umfasste mein Gesicht und küsste mich sanft. Meine Wangen machten meinem Rock farblich nun mit ziemlicher Sicherheit Konkurrenz, doch als ich meinen Blick über die Gesichter der anderen schweifen ließ, las ich dort keine Zweifel oder Beklemmung. Selbst Kyra schüttelte schmunzelnd den Kopf und wandte sich dann Lia zu. »Wo hast du meinen Bruder gelassen?«

Lia grinste breit. »Glaub es oder nicht, aber er ist im Tanzstudio.«

»Was?«, fragten Kyra und Elias gleichzeitig.

»Jap. Er hat sich für einen Streetdance-Kurs angemeldet und

mir mehrmals befohlen, euch auf keinen Fall davon zu erzählen, weil es ihm unfassbar peinlich wäre, wenn davon Fotos existieren.«

»Das wäre natürlich schade«, sagte Elias im selben Moment, in dem er sein Handy aus der Tasche seiner Sporthose nahm.

»Total schade.« Kyra grinste. »Hat also doch Vorteile, wenn man mit den Freundinnen der Brüder befreundet ist. Für mich zumindest.« Kyra griff nach Elias' Arm. »Los, ich will das auf keinen Fall verpassen. Ich will gute Fotos für künftige Geschenke. Oder ich schneid ein Video mit allen verpatzten Einsätzen zusammen.«

»Er wird mich so was von hassen«, meinte Lia, der die Schadenfreude jedoch ins Gesicht geschrieben stand.

»Bis gleich«, rief Elias uns noch zu, während Kyra ihn schon über den breiten Platz in Richtung des Tanzstudios zog. »Oh, und um drei ist der Auftritt! Nicht vergessen!«

»Werden wir nicht«, rief ich ihm lachend nach, und kurz darauf war er um die Ecke verschwunden.

Lia drehte sich schmunzelnd zu mir um. »Siehst du, mach dir keine Sorgen. Gib dem Ganzen ein, zwei Wochen, und alles fühlt sich an, als wäre es nie anders gewesen.«

»Woher willst du wissen, dass ich mir Sorgen gemacht habe?«

»Ich kenne dich zwar noch nicht so lange, aber man kann dir deine Gedanken ziemlich gut vom Gesicht ablesen.«

»Wieso sagt das immer jeder?«

Bei meinem frustrierten Stöhnen musste Lia lachen, und ich stimmte mit ein. Anscheinend waren meine Ängste und Sorgen wirklich unbegründet. Kyra hatte mir genau das zwar mehrmals mitgeteilt, aber erst jetzt nahm die Anspannung ab. So lange zumindest, bis mein Blick auf die Person fiel, die schräg gegenüber an der Mauer stand.

»Wir haben noch fast eine Stunde, bis der Töpferkurs anfängt, sollen wir mal eine Runde drehen und uns alles anschauen?«

Ich schluckte, als mein Blick weiterwanderte, doch die Hoffnung, die mich für einen kurzen Moment durchflutet hatte, erfüllte sich nicht.

»Miriam?«

»Hm?«, machte ich abwesend.

»Ob wir uns kurz umsehen sollen. Um zwölf beginnt unser Kurs.«

Mein Blick flog zu Lias grünen Augen, mit denen sie mich nun besorgt musterte. »Alles okay?«

»Ja. Nein. Kann ich mich kurz entschuldigen? Ich brauch nur ein paar Minuten.«

»Klar«, sagte Lia, auch wenn die Sorge nach wie vor nicht aus ihrem Blick wich. »Ich hol mir einen Smoothie und warte im Café auf dich.«

»Danke«, erwiderte ich und versuchte mich an einem Lächeln, bevor ich mit klopfendem Herzen und schnellen Schritten auf den Mann zuging, der soeben den Innenhof betreten hatte.

»Miriam!« Kerim klang weniger überrascht, mich hier zu sehen, als ich erwartet hätte.

»Hi«, begann ich vorsichtig und sah zu dem Mann und dem Kind, mit denen er hier stand.

»Das ist Erik«, sagte Kerim, als er meinen Blick bemerkte. Dann deutete er auf das Kind an seiner Hand, das maximal vier Jahre alt sein konnte. »Und das ist Quinn. Erik ist ein Kollege von mir, und Quinn geht hier ins Kinderturnen.«

»Freut mich«, sagte Erik, während Quinn mir wenig Beachtung schenkte und zu sehr mit dem Geschehen um ihn herum beschäftigt war.

»Mich auch«, erwiderte ich, auch wenn das nicht ganz der Wahrheit entsprach. Denn am liebsten hätte ich Kerim allein erwischt, um ihn über Louisa auszuquetschen. Das war kein Gespräch, das ich vor einem Fremden führen wollte, aber wenn es sein musste, dann eben so.

»Können wir reden? Ich vermisse Louisa. Sie kann mir doch nicht ewig böse sein. Es sind fast drei Monate seit unserem Streit vergangen. Vermisst sie mich denn gar nicht?«

»Natürlich vermisst sie dich«, sagte Kerim, ohne zu zögern, und das zu hören, erleichterte und verletzte mich zugleich so sehr, dass es mir die Kehle zuschnürte.

»Wieso hat sie mir dann nie geantwortet, sich nie gemeldet? Selbst nach dem Brief nicht?«

Kerim sah von mir zu den anderen beiden.

»Kannst du uns einen Moment geben? Geh ruhig schon mal vor, ich find dich dann.«

Eriks Blick wanderte kurz zu mir, dann nickte er, wenn auch sichtlich verwirrt.

»Klar, Mann, bis gleich. Komm, mein Großer, wir gehen schon mal schauen, was sie hier haben, hm?«

»Danke«, sagte ich leise, als Erik und Quinn zu den Ständen schlenderten. Dann wandte ich mich wieder Kerim zu. Jetzt erst fiel mir auf, wie müde er aussah. Unter seinen Augen waren dunkle Ringe, und das Lächeln, mit dem er mich bedachte, wirkte matt und erreichte seine Augen nicht. Diese sahen mich einfach glanzlos an. Die Frage, wie es meiner Schwester ging, blieb mir im Hals stecken, stattdessen formte ich neue Worte.

»Wie geht es dir denn mit der ganzen Sache?«

Er atmete tief ein und wieder aus. Eine Weile sagte er nichts, sondern sah mit gerunzelter Stirn zur Seite, als müsste er wirklich über die Antwort nachdenken. Ich war die ganze Zeit so sehr auf meine Schwester konzentriert gewesen … nie hatte ich darüber nachgedacht, wie sehr Kerim die Situation belasten könnte.

»Nicht gut …«, erwiderte er schließlich, »… aber hauptsächlich wegen Louisa. Ich will Kinder, und es tut weh, dass das nicht auf die Art und Weise möglich ist, wie wir es uns erhofft haben. Aber es schmerzt viel mehr, sie so zu sehen. Noch mehr als eigene Kinder möchte ich sie glücklich sehen.«

Nun war ich es, die ihm ein mitleidiges Lächeln schenkte. Die beiden liebten einander so sehr, es war unfair, dass ausgerechnet sie nicht in der Lage sein sollten, ein eigenes Kind großzuziehen.

»Und eine Adoption käme nicht in Frage?«

»Doch, natürlich. Aber ich kann verstehen, dass Louisa es erst so probieren möchte. Und wie geht es dir?«

»Na ja, mir würd es besser gehen, wenn Louisa sich melden würde. Ich muss mit ihr reden, sie muss mir einfach zuhören. Du hast keine Ahnung, wie sehr ich sie vermisse.«

Kerim schmunzelte – was auch immer er an der Situation gerade lustig fand.

»Sie vermisst dich auch. Natürlich tut sie das. Du bist ihre Schwester und eine ihrer besten Freundinnen. Sie redet nicht so viel darüber, aber gerade montags, wenn ihr normalerweise euer Treffen habt, ist sie furchtbar schlecht gelaunt und fährt extra früh zur Arbeit, um sich abzulenken. Und nach dem Brief … Ich hab ihn nicht gelesen, aber sie dafür mehrmals. Es war ihre Idee, dass wir herkommen, als Erik letzte Woche von dem Event erzählt hat.«

»Wir? Ist Louisa hier?« Noch bevor ich mich wieder suchend umsehen konnte, nickte Kerim an mir vorbei, und tatsächlich – als ich mich umdrehte, kam Louisa von den Toiletten her auf uns zu. Ihre Haare waren zu einem Zopf geflochten, und als sie sich uns näherte, erkannte ich das unsichere Lächeln auf ihrem Gesicht. Sie sah genauso nervös aus, wie ich mich fühlte.

»Ich lass euch mal allein«, sagte Kerim, lächelte mir zu und ging in die Richtung, in der sein Freund soeben verschwunden war.

»Hey«, begrüßte mich Louisa, als ihr Verlobter außer Hörweite war.

»Hey.«

Unsicher knetete ich meine Finger vor dem Oberkörper. Und jetzt? Was sollte ich sagen, wenn bereits alles gesagt war?

»Ich …«, begann meine Schwester und blickte dann hinter uns. »Können wir uns setzen?«

Ich nickte und folgte ihr zu der Bank im Schatten eines Baumes einige Meter weiter.

Sie atmete einmal tief ein und aus, bevor sie weitersprach. »Kerim und ich versuchen seit zwei Jahren, ein Baby zu bekommen. Ich wollte immer Familie und eigene Kinder, aber das brauch ich dir nicht zu erzählen. Als wir gemerkt haben, dass es einfach nicht klappt, sind wir zum Gynäkologen gegangen, und ich habe eine Hormontherapie gestartet. Die hat mich extrem geschlaucht und hat leider nicht angeschlagen.« Sie schluckte sichtbar, und ich riss mich zusammen, um keinen Körperkontakt herzustellen, sie in den Arm zu nehmen oder Ähnliches. Ich wollte ihren Redefluss nicht unterbrechen, jetzt, da sie endlich erzählte.

»Zwei Tage, bevor ich den Podcast gehört hab, hat meine beste Freundin mir offenbart, dass sie ein Baby erwartet. Kurz davor bereits eine Arbeitskollegin. Bei allen um mich herum klappt es, nur bei mir nicht. Ich fühl mich beschissen, aber ich konnte mich einfach nicht freuen – nicht einmal für meine beste Freundin. Das hat mich noch mehr fertig gemacht. Was für ein Mensch bin ich denn?«

Wieso wusste ich von all dem nichts? Wieso hatte Louisa nie darüber gesprochen? Ich fuhr mir mit dem Zeigefinger am unteren Augenlid entlang, um die Träne aufzufangen, die im Begriff war, sich zu lösen. Vielleicht sollte ich mich das nicht fragen, immerhin war ich kein Stück offener ihr gegenüber gewesen.

»Und dann bist du nach all dem auf die Folge gestoßen«, schlussfolgerte ich.

Louisa nickte. »Jap. Ich weiß, dass ich mit dir hätte reden sollen, anstatt zu Mama und Papa zu rennen. Aber nach all dem zu hören, dass du abgetrieben hast, es nicht von dir zu hören, sondern in einem öffentlichen Podcast, Monate nach der Aufnahme … Ich will nicht verteidigen, dass ich am Geburtstag so ausgerastet bin, das war falsch. Aber hast du eine Vorstellung, wie sich das anfühlt? Nicht nur die Machtlosigkeit und das Gefühl, versagt zu haben, sondern zusätzlich noch zu erfahren, dass die eigene Schwester lieber mit etlichen Fremden spricht als mit dir?«

»Es tut mir so leid«, flüsterte ich.

»Ich weiß, mir auch.« Louisa lächelte müde. »Ich hab es euch sagen wollen. Kurz vor Papas Geburtstag haben wir uns zum ersten Mal richtig über künstliche Befruchtung informiert. Aber dann ist das alles passiert, und bei mir sind die Sicherungen durchgebrannt. Ich war so unendlich wütend auf dich.«

Ich schluckte gegen den Kloß an, der sich in meinem Hals bildete. »Und jetzt hasst du mich.« Meine Stimme klang vollkommen kraftlos, und ich wusste nicht, was ich tun sollte, wenn meine Aussage der Wahrheit entsprach. Ich konnte mir mein Leben ohne meine Schwester nicht vorstellen.

»Miri, ich könnte dich nie hassen.«

Eine weitere Träne lief mir über die Wange, weil es so guttat, diesen Satz zu hören.

»Aber du hasst, was ich getan habe.«

Louisa hob die Schultern. »Na ja, zu sagen, dass ich es gut finde, wäre eine Lüge.« Sie holte tief Luft. »Aber ich weiß auch, dass dich keine Schuld trifft. Du kannst nichts für meine Lage, und ich habe nicht über dein Leben zu bestimmen. Ich ... ich glaub, ich brauch einfach Zeit, das zu verdauen.«

»Es ist unfair, dass ausgerechnet du keine Kinder bekommen kannst. Du wärst und du wirst eine tolle Mutter.«

Louisa lächelte leicht. »Danke.«

»Und wie geht es bei euch jetzt weiter?«

»Wir haben am Montag einen Termin beim Gynäkologen. Es ist erst einmal ein Beratungsgespräch, bei dem wir uns über die Möglichkeiten und Kosten aufklären lassen.«

»Ich drücke euch die Daumen«, sagte ich und versuchte mich an einem Lächeln. Ich sollte mich darüber freuen, dass meine Schwester diesen Schritt auf mich zugemacht hatte. Dass sie hier neben mir saß. Aber obwohl wir nun sprachen, fühlte es sich nach wie vor an, als ob uns ein mehrere Meter breiter Schacht trennte. Es war verkrampft und ungewohnt, so mit ihr zu reden. So von ihrem Leben und ihren Plänen zu erfahren, als wäre sie eine Bekannte und ich kein Teil davon.

»Magst du mir nach eurem Termin schreiben? Einfach ein kurzes Update, wie es gelaufen ist.«

»Das mache ich.« Louisa lächelte leicht, und diese kleine Geste reichte, um mich wieder hoffen zu lassen. Es würde Zeit brauchen, vermutlich mehr Zeit, als mir lieb war, aber der erste Schritt war getan.

Eine Weile saßen wir schweigend nebeneinander und betrachteten das bunte Treiben auf dem Gelände. Ein paar Minuten später räusperte Louisa sich und riss mich damit aus meiner Trance.

»Ich hab um zwölf einen Töpferkurs. Vermutlich sollte ich

zurück zu meiner Freundin«, sagte ich, und Louisa nickte und stand auf.

»Ich sollte auch mal zurück zu den anderen, schätze ich.«

Kerim und Erik standen auf der anderen Seite des Hofs und sahen Quinn dabei zu, wie er mit einer Gruppe Kindern Seifenblasen blies.

»Es war wirklich schön, dich zu sehen.«

»Fand ich auch«, erwiderte Louisa. Betreten standen wir uns gegenüber, und so gern ich sie auch umarmt hätte, blieb ich an Ort und Stelle. So schön es war, sie zu sehen – nach den Monaten des Schweigens war sie es, die diesen Schritt wagen musste. Stattdessen nickte sie mir lächelnd zu.

»Bis dann, Miri.«

Mit diesen Worten drehte sie sich um und ging zu den anderen zurück. Ich sah ihr nach, dann griff ich zum Handy und öffnete den Chat mit Finn.

Halbwegs gute Neuigkeiten: Louisa hat den Brief gelesen, und wir haben ein paar Worte gewechselt, ohne uns anzubrüllen.

Halbwegs gut? Das ist prima! Wo sind die lobenden Worte an mich, hm?

Schätze schon, aber es war echt seltsam und unentspannt. Als hätte ich eine Klassenkameradin von früher wiedergesehen, nicht meine Schwester 😬

Du kennst doch Louisa. Sie ist genauso stolz wie stur. Für sie war das sicher ein Riesenschritt.

Ich seufzte. Vermutlich hatte er recht.

Danke dir, Finn.

Halt mich auf dem Laufenden!

Ich packte mein Handy weg und nahm mir noch eine Minute, um mich zu sammeln. Heute ging es nicht um mich, sondern um das Studio, um Elias und um die Show, die seine Kurse organisiert hatten, also wollte ich nicht, dass die anderen mir etwas anmerkten.

Zitternd atmete ich ein und wieder aus. Ich hatte mir nichts vorzuwerfen. Ich war in den letzten Wochen so oft über meinen Schatten gesprungen, hatte mich mit meinen Eltern versöhnt, war für mich eingestanden und hatte mich sogar getraut, Elias zu küssen. Genau wie der Podcast, der überhaupt zu all dem geführt hatte, waren das Dinge, die ich mir noch vor ein, zwei Jahren nie und nimmer zugetraut hatte. Für Menschen wie Kyra oder Phuong mochten das keine großen Errungenschaften sein, doch für mich, die nie laut gewesen war, zu oft klein beigegeben hatte und lieber am Rand als im Mittelpunkt stand – für mich waren es Erfolge.

Was ich in den letzten Wochen und Monaten geleistet hatte, all diese Sachen – sie waren für mich nicht deshalb Erfolge, weil sie ein gutes Ende genommen hatten. Nein, vielmehr weil ich gegen meine Unsicherheiten angekämpft und mich etwas getraut hatte. Erfolg musste nicht mit großen Taten verknüpft sein, manchmal reichte es auch, sich einem unangenehmen Gespräch zu stellen oder den Mann zu küssen, von dem man sich nicht sicher war, ob er dasselbe fühlte wie man selbst.

Ich sah quer über den Hof zum Café, vor dem ich Lias roten Haarschopf erblickte. Auch das hier, dieses Event, war zu Teilen mein Verdienst, weil ich mich getraut hatte, eine Idee laut auszusprechen, anstatt sie wie früher in der Schule in meinem

Kopf weiterreifen zu lassen, bis jemand anderes sie dann vor mir vorschlug. Es mochte in kleinen, unmerklichen Schritten geschehen sein, aber ich war über mich selbst hinausgewachsen. Und das war es, was mich trotz des verkrampften Gesprächs mit Louisa lächeln ließ, als ich zurück zu Lia lief.

29. KAPITEL

Elias

»Hier, trink mal 'nen Schluck«, sagte ich und reichte Marlon seine Wasserflasche.

»Kann ich nicht. Dann muss ich während dem Auftritt pinkeln, wie peinlich wär das denn?«

»Du musst während des Auftritts ganz sicher nicht pinkeln«, erwiderte ich lachend. »Dann setzt das Adrenalin nämlich ein, und dein Körper schaltet auf Autopilot. Du machst das schon.«

Unsicher nickte Marlon mir zu. Auch wenn er es mehrmals geleugnet hatte, war unschwer zu erkennen, dass er nervös war. Seine Haut war blasser als normalerweise, er tippelte von einem Fuß auf den anderen, und im Gegensatz zu sonst schaffte er es, mehrere Minuten am Stück die Klappe zu halten. Julius war zu meiner Überraschung das genaue Gegenteil, denn er war so aufgedreht, dass ich nur hoffte, er würde, sobald die Musik losging, seine Beine unter Kontrolle haben.

»So, seid ihr alle umgezogen und startklar?« Marcs dröhnende Stimme hallte über die Gespräche hinweg. Ich ahnte langsam, wieso er immer so laut sprach, wenn das hier jahrelang sein Alltag gewesen war und er gegen zahlreiche Kinderstimmen ankommen musste. Wie immer, wenn Marc einen Raum betrat und das Wort an jemanden richtete, spurten alle, und nur wenige Sekunden später standen die Jungs und Mädchen in Reih und Glied vor uns.

»Vale, zieh deine Hose hoch, das Publikum interessiert sich nicht für deine Boxershorts.«

Katharina, die hinter ihm stand, kicherte leise, und auch ich musste schmunzeln. Mein Blick wanderte erst über die Kids, die ich in den letzten Monaten kennengelernt hatte, dann durch den Raum, der mir nicht nur als Arbeitsstätte, sondern in gewisser Weise auch als Zuflucht gedient hatte. Es war ein seltsames Gefühl, dass ich heute wohl das letzte Mal in diesen Hallen sein würde, obwohl mich die Zeit hier so geprägt hatte.

»Denkt dran, auf Lücke zu stehen«, erinnerte ich die anderen und erntete vereinzeltes Nicken.

»Ja, ich will keine Beschwerden von gekränkten Eltern, die ihr Kind nicht aufs Foto bekommen haben«, stimmte Marc mir mit einem Schmunzeln zu. Falls er verwundert gewesen war, dass ich heute in aller Frühe zum Helfen auf der Matte gestanden hatte, so hatte er sich nichts davon anmerken lassen. Auch meine beiden Kurse waren mir ausschließlich mit Freude begegnet, und niemand hegte Groll gegen mich wegen meines plötzlichen Abgangs vor wenigen Wochen. Selbst Marlon schien sich gefangen zu haben, worüber ich mehr als dankbar war. Noch etwas, was ich allein Miriam zu verdanken hatte. Der bloße Gedanke an sie reichte, um meine Laune noch ein Stück zu heben.

»Gut«, sagte ich und klatschte in die Hände, nun selbst nervös. »Ich geh schon mal und gucke, dass mit der Musik alles passt. Ihr schafft das.«

Ich zwinkerte Marlon noch einmal zu, dessen Gesicht nun weiß wie eine Wand war. Von Julius wusste ich, dass seine Eltern und Geschwister hier waren, also konnte ich ihm die Aufregung nicht verübeln.

Ich verließ die Halle und trat hinaus in die Hitze. Mit der Hand schirmte ich meine Augen vor der plötzlichen Helligkeit ab und bahnte mir einen Weg durch die Menge. Niemals hätte ich mit so viel Andrang gerechnet, aber nicht nur die Mieter der Fabrik, auch die umliegenden Firmen, Freunde und Verwandte aller Ansässigen hatten ordentlich die Werbetrommel gerührt. Lennart hatte Marc und Natascha ein Interview im Stadtmagazin besorgt, was sicherlich für zusätzlichen Ansturm gesorgt hatte. So oder so: Der Anblick, der mir auf dem Weg zur abgesperrten Fläche begegnete, stimmte mich hoffnungsvoll, dass tatsächlich genug Spenden für alle zusammenkommen würden.

»Elias!« Die Stimme meiner Mutter erklang von rechts, und ich hatte mich kaum umgedreht, als sie die Arme bereits um meinen Hals legte. »Wie schön, dich zu sehen.«

Ich erwiderte die Umarmung und drückte dann kurz meinen Vater, der neben ihr stand.

»Ich war seit Jahren nicht mehr hier«, sagte dieser. »Die alte Fabrik hat sich wirklich gemacht. Ein Jammer, dass es das gewesen sein soll.«

»Ja«, stimmte ich zu und hob die Schultern. »Aber Marcs neues Studio ist toll, und die meisten haben bereits Flächen, die sie ab September nutzen können.«

»Wir haben Marc vorhin schon getroffen. Kyra will wieder ins Kickboxen«, sagte meine Mutter mit einem Lächeln. »Er hat gesagt, die Idee hier stammt von dir, und du hast dir die Choreografie ausgedacht, die wir gleich sehen?«

»Eigentlich nicht wirklich. Die Idee für das Event stammt von Miriam, und die Choreografie hab ich mit zwei Jungs aus meinem Kurs entwickelt. Also, dem ehemaligen Kurs«, fügte ich hinzu.

»Wir sind sehr stolz auf dich.«

Ich lachte. »Wartet doch erst mal ab, vielleicht wird es ja ganz schrecklich.«

Meine Mutter schüttelte lächelnd den Kopf, und Wärme durchflutete meinen Körper. Es war nicht so, dass ich nicht wusste, dass meine Eltern stolz auf mich waren. Nur hatte ich das bislang stets im Kontext unserer Firma oder dem Studium zu hören bekommen. Das hier war für meine Eltern von Anfang an zweitrangig gewesen, ein bloßer Übergangsjob – das hatte meine Mutter schon bei Kyras und Miriams Umzug betont.

»Danke«, fügte ich hinzu, als auch mein Vater mir lächelnd auf die Schulter klopfte. »So, ich geh mal zu Lennart für den Soundcheck. Sehen wir uns danach?«

»Selbstverständlich.« Mein Vater deutete nach rechts. »Noah und die anderen sind dort hinten. Wir wollten uns nicht dazudrängen und deine Schwester blamieren, aber wir können uns am Café treffen, wenn du mit allem fertig bist.«

»Ich glaube, mit zwanzig ist Kyra aus dem Alter raus, in dem ihr sie blamiert. Geht schon hin«, sagte ich mit einem Lachen, bevor ich mich auf den Weg zu Lennart machte.

»Alles startklar«, begrüßte mich dieser und schaute auf seine Uhr. »Noch sechs Minuten. Wie geht's den Rabauken?«

»Von aufgeregt bis aufgedreht ist alles dabei«, entgegnete ich.

»Kein Wunder, ist das erste Mal, dass sie so was machen. Sie vermissen dich ziemlich.« Sein Blick fand meinen. »Ohne meine Arbeit schlechtmachen zu wollen, du hast sie besser unter Kontrolle.«

»Ich vermisse sie auch. Euch, das ganze Studio, die Kunden, die lockere Arbeitsatmosphäre, die Bewegung, dass ich nicht an einen Stuhl gefesselt bin und ständig auf einen Bildschirm starre.«

»So schlimm?«

»Nicht schlimm«, sagte ich und hob die Schultern. »Seit ich die Arbeit meines Vaters übernommen hab, ist es nur mehr Papierkram und Bürokratie als alles andere, und wenn ich daran denke, dass das meine Zukunft ist …« Ich hob die Schultern. »Na ja, wird schon.«

Während ich gesprochen hatte, waren Lennarts Augenbrauen immer weiter in die Höhe gewandert, und er öffnete gerade den Mund, um etwas zu erwidern, als Marc zu uns trat und hinter sich deutete.

»Sind startklar.«

Ich drehte mich um und sah zu den Kids, die ordentlich in Zweierreihen aufgestellt waren. Julius und Marlon standen in der zweiten Reihe, und während Julius mir freudig zuwinkte, sah Marlon aus, als wäre er in eine Schockstarre verfallen.

»Sollen wir loslegen?«, fragte ich, und Lennart und Marc begegneten mir mit einem Nicken. Ich lief hinter die Anlage, wartete, bis Marc zurück zur Truppe getreten war, und als er mir ein Zeichen gab, drückte ich auf Play.

Das Publikum spendete großzügigen Beifall, als die letzten Takte der Musik verklangen, und die Jungs und Mädchen stellten sich in einer langen Reihe auf, wie wir es im Training geprobt hatten, und verbeugten sich nacheinander. Ich klatschte so fest in die Hände, dass sie zu schmerzen begannen, und Noah neben mir stieß einen Pfiff mit Daumen und Zeigefinger aus.

»Das war richtig gut!«, rief Miriam zu meiner Rechten über den Geräuschpegel hinweg.

Ich nickte bloß. Es war nicht nur gut, es war großartig gewesen. Keine Ahnung, ob es am Auftritt lag oder daran, dass dies das letzte Mal sein würde, dass ich alle versammelt sah, aber ich musste automatisch an meine erste Stunde mit ihnen denken. Daran, wie kaum jemand auf mich gehört hatte, die Bewegungen wie Kraut und Rüben ausgeführt wurden, nicht wie eben auf der Bühne präzise und kraftvoll. Keinen einzigen Namen hatte ich gekannt und sie mir abends nach der Arbeit eingeprägt, um schneller eine Bindung zu den Kindern aufzubauen. Nach und nach hatte ich sie kennengelernt, sie und ihre Probleme, die teilweise so groß waren, wie es bei Kindern nicht der Fall sein sollte. Marc hatte mir zu Beginn geraten, mich nicht zu sehr emotional zu engagieren, aber ich war froh, dass ich genau das getan hatte. Wenn ich auch nur einem von ihnen etwas hatte mitgeben können, war es das wert gewesen.

»Alles okay?« Miriam schloss die Finger um meine, als ich tief durchatmete. Das Klatschen war verebbt, und die Gruppe ging nach und nach von der mit Kreide aufgezeichneten Bühne zu Marc, der am Rand stand und jeden einzeln voller Stolz abklatschte.

»Ja, ich hab nur gerade nachgedacht«, antwortete ich und schenkte ihr ein Lächeln. Wie so oft in der Vergangenheit ließ Miriam sich jedoch nicht täuschen.

»Es ist ziemlich offensichtlich, dass es dir hiermit nicht gut geht.«

»Hiermit? Komm, so schlecht waren sie jetzt auch nicht.«

Miriam schmunzelte zwar über meinen schwachen Ablenkungsversuch, gab aber nicht nach. »Ich will nur, dass du glücklich bist.«

»Weiß ich, aber mir geht es gut, wenn es meiner Familie gut geht.« Ich hob die Schultern. »Ein bisschen Nostalgie an einem solchen Tag ist doch erlaubt, oder?«

»Ausnahmsweise«, erwiderte Miriam lächelnd, während sie mit dem Daumen über meinen Handrücken strich, und ich zwang mich, die Sorge in ihren hellbraunen Augen auszublenden. Ganz sicher war es nur das: Nostalgie. Ich hatte vorher bei meiner Arbeit im Familienbetrieb nichts vermisst, und ich würde wieder dahin zurückfinden.

»Wir müssen anstoßen!« Phuong schob sich vor uns und blickte mich abwartend an. »Hast du Lust?«

»Hier ist sowieso noch eine After Party, ihr könnt gern bleiben.« Ich grinste. »Allerdings müsst ihr dann abbauen und aufräumen helfen.«

Phuong zuckte mit den Schultern. »Kein Ding, je mehr Leute mit anpacken, desto schneller geht's.« Sie sah auf ihr Handy. »Ich wollte mit Lia zum Selbstverteidigungstraining. Achtzehn Uhr ist Schluss, oder? Sollen wir uns einfach wieder hier treffen, und du sagst uns, was zu tun ist?«

»Klar, gern«, sagte ich, und Lia und Phuong gingen in Richtung des Studios. »Ich glaub, ich will Marc noch kurz abfangen, bevor der Kurs beginnt.« Ich sah mich nach Kyra und Noah um, die jedoch nirgends zu entdecken waren. »Kann ich dich kurz allein lassen?«

»Sicher.« Miriam lachte. »Denkst du wirklich, mir wird langweilig? Ich hab mir immer noch nicht alles ansehen können.«

Sanft umfasste ich Miris Gesicht und beugte mich zu ihr hinab. Meine Lippen streiften ihre für einen Augenblick, und dieser Moment reichte, um mich und meine Gedanken zu erden.

»Bis später«, hauchte Miriam gegen meinen Mund, und ein wohliger Schauer lief mir über den Rücken.

»Bis dann«, murmelte ich und strich ihr noch einmal mit dem Daumen über die Wange, bevor ich mich durch die Menge schob, die sich langsam auflöste und auf dem Hof verteilte.

»Du und Miriam?«

Ich drehte mich in die Richtung, aus der die Stimme kam, und blickte geradewegs in das Gesicht meiner Mutter. Sie hatte die Brauen gehoben, trug jedoch ein Lächeln auf dem Gesicht, und ihre Augen blitzten verschmitzt.

»Ja, das ist … irgendwie passiert.«

Sie legte ihre Hand auf meinen Arm und drückte ihn kurz. »Ich freu mich für euch. Hatte dein Vater also doch recht.«

»Wie meinst du das?«, fragt ich verdutzt.

»Er hat das vermutet, damals schon, bevor Kyra ausgezogen ist. Ich hab es ihm ausgeredet.« Sie seufzte. »Das darf ich mir wieder ewig anhören.«

»Sorry?«, sagte ich lachend, und sie winkte ab.

»Nach so vielen Jahren Ehe kann ich das ab.«

»Wo ist Papa eigentlich?«

»Der wollte kurz was klären, ist sicher gleich zurück. Aber geh schon, ich will dich nicht aufhalten, du hast bestimmt viel zu tun.«

»Dann sehen wir uns nachher oder spätestens am Montag im Büro, falls ihr schon loswollt.«

Wir verabschiedeten uns, und ich überquerte den Hof und bog rechts um die Ecke des ersten Gebäudes, an dessen hinterem Ende sich unser Studio befand. Die Tür stand offen, was bei der Hitze kein Wunder war, und ich ging mit so viel Schwung hindurch, dass ich beinahe gegen Marc gelaufen wäre. Er stand im Eingangsbereich direkt vor der Tür und redete – mit meinem Vater. Verwirrt blickte ich von einem zum anderen und dann hinab auf ihre Hände, die sie gerade schüttelten. Sie kannten sich flüchtig und hatten sich nur gesehen, wann immer mein Vater einen von uns am Studio abgesetzt und abgeholt hatte, deshalb überraschte mich der herzliche Gesichtsausdruck in Marcs Gesicht ebenso sehr wie das warme Lachen meines Vaters.

»Hi«, sagte ich verwirrt. »Was machst du denn hier?«

»Dein Vater hat gerade gewaltig gutes Karma gesammelt.«

Marcs Erklärung sorgte nicht dafür, dass die Szene mehr Sinn ergab. Als er mein Gesicht sah, musste er lachen. »Jonathan will die Kurse für die Kids im neuen Studio sponsern. Dauerhaft.«

Mit großen Augen sah ich von Marc zu meinem Vater. »Wirklich?«

Dieser nickte. »Ja. Wenn ich daran denke, wie es Noah als Jugendlicher geholfen hat, nicht nur der Sport an sich, aber die ganze Gemeinschaft hier … Die anderen gerade auf der Bühne zu sehen hat mich daran erinnert. Es wäre eine Schande, wenn jemandem die Möglichkeit einzig aufgrund der finanziellen Situation genommen wird.«

»Danke, Papa.« Den Stein, der gerade von meinem Herzen fiel, hörte man bestimmt einmal quer durch Berlin.

»Nichts zu danken. Vielleicht komme ich auch irgendwann mal mit einem Mitarbeitertraining auf Sie zu«, meinte mein Vater an Marc gewandt, der nickte.

»Jederzeit. Wir wollten unser Angebot in der neuen Halle ohnehin erweitern, Sie sind immer gern gesehen. So, und jetzt muss ich leider rein, der nächste Kurs beginnt gleich, und ich habe noch ein bisschen was vorzubereiten weil wir den Raum eben noch für eine letzte Probe genutzt haben.«

»Natürlich«, erwiderte mein Vater. »Hat mich gefreut, Sie mal wiederzusehen.«

Die beiden reichten einander noch einmal die Hand, und Marc verschwand im Kursraum.

»Es ist wirklich bewundernswert, wie du das alles neben der Arbeit im Büro und der Uni gestemmt hast«, sagte mein Vater mit einem Lächeln.

»Danke«, murmelte ich. »Aber so richtig gestemmt bekommen habe ich es nicht. Sonst hättest du nicht allein zu dem Kundentermin gemusst. Und die Bachelorarbeit wird auch nur kurz vor knapp fertig.«

»Weil du zu viel willst.«

Nicht zu viel, nur das Falsche.

»Leidenschaft ist nichts Schlechtes, im Gegenteil, aber du

kannst nicht auf jedem Gebiet einhundert Prozent geben. Manchmal lohnt es sich, sich auf ein oder zwei Sachen zu konzentrieren und alles andere der Reihe nach anzugehen. Du bist jung, du hast noch Zeit. Aber so warst du schon immer«, fügte er hinzu, und seine Augen funkelten hinter der Brille. »Als du mit neun hier im Studio angefangen hast, wolltest du plötzlich noch zum Fußballtraining, und eine Gitarre musste auch unbedingt her. Weißt du, wie oft du auf der gespielt hast?«

»Nicht oft genug«, gab ich zu.

»Viermal«, sagte mein Vater lachend. »Aber es ist schön, dass sich das Boxen so durch dein Leben zieht.« Er legte mir eine Hand auf die Schulter und drückte diese kurz. »Ich geh mal zurück zu deiner Mutter. Sie wollte noch in dem Keramikladen vorbeischauen, und dann müssen wir heim, mit Balloon Gassi. Ich komme am Montag kurz ins Büro, wir sehen uns dann dort.«

»Okay.« Ich konnte nichts gegen den Kloß tun, der sich bei den Worten in meinem Hals bildete. Ich wollte nicht an Montag denken. Nicht, wenn dieser Tag heute so von den Dingen geprägt war, die ich liebte. Ich sah meinem Vater nach und atmete gegen die Enge in meiner Brust an.

Niemand hielt mich davon ab, ins Studio zu gehen, ich würde mein Hobby weiter betreiben können. In Gedanken redete ich mir gut zu, konnte jedoch den einen immer wiederkehrenden nicht verhindern: dass ich mein Hobby dennoch nie zum Beruf machen könnte.

Mit einem Seufzen drehte ich mich um und zuckte im nächsten Moment zusammen, als ich zum zweiten Mal in kürzester Zeit beinahe mit einer Person zusammengestoßen wäre.

»Gott, du hast mich erschreckt.«

»Überlebst du schon«, sagte Kyra trocken. In ihren Augen

blitzte etwas auf, ganz so, als wäre sie wütend, auch wenn ich beim besten Willen nicht wusste, auf wen oder was. Sie deutete auf die Fensterbank über der Heizung, auf der ich vor einer Weile mit Marlon gesessen hatte. Es fühlte sich an, als wären Jahre seitdem vergangen.

»Setz dich.«

»Ähm, alles okay? Ist was passiert?«

Anstatt zu antworten, zeigte Kyra ein zweites Mal auf die Sitzmöglichkeit, bevor sie sich selbst dort niederließ. Ich ließ mich auf die freie Fläche neben ihr fallen und sah sie abwartend an.

»Bist du glücklich?«

Ich schluckte. Ich hatte mit vielem gerechnet, doch nicht damit.

»Was?«

»Ob du glücklich bist. Nicht jetzt gerade, sondern insgesamt.«

Der Blick aus ihren blauen Augen ruhte auf mir, und sie musterte mich so intensiv, als hätte sie Angst, dass ihr auch nur eine Regung meiner Miene entgehen könnte.

Hatte Miriam etwas gesagt? Ich verwarf den Gedanken, kaum dass ich ihn gedacht hatte. Ich konnte ihr vertrauen, das stand außer Frage, doch wie sonst kam Kyra darauf? Meine Kehle kratzte, und ich räusperte mich, bevor ich sprach. »Wieso fragst du? Manchmal ja, manchmal nein, das ist normal, oder?«

Kyra rollte mit den Augen. »Du weißt, wie die Frage gemeint ist. Warum ich sie dir stelle?« Sie drehte sich zu mir, und plötzlich lag in ihren Augen dieselbe Sorge, die ich bereits von Miriam kannte. »Weil ich weiß, wie du glücklich aussiehst, und ich hab dich eine ganze Weile nicht mehr so gesehen. Und weißt du, wann mir das bewusst geworden ist? Gerade eben, als du bei der Show zugesehen hast. Da sahst du nämlich ziemlich glücklich aus.«

Mein Blick wanderte von Kyra durch die Halle, in der einzelne Besucher herumwuselten, vermutlich auf ihrem Weg zu den Kursen, die gleich beginnen würden. Aus dem Augenwinkel nahm ich wahr, dass Kyras Aufmerksamkeit weiterhin auf mich gerichtet war, doch wenn ich ihren Blick erwiderte, würde sie in meinem lesen können, dass sie recht hatte. Natürlich hatte sie recht. Wem machte ich etwas vor?

»Elias«, sagte sie leise. »Wenn es das hier ist, was du willst … wieso machst du es dann nicht?«

»Weil das nicht so einfach ist«, antwortete ich ebenso ruhig wie sie.

»Glaub mir, ich kenn mich nach dem ganzen Gerichtsprozedere und der Podcast-Sache mit schwierigen Gesprächen aus, und keines davon war eines, das ich mit Mama und Papa führen wollte. Aber ich hab es überlebt. Und wenn ich eines gelernt hab in der Zeit, dann, dass die beiden nichts mehr wollen, als uns glücklich zu sehen.«

Ihr Fuß stieß gegen meinen, und ich sah sie wieder an. Auf ihrem Gesicht lag ein trauriges Lächeln.

»Und was ist mit Noah? Dass wir die Firma zusammen führen, ist sein größter Traum.«

»Er wird traurig sein, klar. Aber denkst du ernsthaft, dass er das nicht auch ist, wenn er in drei bis fünf Jahren merkt, dass du hasst, was du tust? Sein größter Traum ist, dass ihr die Firma führt, ja, aber nur, weil er denkt, dass es auch dein Traum ist.«

Ich ließ mir ihre Worte durch den Kopf gehen.

»Ich kenne Noah. Er würde niemals wollen, dass du etwas, was du liebst, aufgibst. Nicht für ihn und nicht für ein Trugbild. Rede mit ihm.«

»Du hast recht«, sagte ich mit einem Seufzen.

»Rede *jetzt* mit ihm«, schob Kyra hinterher.

»Ich hasse es, dass du so oft recht hast.«

»Ich bin die Klügste von uns dreien, das ist einfach der logische Schluss«, antwortete Kyra trocken.

»Schätze, ich warte, bis die Kurse rum sind, und bring es dann hinter mich.«

»Gute Entscheidung. Wenn du Verstärkung brauchst, gib Bescheid. Ein bisschen was vom Kickboxen kann ich noch.«

Ihr Aufmunterungsversuch landete leider nicht auf fruchtbarem Boden, denn auch wenn ich wusste, dass sie recht hatte und es nichts besser machen würde, wenn ich dieses Gespräch aufschob, war mir alles andere als wohl bei dem Gedanken daran.

30. KAPITEL

Elias

Popmusik, die definitiv nicht Marc ausgewählt hatte, schallte aus den Boxen, während sich der Hof nach und nach in seinen ursprünglichen Zustand zurückverwandelte.

»Achtung, sonst bekommen wir sie nicht um die Kurve«, sagte Noah, der das andere Ende der Bierbank hielt, die wir zurück in die Galerie trugen. Ich sah nach hinten und justierte neu, bis wir es um die Ecke geschafft hatten. Wir stellten die Bank zurück zu den anderen.

»Nur noch zwei, oder?«, fragte Noah und wischte sich über die Stirn.

Es war mittlerweile nach sieben Uhr und dennoch kaum abgekühlt. Vielmehr hatte sich eine Schwüle gebildet, die vom Boden aus aufzusteigen schien. Ich wischte mir ebenfalls den Schweiß vom Gesicht und nickte.

»Jap. Aber Marc meinte, die sollen wir stehen lassen. Er hat Pizza bestellt, und wir haben noch ein paar Kisten Bier. So als Abschluss für heute.«

»Alles klar. Voller Erfolg, oder?«

»Ja, kann man wohl sagen«, bestätigte ich mit einem Lächeln.

Jetzt oder nie.

»Noah«, begann ich und schluckte. »Können wir reden?«

»Geht es um Miriam? Hat Kyra es doch nicht gut aufgefasst?« In seinen Augen lag Sorge, als er mich musterte. »Ich bin mir sicher, sie braucht nur etwas Zeit, sich an die Situation zu gewöhnen, es ist einfach eine Umstellung für sie.«

»Ne, das ist es nicht, ich …«

Wie verpackte man es, wenn man jemandes Traum zerstörte? Vermutlich gab es dafür keine schöne Variante. Und was brachte die schönste Verpackung, wenn der Inhalt derselbe blieb?

Noah machte einen Schritt auf mich zu. »Elias?«

»Ich vermisse das hier«, sagte ich und deutete mit dem Arm durch den Raum.

»Das Studio? Ich werd es auch vermissen, aber ich bin mir sicher, das neue wird toll. Ich hab mir online schon Bilder der Räume angeschaut, und Marc macht so oder so das Beste draus, das weißt du.«

Ich schüttelte den Kopf.

»Nein, ich meine, ich vermisse die Arbeit hier, die Menschen, ich …« Es gab nichts, das das, was ich zu sagen hatte, leichter machen würde. »Ich wollte nicht kündigen.«

Noah legte die Stirn in Falten. »Okay?«

»Ich habe nie hier aufhören wollen.«

»Hast du das Papa gesagt? Vielleicht kannst du ja ab und an einen Kurs übernehmen Oder in ein paar Monaten, Papas Reha dauert ja nicht ewig.«

Ich schüttelte den Kopf.

Fuck, wieso machte er es mir so schwer? Wieso konnte er nicht wie Kyra einfach von selbst darauf kommen? Wieso musste ich es ihm mit dem Vorschlaghammer entgegenschmettern?

»Was?«, fragte Noah sichtlich irritiert, weil ich zwar den Kopf geschüttelt, jedoch nichts gesagt hatte. »Hat Marc gesagt, dass ein Kurs zu wenig ist? Aber er muss doch verstehen, dass dir die Arbeit im Büro wichtiger ist?«

»Das ist sie aber nicht.« Ich hatte den Satz ruhig und leise gesagt, aber ich hätte ihn genauso gut schreien können, denn es wurde schlagartig still. Noah sprach nicht weiter, und auch von außen drangen plötzlich keine Geräusche mehr durch. Kein Vogelzwitschern, kein Lärm der spielenden Kinder, keine Musik – das Rauschen des Bluts in meinen Ohren überlagerte alles andere. Ich hatte es gesagt. Ich hatte es ausgesprochen – und ich fühlte mich schrecklich.

»Wie meinst du das?«, hakte Noah vorsichtig nach, und als ich in sein Gesicht blickte, war es plötzlich, als wären wir wieder Kinder. Mit einem Mal fühlte ich mich in die Zeit zurückversetzt, als wir zum ersten Mal in genau diesem Studio gestanden hatten – damals war es noch ein Fitnessstudio mit Boxkursen gewesen, bevor Marc es komplett übernommen hatte. Noah war gerade einmal fünfzehn Jahre alt gewesen und hatte kurz zuvor von seiner Adoption erfahren. Hier zu sein und zu trainieren hatte ihm geholfen, mit all den unterdrückten Gefühlen klarzukommen. Damals war sein Blick ähnlich unsicher gewesen wie jetzt, sieben Jahre später. Und genau wie vor all diesen Jahren wollte ich ihn beschützen, auch wenn ich wusste, dass er mittlerweile erwachsen war. Ich nahm einen tiefen Atemzug und wappnete mich für die Enttäuschung, die unweigerlich folgen würde.

»Mir ist die Arbeit im Büro nicht wichtiger als das hier. Ich liebe diese Arbeit. Ich liebe, wie ich mich dabei fühle. Ich liebe es, mich nach Feierabend auf den nächsten Tag zu freuen und morgens aufzustehen und das Gefühl zu haben, etwas zu bewirken. Wenn auch nur im Kleinen.«

Noahs Gesicht war nicht enttäuscht, seine Stirn lag nicht einmal mehr in Falten, er sah mich einfach nur an. Völlig ausdruckslos. Er sagte nichts. Und das machte es weitaus schlimmer.

»Ich weiß, das kommt für dich plötzlich, und ich weiß, es ist alles andere als ideal, aber …«

»Also willst du in der Firma aufhören? Du willst Seger gar nicht mit mir leiten?« Noah verschränkte die Arme vor der Brust, aber es wirkte nicht abweisend, sondern vielmehr, als wolle er sich selbst beruhigen.

Ich wollte protestieren, wollte seine Worte widerlegen, wollte irgendetwas sagen, um es besser zu machen, um ihm nicht das Gefühl zu geben, dass alles eine Lüge und die Arbeit der letzten Jahre fehlgeleitet war, aber ich konnte nicht. Stattdessen antwortete ich bloß: »Nein, ich möchte Seger nicht leiten.«

Mit diesen wenigen Worten schien Noah vollkommen in sich zusammenzusinken. Er senkte die Arme, seine Schultern sackten nach unten, und es wirkte, als hätte jemand die unsichtbaren Fäden, die ihn aufrecht gehalten hatten, durchgeschnitten. Als fehlte ihm nun die Kraft, sich selbst aufrecht zu halten.

Fuck. Fuck fuck fuck.

»Und wie lange weißt du das schon? Wie lange simulierst du schon? Du sitzt in Papas Büro, verdammt. Du hast neue Projekte abgesegnet, an denen wir zusammen arbeiten wollen. Wir haben fast drei Jahre im Voraus geplant, du hast die Bachelorarbeit fast fertig geschrieben, wir sind *so* kurz davor, alles zu schaffen, wovon wir jahrelang geträumt haben.« Er schnaubte. »Wovon ich jahrelang geträumt habe, anscheinend.«

»So ist es nicht«, widersprach ich möglichst ruhig. »Ich habe dich nicht belogen. Ich wusste doch selbst nicht, dass es das ist, was mich glücklich macht. Wäre ich nicht aus der Firma geflogen, hätte ich es womöglich nie gemerkt. Oder erst in ein paar Jahren, und dann wäre es viel schwerer gewesen, aus der ganzen Sache rauszukommen.« Denn in diesem Punkt hatte Kyra recht: Das Drama war zu jedem Zeitpunkt ungünstig, aber lieber jetzt, als wenn wir beide als Geschäftsführer zu tief in allem drinsteckten.

»Aus der Sache rauszukommen«, murmelte Noah mehr zu sich selbst. »Muss ja echt 'ne Horrorvorstellung für dich sein.«

»Nein«, sagte ich mit einem Seufzen. »Ist es nicht. Aber stell dir vor, du hast einen Job, den du magst. Du fühlst dich wohl darin, du bist nicht schlecht darin, und du kennst nichts anderes. Wieso solltest du unzufrieden sein? Dann jedoch wird dir dieses Umfeld genommen, und du musst dich neu orientieren. Erst denkst du, das ist der Untergang und das Schlimmste, was dir passieren kann. Doch dann findest du plötzlich diese eine Sache, für die du brennst. Die dir noch mehr Spaß macht als der vorige Job. Zu deinem Gut kommt ein Besser hinzu – würdest du zurückwollen?«

Noah schluckte. »Wenn ich mir mein Leben lang den Arsch dafür aufgerissen habe? Wenn ich Versprechen gemacht habe, eine Zukunft habe – eine sichere Zukunft, denn du siehst doch selbst, wie schnell das hier vorbei sein kann.« Noah deutete durch die Halle. »Ich verstehe, dass dir das Spaß macht, natürlich kann ich das. Aber denk doch mal an deine Zukunft. Daran, was wir uns aufgebaut haben. Das hat Beständigkeit. Das hier ist für den Moment sicher toll, aber siehst du dich hier noch in fünf Jahren? In zehn?«

Ich zuckte die Schultern. »Vielleicht gebe ich dann immer noch Kurse, vielleicht hab ich bis dahin ein eigenes Studio – ich weiß es nicht. Aber ganz ehrlich: Weißt du's? Guck dir Papa an. Es kann immer irgendwas passieren, das dich aus der Bahn wirft, und dann? Vielleicht macht das Studio in drei Jahren zu, klar. Kann sein. Aber dann hatte ich drei tolle Jahre und orientiere mich eben neu.«

Noahs Blick blieb kritisch, und er schüttelte erneut leicht den Kopf. »Ich versteh es einfach nicht.«

»Das hätte ich bis letztes Jahr auch nicht. Aber ich hab es schon einmal geschafft, mich komplett neu zu orientieren, und es ging gut aus, viel besser als erwartet sogar. Wieso sollte ich das im Zweifel nicht noch einmal hinbekommen?«

»Für dich ging es gut aus«, murmelte Noah. Und nun war sie da: die Enttäuschung in seinem Gesicht, vor der ich mich gefürchtet hatte. Ich schluckte. Genau die gleiche Enttäuschung würde ich in den Gesichtern meiner Eltern sehen müssen, und ich hatte wahnsinnige Angst davor, dass sie sich nicht so schnell legen würde. Was, wenn dieser Umstand sich dauerhaft auf uns auswirken würde? Ich hatte bei meinem Rauswurf im letzten Jahr gesehen, wie schlimm die Folgen sein konnten.

»Also war's das? Du hast jetzt keine Lust mehr und ziehst dich aus allem raus? Und ich war einfach dumm zu denken, dass es *unser* Traum ist?«

»Noah«, begann ich beinahe bettelnd. »Ich ...«

»Hey, ihr!« Hinter uns erschien Phuong in der Tür. »Wir sind durch, und das bestellte Essen ist da. Es gibt sogar Kuchen, den die Nachbarn gebracht haben. Und Natascha hat eine Platte für Pancakes von der Galerie geholt mit Schokolade, Apfelmus und allem. Eigentlich mehr für die Kinder, aber ... ist alles okay bei euch?«

Phuong stoppte ihren Redeschwall, und ihre Begeisterung wich Besorgnis, als wir nach wie vor regungslos dastanden.

»Wir müssen gerade noch was klären«, sagte ich und lächelte, so gut es mir gelang. »Wir kommen gleich nach.«

»Alles gut«, antwortete Noah an Phuong gewandt. »Ich hab nach dem Tag echt Hunger.« Sein Lächeln wirkte wesentlich überzeugender, als er auf sie zuging und kurz darauf aus dem Studio verschwand.

Phuong warf mir einen irritierten Blick zu. »Habt ihr gestritten?«

»Ist kompliziert.«

»Wusste gar nicht, dass ihr das könnt. Hey«, fügte sie hinzu, als sie meinen kritischen Gesichtsausdruck bemerkte, »das ist normal. Ich streite jede zweite Woche mit meinen Schwestern. Mach dir keinen Kopf.« Sie kam auf mich zu, hakte sich bei mir unter und zog mich nach draußen. »Und jetzt los in Richtung Essen. Essen regelt alles.«

Ich ließ mich von Phuong nach draußen schleifen, obwohl Essen dieses Problem definitiv nicht beheben würde. Doch egal wie enttäuscht Noah sein mochte, egal wie wütend meine Eltern sein würden, dass die letzten Jahre und mein Studium verschwendet sein mochten: Ich hatte mich getraut. Ich hatte es ausgesprochen und war für das eingestanden, was ich wollte. Ich lief nicht mehr länger vor der Entscheidung weg. Und das war etwas wert.

Miriams Fuß trat sanft gegen meinen, als ich mir einen weiteren Bissen Pizza in den Mund schob, ohne wirklich etwas zu schmecken. Ich lächelte ihr zu, und sie deutete mit dem Kopf zur Seite, bevor sie aufstand. Eine stille Bitte, ihr zu folgen. Sie führte mich von den anderen, dem Gelächter, der Musik und dem Trubel weg, bis hin zu den Sitzen des Freilichtkinos. Dort angekommen klappte sie einen Stuhl in der ersten Reihe hinunter, und ich ließ mich neben sie auf eines der weichen, dunkelroten Polster fallen.

»Du hast es Noah gesagt.«

Überrascht weitete ich die Augen. »Woher weißt du das?«

»Ich kenn euch schon 'ne Weile. Du bist komplett ruhig und Noah vollkommen überdreht und aufgesetzt fröhlich. Ich nehm an, er war nicht überglücklich?«

»Das ist eine ziemliche Übertreibung. Kyra hat es rausbekommen und war total entspannt. Also dachte ich, das wird schon irgendwie … Na ja, ist es nicht. Schätze, wir haben jetzt beide Geschwister, die nicht mehr mit uns reden. Noch eine Gemeinsamkeit.« Ich lächelte schwach, und Miriam schüttelte den Kopf.

»Nein. Noah ist natürlich angefressen, du hattest ja lange Zeit, dich mit allem auseinanderzusetzen, für ihn bricht etwas weg, das er für stabil gehalten hat. Aber ihr seid nicht nur Geschwister, ihr seid beste Freunde. Das wird, glaub mir.« Sie lächelte leicht. »So wie es bei Louisa und mir wieder wird. Auch wenn das mit Sicherheit noch dauert. Sie war da.«

»Hier bei der Show?«

Miri nickte. »Ja.«

»Hey, das ist super! Wieso hast du das nicht früher erzählt?«

»Weil ich dich nicht von der Show ablenken wollte.«

»Miri«, erwiderte ich mit einem Kopfschütteln. »Du hättest mich nicht abgelenkt.« Ich stupste sie in die Seite. »Ich bin für dich da, okay?«

»Ich weiß.«

»Habt ihr reden können?«

»Jap, war aber total angespannt.« Sie lächelte unglücklich.

»Das tut mir leid. Aber das ist ein Schritt in die richtige Richtung. Sie hat deinen Brief also nicht ignoriert.«

Sie nickte langsam. »Ja, ich glaub auch. Und wenn bei der dickköpfigsten Schwester der Welt Hoffnung besteht, dann sicher auch bei Noah.« Sie legte die Hand auf meine, und ich schloss für einen Moment die Augen und genoss das Gefühl, nicht komplett allein mit meinen Gedanken zu sein. »Wie geht es dir?«, fragte sie fast flüsternd.

Ich hob die Schultern. »Schlecht und gut zugleich, falls das möglich ist. Ich rede am Montag im Büro mit meinen Eltern, dann schnapp ich mir Marc. Ich weiß ja, dass es für alles eine Lösung geben wird. Sie werden mir nicht böse sein, das ist mir klar. Aber es fühlt sich trotzdem scheiße an, sie zu enttäuschen.«

Miriam zog meine Hand auf ihren Schoß und lehnte ihren Kopf an meinen. »Ich weiß, aber genau deshalb bin ich stolz auf dich, dass du es durchgezogen hast.«

»Danke«, sagte ich und drückte ihre Hand.

»Ist doch klar«, erwiderte Miriam. Eine Weile saßen wir einfach so da, aneinandergelehnt, während wir auf die leere Leinwand blickten.

»Danke, dass du mir geholfen hast, zu sehen, was ich wirklich will.«

An meinem Kinn konnte ich spüren, wie Miriam den Kopf schüttelte. »Hab ich nicht, das hattest du längst gesehen. Du hast nur einen kleinen Schubser gebraucht.«

»Dann danke dafür«, murmelte ich und drehte mich um, sodass ich Miriam ins Gesicht blicken konnte. Einen Augenblick später streiften meine Lippen ihre, und ich schloss die Augen und gab mich der Empfindung hin. Dadurch, dass ich mich ihr geöffnet hatte, hatten auch all meine anderen Mauern, die ich so sorgsam intakt gehalten hatte, zu bröckeln begonnen.

Ich strich durch Miriams Haare und zog sie noch näher zu mir, um mehr von ihr zu spüren. Miriam stieß ein Seufzen aus und öffnete ihre Lippen für mich. Als ihre Zunge auf meine traf, fuhr ein Schauer durch meinen gesamten Körper, und ich musste mich zusammenreißen, um nicht aufzustöhnen. Meine linke Hand glitt zu ihrer Hüfte, und wenige Sekunden später saß Miriam auf meinem Schoß, ihre Beine über meinen, ihre Hände an meinem Kopf. Ihr Geruch, ihr Geschmack und die bloße Tatsache, dass sie – dass wir – das tatsächlich taten, wo wir all die Jahre nur lose Freunde gewesen waren, sorgten für eine Gänsehaut, die von meinen Armen ausgehend über meinen gesamten Körper kroch.

Miriam strich mit dem Daumen über meinen Bart, und für einen kurzen Moment lösten wir unsere Lippen voneinander, als sie meinen Namen hauchte. Meine Lider flogen auf, und ich sah direkt in ihr Gesicht, hatte ihre hellbraunen Augen genau vor meinen. Die bereits tief stehende Sonne tauchte Miriams blondes Haar in ein warmes Gold, und in diesem Moment sah sie so wunderschön aus, dass es mir die Sprache verschlug.

»Mach dir keine Gedanken«, sagte sie leise, während ihre Hand von meiner Schläfe ausgehend meine Wange hinabwanderte. »Ich bin mir sicher, Noah beruhigt sich wieder. So wie Kyra das mit uns akzeptiert hat, wird er auch das akzeptieren und …«

Ich unterbrach ihre Worte mit einem weiteren Kuss. »Gerade mache ich mir wirklich keine Gedanken darüber«, murmelte ich gegen ihre Lippen. »Darum kümmere ich mich morgen.«

Miriam schmunzelte gegen meinen Mund, erwiderte den Kuss und schob sich mir entgegen. Das Gefühl von ihrem Körper auf meinem brachte mich beinahe um den Verstand. Ihre Hand schob sie auf meine Brust, ich grub die Finger tiefer in ihre Seite und merkte, wie es in meiner Boxershorts enger wurde. Mit einem heiseren Aufstöhnen löste ich mich erneut von Miriam und schloss kurz die Augen, um mich zu sammeln. Vom Eingangsbereich des Geländes, wo die anderen nach wie vor saßen, schallte uns laute Musik entgegen. Ich hatte den eigentlichen Grund, weshalb wir noch hier waren, beinahe vergessen.

»Vielleicht nicht der beste Ort hierfür, oder?«, sagte ich mit rauer Stimme.

Miriam nickte zwar, doch in ihren Augen las ich das gleiche Verlangen, das sie mit ziemlicher Sicherheit auch in meinen erkannte. Ich nahm einen weiteren, tiefen Atemzug der warmen Luft und stieß ihn in einem Schwall wieder aus.

»Wir könnten natürlich auch gehen …«

»Das ist deine After Party«, protestierte Miriam. »Wir haben alle Zeit der Welt.« Sie stand von meinem Schoß auf, und schon im nächsten Moment vermisste ich ihre Wärme, das Gefühl von ihrem Körper auf meinem. Meine Hände hielten ihre umschlossen, und es kostete mich all meine Willenskraft, sie nicht wieder auf mich zu ziehen. Doch ich nickte nur und stand ebenfalls auf. Ein letztes Mal küsste ich Miriam auf die Stirn, sog ihren Duft ein, und dann gingen wir gemeinsam zurück zu den anderen.

Kyras wissender Blick, kaum dass wir in Sichtweite waren, ließ nicht nur Miriam die Hitze in die Wangen steigen. Es bestand kein Zweifel, dass sie genau wusste, was wir getan hatten.

»Elias!« Marcs Stimme zog die Aufmerksamkeit aller Umstehenden auf sich. Ich hatte nicht das Gefühl gehabt, dass wir so lange weg gewesen waren, aber anscheinend war genug Zeit vergangen, dass die Kinder nach Hause gegangen waren und Marc einige Bierflaschen hatte leeren können.

»Auf dich!« Er grinste mich breit an, dann blickte er zu Miriam neben mir. »Und dich, Miriam! Für die Idee.«

»Auf alle«, fügte Natascha hinzu. »Wir haben das Geld noch nicht gezählt, aber es sieht mehr als gut aus. Selbst wenn wir alles untereinander aufteilen. Und wir haben dauerhafte Sponsoren gefunden.« Sie strahlte uns entgegen. »Es ist noch viel besser gelaufen als erwartet.«

»Danke auch an alle fürs Rühren der Werbetrommel.« Kai prostete einmal in die Runde.

»Heißt das, die Kurse können bestehen bleiben?«, fragte Miriam neben mir.

Marc nickte. »Unter anderem dank Elias' Eltern.«

»Also kann Marlon bleiben«, sagte Miriam und blickte zu mir auf. »Weiß er schon davon?«

»Noch nicht, aber ich kann es kaum erwarten, seine Reaktion zu sehen.«

Was ich dafür sah, war die Reaktion der anderen: Kyras breites Grinsen und, was mich noch mehr berührte, Noahs leichtes Lächeln. Als mein Blick seinen traf, sah er schnell weg, doch dieser kurze, anerkennende Ausdruck war ein Anfang. Vielleicht hatte Miriam recht und er brauchte einfach Zeit, um alles zu verdauen.

Miriam griff nach meinen Fingern und drückte diese kurz.

»Du hast es geschafft«, sagte sie.

»Wir haben es geschafft«, erwiderte ich mit einem Lächeln.

31. KAPITEL

Miriam

Du hast den gesamten Sonntag mit Lernen verbracht. Jetzt mach gefälligst Pause, sonst komm ich vorbei!

Was für eine Drohung ist das denn bitte? 😁

Miriam Voigt!

Okay, okay. 🖤

Ich schloss Elias' Nachricht, legte die Lernzettel zur Seite und ließ mich zurück ins Bett fallen. Der Stoff für die immer näher rückenden Klausuren saß, und vermutlich hatte Elias recht. Eine Pause würde mir gerade mehr bringen, als alles zum hundertsten Mal durchzugehen. Für bestimmt fünf Minuten klickte ich mich durch das Netflix-Programm, bis ich mich dazu entschloss, *Riverdale* eine zweite Chance zu geben. Ich hatte gerade die erste Episode gestartet, als es an der Tür klingelte. Kurz überlegte ich, einfach liegen zu bleiben, aber ich wusste nicht, ob Kyra vielleicht etwas bestellt hatte, also gab ich mir einen Ruck und lief zur Freisprechanlage.

»Ja?«

»Hey.«

Oh mein Gott.

Ohne ein weiteres Wort drückte ich auf den Öffner und hörte durch die Anlage kurz darauf, wie die Tür aufgedrückt wurde. Nervös fuhr ich mir durchs Haar, das ich unordentlich zu einem Knoten auf dem Kopf zusammengefasst hatte.

Mein Herzschlag war ein Echo der Schritte auf der Treppe, und gefühlte Stunden später, die höchstens zwei Minuten sein konnten, stand Louisa im Türrahmen. Sie trug ein hellblaues, weit fallendes Sommerkleid und sah mich mit Unsicherheit in den Augen an.

»Hey«, sagte sie erneut, klang nun aber wesentlich nervöser als durch die Anlage.

»Was machst du denn hier?«, fragte ich. »Ich dachte, gleich ist dein Termin.«

»Ja«, entgegnete Louisa gedehnt.

»Magst du reinkommen?« Ich trat einen Schritt zur Seite.

Sie schüttelte den Kopf, und es war schwer, mir die Enttäuschung nicht anmerken zu lassen.

»Oh«, sagte ich leise.

»Mir wäre es lieber, wenn du rauskommst.«

»Was?«

Meine Schwester wippte auf den Zehenspitzen auf und ab, während ich sie irritiert ansah.

»Ich dachte, du magst vielleicht mitkommen zu dem Termin.«

Es brauchte keinen Blick in den Flurspiegel, um zu wissen, dass mein Mund gerade ein perfektes rundes O bildete. Ich hatte mich auf einen langweiligen Montag mit Serien und Vorlesungen eingestellt, ganz sicher nicht hierauf.

»Ist okay, wenn das doof ist und dich gar nicht interessiert«, sagte Louisa, und ich bemerkte erst jetzt, dass ich noch gar nicht geantwortet hatte.

»Was? Nein! Natürlich komme ich mit.« Hektisch blickte

ich an mir hinab. »Ich zieh mir nur schnell eine richtige Hose an.«

»Mach das«, antwortete Louisa mit einem Schmunzeln, und ich rannte in mein Zimmer, um mir etwas Anständiges anzuziehen und meine Haare in Ordnung zu bringen. Dann lief ich zurück zu Louisa, die unverändert vor der Tür stand, als traute sie sich nicht, unsere WG zu betreten.

»Okay, fertig.« Unsicher sah ich sie an. »Sicher, dass du mich dabeihaben willst?«

»Sonst wär ich nicht hier«, antwortete sie, nahm den Worten durch ihr Lächeln jedoch ihren Biss. »Kerim wartet unten im Auto«, sagte sie und ging die Treppen voraus nach unten.

Die Musik des Autoradios war das Einzige, was die Stille in Kerims Renault ein bisschen angenehmer machte. Ich blickte aus dem Fenster, ohne wirklich etwas von den Straßen Berlins wahrzunehmen. Abgesehen von der Begrüßung hatten weder Kerim noch Lou noch ich ein weiteres Wort gesagt. Ich räusperte mich. Louisa war mir entgegengekommen, ich wollte die Chance nicht verstreichen lassen. Nervös spielte ich mit dem Ring an meiner rechten Hand, der einst meiner Großmutter gehört hatte. Wie immer verlieh er mir auch jetzt Kraft, und ich gab mir einen Ruck.

»Seid ihr nervös?«

Ich hatte mich seit unserer letzten Begegnung online belesen und wusste, dass es nur ein Informationstermin über die verschiedenen Möglichkeiten war, dennoch ahnte ich, wie viel für die beiden davon abhing.

»Total«, sagte Louisa. Sie saß vor mir, also sah ich ihr Gesicht nicht, aber ich hörte, wie sie zitternd ausatmete. »Ich hoffe einfach, dass heute etwas Positives bei der ganzen Sache rauskommt.«

»Das wird schon.« Kerim warf Louisa einen aufmunternden Blick zu.

Erneut breitete sich Stille über uns aus, und ich war froh, dass Kerim das Radio etwas lauter stellte, um der Stimmung ein wenig von ihrer Befangenheit zu nehmen.

Wenige Minuten später kamen wir vor einem großen, grauen Gebäude zum Stehen, bei dem es sich um die Klinik handeln musste. Ich stieg aus und sah zu meiner Schwester, die mit grimmigem, aber entschlossenem Ausdruck auf das Gebäude blickte. Während Kerim zwei Schritte auf den Eingang zu machte, stand meine Schwester wie festgefroren auf dem Parkplatz.

»Hey.« Ich legte eine Hand auf ihre Schulter. »Ihr schafft das.«

»Ich hab Angst«, flüsterte sie so leise, dass ich es kaum verstand. Und in diesem Moment war mir egal, wie viel noch ungeklärt zwischen uns stand. In diesem Moment war sie einfach meine Schwester, und als diese würde ich immer hinter ihr stehen. Sie war ein Teil von mir und ich einer von ihr, und keine Auseinandersetzung, egal wie groß, würde die Verbindung, die wir hatten, zerstören.

Also trat ich vor sie und zog sie in meine Arme. Für einen kurzen Moment stand sie stocksteif da und erwiderte die Umarmung nicht, aber ich ließ nicht los. Tränen bildeten sich unter meinen geschlossenen Lidern, und als die erste sich ihren Weg über meine Wange bahnte, legte Louisa die Hand auf meinen Rücken, und ich merkte, wie sie sich in meinen Armen entspannte. Ich schluchzte auf.

»Ich hab dich lieb«, murmelte ich an ihrem Ohr.

Eine Weile geschah nichts, und wir standen einfach in unserer Umarmung dort. Dann bewegte sich ihr Kopf von oben nach unten, als sie nickte, und ich unterdrückte ein erneutes Schluchzen.

»Ich dich auch«, erwiderte sie schließlich leise, als wir uns aus der Umarmung lösten. Ich griff nach ihrer Hand und sah ihr in die Augen, die meinen so ähnlich waren.

»Es tut mir so leid, dass ich dir wehgetan habe. Ich will für dich da sein.«

Louisas Blick glitt an mir vorbei zu ihrem Verlobten. »Kannst du schon mal Bescheid geben, dass wir da sind? Hier ist meine Karte.«

Nickend nahm er Lous Krankenkassenkarte, lächelte uns kurz zu und verschwand dann im Inneren der Praxis.

Louisa musterte mich mit undefinierbarem Ausdruck. »Mir tut es leid, dass ich so ausgetickt bin«, sagte sie schließlich. »Es tut mir leid, dass ich dich nicht verstehen konnte.«

»Ich …«

Sie hob eine Hand, um mich zum Schweigen zu bringen. »Aber ich will es verstehen, und ich hab dir bisher keine Chance gegeben, es mir richtig zu erklären.« Sie schluckte schwer, und ich meinte, auch in ihren Augen Tränen stehen zu sehen. »Aber wie schon gesagt, ich hab deinen Brief gelesen, und was ich dir an den Kopf geworfen habe … Es ist nur … Ich wollte immer Kinder, ja, aber mir war nicht klar, wie sehr ich sie wollte, bis ich erfahren habe, dass ich vielleicht keine haben kann. Ich weiß, dass es unfair war, das auf dich zu übertragen. Genauso wie es unfair ist, das auf meine Kollegin und meine Freundinnen zu übertragen … Kerim und ich waren die Tage im Park, und ich konnte an keiner Familie vorbeigehen, ohne neidisch auf diese Frauen zu sein. Ins Büro zu gehen ist die Hölle, nur weil meine Kollegin es geschafft hat und ich nicht, und ich weiß einfach nicht, wieso nicht.« Sie wischte sich kurz über die Augen. »Und ich hab wahnsinnige Angst vor diesen Terminen. Was, wenn das auch alles umsonst ist? Was, wenn es trotzdem nicht klappt?«

»Hey«, sagte ich leise und strich ihr über den Arm. »Das wird es, okay?«

Louisa zuckte bloß mit den Schultern. »Wer weiß das schon? Weißt du, wie groß die Chancen sind? Oder wie gering, sollte ich besser sagen.«

»Ja, weiß ich. Ich nehme an, ihr versucht es erst intrazytoplasmatisch?«

Louisas Mundwinkel zuckten für einen kurzen Augenblick. »Du hast dich dazu belesen? Das kann nicht einmal ich aussprechen, ohne es abzulesen.«

Ich hob die Schultern. »Natürlich. Das, was ich gerade gesagt habe, meine ich so: Ich will für dich da sein. Du bist meine Schwester. Wir machen das gemeinsam. Natürlich nur, wenn du magst.«

»Das wär schön«, gab Louisa zurück und lächelte. »Es tut mir leid, dass du damals allein durch alles durchmusstest.«

»Nein, muss es nicht. Erstens war das meine Entscheidung, und zweitens war Finn dabei.«

»Ja, aber ob du es glaubst oder nicht, auch ich hab mich informiert. Ich hab mir deinen Podcast noch zweimal angehört. Die Tatsache, dass selbst deine Gynäkologin dir nicht direkt helfen konnte wegen dieses Paragrafen, der das als Werbung für Schwangerschaftsabbrüche gewertet hätte …« Ihr Lächeln verwandelte sich in etwas Trauriges. »Das sollte keine Frau durchmachen müssen. Ich mag das alles nicht verstehen, aber ich verstehe, wie es ist, sich in so einer Situation allein zu fühlen. Wenn der Körper einem fremd wird und niemand einem helfen kann oder will.«

Diesmal war sie es, die mich in die Umarmung zog.

»Es tut mir leid, Miri. Dass ich damals nicht für dich da war und dass ich so reagiert habe. Es hat einfach so wehgetan, und ich hab es an dir ausgelassen. Das war nicht fair.« Sie ließ mich los und lächelte schief. »Ich hätte mich melden, dir antworten sollen. Aber erst war ich sauer, dann traurig und dann …« Sie atmete geräuschvoll aus. »Ich dachte, vielleicht kann ich abwarten, bis ich eine Lösung habe, und dir dann wieder normal gegenübertreten, nicht so … verletzt. Ich will diese Gefühle nicht fühlen, aber sie sind da. Mittlerweile schäme ich mich dafür, aber ich kann es nicht abstellen.«

»Das ist okay«, sagte ich. »Weißt du noch, als ich damals sitzen geblieben bin? Da hab ich mich auch ständig mit dir verglichen.«

»Ja, aber da warst du ein Kind. Ich bin eine erwachsene Frau. Ich glaub nicht, dass sich das vergleichen lässt.«

»Gefühle sind Gefühle«, erwiderte ich mit einem Schulterzucken. »Wir haben die letzten einundzwanzig Jahre zusammen ausgehalten, da schaffen wir es auch hier durch.«

Sie lächelte und sah nach rechts zur Tür, durch die Kerim vor einer Weile verschwunden war. Ihre Hand legte sie um meine. »Sollen wir rein?«

Ich nickte, und gemeinsam gingen wir, Hand in Hand, in die Klinik. Obwohl ich gerade noch geweint hatte, musste ich nun lächeln – unendlich dankbar dafür, dass es wieder ein Wir gab.

32. KAPITEL

Elias

Mit einem Lächeln packte ich mein Handy weg. Louisa hatte sich bei Miriam gemeldet. Endlich. Hoffentlich würde sich auch für mich alles zum Guten wenden.

Ich drückte den Knopf des Aufzugs. Mir war viel zu warm in meinem hellen Hemd. Ein weiterer Grund, weshalb ich den Job im Studio diesem hier mittlerweile vorzog: Ich konnte Shirts tragen. Seit ich die Position meines Vaters probehalber innehatte, war das im Büro leider nicht mehr möglich.

Der Fahrstuhl beförderte mich viel zu schnell nach oben. Ich ging an Schreibtischen und der Mitarbeiterküche vorbei, grüßte meine Kollegen und Kolleginnen, die ich in den letzten Jahren jede Woche gesehen hatte, und blieb vor dem Büro meines Vaters stehen. Die Tür war geschlossen, da er und meine Mutter heute Papierkram zu erledigen hatten und ich frei hatte, um an der Auswertung meiner Bachelorarbeit zu schreiben. Doch genau deshalb war ich hier. Ich wollte beide erwischen, am besten vor Ort, damit wir uns direkt um Alternativen kümmern konnten. Denn die würden wir brauchen. Ich durfte nicht zulassen, dass mein Vater seine Gesundheit erneut gefährdete.

Hinter mir ertönten Schritte. »Elias.«

Noah stand mit einer leeren Kaffeetasse in der Hand vor mir auf dem Gang.

»Hi«, grüßte ich ihn.

»Du willst es ihnen also sagen, du ziehst das echt durch.«

Es war schwer, seine Miene zu deuten. Als ich nickte, wandte er den Kopf ab. »Ich weiß, dass du wütend bist …«

»Ich bin nicht wütend«, erwiderte er leise. »Ich bin traurig und enttäuscht.«

Das machte es nicht wirklich besser.

»Aber Kyra hat mir auch ordentlich ins Gewissen geredet«, fuhr er fort und sah mich wieder an. »Ich weiß, dass es keinen Grund gibt, dir irgendwas nachzutragen. Es ist nur echt scheiße, wenn ein Traum, den du hattest, vor deinen Augen zerplatzt und du weder etwas tun kannst noch etwas hättest tun können, um das zu verhindern.« Er zog die Brauen zusammen. »Oder hätte ich?«

»Nein«, sagte ich mit einem traurigen Lächeln. »Ich weiß, dass das für dich mehr als ein bloßer Job ist, aber zwischen uns ändert sich nichts, und du wirst das allein super meistern. Das hast du die letzten Monate vor meinem Wiedereinstieg doch auch.«

Noah nickte, wenngleich er nicht vollends überzeugt wirkte. »Wenn dich das Boxen und das Unterrichten glücklich machen, steh ich hinter dir, das weißt du.« Er lächelte schief. »Ich wünschte, das hier würde dich glücklicher machen, aber wenn dem nicht so ist …«

»Danke«, sagte ich. »Dann werd ich das jetzt wohl Mama und Papa erklären.«

Noah nickte und war genau einen Schritt weit gekommen, als er sich wieder zu mir umdrehte, die Tasse nach wie vor in der Hand. »Ach, was soll's«, murmelte er. »Ich komm mit, falls du Back-up brauchst.«

»Dein Ernst?«

»Wenn ich daran denke, wie oft du mir in der Vergangenheit den Arsch gerettet hast, ist das das Mindeste. Außerdem wird es so oder so darauf hinauslaufen, dass ich einen Teil deiner Jobs übernehme, also kann ich genauso gut direkt dabei sein.«

Noah mochte enttäuscht sein, meine Entscheidung weder verstehen noch gutheißen, dennoch stand er hinter mir.

»Danke, Noah.«

»Jetzt mach endlich, sonst überleg ich es mir anders.«

Ich wandte mich von Noah zur Tür, holte noch einmal tief Luft und klopfte dann dreimal hintereinander an.

»Ja?«, erklang es von innen. Ich drückte die Tür auf und trat in das Büro meines Vaters. Er saß auf dem Stuhl, von dem aus ich noch letzte Woche gearbeitet hatte, nur dass er darauf überhaupt nicht fehl am Platz wirkte. Meine Mutter hatte sich einen Sessel an den Schreibtisch gezogen und blätterte gerade in einem dunklen Aktenordner.

»Hey, ihr beiden«, sagte sie mit einem Lächeln. »Wolltest du nicht in der Bibliothek sein? Oder macht ihr gemeinsam Pause?«

»Ne …«, fing ich an und suchte nach den richtigen Worten. Jetzt, da ich wirklich hier stand, da ich kurz davor war, jahrelange Vorbereitung und Arbeit über den Haufen zu werfen, und zum ersten Mal in meinem ganzen Leben nur darauf achtete, was mir guttat, fehlten mir die Worte, obwohl ich das Szenario in meinem Kopf etliche Male durchgespielt hatte. Gerade war ich froh, dass ich es Kyra und Noah bereits gesagt hatte, denn bei dem freundlichen Blick, den mein Vater mir durch seine Brillengläser zuwarf, hätte ich am liebsten einen Rückzieher gemacht. Doch dafür war es nun endgültig zu spät.

Noah in meinem Rücken räusperte sich.

Wieso erforderte Nein zu sagen manchmal so viel mehr Mut, als Ja zu sagen – selbst wenn man dabei Ja zu etwas sagte, was man eigentlich nicht wollte? Doch das musste hier enden. Es musste. Denn ein Ja zu den Erwartungen meiner Eltern, zu diesem Job, resultierte zwangsläufig in einem Nein zu mir selbst.

»Können wir reden?«

Ich hatte die Worte kaum ausgesprochen, als Noah den zweiten Sessel und den kleinen Hocker auch schon zum Schreibtisch zog. Er setzte sich auf den Hocker, während ich mich auf den Sessel fallen ließ, den er hinter mir abgestellt hatte.

»Was gibt es denn? Sieht nach etwas Ernstem aus?« Meine Mutter legte den Ordner zur Seite und verschränkte ihre Finger ineinander.

»Könnte man so sagen …«, begann ich. Und dann fuhr ich fort und erzählte ihnen alles, was ich bereits meinen Geschwistern gesagt hatte.

Die Brille meines Vaters war inmitten meines Redeschwalls auf den dunkelbraunen Schreibtisch gewandert, und meine Mutter hatte sich weit in ihrem Sessel zurückgelehnt und sah so geschafft aus, wie ich mich fühlte.

»Puh«, sagte sie, und ich hätte ihr am liebsten zugestimmt, denn das beschrieb die Lage ganz gut. »Ich weiß nicht recht, was ich sagen soll, Elias. Ich hab wirklich geglaubt, das wäre einfach ein Übergangsjob für dich gewesen.«

»War es anfangs ja auch«, gab ich zu. »Aber ich hab wirklich Spaß daran.«

»Und hieran nicht? Wer sagt dir, dass der Spaß an dem Job bei Marc erhalten bleibt? Was ist mit deinem Studium? Für den Studiojob brauchst du keinen Bachelor of Science.«

»Schaden wird er trotzdem nicht, gerade falls ich mal etwas anderes machen will.« Kaum dass der Satz meinen Mund verlassen hatte, wusste ich schon, dass ich ihn lieber für mich behalten hätte.

»Also kannst du dir vorstellen, irgendwann was anderes zu

machen«, warf meine Mutter ein. »Wieso willst du all das dann aufgeben? Wenn du jetzt aufhörst, bist du raus.«

Noah neben mir öffnete den Mund, doch sie ließ ihn nicht zu Wort kommen.

»Ich sage das nicht als Drohung oder Ähnliches. Ganz und gar nicht. Egal, wie du dich entscheidest, du bist hier immer willkommen, das weißt du. Aber wenn du jetzt deinen Posten verlässt, müssen wir ihn besetzen. Wir werden ihn intern ausschreiben, die Person einarbeiten und ihr deine Aufgaben übergeben. Dein Vater braucht jemanden, auf den er sich zu einhundert Prozent verlassen kann. Und bevor du mir gleich wieder ins Wort fällst …«, sagte sie an Noah gewandt, »… wir wissen, dass wir uns auf dich verlassen können, aber mit all den Aufgabenbereichen und dem stetig wachsenden Sortiment ist eine Person allein nicht genug. Nur aus diesem Grund habe ich meinen Job verlassen und vor fünfzehn Jahren hier angefangen.« Sie blickte wieder zu mir. »Also glaub mir, ich weiß, wie hart es ist, zu kündigen und etwas Ungewisses zu wagen. Ich möchte, dass du dir der Konsequenzen bewusst bist. Falls du nur einer Laune folgst, die noch dazu, wenn wir ehrlich sind, nicht die sicherste Wahl ist, dann …«

»Linda«, fiel ihr mein Vater sanft ins Wort. Er hielt die Brille kurz gegen das hereinfallende Licht, wie um sie auf Flecken zu überprüfen, und setzte sie sich dann wieder auf die Nase. »Ich habe beinahe darauf gewartet.«

»Was?«, fragte ich im selben Moment wie meine Mutter.

»Du hättest früher nie Termine verpasst, hast freiwillig mehr Zeit hier verbracht, als nötig gewesen wäre. Das hätte mir Hinweis genug sein müssen. Doch was viel wichtiger ist: Obwohl du immer so gewissenhaft bei der Arbeit warst, habe ich dich in all den Jahren nicht einmal so glücklich gesehen wie letzte Woche bei dem Event. Die Leute dort schätzen dich. Nicht nur Marc und die Kinder und deren Eltern, auch alle anderen, mit denen du das Ganze auf die Beine gestellt hast.«

»Also verstehst du mich?« Mein Herz schlug mir mittlerweile bis zum Hals. Sollte wirklich alles so einfach zu klären sein? Keine Tränen? Kein Drama?

Mir fiel ein ganzer Felsbrocken vom Herzen, als mein Vater langsam nickte. »Auch wenn ich bei deiner Mutter bin, was die Tatsache angeht, dass du überqualifiziert für diesen Job bist. Aber wer weiß schon, was die Zukunft bringt.« Er lächelte leicht. »Als mein Vater diesen Betrieb gegründet hat, haben ihm auch etliche Leute davon abgeraten. Photovoltaik steckte in den Kinderschuhen, und sein Unterfangen als ein Risiko zu bezeichnen ist noch milde ausgedrückt. Und jetzt schau dich um. Wir sind mittlerweile in unserem vierten Büro, sichern etliche Jobs, haben trotz des Rückschlags mit Herrn Rothe ordentliches Wachstum und sind inzwischen auch in der Forschung mit dabei. Alles aufgrund einer fixen Idee deines Großvaters. Außerdem bleibt der Betrieb ja in der Familie.« Mein Vater sah kurz fragend zu Noah, der jedoch sofort nickte.

»Mich werdet ihr nicht los.«

»Mama?«, fragte ich vorsichtig, da sie seit der Erklärung meines Vaters keinen Ton mehr gesagt hatte.

»Ihr habt ja recht. Ich mache mir nur Sorgen, das ist alles. Ich kann von dir nichts verlangen, was ich Kyra freistelle. Ich denke, es ist nur das Plötzliche, das mich verunsichert. Aber wenn es das ist, was du willst …«

»Ist es.«

Die beiden Wörter zauberten mir ein Lächeln aufs Gesicht. Ich war mir wirklich sicher, und zum ersten Mal handelte ich auch genauso. Mir waren die Meinungen der anderen nicht plötzlich egal, doch endlich stellte ich mein eigenes Glück über sie. Zuerst bei Miriam und nun auch hier. Vor wenigen Wochen, als ich in diesem Büro gesessen hatte, auf der anderen Seite des Schreibtischs, war ich mir nicht einmal sicher gewesen. Da waren Zweifel in mir gewesen und die Angst vor einer Entscheidung – oder besser gesagt vor den Reaktionen auf meine Entscheidung. Alles, was ich jetzt spürte, war Erleichterung.

»Tja, schätze, wir haben einiges zu klären«, sagte mein Vater. »Noah, hol dir bitte deinen Schreibtischstuhl, sonst hast du morgen Rückenschmerzen.«

Noah sah hinab auf seinen Hocker und dann zu mir. Ein feines Lächeln lag auf seinem Gesicht. »Immerhin kann er dich bald nicht mehr herumkommandieren.«

Dann stand er auf und ging aus der Tür in das Großraumbüro gegenüber und ließ mich mit einem Schmunzeln zurück.

»Ich fühle mich etwas schuldig, dass ich auch nur eine Sekunde lang daran gezweifelt hab, dass meine Familie das Beste für mich will.«

Miriam lächelte. Wir hatten die Couch im WG-Wohnzimmer ausgezogen und lagen trotz der nächtlichen schwülen Hitze eng aneinandergekuschelt darauf. Ihr Kopf ruhte auf meiner Brust, im Hintergrund lief leise irgendein Taylor-Swift-Konzert, und ich musste meinen Hals verrenken, um ihr ins Gesicht sehen zu können.

»Dein Bart pikst«, beschwerte sie sich, als ich es endlich schaffte, sie anzuschauen.

»Was ist so lustig? Folgt jetzt ein ›Ich hab es dir ja gesagt‹?«

Sie lachte, und ich spürte die Bewegungen an meiner Brust, was mich ebenfalls zum Lächeln brachte.

»Ich find es nur witzig, dass unser Tag so parallel abgelaufen ist und unsere Probleme zwar unterschiedlicher nicht sein könnten, das Ganze aber aufs Gleiche hinausgelaufen ist.« Nun drehte sie ebenfalls den Kopf in meine Richtung. »Deshalb würd ich mir auch gar nicht anmaßen, dir unter die Nase zu reiben, dass ich es dir genau so vorhergesagt habe … Ich war ja selbst nicht besser.«

»Ist fast so, als würde reden helfen«, murmelte ich, und Miriam winkte ab.

»Die Hälfte meiner Lieblingsfilme würde nicht existieren, wenn alle von Anfang an komplett offen miteinander wären. Vielleicht braucht es diesen Weg, um über sich selbst hinauszuwachsen.«

»Ganz schön weise.«

»Stimmt doch. Oder denkst du, du wärst, wo du jetzt bist, wenn du bei der erstbesten Gelegenheit ins Studio gewechselt wärst? Vielleicht wärst du total unsicher, ob es sich dabei um das Richtige handelt. Deine Eltern hätten nicht selbst gemerkt, wie wichtig dir das ist.«

»Weise, sag ich doch«, murmelte ich und pikste Miriam in die Seite, woraufhin sie zusammenzuckte.

»Ich hasse das.«

»Ich weiß«, sagte ich lachend und zwickte sie erneut mit den Fingern in die Taille. Prompt richtete Miriam sich auf.

»Du weißt ganz genau, wie kitzlig ich bin.«

»Hmm«, machte ich und ließ meine Finger zu ihren Oberschenkeln wandern.

»Elias, nein.«

»Schon doof, wenn man sich so lange kennt, dass man die Schwachstellen gar nicht mehr herausfinden muss.«

»Elias!«

Miriam rückte ein Stück von mir ab, sodass meine Finger auf der Couch landeten, was mich jedoch nicht davon abhielt, sie weiter zu kitzeln. Ich beugte mich über sie und grub die

Finger beider Hände in ihre Seite. Kichernd presste sie ihre Hände gegen meine Schultern.

»Du Arsch!«

»Oh mein Gott, Miriam«, sagte ich nun ebenfalls lachend. »Du hast geflucht.«

»Ja … weil …« Sie japste nach Luft, prustete aber direkt wieder los, dabei bewegte ich meine Finger nicht einmal mehr. »Hör auf!«

»Ich mach gar nichts.« Wie zum Beweis hielt ich die Hände in die Höhe und grinste sie an. Ihre Brust hob und senkte sich, ihre Wangen waren gerötet. Das erkannte ich selbst im gedämpften Licht der Wohnzimmerlampe, und ihre Mundwinkel zuckten immer noch. Ich kniete über ihr, hielt ihre Beine mit meinen umschlungen und ließ die Hände langsam sinken.

Mit dem Lied im Hintergrund wechselte auch die Stimmung zwischen uns. Miriams Lächeln blieb, doch sie öffnete leicht den Mund, und nun schlug auch mein Herz schneller in meiner Brust. Langsam senkte ich mich weiter zu ihr hinab, auf den letzten Zentimetern kam sie mir entgegen, und unsere Lippen trafen aufeinander. Ich stützte ihren Hinterkopf mit meiner rechten Hand, während ich meine linke unter ihren Rücken legte und sie auf der Couch weiter nach oben hob. Ihre Arme legte sie um meinen Hals und vertiefte den Kuss. Miriams rechtes Bein schlang sich um meine und zog meinen Unterkörper auf sie hinab. Ich unterdrückte ein Stöhnen, als ich sie so dicht an mir spürte und ihre Hand sich quälend langsam einen Weg von meiner Brust bis zu meinem Bauch und schließlich unter mein Shirt bahnte. Dort angekommen fuhr sie mit der Hand wieder meine Brust hinauf, sodass mein Shirt immer höher rutschte. Sie griff nach dem Saum und zog mir das Oberteil über den Kopf, bevor sie mich weiter küsste. Ich vergrub meine Finger in ihrem weichen Haar und gab mich voll und ganz dem Kuss hin, verlor mich in ihr.

Miriam seufzte in meinen Mund, und das Geräusch jagte mir einen Schauer über den gesamten Körper. Ich merkte, wie mir das Blut nach unten schoss. Einen Augenblick später unterbrach Miriam den Kuss und sah mich atemlos an.

»Kyra hat uns verboten, jemals in dieser WG Sex zu haben.«

»Reiz des Verbotenen«, murmelte ich und bahnte mir mit Küssen einen Weg von ihrem Hals zu ihrer Schulter, wo ich den Träger ihres Tanktops zur Seite streifte. Lächelnd registrierte ich die Gänsehaut, die meinen Berührungen folgte.

»Ich schätze, wir können eine Ausnahme machen, wenn sie sowieso bei Milan schläft«, murmelte Miriam und schloss die Augen, als nun meine Finger unter ihr Oberteil wanderten und es langsam nach oben bis über ihren Kopf schoben. Achtlos warf ich es auf den Boden. Nicht zum ersten Mal in den letzten Tagen konnte ich kaum glauben, was wir gerade taten. Vielleicht hatte Miriam recht, und manche Dinge brauchten wirklich ihre Zeit – denn noch vor wenigen Monaten wäre das unvorstellbar gewesen. Doch ich wollte es um nichts auf der Welt missen.

33. KAPITEL

Miriam

Elias' Lippen auf meinem Körper, seine Finger, die sanfte Linien auf meine Haut malten, sein Geruch, das Gefühl seines Gewichts auf mir – wie oft hatte ich mir das vorgestellt? Noch vor wenigen Monaten hatte Kyra mich gefragt, was ich in der ersten Nacht in unserer neuen Wohnung geträumt hatte. Wer hätte gedacht, dass sie recht behalten sollte und mein Traum in Erfüllung ging?

Mit den Fingerspitzen strich ich über Elias' nackten Rücken und konnte spüren, wie sich seine Muskeln bewegten. Seine Hand wanderte tiefer, schob sich unter meinen Rock und strich an der Innenseite meiner Schenkel entlang, sodass ich das leise Stöhnen nicht länger zurückhalten konnte. Ich hatte ihn, und doch wollte ich mehr. Wollte alles, was er mir geben konnte. Ich schlug die Lider auf und sah in seinen Augen die gleiche Lust, die auch ich empfand. Ich machte mich an dem Verschluss seiner Jeans zu schaffen, zog sie mit bebenden Fingern nach unten und musste wieder ein Stöhnen unterdrücken, als ich durch den Stoff seiner Boxershorts sah, wie erregt er war. Wie sehr er mich wollte. Mich.

Elias zog die Hose von seinen Beinen und ließ sie auf den Boden zu unseren Oberteilen gleiten. Dann streifte er meinen Rock in einer fließenden Bewegung nach unten, der ebenfalls auf dem Wohnzimmerboden landete. Elias senkte sich wieder auf mich herab und presste sich gegen mich. Obwohl ich ihn nur durch den Stoff unserer Unterwäsche spürte, brachte es mich beinahe um den Verstand.

»Ich will dich«, sagte ich mit einem Seufzen, und meine Finger wanderten wie von selbst zum Bund seiner Boxershorts.

»Und ich dich.«

Ich richtete mich auf meine Knie und streifte seine Lippen, umspielte seine Zunge mit meiner, während ich das letzte Stück Stoff von seinem Körper zog und meine Hand um seine Erektion legte. Nun war er es, der stöhnte. Ich bewegte meine Hand auf und ab, bis er zischend einatmete. Mit einem geübten Handgriff öffnete er meinen BH, und ich ließ für den Bruchteil einer Sekunde von Elias ab, um ihn mir über die Arme zu streifen.

Elias' Blick wanderte einmal langsam über meinen Körper – etwas, was mich normalerweise verunsichert hätte, doch die Art, wie er mich ansah, nahm mir jegliche Angst. Da lag so viel in diesem Blick: Verlangen, Zärtlichkeit, Lust, Neugierde. Da war kein Raum für Unsicherheiten, ich fühlte mich vollkommen wohl.

»Wow«, sagte er bloß.

»Ebenso«, murmelte ich, als ich ihn betrachtete. Sein Körper wurde nur von dem schwachen Licht der Wohnzimmerlampe und dem warmen Schein der Straßenlaterne, der durch die Balkonfenster fiel, erhellt, was seine Muskeln noch deutlicher vortreten ließ. Einen Augenblick sahen wir uns bloß an, dann bewegte ich mich auf Elias zu und setzte mich auf ihn, legte meine Schenkel um seine Hüfte. Alles, was uns noch trennte, war der dünne Stoff meiner Unterwäsche, ansonsten waren da nur wir. Ich spürte Elias' Atem an meinem Hals, als er leise lachte.

»Du bringst mich noch um den Verstand.«

Damit könnte ich leben. Seine Hände erkundeten meinen

Körper, streichelten meine Brüste, meine Arme, meinen Rücken, zogen mir den Slip aus, und ich spürte nur noch ihn, wollte nur noch ihn spüren.

»Ich glaub, ich muss kurz in mein Zimmer …«

Anstatt mich aufstehen zu lassen, hob Elias mich mühelos hoch. Mit den Beinen umschlang ich weiterhin seinen Körper, meine Arme lagen um seinen Hals. Unsere Kleidung ließen wir liegen, und ich dirigierte Elias aus dem Wohnzimmer durch den Flur zu meinem Zimmer. Ich trat die Tür mit dem rechten Fuß auf und lachte, als die Bewegung Elias aus dem Gleichgewicht brachte.

»Lach nicht, sonst trägst du mich den Rest«, sagte er mit einem Schmunzeln.

»Dann bin ich aber zu nichts mehr zu gebrauchen, und da leiden wir beide drunter.«

Elias setzte mich auf dem Bett ab, und ich knipste die Nachttischlampe an, bevor ich in der Schublade nach den Kondomen suchte. Ich holte eine der quadratischen Verpackungen hervor, riss sie auf und zog Elias das Kondom über. Ich wollte ihn. Ich wollte ihn so sehr.

»Schlaf mit mir«, flüsterte ich, sah zu ihm auf und zog ihn in einen tiefen Kuss. So lange hatte ich hierauf gewartet, ich wollte keine weitere Sekunde verschwenden.

Zeitgleich stöhnten wir auf, als Elias' Penis über meine Mitte glitt. Ich unterbrach den Kuss, um ihm in die Augen zu sehen. Er erwiderte meinen Blick, dann schob er sich langsam in mich, und ich versank in einem Meer aus Empfindungen. Wieder küsste er mich und drang tiefer in mich. Und noch tiefer, als ich meine Schenkel um seine Hüfte legte, um ihm besseren Zugang zu gewähren. Die nächsten Minuten bestanden aus Küssen, leidenschaftlichen Lauten, Sommerhitze, ihm, mir und uns. Ich wollte nicht, dass es jemals endete, doch während Elias immer tiefer stieß, bewegte er seine Hand über meinen Bauch hinab zwischen meine Schenkel und streichelte mich genau an der richtigen Stelle. Ohne von mir abzulassen oder das Tempo zu verringern wanderte sein Mund von meinem Hals zu meinen Brüsten. Als seine Zunge über meine Brustwarze strich, konnte ich das Stöhnen nicht länger zurückhalten. Ich bäumte mich auf, schob mich ihm entgegen und merkte, wie alles in mir von meinen Fingerspitzen bis hinunter zu meiner sensibelsten Stelle zu kribbeln begann.

»Oh Gott«, stöhnte ich, und Elias' Lippen trafen auf meine, während er das Tempo erhöhte, bis wir beide mit einem erstickten Laut zum Höhepunkt kamen. Für eine Weile war nur unser Atem zu hören, gemischt mit der leisen Musik, die aus dem Wohnzimmer zu uns drang.

»Danke«, murmelte ich, und Elias' tiefes Lachen streifte meinen Hals.

»Danke?«

»Ja, danke.«

»Ähm, gern«, erwiderte Elias immer noch lachend. Er rollte sich von mir, entsorgte das Kondom und war wenige Sekunden später wieder neben mir im Bett, wo er mich an sich zog. Ich schloss meine Augen, atmete seinen Duft ein und genoss das Gefühl, einfach hier bei ihm zu liegen.

»Alles in allem ein ziemlich guter Tag«, sagte Elias sanft an meinem Ohr, und ich nickte, zu erschöpft und entspannt, um eine Antwort zu formulieren. Irgendetwas musste er noch gesagt haben, denn ich spürte, wie sich seine Lippen an meinem Scheitel bewegten, und nahm die Melodie seiner tiefen, beruhigenden Stimme wahr, doch mehr brauchte es nicht, um mich einschlafen zu lassen.

Ich musste wirklich müde gewesen sein, denn für gewöhnlich wurde ich mit den ersten Sonnenstrahlen wach, wenn ich das Rollo vor meinem Fenster nicht herunterzog. Heute war es mein Handywecker, der mich aus dem Schlaf riss. Und der musste bereits eine ganze Weile geklingelt haben, denn er war auf eine solche Lautstärke angeschwollen, dass ich ihn vom Wohnzimmer bis hierher hören konnte.

Grummelnd stand ich auf und zog mir das lange Shirt über, das über meinem Schreibtischstuhl hing, damit meine Nachbarn mich nicht nackt durch die Fenster sahen. Ich fand mein Handy auf dem Couchtisch, schaltete es aus und sammelte auf dem Weg zurück in mein Zimmer unsere achtlos zur Seite geworfene Kleidung auf. Die Lampe war ausgeschaltet, also war Elias in der Nacht wohl noch einmal wach geworden.

»Hey«, begrüßte er mich, als ich ins Zimmer trat, und blinzelte mir lächelnd entgegen. Er hob die Decke an, eine stumme Aufforderung, mich wieder zu ihm zu legen.

Ich sah auf mein Handydisplay. »Okay, fünf Minuten.« Schmunzelnd kroch ich zurück in das warme Bett. »Aber wirklich nur fünf! Es ist bereits nach acht. Ich hab ein Date. Und du auch. Schließlich musst du Marc noch die frohen Neuigkeiten erzählen.«

Elias zog mich an seine Brust. »Ist okay, du Spielverderberin.«

Ich kuschelte mich in seine Wärme und ließ mich von dem mir so vertrauten Geruch, der ihn umgab, einhüllen. Mit geschlossenen Augen lag ich da, während Elias mir sanft durchs Haar strich, was meine Kopfhaut zum Kribbeln brachte.

Beinahe wäre ich wieder eingeschlafen, als er mich sanft anstupste. »Okay, Zeit vorbei. Aber nächstes Mal entkommst du mir nicht so schnell.«

»Das musst du mir nicht zweimal sagen«, murmelte ich,

drehte mich in seine Richtung und küsste ihn noch einmal, bevor ich aufstand und ihm seine Kleidung reichte.

Während Elias sich anzog, verschwand ich im Bad, duschte den Schweiß der letzten Nacht ab, putzte mir die Zähne und brachte meine Haare in Ordnung. Dann zog ich mir das gelbe Sommerkleid über, das über einer Strebe der ausgeschalteten Heizung hing. Sobald die Klausuren geschafft waren, mussten Kyra und ich eindeutig einen Großputz veranstalten. Dass wir beide nicht die ordentlichsten Menschen waren, half dem Zustand der Wohnung definitiv nicht.

Ich fand Elias in der Küche mit einem Kaffee am Tisch sitzen.

»Noch ein Vorteil, dass wir uns schon so lange kennen: Du fühlst dich wie zu Hause.«

»Stimmt«, sagte er grinsend und trank den Rest der Tasse in einem Zug aus. Dann stand er auf, legte die Hände an meine Taille und küsste mich sanft. »Du siehst toll aus. Bist du nervös?«

»Nein«, antwortete ich. »Ganz und gar nicht. Du?«

»Ne, eher vorfreudig. Ich bin so gespannt auf Marcs Gesicht, wenn er erfährt, dass ich wieder einsteigen kann – und nach Beenden der Bachelorarbeit komplett bei ihm anfangen kann. Und ich bin sehr gespannt, wie Marlon reagiert, wenn ich es ihm sage.«

»Er wird aus dem Häuschen sein.«

»Glaub ich auch.« Elias warf einen Blick auf seine Uhr. »Du musst los, wenn du es bis neun schaffen willst. Nimmst du das Rad?«

»Ne, die Bahn.«

»Alles klar. Ich lauf noch mal heim, mich umziehen. Vielleicht bleib ich direkt 'ne Runde zum Trainieren.«

Elias presste mir einen Kuss auf die Schläfe, dann packte er seine Sachen zusammen, und gemeinsam nahmen wir die Stufen nach unten. Hieran könnte ich mich definitiv gewöhnen.

»Hallo, ich hab eine Reservierung auf den Namen Voigt. Für einen Tisch«, fügte ich hinzu, bevor die Frau hinter der Theke mich wieder nach Tattoos fragen konnte. Sie lächelte mich an und deutete auf den Tisch, an dem ich schon einmal gesessen hatte. Ich ließ mich in den weichen Sessel sinken. Kaum zu glauben, wie viel sich seit dem letzten Mal geändert hatte. Beinahe fühlte ich mich wie ein anderer Mensch. Ich war definitiv glücklicher als noch vor wenigen Monaten.

Im Gegensatz zum letzten Mal musste ich auch nicht lange warten, bis ein mir sehr bekanntes »Hallo« erklang. Ich blickte auf und sah meine Schwester auf mich zulaufen. Wir umarmten uns, und ich konnte nichts gegen das Lächeln tun, das sich auf mein Gesicht legte.

Kaum dass ich mich wieder gesetzt hatte, warf Louisa mir einen skeptischen Blick zu.

»Du strahlst so.«

»Natürlich, ich seh endlich meine Schwester wieder, darf ich da nicht gut gelaunt sein?«

»Wir haben uns doch erst gesehen.«

»Ja, aber jetzt führen wir endlich unsere Tradition fort. Außerdem freu ich mich auf diesen Sommer. Die Klausuren sind bald geschafft, dann sind Semesterferien.« Ich hob die Schultern. »Genug Anlass zu guter Laune, meinst du nicht auch?«

»Hmm, sicher, dass das alles ist?«

Ich hob die Augenbrauen, merkte jedoch bereits, dass ich rot anlief. Hatte meine Schwester Superkräfte entwickelt, oder logen all die Bücher und Filme nicht, und man konnte jemandem wirklich ansehen, dass er oder sie Sex gehabt hatte?

»Ich hab dich bei dem Event zufällig mit einem sehr attraktiven jungen Mann gesehen, der mir recht bekannt vorkam.«

Ich räusperte mich. »Ach ja?«

»Ja. Ich hab's mir beim letzten Treffen verkniffen, aber er kam mir *sehr* bekannt vor. Hatte etwas vom Bruder deiner besten Freundin. Erinnerst du dich? Elias Seger?«

Louisas Mundwinkel zuckten, und ich vergrub das Gesicht in den Händen.

»Ich fass es nicht!«, stieß meine Schwester lachend aus. »Du warst schon damals in ihn verknallt! Und jetzt seid ihr zusammen? So richtig?«

»Es ist einfach passiert.«

»Einfach passiert?«

»Okay, also eigentlich hab ich ihn geküsst …«

»Du hast was?« Louisas Stimme schoss eine Oktave in die Höhe.

Die Barista kam, um unsere Bestellungen aufzunehmen, und kaum dass sie sich wieder entfernt hatte, stützte meine Schwester ihre Arme auf dem dunklen Tisch ab und beugte sich zu mir herüber. »Okay, ich hab Aufholbedarf, erzähl mir alles.«

Und das tat ich. Ich erzählte Louisa alles, was in den letzten Wochen geschehen war, und mit jedem Wort, das ich aussprach, mit allen Details, die wir austauschten, fanden wir zueinander zurück, bis es plötzlich so war, als wäre keine Zeit vergangen. Nein, besser noch: Denn nun spielten wir mit offenen Karten und waren uns näher als zuvor.

34. KAPITEL

Elias

Zwei Wochen später

Ich stieg von der Leiter und wischte mir die Hände an der alten Trainingshose ab, die ohnehin hinüber war. Am linken Bein fanden sich hellgraue Farbreste, und auf meiner rechten Pobacke prangte der Abdruck einer grünen Kinderhand, da Marlon, nachdem die Hose sowieso hinüber war, sich einen Spaß daraus gemacht hatte, mich durch die Halle zu jagen. Auch jetzt rannten Julius und er kreuz und quer über die leere Fläche.

»Ihr sollt was schaffen und nicht für Chaos sorgen«, rief ich.

»Machen wir doch! Wir testen den Boden.«

»Ihr … was?«

»Lass sie machen. Ich wünschte, ich hätte noch einmal im Leben solche Energie.« Lachend schlug Marc mir auf die Schulter. Dann begutachtete er die Wand, die ich soeben fertig gestrichen hatte.

»Kann sich sehen lassen. Es sieht alles so viel moderner aus, ich kann kaum glauben, dass das jetzt mein Studio ist.«

Ich ließ meinen Blick ebenfalls durch die Räumlichkeiten wandern und konnte Marc nur zustimmen. Wir hatten ganze Arbeit geleistet. Die alte Fabrikhalle hatte ihren ganz eigenen

Charme gehabt, den das neue Gebäude nicht bieten konnte. Doch ich musste zugeben, dass es viel heller und freundlicher wirkte, und die zusätzlichen Räume schadeten auch nicht. So würden wir noch mehr Kurse anbieten können. Und, was viel wichtiger war: Wir konnten die alten Kurse halten.

»Es macht auf jeden Fall was her. Natascha hat ihren Laden schon eröffnet, hab ich auf Instagram gesehen?«

Marc nickte. »Ja, sie hatte auch nicht mehr so viel darin zu tun. Ich wollte die Tage mal bei ihr vorbeischauen.«

»Was kann ich noch tun?«, fragte ich und rieb mir die bröckelnde Farbe von den Fingern.

»Nichts, ich glaub, wir sind durch für heute. Lennart und ich fahren nachher die ersten Möbel her, aber wir haben den Transporter erst ab fünfzehn Uhr. Und aufbauen können wir heute eh noch nichts, ich will erst alles trocknen lassen.«

»Ihr ruft an, wenn ihr Hilfe braucht, ja?«

»Das schaffen wir schon. Dein Vertrag startet offiziell erst nächste Woche, du solltest eigentlich gar nicht hier sein.«

Ich hob die Schultern. »Sobald alles getrocknet ist, bin ich trotzdem hier zum Aufbau.«

Marc schmunzelte. »Daran hab ich keine Sekunde gezweifelt. Aber du wolltest pünktlich los zu deinem Treffen. Und nimm's mir nicht übel, vermutlich solltest du dich umziehen. Eine Dusche vorher schadet sicher auch nicht. Vor allem, wenn deine Freundin da ist.«

»Jaja«, gab ich mit einem Grinsen zurück. »Hab Wechselsachen in der Tasche. Sind die Duschen schon bereit?«

»Schätze, du bist der Glückliche, der's herausfinden darf.«

»Na toll«, murmelte ich, und Marc lachte tief. »Marlon!«, brüllte er kurz darauf. »Leg das gefälligst wieder hin, wenn du den Dielenboden da hinten versaust, geht dein Sponsoring für 'ne Renovierung drauf.«

Lachend lief Marlon vor dem sich nähernden Marc weg und kam schlitternd vor mir zum Stehen.

»Haust du schon ab?«, fragte er.

Ich nickte. »Ja, bin noch verabredet.«

»Uuuuh, mit Miriam?«

»Unter anderem.«

Marlons Augenbrauen hoben und senkten sich mehrmals hintereinander, und ich verdrehte die Augen. »Hör auf, sonst sag ich Marc, dass du Mathe noch nicht gemacht hast, und dann war's das mit Helfen. Er wird dich sofort nach Hause an die Aufgaben schicken.«

»Ihr tut echt so, als wärt ihr meine Babysitter.«

»Nur wenn du uns Anlass dazu gibst.«

»Uff, und ich hab mich gefreut, dass du nächste Woche wieder am Start bist. Vielleicht wechsle ich doch in Lennarts Kurs.«

»Du tust, als wäre das eine Drohung, aber was denkst du, wie entspannt die Stille für mich wird?«

»Du würdest mich vermissen«, gab Marlon mit einem frechen Grinsen zurück, und anstatt einer Antwort wuschelte ich ihm über den Kopf. Zum einen, weil ich wusste, wie sehr er das hasste, zum anderen, weil er absolut recht hatte. Ich würde ihn vermissen, so wie ich all das hier vermisst hätte – doch das musste ich nicht mehr.

»Julius! Für dich gilt genau dasselbe: Leg es hin!«

»Ich werd gebraucht«, sagte Marlon und lief wieder zu seinem Freund und Marc zurück.

Mit einem Lachen verschwand ich in Richtung der Duschen. Meine Sporthose war mit Sicherheit nicht das Einzige, was heute dran glauben musste, und so sehr Marc auch den Genervten mimte, ich wusste, dass er viel zu glücklich war, um sich von irgendetwas aus der Ruhe bringen zu lassen. Die

Spendenaktion war ein voller Erfolg gewesen, und ich konnte es kaum erwarten, nächste Woche richtig hier zu starten. Ich hatte dieses Gefühl selbst zum Studienbeginn nicht gehabt und kannte es nur aus Erzählungen von Freunden. Das jetzt fühlte sich genauso an, wie ich es mir immer vorgestellt hatte: wie ein Neuanfang. Als ob ich zum ersten Mal das angehen würde, was ich wirklich wollte.

Die Glocke des Poet's Corner begrüßte mich mit ihrem vertrauten Läuten. Bei dem Geräusch drehten sich gleich fünf Köpfe zu mir herum, denn Miriam, Kyra, Noah, Milan und Phuong waren bereits hier.

»Mist«, rief Phuong, und Miriam grinste.

»Ich freu mich auch, dich zu sehen, Phuong«, sagte ich und zog mir einen freien Stuhl zu unserem Stammtisch.

Phuong winkte ab. »Ich hab mit Miriam um ein Getränk gewettet, ob du oder Kat zuerst auftauchen.«

»Schön, dass immerhin eine von euch Vertrauen in mich hat.« Ich zwinkerte Miriam über den Tisch hinweg zu. Wie immer schaffte es ihr Lächeln, meine ohnehin schon gute Laune noch weiter durch die Decke zu treiben.

»Aber Kat hat wenigstens eine Ausrede, sie hilft Daniel, das Schlagzeug für das Konzert später zu verladen. Was ist deine?«

»Ich hab beim Streichen im Studio geholfen.«

Phuong wiegte den Kopf hin und her. »Okay, das gilt. Also hat nur Lia keine.«

Mein Bruder verkniff sich sichtlich ein Grinsen. »Abwarten«, murmelte er bloß.

»Abwarten? Was meinst du?«

Noah hob die Schultern. »Kann Lia euch selbst erzählen.«

»Cappuccino?«, rief Larissa von der Theke in meine Richtung, und ich nickte ihr dankbar zu.

»Es ist viel zu warm für Heißgetränke«, sagte Kyra. »Ich schmelze. Ich versteh auch nicht, wie du heute Morgen ernsthaft ins Training gehen konntest.«

Milan neben ihr hob die Schultern. »Man gewöhnt sich dran. Außerdem reißt Ben mir den Kopf ab, wenn ich schwänze. Wir haben nächste Woche ein wichtiges Spiel.«

Kyra lachte. »Ihr habt immer ein wichtiges Spiel.«

»Weil alle Spiele wichtig sind«, gab Milan grummelnd zurück.

»Zweite Liga, meinte Kyra?«

Milan nickte, und auf seinem Gesicht breitete sich ein Lächeln aus.

»Glückwunsch.« Ich nickte ihm anerkennend zu. Noch etwas, das vor wenigen Monaten unvorstellbar gewesen wäre, doch jetzt saßen wir einander gegenüber, und ich musste zugeben, dass ich Milan mochte – entgegen all meiner Bedenken zu Beginn.

»Aber mal was ganz anderes«, sagte Phuong. »Ich kann nicht fassen, dass du noch nie hier warst. Und ich hab dich mit meiner besten Freundin zusammen sein lassen.«

»Kyra hat mir nicht erlaubt herzukommen«, gab Milan trocken zurück.

»Das stimmt so überhaupt nicht. Ich hab gesagt, du kannst nicht mitkommen, wenn ich mich mit meinen Freundinnen hier treffe. Weil wir über Dinge reden.«

»Glaub mir, Milan, das meiste davon willst du auch gar nicht wissen«, meinte Miriam. »Manches davon will nicht einmal ich wissen, aber Kyra nimmt ja eh nie ein Blatt vor den Mund.«

»Redet ihr über mich? Warte, redet ihr über Sex?« Milans Augenbrauen schossen in die Höhe, als er meine Schwester ansah. »Ihr diskutiert hier unser Sexleben?« Phuongs Grinsen war ihm anscheinend Antwort genug, denn er schüttelte den Kopf und trank einen Schluck Wasser.

»Na endlich!«, rief Phuong im nächsten Moment, als die Glocke am Eingang erneut ertönte und Daniel und Kat eintraten.

»Hey, ihr zwei!«, rief Kyra, und Milan zog den Nachbartisch an unseren, damit die beiden Platz hatten.

»Oh Gott, so viele auf einem Haufen waren wir ewig nicht mehr«, sagte Daniel, als er sich neben Milan fallen ließ.

»Eben, und es wurde mal wieder Zeit! Irgendwie schaffen wir es immer nur an deinen Konzerten, kann das sein?«, fragte Kyra.

»Also muss ich öfter spielen. Ich werd es der Band ausrichten.«

»Ich sterbe, es ist so heiß.« Kat ließ sich neben mir auf einen Sessel fallen und lehnte den Kopf nach hinten.

»Hast du überlegt, mal was anderes als Schwarz zu tragen?«, zog Noah sie auf.

»Klappe, Schwarz ist meine Happy Colour.«

Lachend wanderte mein Blick von ihrem theatralischen Gesichtsausdruck über unsere kleine Gruppe. Es war schon verrückt, wie das Leben spielte. Dass ich nun hier saß, inmitten dieser Menschen, hatte ich nur einer Anhäufung von Zufällen zu verdanken. Und so toll alles, was in den letzten Tagen und Wochen passiert war, auch sein mochte: Miriam war mit Abstand der beste Zufall von allen.

Man sagt immer, man solle seine Träume jagen. In Wahrheit hatte ich mich jahrelang von meinen jagen lassen, war vor ihnen geflohen. Nun drehte ich das Szenario zum ersten Mal um und konnte kaum erwarten zu sehen, was diese Träume für mich bereithielten.

EPILOG

Lia

»Lia!«

Kyra hatte mich als Erste entdeckt.

»Sorry, dass ich so spät bin«, sagte ich und sah mich nach einem freien Stuhl um. Ich nahm einen der hellblauen Sessel zwei Tische weiter und ließ mich neben Noah nieder, der mit seinem Stuhl zur Seite rutschte, um Platz für mich zu schaffen.

»Wir werden immer mehr, oder kommt mir das nur so vor?«

»Ne, haben wir auch schon festgestellt«, erwiderte Miriam.

»Beinahe noch mehr, weil Lukas, Milans Mitbewohner, nach dem Training auch unbedingt mitwollte, aber Milan hat ihn heimgeschickt.« Kyra biss von ihrem Croissant ab.

»Er kommt nachher vielleicht zum Konzert vorbei. Ich hab ihn nur heimgeschickt, weil er morgen noch 'ne Klausur hat und dringend lernen muss.«

»Ich bin so froh, dass ich durch bin«, sagte Kyra mit einem Stöhnen.

»Frag mich mal«, erwiderte Miriam.

Bei dem Gespräch über die Uni und die gerade erst geschafften Klausuren pochte mein Herz kräftiger in meiner Brust, und ich war mir der Tasche neben meinem Sessel nur zu bewusst. Noah lächelte mich an und hatte mit Sicherheit gerade genau denselben Gedanken gehabt wie ich. Er nickte in Richtung Tisch. Vermutlich hatte er recht, und ich sollte es direkt sagen. Ich holte Luft und öffnete gerade den Mund …

»Oh mein Gott!« Phuongs Kopf schnellte zu mir herum. »Lia!«

»Was?«, fragte ich und schloss meinen Mund wieder. Irritiert sah ich an mir hinunter, doch ich hatte definitiv keine Flecken auf meiner Bluse.

»Heute ist der 19. Juli.«

»Okay?«, erwiderte ich gedehnt. Hatte ich irgendetwas verpasst? Einen Geburtstag? Hatten Phuong und ich etwas geplant? Glücklicherweise war ich nicht die Einzige, die sie irritiert anblickte. Phuong jedoch sprang auf und strahlte mich an, als hätte ich gerade im Lotto gewonnen. »Ich fass es nicht.«

»Was fasst du nicht?« Kyra betrachtete sie mit zusammengezogenen Augenbrauen.

»Oh«, machte Noah neben mir plötzlich, und auch auf seinem Gesicht breitete sich ein Lächeln aus.

»Was oh?« Ich sah von Noah zu Phuong und wieder zurück. »Leute, ihr seid seltsam.«

»Nein, weißt du, was seltsam ist? Wir haben uns vor exakt einem Jahr hier kennengelernt. Auf den Tag genau. Da hatten wir auch gerade die Klausuren durch, und du saßt an dem Tisch da.« Phuong deutete hinter mich. Ich folgte ihrem ausgestreckten Finger mit dem Blick zu dem runden Tisch. Sollte es wirklich ein ganzes Jahr her gewesen sein, dass ich während meiner letzten Klausur aufgebrochen, nach Berlin geflohen und hier in diesem Café gestrandet war?

»Krass, wie viel ein Jahr verändern kann«, meinte Phuong, und ich konnte nicht mehr tun, als zu nicken.

»Wow«, sagte Kyra. »Ich bin so froh, dass du hergekommen bist. Ich glaub, ich wäre ein ganz anderer Mensch, wenn wir uns nicht kennengelernt hätten.«

Überrascht sah ich sie an. »Wirklich?«

Sie nickte. »Ja, dein Film hat mir damals so viel Kraft gegeben. Ich glaub nicht, dass ich sonst auf den Podcast gekommen wäre.«

»Was bedeutet, dass ich die Folge nie aufgenommen hätte und meine Schwester und Eltern nie von meiner Abtreibung erfahren hätten.«

»Aber wäre das nicht besser gewesen?«, warf ich ein.

Ohne zu zögern, schüttelte Miriam den Kopf. »Nein, ich bin froh, dass es raus ist, wirklich.«

»Du hast hier ganz schön was losgetreten, Lia«, meinte Kyra mit einem Lächeln, und ich schluckte, als ich merkte, wie sich plötzlich ein Kloß in meinem Hals formte.

Als ich vor einem Jahr nach Berlin aufgebrochen war, war das völlig überstürzt geschehen. Eine Entscheidung, die Verzweiflung und Aussichtslosigkeit entsprungen war. Dass ausgerechnet ich etwas in dem Leben der Menschen bewegt haben sollte, die mir in meinem so geholfen hatten, bedeutete mir alles. Innerhalb eines einzigen Jahres war Berlin zu meiner Heimat geworden. Diese bunt gemischte Truppe war eine Art Familie für mich geworden.

Ich griff nach meiner Tasche und zog einen Schnellhefter daraus hervor.

»Der Grund, warum ich zu spät bin«, begann ich und räusperte mich, während ich mit dem Hefter in der Luft wedelte. »Ich bin an der Film Academy angenommen worden.«

Phuong sprang so plötzlich auf, dass das Geschirr auf den Tischen klirrte. »Sie haben dich genommen?«

Ich nickte und konnte das Grinsen nicht länger zurückhalten, das sich auf meinem Gesicht bildete. »Ja. Ihr werdet mich also auch die nächsten drei Jahre nicht los.«

Phuong lief um den Tisch herum und warf sich in meine

Arme. »Oh mein Gott, ich freu mich so! Ich wusste, sie müssen dich nehmen, bei dem Portfolio! Du hast so hart dafür gearbeitet.«

»Danke.«

»Darauf müssen wir anstoßen!«, sagte Kyra.

»Ich weiß auch schon genau, wie.« Daniel stand auf. »Elias, erinnerst du dich noch an das Baileys-Debakel?«

»Ich erinnere mich vor allem, wie wir Phuong versprochen haben, das nie wieder zu tun.«

»Ach, das ist verjährt.« Phuong winkte ab. »Für Lia sollten wir eine Ausnahme machen.«

»Will ich wissen, was passiert ist?«, fragte Miriam.

»Einer der Gründe, warum ich nicht mehr trinke«, murmelte Elias, und ich verkniff mir ein Lachen.

Vor einem Jahr hatte dieses neue Kapitel begonnen. Ich hatte zu mir selbst gefunden. Hatte meine Geschichte erzählt und gelernt, sie neu zu schreiben. Hatte gelernt, was es hieß, für mich selbst einzustehen, was wahre Freundschaft bedeutete.

Und das Beste? Meine Geschichte endete nicht, ich durfte sie weitererzählen. Und egal, auf welche Pfade sie mich führen würde, egal wie die nächsten Kapitel enden würden – ich würde sie nicht allein bestreiten, denn ich hatte meine Freunde und Freundinnen bei jedem Schritt an meiner Seite und wusste, dass sie das Beste aus mir herausholen würden. So wie ich ihnen geholfen hatte, das Beste aus sich herauszuholen. Ich konnte es kaum erwarten zu erfahren, wie unsere Geschichten weitergingen.

DANKSAGUNG

Kaum zu glauben, dass die Trilogie mit *Runaway* nun ein Ende nimmt. Ich habe meine kleine Berliner Truppe unglaublich ins Herz geschlossen, und jeder Einzelne von ihnen hat mir so viel beigebracht.

Deshalb zuallererst einmal danke an LYX, allen voran Steffi, dass ihr mir die Chance und meiner *Away*-Reihe ein Zuhause gegeben habt. Ihr habt mir damit einen Lebenstraum erfüllt, und dafür werde ich immer dankbar sein. Vielen Dank für die schöne und intensive Zusammenarbeit. Ich freue mich auf die nächsten Projekte mit euch.

Papa, danke, dass ich dich mit Fragen zur Yamaha anrufen konnte, und danke, dass du mir gezeigt hast, dass es okay ist, Disney und Prinzessinnen zu mögen und trotzdem gern auf Biker-Festivals rumzuhängen. Mama, danke für das Gespräch zu deiner Arbeit auf der Palliativstation. Ich bewundere dich so sehr für deine Stärke, Hilfsbereitschaft und Disziplin. Ich bin stolz, eure Tochter zu sein.

Danke an meine Lektorin Alexandra – sowohl für all die Anmerkungen als auch für die Hundefotos. Gibt es eine bessere Motivation? Ich glaube nicht. Danke auch an meine Außenlektorin Klaudia. Ich verspreche, dass ich in folgenden Manuskripten weniger »irgendwie« und »einfach« verwende. Na ja, ich versuche es zumindest. Danke an das gesamte Team bei

LYX und Lübbe und an dieser Stelle noch einmal besonders an Simone und Teresa.

Danke an meine Agentinnen Kristina und Gesa. Danke, dass ihr euch immer Zeit für mich nehmt und mich unterstützt.

Danke an meine Sensitivity-Leserin, dass ich dich mit Fragen zum Thema Schwangerschaftsabbrüche löchern durfte. Danke für deinen Mut, deine Einsicht und deine klugen Anmerkungen.

Danke an meine Testleser:innen Bella, Fabian, Jule, Marike und Saskia. Jule, danke, dass du die Reihe von Anfang an begleitet und immer an mich geglaubt hast. Fabian, danke auch an dich, dass du von Anfang an dabei warst und Anmerkungen gemacht hast, die weit über ein Testlesen hinausgehen.

Danke an Yoko für die wunderschöne Illustration und für die Begeisterung, die du der Reihe entgegengebracht hast.

Danke an ZERO Werbeagentur für die tollen Cover, die ihr der Reihe gezaubert habt. Ihr wollt nicht wissen, wie oft ich sie gestreichelt habe (sehr oft).

Danke an die PJs für das Co-Working, die Motivation, die Ablenkung und fürs Immer-da-Sein. Alex, Ava, Bianca, Jesus, Klaudia, Laura, Marie, Nicole, Nina und Tami: Ihr seid die Besten! Ihr seid Prestige!

Danke an Maike, Dennis, Tobi und Chris für den besten Gaming Squad und für die Freundschaft darüber hinaus. Danke, dass ihr es mir nie übel nehmt, wenn ich euch bei Stick Fight oder Pummel Party anschreie. Vielleicht werde ich irgendwann noch eine gute Verliererin.

All meinen Freunden und Freundinnen danke für euer Verständnis, dass ich so wenig Zeit hatte und teilweise Wochen brauchte, um eine WhatsApp-Nachricht zu beantworten.

Danke an meine Twitch- und Discord-Community für das supersüße Geschenk zum Abschluss der *Away*-Reihe, für Pancakes, Apfelmus, Straßenlaternen, die morgendlichen Kaffeerunden und all das Mitfiebern. Danke an meine Instagram-Community für den täglichen Support, die spannenden Gespräche und die wunderschönen Fotos. Danke an alle Blogger:innen für die Besprechungen der Reihe.

Und zuletzt: Danke an dich. Danke, dass du mir, Miriam und der *Away*-Reihe eine Chance gegeben hast. Falls du möchtest, freue ich mich auf deine Nachricht auf Instagram, und vielleicht sehen wir uns ja in meiner nächsten Trilogie wieder. Ich würde mich freuen!

Wenn du dir selbst nicht mehr vertraust, vertraue mir …

Anna Savas
KEEPING SECRETS
480 Seiten
ISBN 978-3-7363-1534-1

Dass ihr neuer Film am College ihres Heimatorts spielt, passt Schauspielerin Tessa Thorn gar nicht. Und dass der angehende Journalist Cole Williams ein Portrait über sie schreiben soll, erst recht nicht. Schließlich darf niemand erfahren, was vor acht Jahren passiert ist. Doch Coles Zukunft hängt von dem Artikel ab, und je tiefer er in ihrer Vergangenheit gräbt, desto näher kommt er nicht nur Tessa, sondern auch ihrem großen Geheimnis, das alles zerstören könnte …

»Eine wundervolle Geschichte, die mich von Kapitel zu Kapitel mehr gefesselt hat. Atmosphärisch, romantisch, ein wenig melancholisch. Ich hätte ewig weiterlesen können.« AVA REED

LYX

Sterben ist einfach. Die wahre Herausforderung ist das Leben.

Amy Harmon
MAKING FACES
Aus dem amerikanischen
Englisch von
Corinna Wieja, Jeannette
Bauroth
384 Seiten
ISBN 978-3-7363-1281-4

Seit sie denken kann, ist Fern Taylor in Ambrose Young verliebt. Ambrose, der überall beliebt ist und so schön, dass ein unscheinbares Mädchen wie Fern niemals auch nur auf die Idee gekommen wäre, bei ihm eine Chance zu haben. Ihre Freizeit verbringt sie mit ihrem besten Freund Bailey, der an den Rollstuhl gefesselt ist, aber dennoch das Leben mit jeder Faser aufsaugen will. Eigentlich schien es ganz klar, was die Zukunft für sie bereithält. Bis zu dem Moment, als Ambrose Fern endlich »sieht«, aber so zerbrochen ist, dass sie nicht weiß, ob ihre Liebe genug sein wird …

»Ich liebe, liebe, liebe dieses Buch!« COLLEEN HOOVER

LYX